江西省物流业发展报告

（2016—2017）

江西省商务厅
江西省物流与采购联合会　编

中国财富出版社

图书在版编目（CIP）数据

江西省物流业发展报告.2016—2017 / 江西省商务厅，江西省物流与采购联合会编.
—北京：中国财富出版社，2019.5
ISBN 978-7-5047-6696-0

Ⅰ.①江… Ⅱ.①江… ②江… Ⅲ.①物流—经济发展—研究报告—江西—2016—2017 Ⅳ.①F259.275.6

中国版本图书馆 CIP 数据核字（2018）第 297425 号

策划编辑 王　靖　　**责任编辑** 邢有涛　王　靖
责任印制 尚立业　　**责任校对** 杨小静　　**责任发行** 敬　东

出版发行 中国财富出版社
社　　址 北京市丰台区南四环西路 188 号 5 区 20 楼　　**邮政编码** 100070
电　　话 010-52227588 转 2048/2028（发行部）　　010-52227588 转 321（总编室）
010-52227588 转 100（读者服务部）　　010-52227588 转 305（质检部）
网　　址 http://www.cfpress.com.cn
经　　销 新华书店
印　　刷 北京京都六环印刷厂
书　　号 ISBN 978-7-5047-6696-0/F·3015
开　　本 787mm×1092mm　1/16　　**版　　次** 2019 年 6 月第 1 版
印　　张 25　　**印　　次** 2019 年 6 月第 1 次印刷
字　　数 533 千字　　**定　　价** 98.00 元

江西省物流业发展报告（2016—2017）

编辑委员会

江西省物流业发展报告（2016—2017）

编校人员及支持单位

主　　任：梁小康

副 主 任：饶芝新　傅　南　罗良军

顾　　问：甘卫华　钟群英

撰稿人员：蔡金伟　杨大玮　敬　洋　陈亚军
胡　冲　熊　伟　何梦蕾　项望东
高　杨　陈方东　罗小亮　黄　华
郭　辉　陈熙恒　陈　芳　俞方林
刘澍生　刘　伟　邹建生　刘晶飞

核　　稿：胡　冲　罗　伟　高　雯　龚志琴
娄丽华　黄海旗　谭　进　朱博文

支持单位：江西省商务厅
江西省发展和改革委员会
江西省交通运输厅
江西省统计局
江西省邮政管理局
中铁南昌局集团有限公司
江西省机场集团公司

编者按

物流业是融合运输、仓储、货代、信息等多个产业的复合型服务业，是支撑国民经济发展的基础性、战略性产业。物流业兼具生产性服务业和生活性服务业的双重特征，有效衔接生产与消费，在经济运行中发挥着不可替代的基础支撑和带动引领作用。

2017 年，江西省物流业迎来发展的良好机遇，在江西省委、省政府的坚强领导下，江西省各级政府部门积极行动起来，科学制定物流业发展规划，开展物流降本增效专项行动，推进物流重大项目建设，狠抓物流公共信息平台建设，推进 50 个物流产业集群发展，实施物流标准化、城市配送、多式联运、无车承运人等示范试点，物流业发展取得了明显成效。

2017 年，江西省物流业保持了较好的发展态势。全省社会物流总额实现 55430 亿元，同比增长 8.4%；全省社会物流总费用 3449 亿元，同比增长 10.8%；全省社会物流费用与 GDP（国内生产总值）的比率为 16.6%，同比下降 0.3 个百分点；全省完成社会货运量 15.4 亿吨，同比增长 11.8%；完成货运周转量 4217.1 亿吨公里，同比增长 8.2%；全省 50 个物流产业集群实现主营收入 2477 亿元，同比增长 9.3%。

为贯彻落实《江西省“十三五”现代物流业发展规划》和《江西省物流产业集群发展规划（2015—2020 年）》等重要文件精神，全面客观反映各年度江西省物流业发展情况，江西省商务厅从 2017 年起，每年联合有关单位编写出版《江西省物流业发展报告》。

《江西省物流业发展报告》是展示江西省物流业发展的窗口，是社会各界人士全面了解江西省物流业发展的重要途径，是对每年度江西省物流业发展的全面概括和总结。认真做好《江西省物流业发展报告》编写出版工作，对江西省物流业发展具有重要意义。

《江西省物流业发展报告（2016—2017）》，是江西省第二次公开出版的物流业发展报告。本书力图根据 2017 年江西省物流业发展的实际情况，客观反映 2017 年江西省物流业发展的全貌进而展望未来。在编辑过程中得到了省直有关部门、大专院校及科研机构、各设区市物流牵头部门、协会、龙头企业的大力支持，报告具有一定的权威性、专业性，可读性较强。因编者水平有限，时间仓促，本报告难免存在疏漏和不当之处，恳请广大读者批评指正。

编　者

2018 年 10 月

目　录

第一部分　综合专题篇

第二部分　区域发展篇

第三部分　专题调研篇

第四部分　典型案例篇

第五部分　政策资料篇

附 录

第一部分 综合专题篇

2017 年江西省物流业发展环境报告

2017 年，江西省上下围绕省第十四次党代会确定的“决胜全面建成小康社会，建设富裕美丽幸福江西”奋斗目标，坚持稳中求进的工作总基调，贯彻落实新发展理念，以供给侧结构性改革为主线，统筹推进稳增长、促改革、调结构、优生态、惠民生、防风险等各项工作，经济运行稳中有进、稳中提质、稳中向好，各项社会事业健康发展，较好完成了年初确定的主要目标和任务。

2017 年，江西省全年实现生产总值（GDP）20818.5 亿元，比上年增长 8.9%。其中，第一产业增加值 1953.9 亿元，比上年增长 4.4%；第二产业增加值 9972.1 亿元，比上年增长 8.3%；第三产业增加值 8892.6 亿元，比上年增长 10.7%。三次产业结构由上年的 10.3:47.7:42.0 调整为 9.4:47.9:42.7。三次产业对 GDP 增长的贡献率分别为 5.0%、47.0%、48.0%。人均生产总值 45187 元，合 6690 美元，比上年增长 8.2%（见图 1－1－1）。

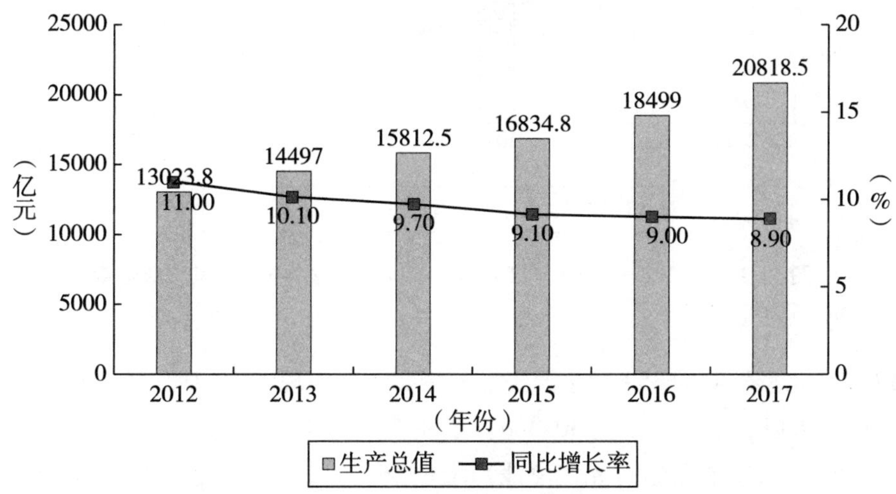

图 1－1－1　2012—2017 年江西省内生产总值及其增长速度

注：图中增长率为实际增长率。

资料来源：江西省统计局。下同。

一、2017 年江西省工业生产环境情况

2017 年，江西省全年规模以上工业增加值 8119.2 亿元，比上年增长 8.8%，规模以上工业增加值增长 9.1%，比上年提高 0.1 个百分点。

规模以上工业增加值中，分工业类型看，轻工业增长 10. 2%，重工业增长 8. 5%。分经济类型看，国有企业增长 10. 1%，集体企业下降 7. 6%，股份合作企业下降 21. 6%，股份制企业增长 9. 5%，外商及港澳台商投资企业增长 8. 6%，私营企业增长 8. 9%。分行业看，38 个行业大类中，34 个行业实现增长，占比近九成。其中，电子、汽车、电气机械、医药和农副食品五大重点行业表现突出，分别增长 19. 0%、16. 6%、14. 2%、10. 8%、9. 4%，对规上（规模以上，下同。）工业增长的贡献率达 43. 1%。高新技术产业增加值增长 11. 1%，占规上工业增加值的 30. 9%，比上年提高 0. 8 个百分点。战略性新兴产业增加值增长 11. 6%，占规上工业增加值的 15. 1%，比上年提高 0. 2 个百分点。装备制造业增加值增长 13. 6%，占规上工业增加值的 25. 6%，比上年提高 0. 9 个百分点。六大高耗能行业增加值增长 5. 1%，低于全省规上工业增加值增长率 4. 0 个百分点，占规上工业增加值的 36. 3%，比上年上升 0. 3 个百分点（见图 1 -1 -2）。

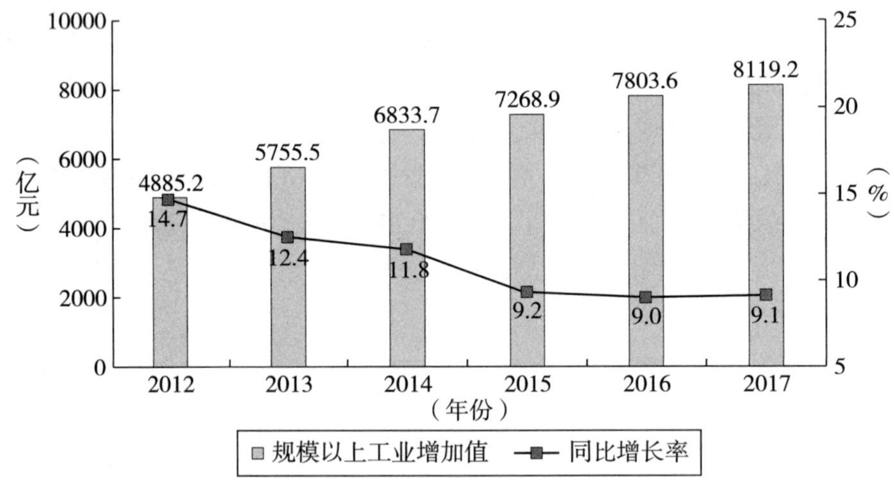

图 1 -1 -2　2012—2017 年江西省规模以上工业增加值及其增长速度

注：图中增长率为实际增长率。

2017 年，重点监测的 359 种主要工业品中 223 种实现了不同程度的增长，145 种产品保持了两位数以上增长，占比 40. 4%。工业新产品中，新能源汽车增长 1. 5 倍，光缆增长 51. 2%，太阳能电池（光伏电池）增长 46. 9%，稀土磁性材料增长 21. 1%。规模以上工业主要产品产量及其增长速度如表 1 -1 -1 所示。

表 1 -1 -1　　2017 年江西省规模以上工业主要产品产量及其增长速度

产品名称	单位	产量	比上年增长（%）
发电量	亿千瓦时	1046. 6	11. 4
白酒（折 65°，商品量）	万千升	16. 7	4. 2
啤酒	万千升	130. 3	4. 3

续　表

产品名称	单位	产量	比上年增长（%）
精制茶	万吨	7.0	-14.2
卷烟	亿支	658.3	1.9
化学纤维	万吨	46.3	10.1
布	万米	127379.3	-2.0
服装	万件	136993.6	8.4
农用化学肥料	万吨	22.7	-22.6
化学农药	万吨	3.5	-25.3
化学原料药	万吨	6.4	-8.9
烧碱（折100%）	万吨	34.8	3.8
水泥	万吨	8934.0	-0.1
瓷质砖	万平方米	120129.9	11.0
生铁	万吨	2143.2	2.9
粗钢	万吨	2412.7	7.7
钢材	万吨	2524.4	0.0
十种有色金属	万吨	174.2	16.9
其中：精炼铜（电解铜）	万吨	141.9	22.4
汽车	万辆	61.0	13.6
彩色电视机	万台	30.3	51.1
家用电冰箱	万台	112.1	14.2
房间空气调节器	万台	452.5	55.5

2017年，江西省全年规模以上工业企业实现主营业务收入35585.1亿元，比上年增长11.1%。38个行业大类中，34个行业主营业务收入同比实现增长，有色金属冶炼和压延加工业，电气机械和器材制造业，计算机、通信和其他电子设备制造业，黑色金属冶炼和压延加工业，汽车制造业主营业务收入分别比上年增长11.7%、12.8%、19.5%、23.6%和18.4%。主营业务收入超百亿元的企业有17家。其中，江铃汽车集团公司、江西电力公司突破600亿元，分别实现主营业务收入781.6亿元、612.8亿元。

2017年年末，工业园区实际开发面积628.2平方千米，比上年同期增长0.5%；完成基础设施投资1139.3亿元，比上年增长59.1%。园区内投产工业企业11423户，比上年增加1023户；实现销售产值29479.2亿元，比上年增长17.2%，实现出口交货值

2188.8亿元，比上年增长14.6%；园区实现主营业务收入28749.4亿元，比上年增长11.4%；主营业务收入过百亿元的工业园区有72个，其中，主营业务收入超500亿元的园区有19个，比上年增加1个。南昌高新技术产业开发区继续领跑，南昌经济技术开发区、九江经济技术开发区、南昌小蓝经济技术开发区分别列千亿元级园区第二、三、四位。

二、2017年江西省国内贸易环境情况

2017年，江西省社会消费品零售总额7448.1亿元，比上年增长12.3%。其中，限额以上单位实现消费品零售额3135.1亿元，比上年增长14.1%，占社会消费品零售额的42.1%，比上年提高1.6个百分点。按城乡分，城镇市场零售额6167.3亿元，比上年增长12.3%，其中，城区4082.2亿元，比上年增长13.9%；乡村市场零售额1280.8亿元，比上年增长12.1%。按行业分，批发业零售额1086.0亿元，比上年增长13.6%；零售业零售额5464.7亿元，比上年增长12.6%；住宿业零售额91.7亿元，比上年增长15.1%；餐饮业零售额805.8亿元，比上年增长8.3%（见图1-1-3）。

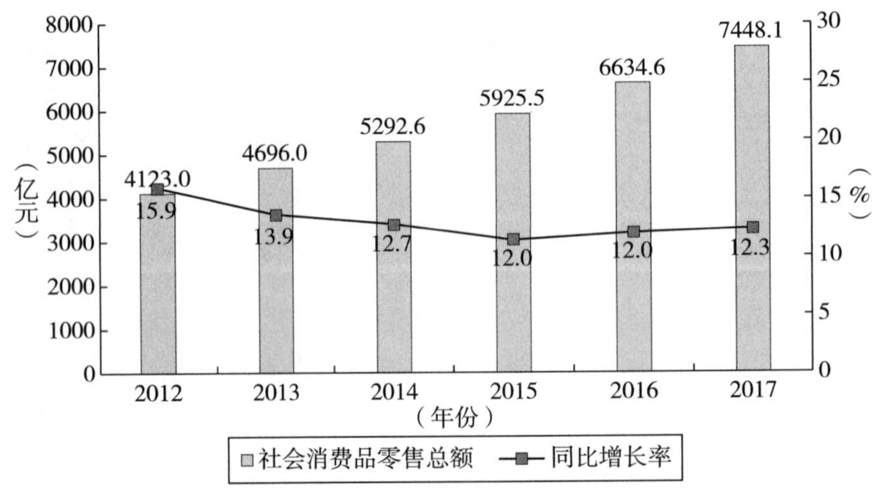

图1-1-3　2012—2017年江西省社会消费品零售总额及其增长速度

限额以上批发零售业零售额及增长情况按商品类别统计如下。日用生活消费品保持较快增长。粮油、食品类零售额286.6亿元，比上年增长18.5%；服装、鞋帽、针纺织品类168.4亿元，比上年增长11.6%；日用品类71.8亿元，比上年增长11.2%。汽车销售继续快速增长。汽车类零售额983.3亿元，比上年增长16.0%。与消费升级相关的消费品零售额快速增长。金银珠宝类零售额47.9亿元，比上年增长23.9%；中西药品类229.2亿元，比上年增长20.0%；体育、娱乐用品类6.6亿元，比上年增长16.1%；建筑及装潢材料类50.7亿元，比上年增长14.7%；家具类64.0亿元，比上年增长13.2%；通信器材类32.7亿元，比上年增长11.1%（见表1-1-2）。

表 1－1－2　　2017 年江西省限额以上批发零售业按商品分类零售额及其增长速度

类别	零售额（亿元）	比上年增长（%）
合计	2994. 66	14. 2
其中：通过公共网络实现的商品销售	108. 26	39. 4
粮油、食品类	286. 59	18. 5
饮料类	41. 34	13. 5
烟酒类	63. 33	13. 1
服装、鞋帽、针纺织品类	168. 42	11. 6
化妆品类	22. 97	19. 8
金银珠宝类	47. 87	23. 9
日用品类	71. 79	11. 2
五金、电料类	17. 17	8. 6
体育、娱乐用品类	6. 59	16. 1
书报杂志类	41. 26	7. 6
电子出版物及音像制品类	9. 95	15. 9
家用电器和音像器材类	183. 68	13. 1
中西药品类	229. 24	20. 0
文化办公用品类	30. 12	22. 3
家具类	63. 96	13. 2
通信器材类	32. 70	11. 1
煤炭及制品类	5. 41	2. 0
石油及制品类	540. 56	8. 1
建筑及装潢材料类	50. 68	14. 7
机电产品及设备类	15. 74	14. 4
汽车类	983. 32	16. 0
棉麻类	0. 86	－2. 3
其他类	81. 11	16. 1

三、2017 年江西省进出口贸易环境情况

2017 年，江西省货物进出口总值 3020. 1 亿元，比上年增长 14. 5%。其中，出口值 2222. 6 亿元，比上年增长 13. 3%；进口值 797. 5 亿元，比上年增长 17. 9%（见图 1－1－4）。

按贸易方式统计，一般贸易进出口总值 2468. 5 亿元，比上年增长 16. 6%。其中，出口值 1965. 2 亿元，比上年增长 16. 5%；进口值 503. 3 亿元，比上年增长 16. 7%。加

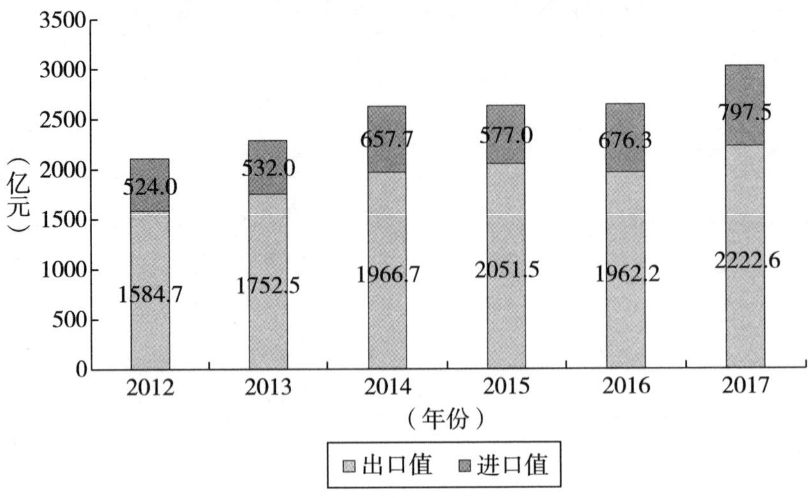

图 1－1－4　2012—2017 年江西省进出口总值构成

工贸易进出口总值 529.8 亿元，比上年增长 5.2%。其中，出口值 243.9 亿元，比上年下降 9.1%；进口值 285.9 亿元，比上年增长 21.6%。按重点商品统计，机电产品出口值 858.1 亿元，比上年增长 5.8%；进口值 313.6 亿元，比上年下降 4.7%。高新技术产品出口值 281.9 亿元，比上年下降 3.0%；进口值 228.3 亿元，比上年下降 7.5%（见表 1－1－3、表 1－1－4、表 1－1－5）。按地区统计，对美国、欧盟、韩国、日本出口值分别为 384.2 亿元、318.0 亿元、138.2 亿元、79.9 亿元，分别比上年增长 19.5%、27.5%、22.8%、22.8%，自欧盟、日本、澳大利亚进口值分别为 65.6 亿元、72.9 亿元、88.0 亿元，分别比上年增长 47.6%、43.6%、166.7%。

表 1－1－3　　2017 年江西省按贸易方式统计进出口总值及其增长速度

指标	金额（亿元）	比上年增长（%）
进出口总值	3020.1	14.5
其中：一般贸易	2468.5	16.6
加工贸易	529.8	5.2
出口值	2222.6	13.3
其中：一般贸易	1965.2	16.5
加工贸易	243.9	－9.1
进口值	797.5	17.9
其中：一般贸易	503.3	16.7
加工贸易	285.9	21.6

表 1－1－4　　　　2017 年江西省主要商品出口值及其增长速度

商品名称	金额（亿元）	比上年增长（%）
机电产品	858.1	5.8
高新技术产品	281.9	－3.0
服装及衣着附件	219.6	－2.9
文化产品	185.9	76.0
鞋类	108.3	17.8
玩具	86.3	265.1
纺织纱线、织物及制品	82.4	15.7
二极管及类似半导体器件	80.8	5.1
太阳能电池	71.4	16.1
家具及其零件	66.7	9.9
灯具、照明装置及零件	64.6	10.5
陶瓷产品	60.9	12.6
钢材	57.3	1.2
塑料制品	56.5	15.5
箱包及类似容器	54.0	11.8
未锻轧铜及铜材	35.4	74.4
医药品	26.5	16.1
汽车	16.9	3.8
钨制品	10.9	63.1
玻璃制品	9.7	－11.5
铁合金	5.4	10.4
家用或装饰用木制品	4.7	26.9

注：机电产品和高新技术产品有交叉。

表 1－1－5　　　　2017 年江西省主要商品进口值及其增长速度

商品名称	金额（亿元）	比上年增长（%）
机电产品	313.6	－4.7
高新技术产品	228.3	－7.5
集成电路	131.2	－6.9
铜矿砂及其精矿	130.3	5.1
未锻轧铜及铜材	82.9	68.7
铁矿砂及其精矿	69.5	82.3

续 表

商品名称	金额（亿元）	比上年增长（%）
二极管及类似半导体器件	25.5	2.1
纸浆	21.6	11.6
废铜	12.9	112.2
纺织纱线、织物及制品	9.3	6.1
塑料制品	2.4	10.2
合成橡胶（包括胶乳）	1.5	80.4
牛皮革及马皮革	1.2	-8.7

注：机电产品和高新技术产品有交叉。

四、2017 年江西省固定资产投资环境情况

2017 年，江西省全社会固定资产投资 22085.3 亿元，比上年增长 12.1%。其中，固定资产投资（不含农户）21770.4 亿元，增长 12.3%（见图 1-1-5）。

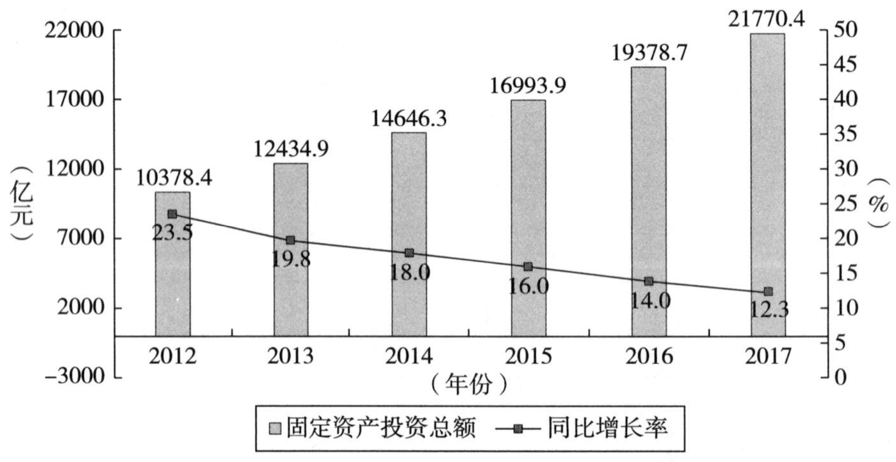

图 1-1-5 2012—2017 年江西省全社会固定资产投资总额及其增长速度

固定资产投资（不含农户）中：分产业看，第一产业投资 519.1 亿元，比上年增长 19.0%。第二产业投资 11810.1 亿元，比上年增长 14.4%，其中，工业投资 11782.9 亿元，比上年增长 14.6%，占全部投资的比重 54.1%，比上年提高 1.0 个百分点。第三产业投资 9441.2 亿元，比上年增长 9.5%，其中，金融业投资 62.5 亿元，比上年增长 27.9%；水利、环境和公共设施管理业投资 2544.7 亿元，比上年增长 27.0%；卫生和社会工作投资 202.4 亿元，比上年增长 38.9%；公共管理、社会保障和社会组织投资 588.2 亿元，比上年增长 79.6%（见表 1-1-6）。按投资主体统计，国有投资 4774.9 亿元，比上年增长 15.1%；非国有投资 16995.6 亿元，比上年增长 11.6%，其中，民间投资 15631.8 亿元，比上年增长 13.0%，比上年提高 3.2 个百分点。

表 1－1－6　2017 年江西省按行业类别统计固定资产投资（不含农户）及增长速度

行业	投资额（亿元）	比上年增长（%）
总计	21770.4	12.3
第一产业	519.1	19
第二产业	11810.1	14.4
工业	11782.9	14.6
采矿业	226.2	－25.1
制造业	10791.3	17.4
化学原料及化学制品制造业	936.0	25.4
非金属矿制品业	1162.2	11.8
黑色金属冶炼和压延加工业	151.8	61.9
有色金属冶炼和压延加工业	479.7	18.5
电气机械及器材制造业	917.0	4.6
计算机、通信和其他电子设备制造业	1013.5	76.2
电力、热力、燃气及水生产和供应业	765.4	－3.4
建筑业	41.9	－9.5
第三产业	9441.2	9.5
批发和零售业	876.0	－6.8
交通运输、仓储和邮政业	723.8	－24.5
住宿和餐饮业	215.2	－21.9
信息传输、软件和信息技术服务业	204.8	19.7
金融业	62.5	27.9
房地产业	2688.3	6.6
租赁和商务服务业	579.3	17.1
科学研究和技术服务业	135.9	－11.4
水利、环境和公共设施管理业	2544.7	27.0
居民服务、修理和其他服务业	84.0	－30.1
教育	234.9	7.6
卫生和社会工作	202.4	38.9
文化、体育和娱乐业	198.5	12.8
公共管理、社会保障和社会组织	588.2	79.6

（江西省统计局　敬洋）

2017年江西省物流业发展情况报告

2017年，江西省通过实施物流降本增效专项行动，推进物流重大项目建设，构建物流网络体系，抓好物流产业集群发展，开展物流试点示范，加快电子商务与快递物流协同发展，全省物流需求保持旺盛，运行效率有所提高，服务质量得到改善，对全省经济实现快速发展发挥了重要作用。

一、2017年江西省社会物流总体运行情况

（一）社会物流需求平稳增长

近年来，江西省经济保持稳定增长，拉动了物流需求，促进了全省物流业的较快发展。2017年，全省社会物流总额55430亿元，同比增长8.4%。

（1）农产品物流规模快速增长。2017年，全省农产品物流总额2327亿元，同比增长7.1%，增速比上年提高3个百分点，占全省物流总额的4.2%，有效促进了全省物流的快速发展。

（2）贸易批发物流规模不断扩大。2017年，全省贸易批发物流总额4020亿元，同比增长11.4%，占全省物流总额的7.3%；全省交易额10亿元以上综合商品交易市场39个，年交易额1761.4亿元。其中，百亿元综合市场有南昌市洪城大市场、南昌深圳农产品中心批发市场有限公司、赣南贸易市场，分别实现成交额326.0亿元、195.2亿元和144.7亿元。江西各地依托特色优势产业的快速发展，培育了一批特色鲜明的专业市场，专业市场的发展有效带动了贸易批发物流的增长。

（3）工业物流增速有所回落。2017年，全省工业品物流总额34430亿元，同比增长8.3%，增速比上年回落0.4个百分点，占全省物流总额的62.1%。在工业“三去一降一补”及供给侧结构性改革中，成效明显。江西工业结构不断调整，电子、汽车、电气机械、医药、农副食品、新能源汽车、太阳能电池（光伏电池）和稀土磁性材料需求增长较快，水泥、建材、钢材、有色金属需求收缩。

（4）日用品消费物流平稳增长。2017年，全省区域外流入物流总额为14213亿元，同比增长7.6%，增速比上年回落0.2个百分点，占全省物流总额的25.6%。2017年全省社会消费品零售总额7448.1亿元，同比增长12.3%，增速比上年提高0.3个百分点。其中，粮油、食品类增长18.5%；服装、鞋帽、针纺织品类增长11.6%；日用品

类增长 11.2%；汽车增长 16.0%；金银珠宝类增长 23.9%；中西药品类增长 20.0%；体育娱乐用品类增长 16.1%。

（5）快递物流高速增长。2017 年，全省单位与居民物品物流总额 140 亿元，同比增长 38.6%，继续保持高速增长（见表 1－2－1）。全省快递服务企业业务量完成 4.38 亿件，同比增长 14.23%。快递业务收入完成 49.2 亿元，同比增长 12.58%。

表 1－2－1　　2017 年江西省社会物流总额构成及其增长速度

指标名称	绝对值（亿元）	增速（%）	构成（%）
社会物流总额	55430	8.4	100
其中：农产品物流总额	2327	7.1	4.2
工业品物流总额	34430	8.3	62.1
贸易批发物流总额	4020	11.4	7.3
再生资源物流总额	300	9.9	0.6
单位与居民物品物流总额	140	38.6	0.2
区域外流入货物物流总额	14213	7.6	25.6

（二）社会物流运行效率有所提高

2017 年，江西省社会物流总费用 3449 亿元，同比增长 10.8%，增速比上年提高 4 个百分点；社会物流总费用与 GDP 比率为 16.6%，比上年回落 0.3 个百分点，物流运行效率有所提高。从全省社会物流成本构成的情况来看，主要特点有以下几个方面（见表 1－2－2）。

（1）运输费用增长。2017 年，全省运输费用 2207 亿元，同比增长 12.0%，增速比上年提高 2.4 个百分点，占社会物流总费用的 64.0%。

（2）保管费用增长。2017 年，全省保管费用为 889 亿元，同比增长 7.6%，增速比上年提高 8.4 个百分点，占社会物流总费用的 25.8%。

（3）管理费用增长。2017 年，全省管理费用 353 亿元，同比增长 12.8%，增速比上年提高 2.6 个百分点，占社会物流总费用的 10.2%。

表 1－2－2　　2017 年江西省社会物流总费用构成及其增长速度

指标名称	绝对值（亿元）	增速（%）	构成（%）
社会物流总费用	3449	10.8	100.0
其中：运输费	2207	12.0	64.0
保管费	889	7.6	25.8
管理费	353	12.8	10.2

2017 年江西省社会物流总费用与 GDP 的比率为 16.6%，比上年下降 0.3 个百分

点，见图 1－2－1。

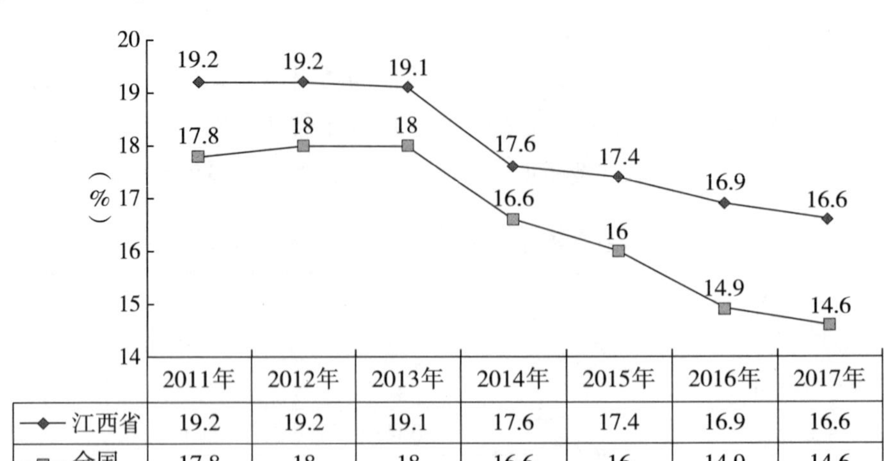

	2011年	2012年	2013年	2014年	2015年	2016年	2017年
江西省	19.2	19.2	19.1	17.6	17.4	16.9	16.6
全国	17.8	18	18	16.6	16	14.9	14.6

图 1－2－1　2011—2017 年全国、江西省社会物流总费用与 GDP 比率

（三）物流业增加值保持稳定增长

2017 年，江西省物流业增加值 1401 亿元，同比增长 7.3%。物流业增加值占服务业增加值的 15.8%，占全省 GDP 的 6.7%，物流业对社会经济发展贡献较大。

二、2017 年江西省货物运输运行情况

2017 年，江西省货运量完成 15.4 亿吨，同比增长 11.8%，增速比上年提高 5.8 个百分点，货运总量加快增长；完成货运周转量 4217.1 亿吨公里，同比增长 8.2%，增速比上年提高 4.4 个百分点，货运周转量增长也明显加快。

（一）公路货运量保持增长

2017 年，江西省公路完成货运量 13.8 亿吨，同比增长 12.4%，增速比上年提高 6 个百分点；公路货运周转量 3433.0 亿吨公里，同比增长 9.1%。

（二）铁路货运量实现较快增长

2017 年，江西省铁路货运改革步伐加快，铁路货运基础设施不断完善，促进了铁路货运量持续增长。全年完成铁路货运量 0.48 亿吨，同比增长 11.4%，增速比上年提高 2.4 个百分点；铁路货运周转量 532.2 亿吨公里，同比增长 3.4%。中欧班列稳健开行，2017 年江西省共开行中欧班列 26 列，其中南昌 2 列、赣州 23 列、抚州 1 列。其中，返程 2 列。2017 年南昌开通向塘至深圳盐田港、宁波北仑港、福建江阴港三条铁海联外贸班列线路和赣欧（亚）南昌—河内货运班列，发运标箱 7550 个。

（三）水运货运量有所提升

2017 年，江西省水路货运量 1.15 亿吨，同比增长 5.5%，增速比上年提高 5.5 个百分点；货运周转量 251.9 亿吨公里，同比增长 7.1%，增速比上年提高 6.4 个百分点。其中，内河运输完成货运量 1.11 亿吨、货运周转量 195.08 亿吨公里；沿海运输完成货运量 0.04 亿吨、货运周转量 56.79 亿吨公里。全省港口货物吞吐量 2.81 亿吨，增速比上年下降 9.5%。全省港口完成集装箱吞吐量 46.80 万标箱（TEU），比上年增长 20.6%。其中，南昌港完成货物吞吐量约 0.33 亿吨，同比增长 20.32%；集装箱吞吐量 13.33 万标准箱（TEU），同比增长 16. 8%。港口大宗货物和内贸集装箱进出港口量的大幅增长，成为南昌港货物吞吐量的主要增长点。南昌港货物吞吐量增长的主要原因，一是龙头岗综合码头项目建成投产，新增港口集装箱吞吐能力 20 万标准箱，件杂货吞吐能力 180 万吨，使南昌港吞吐能力不断提升；二是铁路、公路运输价格上涨，水路运输的价格优势更显突出，吸引了大宗货物弃陆走水；三是水运港口企业加大组货力度，为货主提供更便捷的运输服务，争取了更多大宗货源走水路运输。九江港实现货物吞吐量 1.17 亿吨，同比增长 3%；集装箱吞吐量 33.47 万标准箱，同比增长 22%，首次突破 30 万标准箱大关，九江港已连续三年保持亿吨大港水平（见表 1－2－3）。

表 1－2－3　　2017 年江西省规模以上港口货物吞吐量和集装箱吞吐量

统计指标	单位	货物吞吐量	集装箱吞吐量	同比增速（%）
九江港	万吨	11717.18	—	3
	TEU	—	334731	22
南昌港	万吨	3281.19	—	20.32
	TEU	—	133315	16.8

（四）航空货邮吞吐量实现微增长

2017 年，江西省航空货邮吞吐量 6.36 万吨，同比增长 0.9%。其中宜春明月山机场增速最快，为 34.3%，列全省增速第一位；货邮吞吐总量南昌昌北机场最大，约为 5.23 万吨，列全省第一位（见表 1－2－4）。

表 1－2－4　　2017 年江西省机场货邮吞吐量

机场	货邮吞吐量（吨）		
	本期完成	上年同期	同比增速（%）
南昌昌北	52262.4	50607.7	3.3
赣州黄金	6628.8	7306.6	－9.3

续 表

机场	货邮吞吐量（吨）		
	本期完成	上年同期	同比增速（%）
井冈山	2219.6	3010.8	-26.3
景德镇罗家	2120.0	1811.0	17.1
宜春明月山	370.0	275.4	34.3
上饶三清山	6.6	—	—
总计	63607.4	63011.5	0.9

注：九江庐山机场于2016年5月注销。

（五）快递业务保持平稳增长

2017年，江西省快递业务量累计完成43754.5万件，同比增长14.23%，排全国第17位；快递业务收入完成491976.7万元，同比增长19.15%，排全国第17位。在快递业务量前50位城市中，南昌市以18576.4万件排名第41位。在快递业务收入前50位城市中，南昌市以220656.2万元排名第41位（见图1-2-2）。

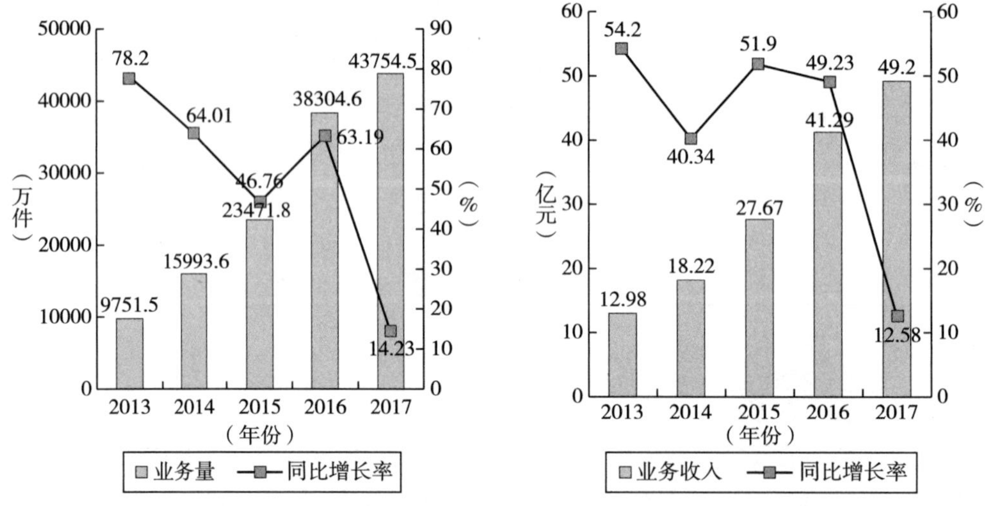

图1-2-2　2013—2017年江西省快递企业业务量和业务收入情况对比

三、江西省物流业运行存在的问题

（一）运输结构不合理

2017年，江西省公路、铁路、水运货运量比例为89.5:3.1:7.4，公路、铁路、水路、航空货运量对照如图1-2-3所示，与上年89:3.1:7.9比例相比，公路货运量占比较上年增加0.5个百分点，铁路货运量占比与上年基本持平，水运货运量占比较上年下降0.5个百分点，可见江西省主要交通运输方式仍是公路运输。铁路、水路在综合交通运输中的优势未得到充分发挥，过于依赖公路运输。发展铁路运输、推进多式联运、调整运输结构是推进物流降本增效的重要途径。2017年全省社会货运量中铁路占比仅3.1%，水路占比7.4%，公路占比则高达89.5%，而同属中部省份的湖北省公路运输占比低于80%，铁路运输成本是水路运输成本的3倍左右，公路运输成本是水路运输成本的5倍左右。大量本应通过铁路和水路运输的中长距离运输却由公路运输承担，提高了综合运输成本。

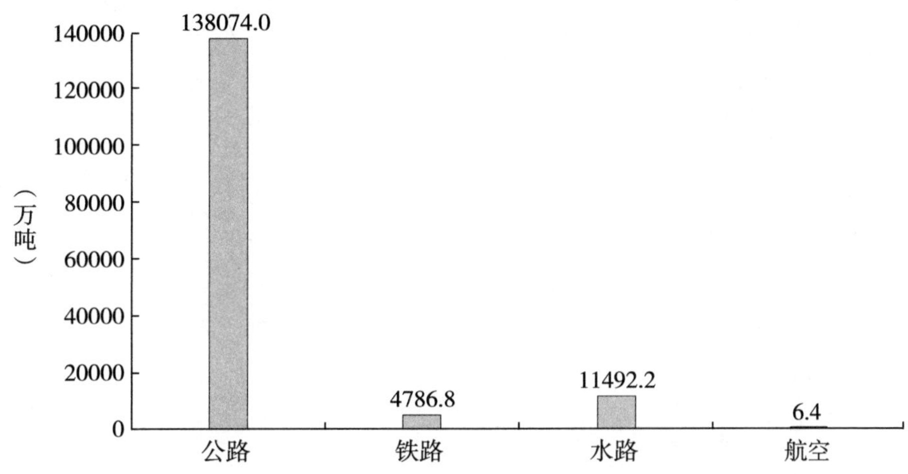

图1-2-3 2017年江西省公路、铁路、水路、航空货运量对照

（二）社会物流运行效率仍然偏低

2017年，江西省社会物流总费用3449亿元，同比增长10.8%，与GDP比率为16.6%，比上年回落0.3个百分点，但仍高于全国平均水平2个百分点。在中部六省中，江西省社会物流总费用占GDP的比率按从高至低排名位居第2位（见图1-2-4）。

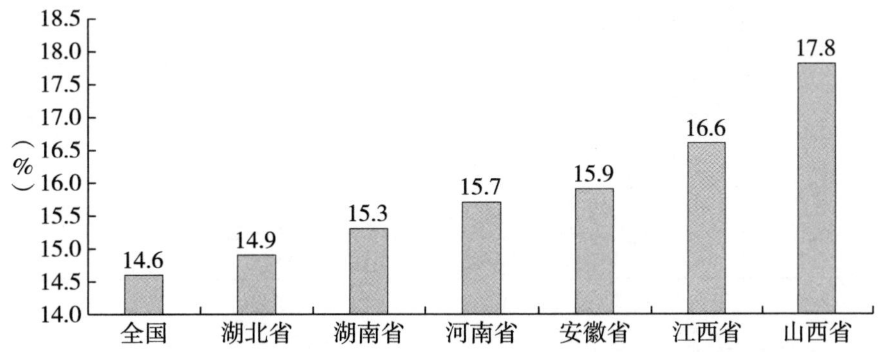

图1-2-4 2017年全国及中部六省社会物流总费用占GDP比率

（三）物流龙头企业缺乏

2017年，江西省A级物流企业保有量176家，其中5A级2家、4A级80家、3A级63家、2A级27家、1A级4家（见表1-2-5）。江西省在中部六省中A级物流企业总数排第3位（见表1-2-6）。全国物流50强、仓储企业100强尚未有江西企业进入。

表1-2-5　各设区市A级物流企业分布情况　单位：家

序号	设区市	5A级	4A级	3A级	2A级	1A级	总计
1	南昌市	2	12	7	2	—	23
2	九江市	—	1	1	3	—	5
3	景德镇市	—	3	5	—	—	8
4	萍乡市	—	3	—	—	—	3
5	新余市	—	4	1	—	—	5
6	鹰潭市	—	2	1	—	—	3
7	赣州市	—	6	29	20	4	59
8	宜春市	—	32	1	—	—	33
9	上饶市	—	2	—	—	—	2
10	吉安市	—	6	10	1	—	17
11	抚州市	—	9	8	1	—	18
总计		2	80	63	27	4	176

表1-2-6　中部六省A级物流企业对比　单位：家

省份	5A级	4A级	3A级	2A级	1A级	总数
湖北	13	176	169	83	2	443
湖南	13	86	83	8	—	190
江西	2	80	63	27	4	176
安徽	2	70	51	22	—	145
河南	6	50	50	12	—	118
山西	2	27	14	2	—	45
总数	38	489	430	154	6	1117

（四）物流园区建设不规范

全省80多个物流园区中能够投入运营的只有24个，列入国家级示范物流园区的只有 1 个，省级物流示范园区 2 个。物流园区物流功能单一，综合性物流园区较少，多数物流园区规划不合理，运输方式比较单一，具有多式联运的物流园区非常缺乏，物流枢纽建设比较滞后。

（五）物流标准化体系不完善

江西标准托盘使用率是22%，低于全国 6 个百分点，部分试点城市达到40%左右。大部分企业对标准建设认识不足，意识不强，对带托运输有抵触，不愿意放弃装载量而使用托盘运输。托盘租赁市场还没有形成，提供托盘租赁的服务商非常缺乏。企业自购托盘较多，托盘大多用于货物存放，用于循环共用的托盘更少。周转箱、周转筐的运用范围不广泛，只限于少数配送中心与门店之间。仓库建设标准化程度低，月台设计标准也普遍较低，不利于机械化装卸。

四、促进江西省物流业发展的措施

（一）实施运输结构调整

大力实施大宗货物运输“公转铁、公转水”，推动铁路进港口、进园区、进企业，推动多式联运中心建设，鼓励钢铁、煤炭、建材等产业向水运区域转移，利用水运低价优势，进一步降低物流成本。推动粮食、饲料、汽车等大宗货物利用铁路运输方式，全省减少公路运输的货运量 1 亿吨，提升铁路、水运货运量。着力发展航空物流，扩大航空货邮吞吐量。

（二）推进物流产业集群加快发展

进一步推动全省 50 个物流产业集群发展，引导各物流产业集群结合本地产业特色、交通优势，加快物流产业聚集，形成产业集群，有效降低物流成本。重点推动向塘江西省物流中心建设，做好产业规划，积极引进重大项目。对赣州南康家具、九江水运物流、樟树医药、高安陶瓷、抚州综合物流产业集群加强指导，加大推进力度。

（三）全面提升物流标准化建设水平

指导南昌市、九江市完成物流标准化试点任务，加快项目验收和资金拨付，开展试点城市绩效评估。在全省范围内推广使用 1200 毫米 ×1000 毫米标准托盘和 600 毫米 × 400 毫米系列模数周转箱（筐），建立开放式托盘循环共用体系。发挥物流标准化技术委员会作用，开展地方物流标准的制定工作，宣贯国家物流标准。引导物流企业围绕托盘循环共用进一步推进物流基础设施提升改造，鼓励企业开展带托运输。进一步规范运输车辆标准化，广泛使用厢式、封闭式货车。加强快递物流服务车辆规范管理，统一车型和标识，实行“一车一证一号一码”。

（四）开展流通领域现代供应链体系建设

在全省积极开展流通领域现代供应链体系建设，重点围绕快速消费品、农产品、药品、冷链、家具、服装、电商、快递等领域，形成若干个供应链，着力培育供应链主企业，进一步整合各类资源，形成一批供应链龙头企业。

（五）推动物流信息化建设

重点建设省级物流公共信息平台，形成市县级物流公共信息平台、专业信息平台、园区多层次的信息平台体系。引导企业运用云计算、大数据、物联网等先进信息技术，建设信息化系统，利用二维码传递信息。开展智能仓储建设，要求仓储企业加强信息系统研发，发展智能装卸设备和分拣设施，形成货、车、装智能系统。加大自动仓储项目建设，形成一批智能化仓储配送中心。

（六）开展城乡高效配送工程

根据商务部等五部委要求，全面实施城乡高效配送工程，构建物流园区、城市物流中心、仓储配送中心、县级物流中心、乡镇服务站和村（社区）服务网点城乡高效配送体系。实施省级城乡高效配送试点，申报全国城乡高效配送试点，培育城乡高效配送骨干企业。加强与供销、邮政等部门的合作，整合末端配送网点资源。加强与交管、运输、城管等部门的协调，为城市配送车辆通行、停靠、装卸提供便利。

（七）着力推进重大项目建设

合理布局物流基础设施，加快推进全省各类物流重大项目建设。推动国家级物流示范园区、省级物流示范园区建设，规范新建物流园区建设。重点支持传化、京东、苏宁、万佶、菜鸟等省内外知名企业在赣投资兴建重大项目。推动南昌综合枢纽、九江长江直达航运中心、赣州港、上饶高铁试验区建设。加快昌北航空智慧物流中心、向塘江西省物流中心、赣州传化南北公路港、上饶国际物流港等一批重大项目建设。

（八）大力培育龙头企业

扩大全省 A 级物流企业规模，A 级物流企业争取达到 200 家。开展省级重点商贸物流园区（中心）和重点商贸物流企业认定工作。积极推荐符合条件的物流园区申报国家物流示范园区，开展省级物流示范园区评定工作。

（九）加强物流基础性工作

完善社会物流统计制度，定期发布统计数据。开展物流产业集群统计工作，及时发布物流产业集群统计数据。开展物流景气指数统计工作，定期发布全省物流景气指数。引导各设区市开展物流统计工作。开展物流理论研究和专题调研，举办业务培训、高峰论坛、研讨会和专题推介会，组织行业间相互交流和学习。组织专家编制《江西省物流业发展报告（2016—2017）》。加强物流行业校、企、会协作，建立物流人才实训基地，组织物流技能竞赛，大力培育物流专业人才。

（江西省商务厅　傅南）

2017 年江西省道路运输发展情况报告

一、2017 年江西省道路物流发展现状

截至 2017 年年底，全省拥有营运载货汽车 33.04 万辆、吨位 357.78 万吨。经营业户 12.13 万户，从业人员 52.58 万人，其中驾驶员 43.44 万人。全省完成道路货运量 13.8 亿吨、货运周转量 3433 亿吨公里。道路货物运输平均运距为 248.63 公里，比 2016 年减少 7.5 公里，货运平均运距的减少在一定程度上体现出全省区域经济活跃性的提高。

2017 年，江西省公路、铁路、水运和民航共完成货运量 15.4 亿吨，货运周转量 4217.07 亿吨公里，比上年分别增长 11.8% 和 8.2%，其中道路运输完成货运量 13.8 亿吨，货运周转量 3433 亿吨公里，同比分别增长 12.37%、9.07%。货运量和货运周转量在多种运输方式中所占比重为 89.45% 和 81.41%，说明公路货运在综合运输体系仍占主导地位。

（一）道路货物运输量与货运周转量

2017 年，江西省完成道路货运量 13.8 亿吨、货运周转量 3433 亿吨公里，同比分别增长 12.37%、9.07%。

从时间维度看，2017 年 12 月货运量和货运周转量都达到全年最高值，9、10、11 月货运量和货运周转量达到一个小高峰。2017 年江西省各月道路货运量和货运周转量变化情况如图 1-3-1 所示。

从地区分布上看，上饶、宜春、新余三市的道路货运量较大，分别为 2.43 亿吨、2.11 亿吨、1.87 亿吨，三市共占全省货运量的 46%。宜春、抚州、吉安三市的货运周转量较大，分别为 602.1 亿吨公里、476.3 亿吨公里、442.7 亿吨公里，三市共占全省货运周转量的 45%。2017 年全省道路货运量、货运周转量结构（设区市占比）如图 1-3-2 所示。

（二）道路货物运输市场构成

1. 道路货物运输经营业户

截至 2017 年年底，全省道路普通货物运输经营业户为 12.13 万户，同比减少 11.17%，其中企业 8166 户，占总数 6.7%，比上年减少 8.75%；个体户 11.31 万户，占总数 93.3%，比上年减少 35%。

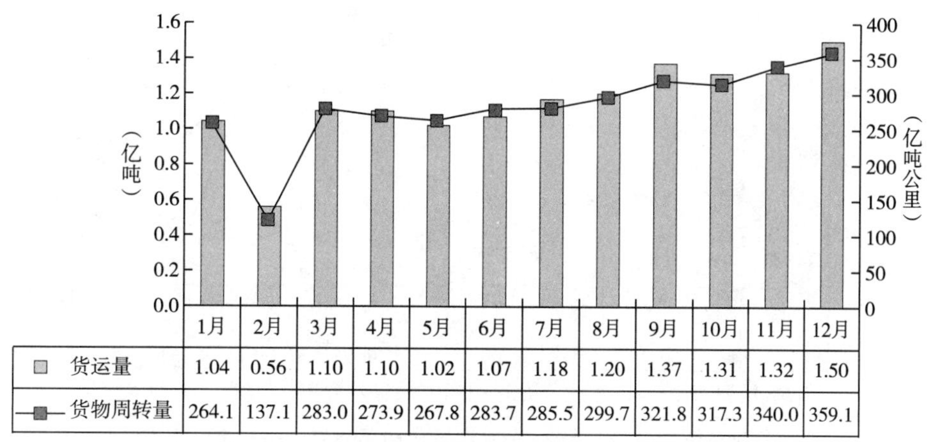

	1月	2月	3月	4月	5月	6月	7月	8月	9月	10月	11月	12月
货运量	1.04	0.56	1.10	1.10	1.02	1.07	1.18	1.20	1.37	1.31	1.32	1.50
货物周转量	264.1	137.1	283.0	273.9	267.8	283.7	285.5	299.7	321.8	317.3	340.0	359.1

图 1－3－1　2017 年江西省各月道路货运量和货运周转量

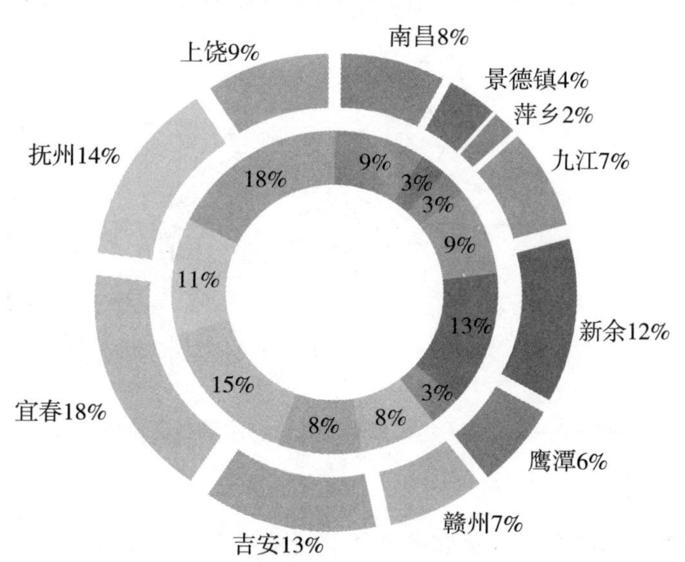

图 1－3－2　2017 年江西省道路货运量、货运周转量结构（设区市占比）

注：内环为 2017 年全省道路货运量各设区市占比。
外环为 2017 年全省货运周转量各设区市占比。

截至 2017 年年底，全省户均车辆数为 2.9 辆/户。11 个设区市中有 5 个设区市户均拥有车辆数高于全省平均数，分别是宜春、新余、抚州、鹰潭、南昌（见图 1－3－3）。

从经营范围看，2017 年全省共有普通货运经营户 12.13 万户，同比减少 11.7%；货物专用运输业户 299 户，同比增加 25.6%；大型货物运输业户 123 户，同比增加 17.1%；危险货物运输业户 313 户，同比增加 4%。2017 年江西省道路货物运输经营业户构成情况如图 1－3－4 所示。

从图 1－3－4 可以看出，全省道路货物运输经营业户主要以普通货运企业为主，占总数的 99.4%。但普通货运业户正在逐步减少，货物专用运输业户、大型货物运输和危险货物运输业户正在逐步增加，表明全省道路货物运输行业结构在向专业化方向

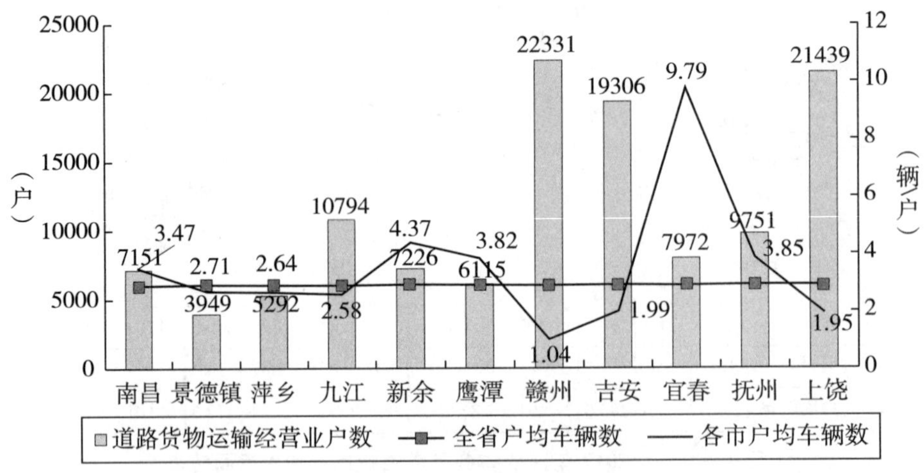

图 1－3－3　2017 年江西省各设区市道路普通货物运输经营业户数及平均拥有车辆数情况

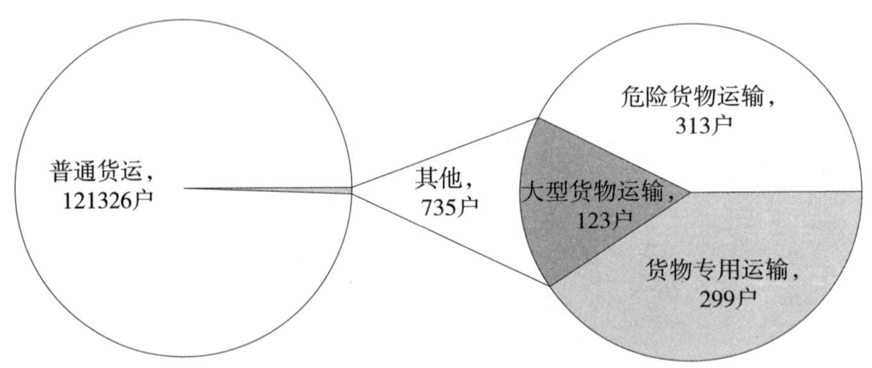

图 1－3－4　2017 年江西省道路货物运输经营业户构成

调整，正在逐步优化。

从运力规模看，2017 年全省道路普通货物运输经营业户主要以个体运输户为主，个体运输户占总数的 93.27%；企业占总数的 6.73%，其中拥有货车车辆数在 5 辆以下的企业最多，达到 3403 户，占企业总数的 41.67%。拥有车辆 50 辆及以上的货运企业 1201 户，比上年末减少 2%；5 辆以上 50 辆以下的货运企业 6965 户，比上年末减少 38.6%。2017 年江西省道路普通货物运输经营业户车辆规模构成情况如图 1－3－5 所示。

2. 道路货物运输车辆

截至 2017 年年底，全省拥有道路货物营运车辆 35.15 万辆、吨位数 360.93 万吨，比上年分别增加 1.5%、11.3%。平均吨位为 10.27 吨，比上年增加 0.91 吨/辆，这在一定程度上说明全省营运货车重载化的发展趋势。其中个体业户拥有货物营运车辆 10.95 万辆、吨位数 45.02 万吨，分别占总数的 31.1%、12.5%。

全省货物营运车辆主要是载货汽车，2017 年全省拥有营运载货汽车 33.04 万辆、吨位数 357.78 万吨。2017 年江西省营运载货汽车车辆数和吨位数设区市分布情况如图 1－3－6 所示。

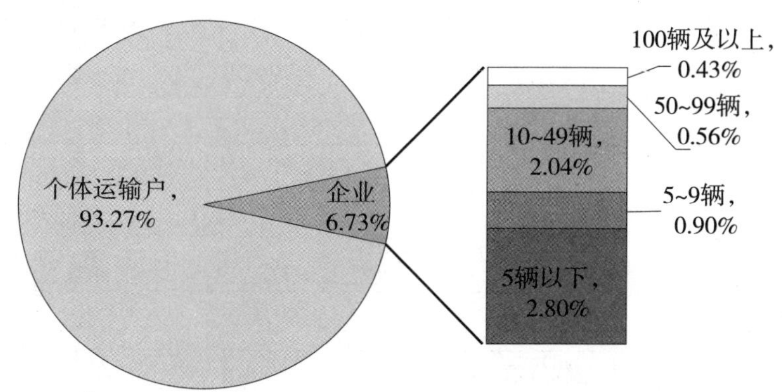

图 1－3－5　2017 年江西省道路普通货物运输经营业户车辆规模构成

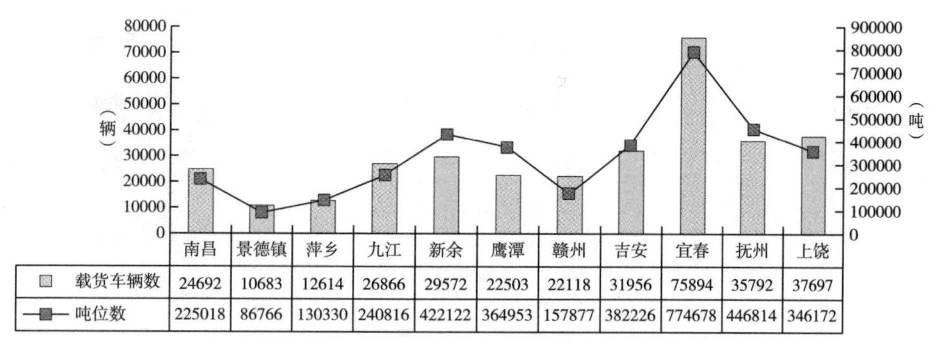

	南昌	景德镇	萍乡	九江	新余	鹰潭	赣州	吉安	宜春	抚州	上饶
载货车辆数	24692	10683	12614	26866	29572	22503	22118	31956	75894	35792	37697
吨位数	225018	86766	130330	240816	422122	364953	157877	382226	774678	446814	346172

图 1－3－6　2017 年江西省营运载货汽车车辆数和吨位数设区市分布

从图 1－3－6 可以看出，宜春、上饶、抚州三市载货汽车较多，分别占总数的 23%、11.4%、10.8%。宜春、抚州、新余三市载货汽车吨位数较大，分别占总数的 21.7%、12.5%、11.8%。

按标记吨位分，2017 年江西省共有大型载货汽车 17.17 万辆、吨位数 339.97 万吨；中型载货汽车 2.02 万辆、吨位数 6.18 万吨；小型载货汽车 7.94 万辆、吨位数 11.63 万吨。2012—2017 年江西省不同标记吨位载货汽车数量占地和吨位占比情况分别见图 1－3－7 和图 1－3－8。

从图 1－3－7 和图 1－3－8 可以发现，大型载货汽车车辆数和吨位数占总数的比重逐年提高，说明全省载货车辆向大型化、重型化方向发展。

2017 年，全省载货汽车主要由货车、牵引车和挂车组成，其中货车 19.6 万辆、牵引车 5.91 万辆、挂车 7.52 万辆，分别占总数的比为 59.3%、17.9%、22.8%。

从燃料类型看，2017 年江西省货车以柴油车为主，拥有柴油车 19.41 万辆，汽油车 1207 辆，天然气车 61 辆。

从车型结构看，2017 年全省载货汽车以栏板式和厢式车为主，拥有栏板式载货汽车 11.44 万辆，厢式载货汽车 7.84 万辆，罐车 3151 辆。

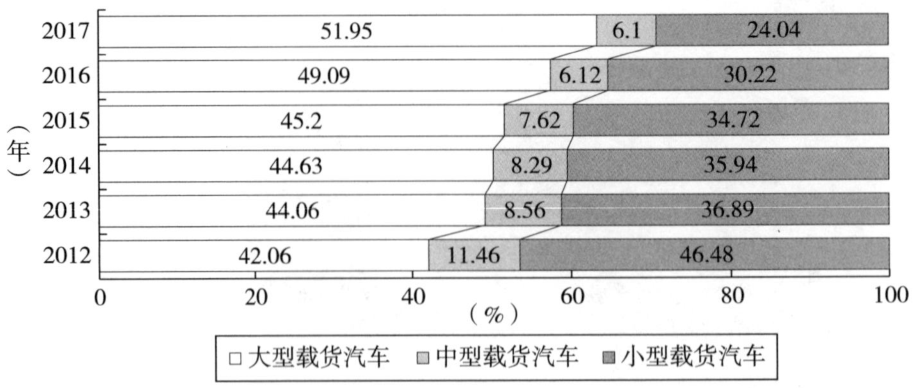

图 1－3－7　2012—2017 年江西省不同标记吨位载货汽车数量占比情况

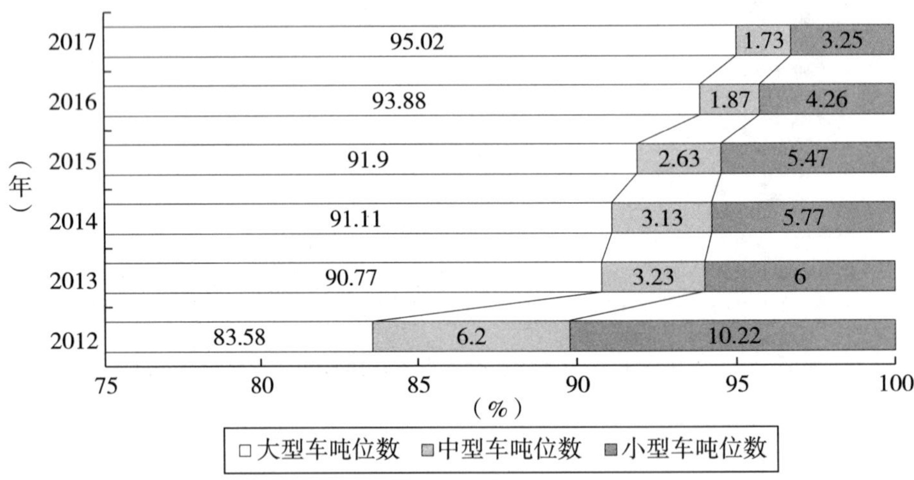

图 1－3－8　2012—2017 年江西省不同标记吨位载货汽车吨位占比情况

（三）道路货物运输站场

2017 年江西省货运枢纽（物流园区）建设完成投资约 9000 万元。宜春开发区物流中心仓储、停车场已基本完工；井冈山经济开发区物流园区公路货运枢纽仓储已基本完成。列入交通运输部“十三五”货运枢纽建设方案项目库的南昌、九江、赣州等地货运枢纽项目加快前期工作，南昌龙头岗综合枢纽物流园工程、九江港彭泽港区红光作业区综合枢纽物流园一期工程可行性报告已编制完成；赣州传化南北公路物流港已完成立项、土地征用、初步设计等工作。

截至 2017 年年底，江西省道路货物运输站场共有 59 个，其中二级站 2 个，三级站 16 个，四级站 41 个。全省道路货运站经营业户 59 户，货运站场从业人员 545 人，同比增长 2.1%。其中持证上岗人员 527 人。全省道路货运站场经营业户主要集中在赣州、宜春、吉安三市，其中赣州 45 户、宜春 1 户、吉安 3 户。

二、2017 年江西省道路物流发展问题

（一）道路货运物流市场结构不合理

截至 2017 年年底，江西省共有道路货物运输经营业户 12.13 万户，同比减少 11.17%。其中，企业经营业户 8166 户，个体经营业户 11.31 万户，与上年同比分别下降 35% 和 8.75%；普通货运业户 12.1 万户，货物专用运输业户 299 户，大型物件运输业户 123 户，危险货物运输业户 313 户，与去年同比分别减少 11%、增加 25.6%、增加 17.1%、增加 4%。从全省道路货物运输经营业户结构看，占货运市场 93.3% 的仍是以单车为主的个体运输户，表明全省道路货运市场结构调整效果不明显，集约化、规模化经营程度比较低，市场缺乏引领行业发展龙头的骨干企业。从经营性质看，从事集装箱、冷链、大件等专用运输业户很少，货物专用运输经营比重仍然偏低。

（二）道路货运物流基础设施严重不足

截至 2017 年年底，江西省共有等级货运站 59 个，其中，二级货运站 2 个，三级货运站 16 个，四级货运站 41 个，其中宜春经济开发区物流园区和井冈山物流园区两个货运枢纽已投入使用。从 2011—2016 年等级货运站变化情况看，全省等级货运站数量增长缓慢，表明全省道路货运基础设施建设已严重滞后并影响了道路货物物流业的发展，难以满足现代物流快速发展的需要。

（三）道路货运车辆结构不合理

截至 2017 年年底，江西省共有道路货物营运车辆 35.15 万辆，吨位数共 360.93 万吨，与上年同比分别增加 1.5% 和 11.3%。其中，大型载货汽车 17.17 万辆、吨位数 339.97 万吨，中型载货汽车 2.02 万辆、吨位数 6.18 万吨，小型载货汽车 7.94 万辆、吨位数 11.63 万吨。载货汽车大中小型比例由上年的 31∶4∶1 调整为 64∶7∶29。从载货汽车车型结构看，大中型车比例由 64.8% 增至 70.8%，载货汽车平均吨位数为 10.27 吨，表明全省载货汽车正在向大型化、重型化方向发展，载货汽车结构正在进一步调整和优化。但总体来看，全省道路货运车辆仍以普通货车为主，高效低耗的重型货车、厢式货车、集装箱半挂车和各类专用货运车辆所占比重较低，道路货运市场高端运输供给不足，运输效率相对较低，难以适应现代物流对运输安全、高效、专业化、网络化和标准化的需要。

（四）道路物流发展的其他问题

（1）货运物流先进运输组织方式发展滞后。江西省是内陆农业大省，其现存的产业结构使得生产制造业欠发达，货源相对不足。加之货运物流企业经营理念未发生根本转

变，致使全省甩挂运输、多式联运等先进运输组织方式发展相对滞后。目前，全省真正开展了甩挂运输的企业较少，甩挂运输与发达地区相比还存在很大差距。随着铁路货运市场的放开，公铁联运才开始起步，公水联运受内河通航能力影响发展相对缓慢。

（2）货运物流信息化水平较低。从企业层面看，当前全省绝大多数货运物流企业信息化水平较低，建立并使用了兼顾运输生产、调度组织、安全监管等功能的管理信息系统的物流企业少之又少，无法满足生产制造以及商贸流通企业的物流服务需求。从政府层面看，目前全省还未建立一个能够打破部门、企业、机构、地域间的信息壁垒，实现数据、信息交换与共享，提供相关物流服务的物流公共信息平台，无形中提高了物流信息传递的时间成本与相关费用，影响了货运物流业的降本增效。

三、推进货运物流业发展意见和建议

从当前道路货运物流业存在的问题看，除管理体制不顺、外部发展环境不优外，道路货运物流成本偏高，其根本原因在于物流各环节衔接不畅、运转效率低下。在强化基础设施建设满足物流发展和优化道路物流发展环境的同时，利用信息化技术提升物流组织和管理水平，是推进道路货运物流业降本增效的根本方向。因此，推进全省道路货运物流业发展主要应从以下 4 个方面着手。

（一）加快构建衔接顺畅的基础设施网络

针对道路物流基础设施严重滞后物流发展这一突出问题，应组织相关管理部门进行重点调研，了解现有货运站场、物流园区的分布、使用状况以及发展需求，然后结合全省产业结构状况，大力推进货运枢纽（物流园区）、物流节点建设，进一步完善物流园区布局，着力补齐短板。为发挥物流节点网络效应，应重点建设一批具备多式联运、干支衔接和口岸服务功能的货运枢纽（物流园区），提高物流节点货物组织转换效率。

（二）积极推进先进运输组织方式发展

大力调整道路货运车辆结构，积极推广应用集装箱、厢式半挂车等标准化运载单元和货运车辆，为推进先进运输组织方式发展创造先决条件。重点引导货运物流企业转变经营理念，支持货运物流企业积极发展甩挂运输、多式联运等运输组织方式，提高运输效率。鼓励和支持货运物流企业走协作发展道路，组建企业联盟建立紧密型合作关系，实现资源共享、优势互补，争取在零担快运、甩挂运输等重点领域形成 1 ~ 2 个特色鲜明、模式创新的物流联盟，以达到物流信息共享、运输装卸设备共用、运输风险共担的多方共赢合作局面，最大限度挖掘企业降本增效的空间。

（三）积极推进“互联网 +”高效物流

鼓励和支持企业利用信息化手段优化创新物流组织方式，提升企业在运输、配送、仓储等环节的智能化应用水平，提升物流运作效率。大力推动物流相关信息跨部门、跨运输方式、跨区域交换共享与互联应用，打造物流信息互联“高速公路”，解决“信息孤岛”顽疾。强化信息技术支撑、鼓励新兴业态发展，重点培育和支持无车承运人发展，充分发挥其货运和车辆运输组织能力，提升车辆运输效率。

（四）进一步推进物流行业“放管服”工作

要优化行业行政审批，按照“非禁即入、便民高效、规范统一、宽进严管”的原则，深化物流领域行政审批改革，营造公平、公正的市场准入环境。优化货运物流管理体制，理顺物流行业管理职责，形成物流管理的合力效应。建立健全货运物流行业诚信体系，推动物流信用信息共享和应用，营造公正、公平的市场环境。加大对货运物流行业的支持，制定和出台对货运物流企业的支持政策，帮助企业解决在土地使用、融资发展、人才招聘等方面的困难。

（江西省交通运输厅　彭瑜）

2017 年江西省铁路运输发展情况报告

一、2017 年江西省铁路物流发展现状

（一）铁路货物运输情况

2017 年，江西省铁路货运总发送量 4871 万吨，同比增加 575.2 万吨，增长 11.8%；铁路货运总周转量 532.2 亿吨公里，同比增加 17.73 亿吨公里，增长 3.4%；铁路货运总到达量 7172 万吨，同比增加 149.7 万吨，增长 2.1%（见下表）。

2017 年江西省铁路部分品类货运量及同比变化

统计指标	发送量（万吨）	同比增加（万吨）	同比增长（%）
金矿	614.5	-34.1	-5.2
集装箱	427.8	121.0	39.4
煤炭	1222.5	233.7	23.6
钢铁	529.7	46.6	9.6
焦炭	329.2	29.0	9.6
水泥	55.2	-12.5	-18.4
石油	164.0	-47.2	-22.3

（二）铁路货运运输基础设施

1. 铁路物流基地

新建向塘物流基地（一级）、开工建设南昌北物流基地（二级）；鹰潭南物流基地（二级，线路延长、增设仓库）、上饶物流基地的改造也投入建设（新增集装箱装卸线路、门吊）；开工建设赣州南康物流基地二期工程（二级）。

2. 铁路货运站

南昌局集团公司在全省现有铁路货运营业办理站 117 个，其中特等站 1 个，一等站 4 个，二等站 14 个，三等站以下车站 98 个。现有集装箱办理站 23 个。

3. 铁路装卸机械

装卸机械总台数 556 台，其中桥吊 1 台，门吊 93 台，内燃叉车 225 台，电瓶叉车

89 台，装载机 128 台，汽车吊 7 台，集装箱正面吊 1 台，挖掘机 4 台，抓料机 1 台，行包牵引车 1 台，皮带输送机 6 台。

4. 企业铁路专用线

企业铁路专用线 223 条，其中长江港口专用线 7 条，在建铁路专用线情况如下。

（1）神华国华信丰电厂铁路专用线一期新建 2×660 兆瓦级机组，年需新增燃煤约 235 万吨，煤年运量为 235 万吨，来自神华集团神府东胜矿区，经铁路、海运至厦门港或泉州港口上岸后，通过铁路运输至电厂。2017 年 5 月完成可行性研究设计审查。

（2）江西省泓达物流有限公司铁路专用线，一期（2020 年）预计发送货物 260 万吨/年，其中煤炭 120 万吨、铁矿石 80 万吨、铜精粉 10 万吨、高岭土 50 万吨，发往江西省内发电、冶金、炼焦、陶瓷企业；二期（2030 年）预计发送货物 400 万吨/年，货物品类、流向与一期相同。2017 年 5 月完成可行性研究设计审查。

（3）定南国盛铁路实业有限公司铁路专用线改造，新增集装箱线路和集装箱到发到达及门吊设备设施。专用线内新建集装箱装卸线 2 条，有效长均为 243 米，装卸有效长均为 168 米。设 40 吨、35 米悬臂型集装箱门吊 1 台。集装箱场地面积硬化 7100 平方米。2017 年 12 月完成可行性研究设计审查。

（4）南昌向塘铁路口岸铁路专用线，一期（2020 年）预计到发 80 万吨/年（折合 61540 标准箱），其中到达（进口）20 万吨（折合 15380 标准箱）、发送（出口）60 万吨（折合 46160 标准箱）；二期到发 200 万吨/年（折合 153860 标准箱），其中到达（进口）60 万吨（折合 46160 标准箱）、发送（出口）140 万吨（折合 107700 标准箱），货物采用集装箱运输，到发方向为开行中欧班列，经阿拉山口（霍尔果斯）出入境，以及铁海联运经宁波港、福建江阴港、深圳盐田港进出口，主要经京九、沪昆、峰福、武九线运输。2017 年 11 月完成可研设计审查。

（三）积极开拓市场成效显著

（1）优化营销策略，实现货运增量。针对去产能目标，组织分层调研，对接钢企、煤企，确定营销方案，合理分工港口，加强运力保障，确保港口上量。专题分析煤炭、金属矿石、焦炭等行业，对企业原材料产供销、市场运价进行监控，密切关注企业经营动态和港口信息，及时制订优化方案，确保大宗物资运输兑现。紧盯煤、焦炭、金矿、钢铁、水泥、集装箱等恢复基准运价对运输市场影响，认真比较公路运价，合理调整营销方案。

（2）合理进行港口分工，稳固大宗运输。加强与港口合作，合理进行港口运输分工，平衡管内港口与钢厂、电厂原材料运输，重点抓好贵溪电煤，东吴港发腾桥电厂电煤、九江港发井冈山电厂、泉江电厂电煤、萍钢进口铁矿新增项目，通过整列挂运、优化径路、加强组织，实现港口增量。

（3）优化营销方案，扩大白货份额。加强路政路企沟通协调，量身定制运输方案，促进白货上量。一是深入生产销售环节，紧盯新钢、萍钢钢材销售渠道，借助钢材销售区域，比较公路铁路优势，制定营销物流解决方案，拓展成昆、广东、上海方向钢材运量。二是抓住环境治理和公路治超契机，优化运输组织方案，综合考虑河砂销售物流成本，制订赣州地区河砂营销方案，实现大幅度增量。三是优化货物班列方案，灵活运用价格杠杆，压缩至西南、西北、东北等去向的运输时效，争取长距离高附加值货源。四是优化零散快运方案，抓好站段中铁快运接取送达业务交接，完善“最后一公里”配送网络；调整停开赣闽货物快运列车，停办运量较小零散办理站，采取一站整零和大站带小站的组织方式，缩短运输时效；加强零散快运时限监控，抓好152类批量快运在站超时、零散快运在站超时、配送超时、四确认等问题的追责分析，提高运输时效和配送质量。五是用好35吨敞顶箱。加强适箱货源调查，优化敞顶箱路径，形成循环使用。重点开发了上饶蛇纹石、鹰潭焦炭等项目。

（4）推进物流总包。以做大做细物流总包项目为目标，加强物流市场需求调研，在原有基础上，重点开发了九江食用油、上饶乳制品、赣州食品、奥克斯空调、雪村冷藏柜、长城汽配、东北粮等物流总包项目，实行项目负责制，加强项目日常监控，提供运力保障，最大限度地满足了客户需求。

（5）拓展多式联运。加快推进海铁、铁海、公铁等多式联运，主动开发物流市场，科学设计物流产品，充分利用地方政府和铁路价格优势，共同打造海铁联运平台，通过调研论证、科学设计、优化分工、组织试运和固定班列等措施，打通了江西内陆往东南沿海的通道；联手中远海运、安通控股、中谷集团、辽宁红运等大型企业，搭建铁海联运平台，量身打造东北粮食运输项目。

（6）开好中欧中亚班列。为主动融入国家战略，对接“一带一路”发展战略，把开行中欧中亚班列作为2017年货运新增长点，主动对接地方政府、企业，积极争取地方政府和总公司的政策支持，加强品牌推介宣传，做大了国际物流市场。

（7）发展专项物流。一是组织商品车运输。主动对接江铃、昌河、东南等管内汽车厂家，与中铁特货公司合作，发挥JSQ型车、板架箱等设备资源和运价政策优势，利用向塘、九江、江阴、前场物流基地场站货运功能，开发商品车市场。二是探索冷链运输。利用中铁特货公司特种冷藏车、机械保温车，组织管内果蔬、冻产品运输，并会同中铁特货公司组织部分站段对管内冷链运输需求进行市场调研，了解掌握区域冷链运输需求和公路运输情况，向总公司提出开发冷链市场建议、意见以及所需的政策支持。

二、2017年江西省铁路物流发展问题

（一）公路治超力度不够

江西省地方政府应出台落实相关治超政策，加大检查力度，大力推进大宗货物向铁路转移。

（二）非法码头整治不强

江西省江、河存在较多的非法小码头，冲击铁路运输。政府应对江、河、海港码头进行梳理，关闭非法码头，引导合法运输。

（三）推进地方物流园及疏港码头铁路专用线建设效果不明显

由于铁路专用线建设存在资金、土地等系列问题，需要政府部门在资金和土地政策上进行扶持，确保企业铁路专用线建设的顺利开展。

（四）加大对物流企业资金支持

对正在发展或发展较好的铁路物流企业，在税收、资金投入等方面采取政府补贴等方式进行扶持，提高铁路物流企业发展的动力。

三、2018 年江西省铁路物流发展意见和建议

随着经济回暖，2017 年铁路货运量反弹，同时铁路货运结构也在发生细微变化，集装箱、散货、汽车等运输量提升，长期来看，中国铁路南昌局集团有限公司铁路货运将仍以大宗商品运输为主。

（一）运输供给侧结构性改革将进一步深化

铁路物流将进一步细分目标市场，一方面抓好大宗货物中长期运输协议落实，另一方面大力发展集装箱运输、商品汽车、冷链运输和多式联运，与其他交通方式优势互补、融合发展。

（二）多措并举进一步促进物流降本增效

在加强环境治理和公路治超的境况下，铁路物流将充分发挥便捷高效、安全环保等比较优势，通过扩大运输能力、优化产品供给、发展多式联运等措施为企业提供供应链全程物流解决方案，全面降低社会综合物流成本。

（三）铁路物流经营管理水平将进一步提高

未来铁路将全面提高经营管理水平，一是稳定运输产品供应，提高班列开行的稳定性与时效性；二是提升产品服务质量，为客户提供更加方便、快捷的业务办理体验；三是促进物流信息互联共享；四是深化铁路运价市场化改革，构建适应物流市场发展的货运价格管理体系。

（四）铁路物流相关资源开发将进一步推进

未来铁路将进一步提升物流设施经营开发能力，完善铁路物流基地周边交通基础

设施配套，并不断丰富现代物流技术装备体系。

（五）铁路物流走出去成果将进一步巩固扩大

未来铁路将利用中欧班列国际运输联合工作组和中欧班列运输协调委员会两个平台，进一步加强国内外物流组织协调；通过提升服务质量，创新国际班列运输组织方式，协调简化海关手续，推进国际回程班列发展，将中欧班列打造成为铁路物流高质量发展的标志。

2018 年公司将不断推进铁路货运市场化改革，随着铁路现代物流网络的逐步铺开，高速铁路新建及既有铁路线货运能力的释放、货运物流基地建设的逐步完善，服务流程更加贴近快递市场需求，铁路物流发展将呈现稳中有进、稳中向好的发展态势，供给侧结构性改革仍将进一步深化，去产能、去杠杆和降成本效果有望持续显现，铁路物流发展的质量和效益将稳步提升。

（中国铁路南昌局集团有限公司　陈亚军）

2017 年江西省水路运输发展情况报告

一、2017 年江西省水路运输发展现状

（一）水运企业及运输船舶现状

（1）水运企业：截至 2017 年年底，江西省共有水路运输经营户 201 家，其中水运企业 154 家，经营户 47 家。运输辅助业企业 35 家，其中，省际危险品水运企业 15 家（南昌 1 家，赣州 1 家，宜春 4 家，丰城 2 家，九江 2 家，抚州 5 家）。省际普货水运企业 113 家，省内普货水运企业 4 家，省内旅客运输企业 22 家。

（2）运输船舶：全省共有运输船舶 1902 艘，超过 232 万载重吨，13231 个客位，3830 标准箱（TEU）。2017 年运输船舶平均载重吨位由 2016 年 1120 吨增加至 1221 吨，运输船舶向大型化、专业化、标准化方向发展（见下表）。

江西省水路运输行业基本情况

项目＼年份	2012	2013	2014	2015	2016	2017
水路运输经营户数（家）	411	306	251	248	244	201
运输船舶数（艘）	2454	2135	2010	2087	2061	1902
运输船舶平均载重吨（吨）	878	1016	1041	1068	1120	1221

（二）水路运输生产完成情况

（1）2017 年江西省完成水路货运量 1.15 亿吨，货运周转量 251.9 亿吨公里，港口吞吐量 2.8 亿吨，集装箱吞吐量 46.8 万 TEU，同比分别增长 5.5%、7.1%、-9.5%和20.6%。

（2）从全省水路货物运输生产情况看，水路货物运输继续保持稳定增长态势，但受经济新常态、沿江非法码头取缔等因素影响，港口吞吐量略有下降，集装箱吞吐量保持稳定增长态势，全省水路货运行业整体保持良好发展趋势。

（三）港航基础设施现状

（1）港口基础设施。截至2017年年底，全省港口共有泊位1638个，其中深水泊位156个，主要建设了九江港彭泽港区红光综合码头一期工程，建成了樟树水运口岸作业区码头。2017年共完成港口基础设施投资3.1亿元，新增2个1000吨级件杂货泊位，新增年通过能力60万吨。

（2）航道基础设施。截至2017年年底，全省现有通航里程5716公里，其中：Ⅰ级航道156公里，Ⅱ级航道175公里，Ⅲ级航道283公里，Ⅳ级航道87公里，Ⅴ级航道167公里，Ⅵ级航道399公里，Ⅶ级航道1160公里，等外级航道3289公里，其中赣江高等级航道达标率达70.1%。2017年全省高等级航道建设有序推进，其中续建赣江新干航运枢纽、井冈山航运枢纽、石虎塘—神岗山Ⅲ级航道整治工程，新开工信江双港航运枢纽、信江八字嘴航运枢纽等项目，项目总投资149.7亿元，航道项目完成投资17.9亿元。

二、2017年江西省水路运输发展问题

（一）无公共物流信息平台

内河水路运输由于缺乏一个统一的物流信息平台，导致在运输组织、运输服务、市场信息等方面相对滞后，增加了物流成本和能源消耗。

（二）港口集疏运体系建设滞后

多数港口没有铁路衔接，各种运输方式之间衔接以及集多种运输方式于一体的综合交通枢纽不充分；部分港区与城市主要道路及对外出入口的联系通道路况较差，大多数港区直接与城市道路网络相联系，存在一定的相互干扰及安全隐患。

（三）水路运输市场的供需矛盾加剧

随着国家经济增速的放缓和基本建设项目的压缩，水运市场货源不足，运力相对过剩，水路运输市场的供需矛盾日益突出，导致运价偏低，加上人力成本上升，安全投入较大，水运企业亏损面越来越大。

（四）违法成本过低，“逆淘汰”现象较严重

一是由于船舶相对运力过剩，恶性压价的情况时有发生，水运市场价格只反映了供求关系的变化，不能准确反映价值。二是行业“逆淘汰”现象比较严重，依法依规经营的企业往往成本高亏损大，而企业（或个人）违规经营成本较低，给水运市场造成了负面影响。

三、保护水域环境，发展安全绿色航运

（一）推进与实施国家内河船型标准化政策

（1）积极推进与实施国家内河船型标准化政策。2011—2017 年，江西省累计完成老旧运输船舶拆解 271 艘，87897 总吨，完成现有运输船舶生活污水防污染改造 1003 艘，934905 总吨。

（2）通过持续推进和实施内河船型标准化，江西省运输船舶运力结构得到明显优化，船舶逐步向大型化、专业化、标准化方向发展，船舶节能减排水平进一步提高；运输船舶平均船龄已由 2009 年的 12.8 年下降到 2017 年的 10.3 年，运输船舶平均能耗指标由每千瓦小时 230.1 克下降到 220 克，运输船舶平均载重吨位由 492 吨上升到 1221 吨。

（3）加快节能环保型船舶的研究开发，推进 LNG（液化天然气）清洁能源在水路运输行业的推广与应用，大力开展高效示范标准船型的研究开发和应用。

（二）积极开展防治船舶污染专项治理

（1）推动船舶节能减排和技术进步，严格执行国家有关船舶强制报废制度，加快高污染高耗能的客船、老旧运输船舶、单壳油轮和单壳化学品船的淘汰速度，2020 年内河船型标准化率达到 75%。

（2）推广运输船舶码头装卸时使用岸电，加快相关设施设备建设，至 2020 年年底，全省主要港口的集装箱码头、千吨级以上客运、专业化泊位具备向船舶供应岸电的能力。

（3）全省所有省际散装化学品运输企业，在船舶转换危险品运输品种需要洗舱时，应报告港航部门，并严格按照船舶防污染有关规定，到正规洗舱站洗舱，不得自行处理船舶洗舱水。

（4）督促船东做好船舶维护保养，保障船舶生活污水处理装置能够正常运行，对设备出现三次不能正常使用或故意不使用的船舶，将列为企业和船舶的失信行为。

四、促进水路运输的发展措施

（一）推进集疏运体系建设

（1）推进九江港彭泽港区红光作业区综合枢纽物流园、南昌龙头岗综合枢纽物流园等综合枢纽分别在 2018 年内、2019 年内开工建设。

（2）推动九江港城西港区疏港铁路专用线等 4 条疏港铁路，以及九江港彭泽港区彭郎矶作业区疏港公路等 9 条疏港公路建设，完善江西省主要港口集疏运系统。

（3）加快南昌 - 九江港一体化建设，充分发挥九江港作为江西省区域性航运中心、

南昌港作为腹地中心型港口的优势，服务和带动全省经济社会发展。

（二）加快赣江、信江高等级航道建设

（1）加快推进赣江新干航运枢纽、井冈山枢纽、万安枢纽二线船闸等项目，到2019年实现赣江全线三级航道通航。

（2）推进信江八字嘴枢纽、双港枢纽、界牌船闸改建、界牌至双港航道整治、双港至褚溪河口航道整治等项目，到2020年实现信江三级航道通航。

（3）加强长江经济带综合立体交通走廊建设，配合推动长江干线武汉至安庆段6米深水航道整治工程实施，加快推进九江通江达海区域性航运中心建设。

（三）加快港口码头及配套基础设施建设

（1）不断优化全省港口功能布局，推进九江港彭泽港区红光作业区综合枢纽码头一期工程、九江港赤湖工业园公用码头等建设，新增深水泊位19个，新增港口通过能力1615万吨、65万TEU。

（2）巩固长江岸线非法码头整治成果，开展九江港沿江“小、散、低”码头整治综合提升工作，使沿江码头3000吨级靠泊能力达到80%以上。

（3）推动九江长江化学品洗舱站项目前期工作。

（4）加快九江港现有码头岸电改造工作，到2020年年底，新增55家码头配备岸电设备设施。

（四）引导企业兼并重组，跨界联合、做大做强

（1）针对全省非公有制水路运输企业、港口经营企业较多，普遍规模较小、抗风险能力较弱的情况，出台相关鼓励政策，扶优扶强，对信用度高、安全管理和经营状况良好的港航企业给予政策倾斜，引导港航企业跨行业、跨运输方式的兼并重组，做大做强，培育若干个龙头物流企业，全面提升江西省水运行业发展质量，促进企业健康、稳定、有序发展。

（2）引导江西天宜航运有限公司收购庐山市新池航运公司，取得长江航务管理局两艘计12000吨省际散装化学品船运力批文，为企业健康平稳发展打下了基础。目前，该公司已完成船舶委托设计并通过了审核，已进入开工建造阶段。

（3）助推九江瑞昌金海轮船有限公司引入资金开拓新市场，延伸服务领域，母公司投资1.8亿元，新建了5艘1.8万吨标准化船舶，新增长江干线省际干散货物船舶运力9万载重吨。

（五）培育龙头企业，提升行业发展质量

（1）扶持江西远洋集装箱有限公司，在母公司江西港航建设投资集团有限公司的

支持下，按国家标准船型新建300～600TEU专业集装箱船舶，开辟九江港至上海洋山港、舟山港、宁波港的江海直达集装箱运输航线，该航线为江海直达联运航线，可减少中转环节，大大降低集装箱运输周期。

（2）在交通运输部长江航务管理局的帮助下，邀请相关兄弟省份的港航管理部门在省港航局现场办公，协调解决了九江振鑫船务有限公司在收购湖南常德城关航运有限公司、江苏常熟安捷化工物流有限公司、安徽世平航运有限公司的过程中，以及新增长江省际化学品船舶运力后遇到的一些实际困难。

（3）根据港航企业生产规模、经营业绩、安全管理等状况，遴选了7家港航经营企业作为第一批重点扶持发展企业，管理部门给予重点帮扶。这7家企业为：江西通达航运有限公司、江西东港航运有限公司、九江振兴轮船有限公司、抚州市长江实业集团有限公司、抚州盛达航运有限公司、江西国际集装箱码头有限责任公司、上港集团有限公司九江分公司。

（六）优化发展环境，助推企业提质增效

（1）支持水路集装箱运输业务发展，构建江西省集装箱内支线班轮运输网络。支持内外贸集装箱同船运输，提高船舶运行效率，至2017年年底，全省从事长江干线及支流的集装箱班轮运输企业有5家，有集装箱运输船舶30艘，运力2937TEU；目前主要的集装箱内支线班轮运输航线有：南昌至九江、南昌至上海外高桥（不定期挂靠芜湖、南京、张家港、南通、太仓）、九江至上海外高桥（定期挂靠芜湖、南京、太仓）。

（2）优化发展环境提升服务质量。由港航企业行业协会与相关金融保险公司签订船舶保险战略合同，在降低船舶保险费用的同时，帮助企业提高防风险能力；与中石化、中石油建立船舶供油价格机制，帮助企业降本增效，为企业和行业发展助力。

（3）落实“放管服”改革，深化审批改革，提高办事效率。认真贯彻落实省委省政府、省交通运输厅部署，继续加大简政放权力度，最大限度便民利民。一是配合省厅、省审改办，继续做好港航行政权限项目的下放和规范工作，继续跟进国家新取消、下放权力项目的落实与衔接工作；二是组织局属各分局推进行政许可标准化工作，于2018年完成编制行政许可事项服务指南，改进服务水平；三是协助地方交通运输局完成设区市港航政务服务事项清单标准化工作，力争2018年完成政务服务事项“一次不跑或只跑一次”改革在水运行业落实到位。

五、水路运输物流业发展规划

（一）行业规划与布局

（1）贯彻落实省政府《关于加快建设九江江海直达区域性行业中心的实施意见》（赣府发〔2017〕26号），2018年年底前，完成九江江海直达区域性行业中心总体规划

的编制和发布。

（2）优化港口布局，完善港口功能，推进差异化发展。充分发挥九江港作为全省区域性航运中心、南昌港作为腹地中心型港口的优势，服务和带动全省经济社会发展，2018 年年底前制定九江 - 南昌港一体化工作方案，进一步推进两港分工合作和差异化发展。

（二）基础设施建设

（1）积极配合国家长江中游九江至安庆段 6 米深水航道建设。协助解决项目建设相关的社会稳定和风险评估，办理防洪、环评、土地使用等相关手续，力争 2018 年开工。

（2）拓展九江 - 南昌港腹地，使赣江、信江沿线港口成为喂给港。2019 年赣江三级航道贯通至赣州市，2020 年信江三级航道贯通至鹰潭市。

（3）加快集疏运体系建设，打通物流“最后一公里”。九江城西港区铁路专线：2018 年完成工程可行性研究的批复，2019 年开工建设；彭泽港区红光作业区铁路专线：2018 年完成前期工作，2019 年开工建设。

（三）水路运输物流业发展展望

（1）报请省政府出台鼓励发展水运政策。省内航运企业船舶运力达到 1 万载重吨一次性奖励 20 万元，以后每增加 0.5 万载重吨，再奖励 10 万元，航运企业政府奖励最高额度可达到 50 万元。

（2）鼓励银行保险资金投向航运企业。2018 年，省相关金融部门研究开发适合水路运输行业发展的金融产品，包括实现船舶登记抵押贷款，以解决全省航运企业长期存在的融资难问题。

（3）构建现代水运体系，实现江西水运可持续发展。至 2020 年，运输船舶的标准化率、节能减排、技术水平明显提高，全省运输船舶标准化率达到 70%，平均吨位达到 1400 载重吨，平均船龄达到 9.5 年；全省水路运输基本实现企业化经营，船舶总运力达到 240 万载重吨，航运企业规模明显扩大，30000 载重吨以上规模的龙头企业达到 10 家。

（4）优化船舶运输组织，开辟江海直达运输和铁公水多式联运。支持江西港航建设投资集团有限公司筹措资金，按国家标准船型新建 2 艘 300 ~ 600TEU 专业集装箱船舶，开辟九江港至上海洋山港、浙江舟山港、浙江宁波港的江海直达集装箱运输航线；至 2018 年年底完成港口业务对接、航线经济论证、船舶选型工作，力争 2019 年开工建造，2020 年投入营运。

（江西省交通运输厅　彭瑜）

2017 年江西省航空运输发展情况报告

一、2017 年江西省航空物流发展现状

（一）2017 年江西省航空物流发展总体情况

据中国民用航空局《2017 年全国机场生产统计公报》显示，2017 年江西省民用航空机场货邮吞吐量 63607.4 吨，比 2016 年（63011.5 吨）增长 0.95%，境内民用航空（颁证）机场共有 6 座，其中 4 座机场货邮吞吐量进入全国前 100 名，南昌昌北国际机场（以下简称“昌北机场”）排名 35 位，赣州黄金机场排名 62 位，吉安井冈山机场排名 87 位，景德镇罗家机场排名 88 位。其中景德镇机场货邮吞吐量同比增速最高，达到 17.1%（见表 1－6－1）。

表 1－6－1　　2017 年江西机场货邮吞吐量及起降架次

机场	货邮吞吐量（吨）				起降架次（架次）			
	名次	本期完成	上年同期	同比增速（%）	名次	本期完成	上年同期	同比增速（%）
南昌昌北	35	52262.4	50607.7	3.3	34	89863	66409	35.3
赣州黄金	62	6628.8	7306.6	－9.3	87	16787	15269	9.9
吉安井冈山	87	2219.6	3010.8	－26.3	126	6266	5870	6.7
景德镇罗家	88	2120.0	1811.0	17.1	150	4638	4252	9.1
宜春明月山	144	370.0	275.4	34.3	130	6153	5078	21.2
上饶三清山	201	6.6	—	—	193	1634	—	—

注：九江庐山机场于 2016 年 5 月被注销，上饶三清山机场于 2017 年 5 月开航。
资料来源：中国民用航空局。

九江庐山机场于 2016 年 5 月被注销。由于机场正值改造阶段，一些设备更新处于立项阶段，预计 2019 年 3 月复航。上饶三清山机场于 2017 年 5 月 28 日顺利实现首航，上饶三清山机场的建成，填补了赣东地区民用机场的空白，开辟了上饶民众走向全国、走向世界的“空中通道”。2010—2017 年江西省内各机场货邮吞吐量如图 1－6－1 所示。

从图 1－6－1 可以看出，江西省航空货运业务主要由昌北机场承担。近年来江西

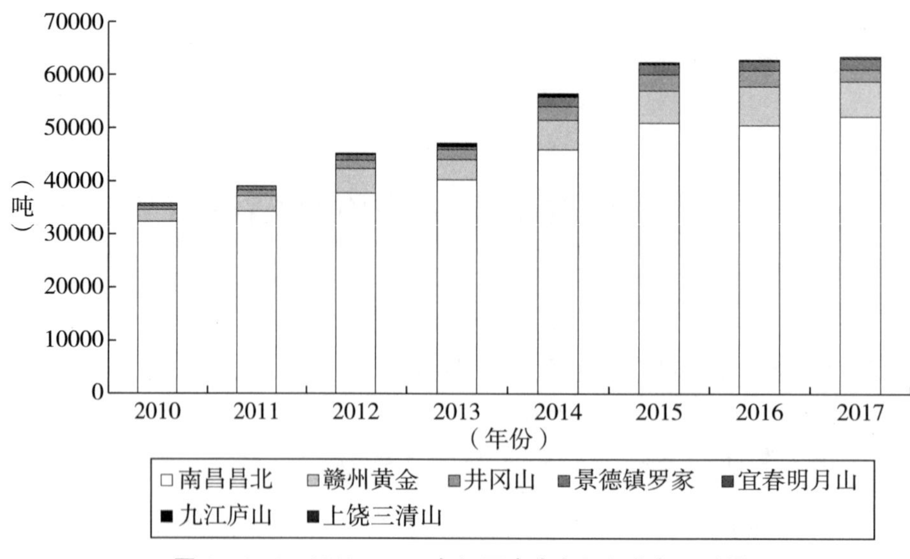

图 1-6-1　2010—2017 年江西省内各机场货邮吞吐量

省内其他机场的货运业务有所增长，昌北机场货邮吞吐量在省内的占比呈现下降趋势，但昌北机场仍然承担着江西省内超过八成的航空货邮吞吐量的运输和处理。昌北机场作为干线机场且为省内唯一的航空口岸，未来江西省内大量的航空货运业务特别是国际货运需求仍将在昌北机场完成。

（二）航空物流基础设施情况

1. 昌北机场成为全国千万级机场，但航空货运发展乏力

昌北机场现有机场货站的库区总面积 18000 平方米，其中出发库 9000 平方米、到达库 3000 平方米、国际监管仓库 6000 平方米，年设计吞吐量 12 万吨，拥有 3000 平方米的标准化停车场。冷冻、冷藏库各 2 间和 20 平方米的贵重物品保险库，提供全天 24 小时监控以及严格的安全程序和监控措施。国内出发设 4 个安检通道，最大通过宽度为 1.2 米、高度 1.6 米，最大承重 800 千克。有货物拖车、皮带传送车、铲车、升降平台车、牵引车等各类保障车辆 50 余台；用于货物集装平板拖车、集装箱、各式拖斗 300 多个。2017 年 9 月 1 日正式启用新货运业务处理系统，面向机场物流业务的特点，提供了丰富的系统功能。

为实现昌北机场冲千万人次目标，江西机场集团积极引进航班运力，支持基地航空公司做大做强。时逢党的十九大胜利召开，江西航空第六架飞机落户南昌，为昌北国际机场冲击千万级枢纽机场再添新力量。2017 年年底，江西航空引进一架新飞机，机队规模增至 7 架，2018 年还将引进 3～4 架新飞机，至“十三五”末，机队规模预计将达到 20 架。目前，江西航空已通航至厦门、西安、乌鲁木齐、海口、天津、沈阳、贵阳、呼和浩特等城市，基本实现对国内省会城市及经济发达城市的覆盖，并计划开通国际航线。

2017 年，昌北机场旅客吞吐量成功突破 1000 万人次，达到 1093 万人次，同比增长 39.1%，超过全国机场平均 12.9% 的增长水平，成为全国第 31 家千万人次级机场。过夜运力明显增加，昌北机场过夜运力达到 19 架，同比 2016 年增加 4 架。航班航线网络结构改善，江西省机场集团公司干支机场累计开通定期通航城市 126 个，同比增加 30 个；开通定期航线 158 条，同比增加 50 条；运营定期航线的航空公司 52 家，同比增加 13 家。其中，昌北机场新增拉萨、西昌、大理等 13 个国内定期航点和埃及开罗、阿斯旺等 5 个国际航点。昌北机场 2017 年实现货邮吞吐量 5.23 万吨，同比增速 3.3%，低于全国平均增速水平。

昌北机场航空货运业务总体保持较为稳定的增长，机场货邮吞吐量从 2008 年的 2.36 万吨增长至 2017 年的 5.23 万吨，十年间年均增长率为 9.25%。但从近几年的货邮吞吐量数据来看，2015—2017 年机场货邮吞吐量一直在 5 万吨左右，增长不明显（见图 1-6-2）。

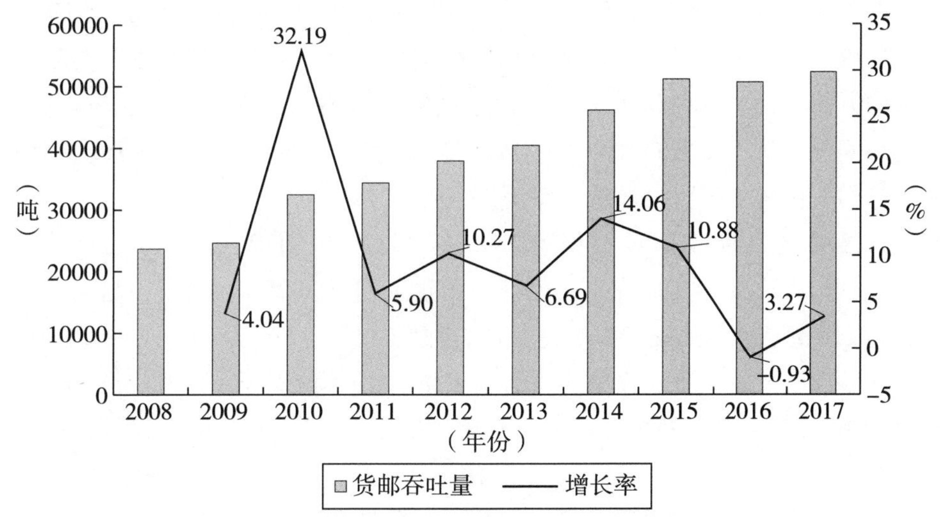

图 1-6-2　2008—2017 年昌北机场货邮吞吐量及增长率

目前，昌北机场货量主要以普货为主，邮件为辅，普货占比达到八成以上。普货中以国内普货为主，国际普货占比很少，仅占普货货量的 3%～5%，且没有明显的增长趋势（见表 1-6-2）。

表 1-6-2　　2013—2017 年昌北机场货邮吞吐量结构

年份	货邮吞吐量（吨）	货物吞吐量					邮件吞吐量（吨）
		普货吞吐量（吨）	普货占比（%）	国内普货（吨）	国际普货（吨）	国际普货占比（%）	
2013	40389	33735.6	83.53	32419.7	1315.9	3.90	6653.4
2014	46066.4	37202.5	80.76	35490.0	1712.5	4.60	8863.9

续 表

<table>
<tr><th rowspan="2">年份</th><th rowspan="2">货邮吞吐量（吨）</th><th colspan="5">货物吞吐量</th><th rowspan="2">邮件吞吐量（吨）</th></tr>
<tr><th>普货吞吐量（吨）</th><th>普货占比（%）</th><th>国内普货（吨）</th><th>国际普货（吨）</th><th>国际普货占比（%）</th></tr>
<tr><td>2015</td><td>51080. 5</td><td>41343. 8</td><td>80. 94</td><td>39725. 0</td><td>1618. 8</td><td>3. 92</td><td>9736. 7</td></tr>
<tr><td>2016</td><td>50607. 7</td><td>42948. 2</td><td>84. 86</td><td>41264. 9</td><td>1683. 3</td><td>3. 92</td><td>7659. 5</td></tr>
<tr><td>2017</td><td>52262. 4</td><td>43179. 2</td><td>82. 62</td><td>41773. 9</td><td>1405. 3</td><td>3. 25</td><td>9083. 2</td></tr>
</table>

2. 赣州黄金机场旅客吞吐量再创新高，航站楼改扩建工程开展如火如荼

赣州黄金机场继2016年成为全国百万吞吐量的支线机场之后，旅客吞吐量继续保持较快增长，2017年赣州机场完成旅客吞吐量127. 9万人次、货邮吞吐量6628. 8吨，同比分别增长18. 1%、-9. 3%。2017年5月30日，随着南宁—赣州—济南航线正式开航，每周正常航班保障首次达到一百班，创下了2016年旅客吞吐量突破100万后的又一个里程碑。2017年上半年，赣州航空发展服务有限公司与国内各航空公司联系，在航线网络方面，赣州机场积极配合新增及恢复了常州、济南和南宁通航点，将赣州与省会南昌间每日执飞2班的E190机型全部调整为737—800机型，并于7月初加密开通昆明—赣州—杭州旅游包机航线至每周11班。

赣州黄金机场本期改扩建工程于2015年11月29日开工建设，工程概算投资10. 24亿元，预计2018年年底完工。本期改扩建工程以2025年为设计目标年，预测旅客吞吐量为220万人次（国际20万人次），货邮吞吐量1. 76万吨、飞机起降量为2. 4万架次。在本期改扩建工程建设中，将新增1条1040米×23米的平行滑行道和1条垂直联络道，新建11个机位的2号站坪，新建2. 2万平方米的T2航站楼等，原T1航站楼预留为国际候机楼。

3. 井冈山机场二期扩建主要工程——新航站楼工程正式开工建设

井冈山机场二期扩建主要工程开工区域在原航站楼的基础上，拆除原航站楼进行重建。新航站楼的最终落成，将满足年旅客吞吐量100万人次、货邮吞吐量3500吨、飞机起降12821架次的需求，有效缓解目前机场航站楼容量饱和的运行压力，极大满足区域航空运输快速增长的迫切要求。根据规划，新航站楼预计2018年6月全面完工。扩建后，新的航站楼由目前的3340平方米扩展至13640平方米，机位由原来的2个扩展至9个。2017年4月，新增合肥—南昌—井冈山航线，是全省第二个开通省内航班的支线机场，该航线的开通形成了以干带支，以干促支、干支结合的区域性航空新格局，加强了吉安革命老区与江西省会南昌和中国东部地区的沟通和交流。井冈山机场的通航城市为北京、上海、海口、深圳、成都、厦门、广州、西安、南京、南宁、合肥、南昌12个城市，机场的通达性显著提升，为井冈山机场和吉安老区经济的快速发展奠定坚实基础。

4. 三清山机场顺利通航，国产 ARJ21 飞机支线首航

从 2007 年项目初定，到 2017 年 5 月 28 日通航，历时 10 年，总投资约 8 亿元，2017 年三清山机场累计起降 1568 架次，旅客吞吐量 141334 人次。三清山机场等级为 4C 级民用支线机场，远期规划为 4D 级，本期建设有一条 2400 米长的跑道、6 个停机位，航站楼面积为 10496 平方米，主要为江西省东部地区的旅游、公务及商务提供航空服务，兼顾通用航空使用。目前，机场已先后开通上饶至北京、深圳、成都、青岛、惠州等航线，下一步拟逐步开辟上饶至哈尔滨、西安、郑州、贵阳、昆明、三亚等方向的航线。

从 104 调机飞行计划到 EU2401 航班的调机飞行任务的落地，从 2017 年 11 月 13 日，国产 ARJ21－700 型飞机完成了在支线的首秀，到 12 月 13 日的上饶—成都点对点航线的运行，短短一个月的时间，从可行性研究到地面保障协议的签订，再到时刻的批复，上饶机场顺利实现了国产 ARJ21 飞机的支线机场首航。

5. 明月山机场航空客货运输成绩喜人

明月山机场自 2013 年 6 月 26 日通航以来，生产运输迅猛发展，至 2017 年年底已开通 6 条航线，开辟 12 个航点，2017 年 11 月 28 日旅客吞吐量突破 50 万人次。明月山机场的通航和快速发展，为宜春经济发展注入了强劲动力，具有四时咸宜美名的宜春拥有丰富的自然生态旅游资源，几年来，每逢冬春旅游旺季，乘机而来的外地旅客络绎不绝，黄金周等节假日更是屡创新高峰，据不完全统计，机场开航到 2017 年 6 月底，吸引外地航空旅游团队 3149 个，团队游客 132048 人次，而不断增长的货邮吞吐量也无疑昭示着机场为宜春带来的物流、信息流，促进了当地生鲜水果、特产、生物医药等高附加值货物的流通。

6. 景德镇机场多措并举，客货吞吐量持续提升

2017 年，景德镇机场完成旅客吞吐量 62.2 万人次、货邮吞吐量 2120.0 吨，同比分别增长 14.4%、17.1%，景德镇机场 12 月 18 日旅客吞吐量破 60 万人次大关。2017 年景德镇机场生产经营方面经历了很多波折，上半年受厦门机场跑道维修影响，成都—景德镇—厦门航班停飞两个半月，严重影响了生产任务的完成。机场迎难而上，主动作为，及时调整航班航线，优化配置，将原有西安—景德镇—福州调整为西安—景德镇—宁波，昆明—景德镇—杭州调整为昆明—景德镇—青岛，并均由每周三班优化为每周四班，紧紧抓住暑期和金九银十黄金生产时段，为生产发展创造有利形势，攻坚克难，圆满完成全年任务。

7. 瑶湖机场创“江西速度”，或为国产大飞机试飞

2017 年年底，总投资约 16.5 亿元、占地面积逾 6 万平方米的瑶湖机场正式投入使用，依托航空城逐渐成形的江西第二大机场瑶湖机场，将完全满足国产大飞机 C919 的试飞条件，为南昌乃至江西航空业腾飞添彩。

（三）昌北机场国际监管仓情况

昌北机场海关监管仓于2014年10月完成验收工作，随着昌北机场海关监管仓顺利通过验收，不仅将有效缓解南昌国际货量快速增长所带来的压力，也将为开拓国际货物运输业务、满足国际货运持续发展提供良好的基础条件，为促进南昌的对外开放和外向型经济发展起到积极作用。2014年12月，昌北机场航空口岸新建海关监管仓正式营业，是昌北机场国际货运业务进入新阶段的里程碑。机场海关监管仓库由江西机场集团地服公司负责经营，已具备宽体机集装箱作业所需要的装箱打板场所和相应作业能力，以及具备锂电池产品运输资质。2017年进出港货运监管量分别达到657.1吨和720.4吨。

二、2017年江西省航空物流发展问题

（一）缺乏政策引导

江西省及各地市政府尚未出台有关航空物流补贴的政策，市场还处于自然发展的状态，近几年昌北机场货邮吞吐量相对而言呈弱增长态势。其他部分省市已陆续出台航空物流扶持政策，补贴航空公司或货运代理企业，如河南省为支持航空物流业快速发展，推动郑州航空经济综合试验区建设，在积极向国家争取政策的同时，河南省制定了20条优惠政策，在航线航班补助、市场开拓奖励、机场使用费减免补助、用地保障、融资担保、通关检验、高端人才引进等方面予以支持。郑州机场近年来货邮吞吐量飞跃发展，2012年至2014年货邮吞吐量分别为15.12万吨、25.57万吨、37.04万吨，同比分别增长47%、69%和45%，货邮吞吐量在全国20个大机场的排名由2013年的第12位上升到2014年的第8位，增速位居20个大机场第一名，带动郑州机场临空经济质变的同时也给当地机场带来了更广泛的发展。

（二）航线网络通达性有待提高

经南昌海关统计省内出境货物只有3%直接从南昌口岸报关报检，其余大部分出境货物都通过上海、广州、北京等地转运，运输时效和报关效率都无法得到保证，一是尚未开通南昌至北美、欧洲等物流发达地区的国际航线。二是目前已开通的地区航线中，只有由华航执飞的南昌至台北航班机型为宽体飞机（主要机型为空客330、波音767等，单个航班最大可装载货物量10～15吨），其他航班机型都为窄体飞机（主要机型为空客320、319、波音737等，单个航班最大可装载货物量4～5吨），大件货物没有完善的渠道从南昌成行，严重影响省内进出口企业的货物收发。三是国内航线方面除邮政航空和顺丰航空在昌北机场开通的全货机航班外，其他航班都为腹舱载货，运力不够充足，南昌至东北、西北、西南线的航空运力无法

满足物流市场需求。

（三）货运设施效率低，运营模式单一、信息化程度低

目前，昌北机场现有机场货站设计年吞吐量 12 万吨，根据发展需要引入部分大型快递企业入驻，随着未来货量的增长，现有货站面临的运营压力将加大。尤其是设备和人员配置将对货邮正常保障造成影响，例如拖斗配置数量将影响货物周转效率、伸缩皮带机配置影响装卸货效率、操作人员打板技术水平参差不齐影响货舱利用率等。航空物流经营模式单一，国内物流的揽货与配送环节大多由航空货运代理企业承担，货站业务大多由机场承担，传统货运航空公司只完成货物的空中运输，从而导致航空物流运作过程的衔接时常出现问题，其效率也大打折扣。

2017 年 9 月 1 日，正式启用新货运业务处理系统，它根据机场物流业务特点，提供了货站管理系统功能，但该系统只能提供机场货站货物信息处理，实时共享数据和整体信息化程度较低，缺乏公共信息平台，无法实现大范围的货物运输需求和运输线路等方面的信息共享。多种原因综合导致现有货站设施效率降低，保障服务质量不高，影响货站的运营及收益。

（四）通关环境待优化、口岸功能待完善

昌北机场目前尚无国际邮快件监管中心、特殊商品进境指定口岸等功能，以致相关的邮快件及进境指定货物不能从昌北机场直接入境，需绕道其他机场口岸完成相关手续，导致昌北机场相关货量外流。

（五）本地货运销售代理企业规模小，无法完全满足客户需求

南昌地区具备资质服务于航空运输的地面代理人（收运、仓储、装卸等）共有两家公司，其中江西机场集团公司下属的江西空港航空地面服务有限公司占据市场份额 70%，东航江西分公司占据市场份额 30%。具备航空运输销售代理资质的除以上两家外的其他公司，在收运航空货物环节时需经航空公司或机场货站授权，在物流链中无法做到全链条保障。

在缺乏政策引导、航线网络不发达、通关环境待优化、货运设施效率不高、口岸功能不完善等多种因素的综合作用下，昌北机场面临腹地货源大量流失的局面。据调研了解，整个南昌临空经济区每年航空货量约 5 万吨，其中鸿利光电 LED（发光二极管）每年货量约 1 万吨，目的地为韩国，因昌北机场无直达国际航线，不得不分流至上海和深圳机场报关出入境。整体来看，昌北机场货源流失严重，亟须采取有效措施，提升机场软硬件水平和综合竞争力，加快货源回流，助力昌北机场航空货运发展。

三、2018 年江西省航空物流发展意见和建议

（一）契合江西省物流“十三五”发展规划，构建“空中丝绸之路”物流通道

物流业是支撑经济社会发展的基础性、战略性产业。通畅便捷的物流通道与综合交通枢纽构成的物流网络，是支撑物流业发展的重要基础。随着经济全球化和区域一体化的深入发展，快递、电商、跨境等新业态新模式的加快发展，居民消费升级等对物流时效和质量的要求提升，航空运输成为重要的物流运输方式。

《江西省“十三五”现代物流业发展规划》（赣府厅发〔2017〕22 号）指出，要将江西省“打造成为‘一带一路’和长江经济带的重要区域性物流中心”，要“依托枢纽机场和便捷高效的航空运输网络，构建‘空中丝绸之路’物流通道。以南昌为起点，至乌鲁木齐、西安、厦门、昆明、南宁等城市及香港特别行政区，并延伸至台湾地区和东南亚地区主要城市”。

《南昌市国民经济和社会发展第十三个五年规划纲要》强调，要“建设区域性枢纽型航空港。启动昌北机场扩建工程，提升航线资源，将其打造成为中部地区重要航空枢纽和对外开放门户，通达全球航空运输网络。依托昌九工业走廊、昌北国际机场、综合保税区、南昌国际集装箱码头建设，提升昌北空港物流枢纽为国际物流港，重点发展保税物流、保税仓储、保税加工、综合服务等保税物流服务，筹建国际邮件监管中心，完善跨境电商快递物流支撑体系”。

航空产业被誉为“工业文明之花”。作为新中国第一架飞机的诞生地，江西是航空资源大省，但不是航空经济强省。2016 年 8 月 31 日，在全省航空产业发展座谈会上，时任江西省委副书记、代省长刘奇提出，全力做大做强航空产业，加快实现江西“航空梦”，努力打造千亿航空产业。正是从那个初秋开始，江西掀开了航空产业“逐梦”篇章。

江西航空物流业应积极落实江西省委、省政府对航空产业的指示，依托江西省物流“十三五”规划发展布局，推动南昌昌北国际机场构建“空中丝绸之路”物流通道、建设区域性枢纽型航空港。

（二）加快硬件设施建设进度，建设区域性枢纽航空港

《江西省综合交通物流融合发展规划（2017—2020 年）》指出，要“依托南昌昌北国际机场和周边区域建设区域性智慧空港物流中心，构建面向国际国内的供应链和航空物流智慧服务体系，积极融入全球产业链、供应链、物流链，打造中部地区重要空港物流中心、长江经济带重要航空枢纽、‘一带一路’重要航空货运基地、智慧空港和

国际物流港”。

经过多年的发展，江西已经逐步形成了一定的航空产业体系，近年来航空产业发展势头迅猛。2017 年，江西全省航空产业实现营业收入 740.13 亿元，同比增长 21.7%；实现工业增加值 149.8 亿元，同比增长 15.5%；实现利润 47.3 亿元，同比增长 30.8%。江西航空产业链的完备，使当地航空物流发展具备巨大的潜力。随着昌北机场建设区域性枢纽航空港，国际货站、二级仓库等基础货运设施将得到完善，基础保障能力将极大提升。

（三）整合航空货运物流业务，向综合物流服务商转型

近年来，快递公司均致力于综合物流服务商转型。顺丰等快递公司已初步建立为客户提供一体化综合物流解决方案的能力，通过提供配送端的高质量物流服务，将服务延伸至价值链前端的产、供、销、配等环节；以客户需求出发，利用大数据分析和云计算技术，为客户提供仓储管理、销售预测、大数据分析、结算管理等一体化的综合物流服务。机场通过深化与航空公司、快递企业合作，利用航空物流高效、便捷优势，打通大物流各环节，逐步向综合物流服务商转型。

（四）完善机场口岸功能，大力发展国际航空货运、激发南昌国际航空货运潜力

据国际民航组织（ICAO）最新理事会年度报告数据显示，2017 年全球航空货邮周转量达到 2312 亿吨公里，较上年增长约 9.54%，高于 2016 年 3.53% 的增幅，其中国际货邮周转量约 1998 亿吨公里，占比为 86.43%。中国民航局公布数据，2017 年全国运输机场完成货邮吞吐量 1617.7 万吨，比上年增长 7.1%，其中国际及地区航线完成货邮吞吐量占比达到 44.3%，涨幅高于国内航线水平。随着全球贸易一体化和制造活动的深入、跨境电子商务的进一步发展、居民生活质量的提升，国际航空货运业务将继续保持增长的发展趋势。在国家“一带一路”、长江经济带战略进入实质性推进的背景下，江西深度融入“长珠闽”经济板块，昌北机场航空货运，特别是国际航空货运业务将迎来发展契机。

南昌及江西地区的航空、生物医药、电子信息、汽车零部件和纺织服装等航空偏好型产业发展优势明显，航空货运市场具有较大潜力。据调研了解，南昌综合保税区、临空经济区按照“1+X”（“1”是以临空经济指向特征明显的电子信息产业为主导；“X”是关联产业或其他临空导向的高端制造业）的产业发展方针，成功引进欧菲光产业园、智慧海派手机产业园、鸿利光电产业园、恒动汽车锂电池及系统生产基地等 20 多个涵盖高端、前端、深端产业的发展项目和物流服务项目，总投资约 230 亿元。在完善机场口岸功能后，将有力地提升昌北机场国际航空货运处理能力和作业效率，吸

引南昌及周边地区潜在的航空货运需求，顺应国际航空货运发展，同时将激发出南昌国际航空货运更大的潜力。

（江西空港航空地面服务有限公司　陈军　何梦蕾）

2017年江西省物流产业集群发展情况报告

2017年，江西省委、省政府高度重视物流产业集群发展，全面推进向塘江西省物流中心等一批重点物流产业集群加快发展。江西省50个物流产业集群总体运行平稳，规模不断扩大，为全省物流业实现快速发展提供了有效保障。

一、2017年江西省物流产业集群总体运行情况

（一）基础情况

（1）从物流企业规模来看。截至2017年年底，江西省共有各类物流企业18400余家，其中全省50个物流产业集群内入驻物流企业14778家，占80.1%。全省各设区市物流产业集群内入驻物流企业数量排前三位的分别是宜春、上饶、南昌（见图1－7－1）。

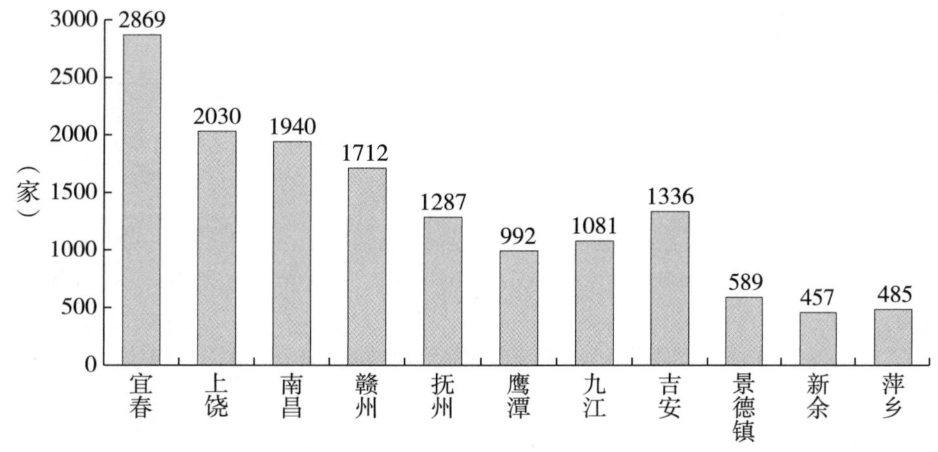

图1－7－1　2017年江西省各设区市物流产业集群内注册物流企业数量

（2）从物流企业类型来看。全省50个物流产业集群内注册的14778家物流企业中，运输型企业占比56%，仓储型企业占比4%，综合服务型企业占比40%。各种类型企业数量及占比见图1－7－2。

（3）从物流企业注册资本规模来看。据统计，全省50个物流产业集群内，注册资本在300万元以下的物流企业有10726家，占全省物流产业集群内物流企业总量的72.6%，注册资本在2亿元以上的企业只有35家，占比0.2%（见图1－7－3）。

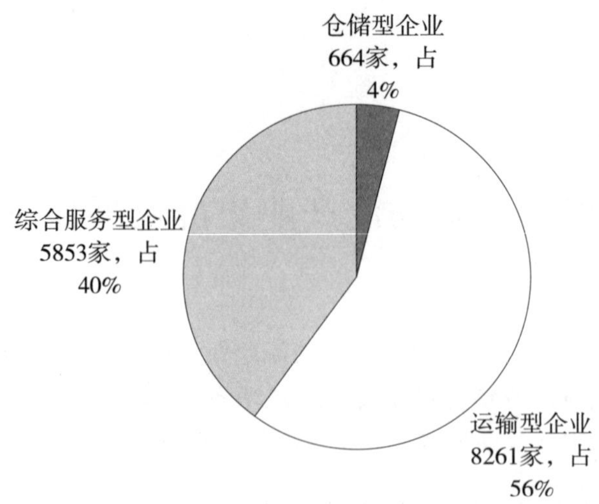

图1－7－2　江西省物流产业集群物流企业类型占比情况

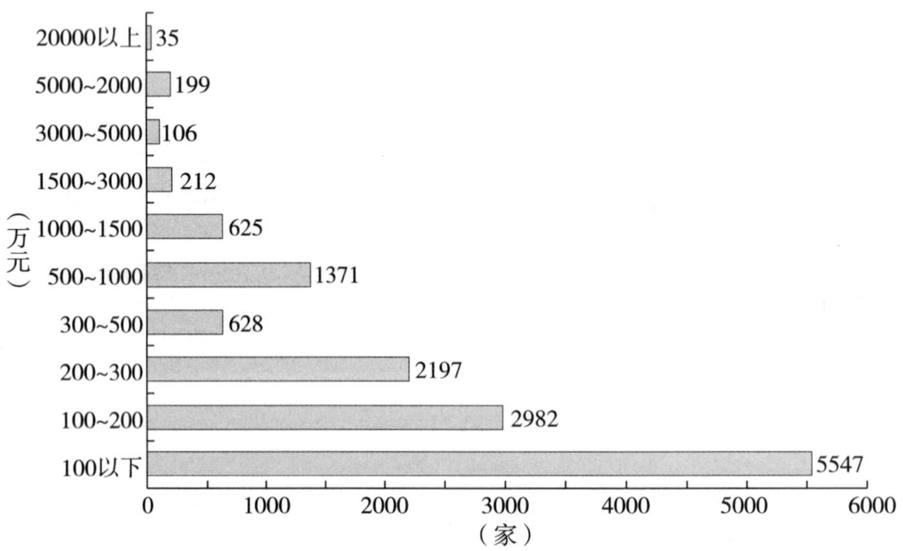

图1－7－3　江西省50个物流产业集群内物流企注册资本分段统计

（二）物流企业运行情况

通过推进物流标准化建设，实施省级城市配送试点，落实“互联网＋高效物流”专项行动计划，全省50个物流产业集群运行情况良好，发展取得明显成效。

（1）主营收入平稳增长。2017年，全省50个物流产业集群实现主营收入2477.0亿元，同比增长9.3%。入驻物流企业14778家，吸纳就业人员100.2万人，同比增长9.5%。

（2）货运量实现快速增长。2017年，全省50个物流产业集群物流企业货运量显著增长，由江西省发往外省货运总量111231.4万吨，同比增长11.3%；外省流入货物总量 78394. 5 万吨，同比增长 10. 8%。发往外省与外省流入比例由 141∶100 调整为 142∶100（见图 1－7－4）。

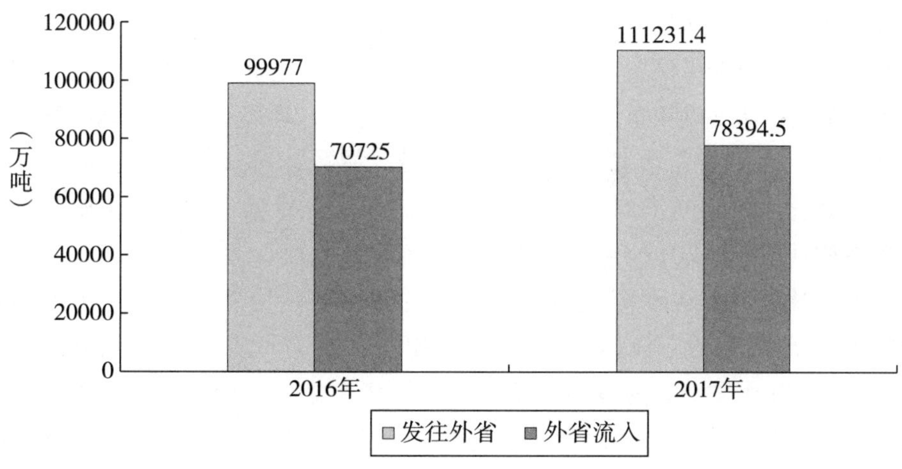

图 1－7－4　2016 年、2017 年江西省物流产业集群货运量情况

（3）物流基础设施建设持续增长。2017 年，全省 50 个物流产业集群内物流企业拥有仓库面积共计 1735. 9 万平方米，同比增长 6. 1%，增速同比提高 0. 4%；货运车辆 49. 2 万辆，同比增长 1. 6%，增速有所回落。

（4）物流标准化水平明显提升。南昌市、九江市自 2016 年 7 月入选全国第三批物流标准化试点城市以来，在试点城市商务主管部门积极推动和指导下，物流企业积极参与标准化建设，取得显著成果，部分试点企业已完成项目验收工作，整体试点工作预计于 2018 年年底全部完成。通过试点引领和带动，2017 年，全省 50 个物流产业集群内标准托盘使用率大幅度提升，使用托盘的物流企业（包括使用自有标准托盘，租赁标准托盘和非标准托盘）数量占物流产业集群内物流企业数的 45. 5%，同比上升 2. 7%。全省 1200 毫米×1000 毫米标准托盘为 57. 0 万片，其中自有 39. 7 万片，同比增长 32. 2%；租用 17. 3 万片，同比增长 33. 5%。

（5）城市物流配送发展加快。2017 年 3 月，宜春市、新余市入选省级城市配送试点城市。试点城市以快消品、蔬果、电商快递 3 个行业为试点，整合现有仓储、运输、配送中心等物流基础设施，推广现代物流技术应用，提高物流配送标准化、信息化水平，搭建市级城市配送公共信息服务平台，建成设施先进、功能完善、管理规范、运作高效的现代化配送中心，打造了一支专业化城市绿色配送车队，集中建设一批标准化城市末端配送网点，实现配送进社区、进学校、进机关、进医院，满足城区居民生活生产配送需求。

（6）物流细分领域龙头企业数量明显增加。通过培育和引导，全省物流细分领域龙头企业相继涌现，如江西三志物流有限公司，在全国零担 30 强排名中位于第 6 位，上升 4 位；新余市东华龙货运有限公司，在全国百强冷链企业中排名第 50 位；江西东港航运有限公司、南城县飞鹏物流有限公司、赣州华亿通物流有限公司、江西安智物流股份有限公司、江西省祥旺物流有限公司入选全国化工物流百强；兴发物流（南昌）有限公司兴发物流库区入选三星级仓库；国营南昌肉类联合加工厂被评定为四星级冷链物流企业，九江市新雪域置业有限公司、新余市东华龙货运有限公司被评定为三星级冷链物流企业；认定省级重点商贸物流园区（中心）1 家，省级重点商贸物流企业 10 家。2017 年，江西省新增 A 级物流企业 38 家，总数达到 176 家。

（7）信息化水平不断提高。“互联网 + 高效物流”专项行动计划实施，推进物流业供给侧结构性改革，2017 年全省“互联网 + 高效物流”发展初具成效。南昌成为全国第一批智慧物流配送示范城市，蓝海物流获得全国智慧物流配送示范基地，江西万佶物流、五洲医药、江西正广通供应链等一批企业获得智慧物流示范企业。2017 年，全省 50 个物流产业集群信息化投入 29.6 亿元，同比增长 9.0%。①省级物流公共信息平台首先发力。近年来，江西物流在信息化建设上逐步迈进全国先进行列，万佶物流自建物流电商平台“运物联”全面推向市场，在省级物流公共信息平台的带领下，吉安市、赣州市、九江市分别建立了市级物流公共信息平台。2017 年省级物流公共信息平台正式入驻向塘江西省物流中心，全省物流公共信息平台体系逐步建立。②专业物流平台蓬勃发展。随着物流信息化不断深入推进，全省城市配送、冷链、家电等领域也建立了专业平台，江西正广通物流平台、江西尧泰风快专线配送平台、马力冷链信息平台、国控智慧物流配送平台等一批专业平台陆续上线运行。其中江西正广通物流平台整合全国 1 万多家中小物流企业；马力冷链自 2017 年 2 月进入全省以来，累计整合冷链企业 700 多家，冷藏车 1000 多辆。③物流企业信息化普遍重视。全省有物流企业近 1 万家，物流信息化率由 2012 年的不足 10% 提升到 35%，企业信息化建设得到普遍重视。物流企业不断加大对信息化的投入，积极主动与平台企业合作。货车司机用手机 App 寻找货源成为日常习惯，利用信息平台完成物流过程，接受使用第三方支付系统解决货款及运费结算。如江西三志物流在扩大规模的同时，注重信息化建设，物流运营效率得到大幅提升，企业规模得到较大发展，实现主营收入近 10 亿元。

（8）冷链物流快速发展。2017 年，全省冷链物流总额达到 850 亿元，现有冷库容量达到 129.3 万吨，同比增长 28%；在建冷库容量达到 40.3 万吨，规划冷库容量达到 39.2 万吨；多温库容量 12.3 万吨，气调库容量 0.56 万吨。全省共有冷藏车 747 辆，其中新能源冷藏车 63 辆，冷藏车数量相比 2016 年增长 40.15%。至 2017 年年底，中国物流与采购联合会评选公布的全国冷链物流星级企业江西省共有 4 家：国营南昌肉类联合加工厂、九江市新雪域置业有限公司、新余市东华龙货运有限公司和赣州利友食品有限公司。近年来，全省引进和发展了一批综合型的冷链物流企业，一些传统企业也积极转型拓展冷链物流业务，第三方冷藏运输企业也应运而生，并得到较快发展。

（三）企业物流运行情况

（1）物流需求持续增长。2017 年，50 个物流产业集群内工业、批发和零售业企业销售总额比上年增长 10.7%。其中，工业企业销售总额增长 11.5%，批发和零售业企业销售总额增长 5.6%。

2017 年，全省 50 个物流产业集群内工业、批发和零售业企业物流成本同比增长 7.0%，增幅较去年回落 1.8 个百分点。

（2）物流费用率小幅回落。2017 年，全省 50 个集群内工业、批发和零售业企业物流费用率（物流费用占销售额的比重）为 8.5%，比上年下降 0.2 个百分点。其中，工业企业物流费用率为 9.2%，比上年下降 0.2 个百分点，批发和零售业企业物流费用率为 7.9%，比上年下降 0.2 个百分点。

（3）工业企业购销比率小幅上涨。工业企业购销比率 82.1%，比 2016 年上升 1.2 个百分点，反映出 2017 年工业企业原材料库存及资金占用成本有所上升。可见，企业需要合理规划采购环节，进一步提升物流管理水平。

二、2017 年江西省物流产业集群发展问题

（一）物流基础设施薄弱

（1）物流园区集聚功能不强。一个产业集聚效应最好的表现方式是将产业集聚在不同园区内。全省 94 个园区中实际投入运营的有 45 个，从规模分布来看，占地 750 亩（1 亩≈667 平方米）以上 2 家，占地 300 亩以上 6 家，占地 200 亩以上 7 家，其他均在 200 亩及以下。大多数园区规模小，物流功能不完善，缺乏多式联运物流园区，货运集散效应不明显。全省很多物流园区都存在布局不合理，与铁路不衔接，与产业不配套，物流产业难以集聚的问题。

（2）冷库供需结构性矛盾突出。全省冷链物流产业集群不断发展，但仍面临着供需结构矛盾突出等问题。从冷库类型来看，现有高温库 45 万吨，低温库 84 万吨，全省作为农业大省，产地型冷库严重缺乏（产地型冷库一般为高温库）；从区域分布来看，全省已建成的冷链设施大多集中于以省会南昌为中心的赣北地区（冷库总容量占据全省 63%），人数占全省三分之一的赣南地区（赣州、吉安）冷库总容量仅占全省的 13%。

（3）仓储设施标准化程度较低。全省通用仓库面积 278.76 万平方米，其中标准化仓库比例不足 30%，约 83 万平方米。全省自动库只有江中制药、樟树五洲医药和南昌九州通药业 3 家，总面积约 4 万平方米。有部分低端仓储设施未经备案或未验收就投入运营，老旧仓库仍大量存在，高标准仓储缺口较大。新建仓库还存在结构与功能配置不符合，仓库内部设施设计不符合物流企业装卸作业要求及国家标准。仓库与市场没有分离，存在较大的安全隐患。

（二）物流标准化水平不高

（1）标准托盘使用率和带托运输率较低。全省1200毫米×1000毫米标准托盘使用率约22%（全国平均水平28%），省内外配送带托运输率约5%（试点城市带板运输率达到33.7%）。除南昌、九江试点企业以外，大部分企业使用非标托盘，托盘质量普遍较差，材质参差不齐，托盘损坏率达到50%，影响作业效率和经营成本。

（2）托盘循环共用体系不完善。多数企业标准托盘（或周转箱）在企业内部使用较多，外部物流或上下游产业间的循环共用较少，主要原因如下。一是各环节协调性不足。托盘循环共用具有跨区域、跨行业、跨企业等特点，牵涉环节多、主体多、领域多，货架、叉车、月台、仓库等相关物流设施设备与标准托盘不配套，如托盘规格与车厢尺寸规格不匹配，不适宜带板运输。二是托盘运营商缺乏。省内从事托盘运营服务和托盘生产企业较少，只有南昌、九江试点城市各有1家，并且规模小，托盘服务网点不健全，信息功能不足，服务能力较低。

（3）企业物流标准化意识不强。全省多数企业物流标准化意识淡薄，缺乏对物流标准化的认识，导致企业在各环节运营过程中，采用标准的比例非常低。如在非试点城市，多数企业对托盘的相关知识、功能效用等认识不到位，托盘循环共用在节省成本、降低损耗、节约资源、保护环境、提升效率等方面的作用还没有得到广泛的认同。

（三）物流信息化水平较低

（1）公共物流信息平台建设滞后。江西省省级物流公共信息平台，与省直各部门信息尚未打通，全省只有赣州、吉安、九江建立了市级物流公共信息平台，使得全省物流信息分散、条块分割，信息不能共享。与此同时，物流公共信息平台对物流的整合能力没有得到质的提升，还无法实现在一个平台上找车、找货、发货，没有实现发快递、发铁路、发水运、发零担一站式服务，一票到底。

（2）物流企业信息化需求层次不高。全省物流企业信息化率不足40%，物流园区信息化率不足50%，物流企业使用信息平台五花八门，包括国内的货车帮、运满满、一点通、蓝桥软件、易龙惠通等，整体信息化需求层次不高，物流信息化建设还处在初级阶段。

（3）信息技术应用滞后。信息技术在全省物流企业中不仅普遍应用比较少，而且应用层次较低，主要局限在办公自动化和日常事务处理方面。

（四）城市配送体系不完善

（1）城市配送专项规划编制缺乏。全省虽然实施了6个省级城市配送试点，但都没有编制专业的城市配送专项规划，城市配送布局不合理，实施范围较小，城市配送没有列入当地政府的总体规划中，得不到应有的重视。

（2）公共配送中心不足。据调研，全省69家大型零售企业自建配送中心约129个。11个设区市无公共配送中心。如南昌市500多万人口，只有华润万家2万平方米的配送中心，只为其24个门店提供配送服务。赣州坚强百货有限公司3个总面积2万平方米配送中心，对225个门店负责配送。苏宁物流中心也是为全省自有门店及供应商进行配送。其他大型零售企业仍然采取供应商直接配送方式，不仅提高了配送成本，还加剧了城市交通拥堵。麦德龙、大润发、家乐福、欧尚4家外资零售企业均由各自总部区域配送中心负责配送。

（3）“最后一公里”成本略高。一是通行限制较严。主要体现在限行区域大、限行时间长、限行路线多。如南昌市核心城区内的过江大桥和隧道全天候禁止货车通行，二环区域内每天7时至23时禁止货车通行。以前由1辆大货车运输的货现在需要10辆小货车运输进城，增加了城市交通拥堵和尾气排放。部分企业反映配送车辆进城通行证申请难、配给数量不足，导致配送企业采用非法运输方式进行配送。二是末端配送设施缺乏。货车临时停靠没有专用区域，客车停车区域收费过高。特别是在大型商业区、办公区没有相应的货车停靠作业区域，末端配送微循环不畅。三是配送成本直接影响商品价格。据调研，从山东寿光销往南昌的大白菜，产地平均价是0.58元/千克，到了南昌深圳农产品中心批发市场平均价是1.07元/千克，到市内农贸市场零售价涨到4.13元/千克，从产地到消费终端上涨了6倍，其中5倍涨在“最后一公里”。

（五）缺乏大型龙头企业引领

目前，全省物流企业数量18441家，注册资金在1000万元以上的仅有1143家，全省A级物流企业176家，5A级物流企业仅2家。大多数物流企业聚集在中低端市场，产品和服务同质化严重。特别是从事医药物流、整车物流、冷链物流等科技含量高、服务附加值大、专业化程度高，具备全国网络运营能力的高端物流企业十分稀缺。

三、推进江西省物流产业集群发展的措施

（一）加快物流基础设施网络建设

（1）强化规划引导，规范物流园区建设。在整合现有物流园区的基础上，引导各地区因地制宜，量力而行、按需而行，组织好物流园区建设。

（2）加强冷链物流基础设施建设。以解决制约冷链物流发展“最先一公里”和“最后一公里”问题为重点，完善冷链物流基础设施布局，实现农产品冷链物流供给与需求的无缝对接。结合各地实际需求，加快建设一批结构合理、设施先进、节能环保、高效适用的冷藏冷冻库；提升改造一批符合条件的中大型冷库，建设封闭式月台、电动滑升式冷藏门等设施，实现全封闭式作业；推进一批传统冷库功能拓展，建设低温加工区，发展增值服务，从单一功能的仓储型冷库向冷链加工配送处理中心转变。鼓

励产地批发市场、大型龙头企业和农民合作建设产地冷藏保鲜库，实现源头冷链错峰上市，提高农产品附加值。

（3）重点打造区域性物流枢纽。重点打造南昌、九江、赣州三大物流枢纽。重点推动向塘江西省物流中心建设，利用铁路口岸，扩大赣欧班列、铁海联运班列开行规模，并实现常态化运行。把向塘打造成江西连接“一带一路”的重要物流节点，形成全省最大的集铁路、公路、水运多种运输方式，集货物交易、分拨、仓储、冷链物流、电商等多功能，城乡一体化的货物集散中心。推动昌北航空物流中心、快递分拣中心、南昌跨境电子商务试验区加快建设。推动以赣州港为核心，形成多业态、多模式物流产业集群，把赣州打造成连接“一带一路”的物流节点城市。推动九江建设成长江流域区域性航运中心，建设赣北区域性大宗货物集散中心。

（二）提升物流信息化、标准化水平

（1）提升物流信息化水平。以省级物流公共信息平台为依托，整合全省物流资源，尽快提升省级平台的交易撮合、车货智能匹配、各种运输方式一站式服务、增值税发票提供等服务功能，要求全省物流企业、工业企业、商贸流通企业，货车及司机，交通运输方式与平台对接，市县建立物流公共信息平台。抓好城市配送、冷链物流、医药物流等专业信息平台建设，使公共信息平台与专业平台实现互联互通、资源共享，成立江西省物流大数据中心。推动“互联网+供应链”发展。鼓励物流企业依托互联网向供应链上下游提供延伸服务，推进物流与制造、商贸、金融等产业互动融合、协同发展。大力推广集装单元、快速分拣、自动识别、智能仓储等技术，提升仓储配送、装卸搬运、分拣包装等装备技术水平。

（2）提升物流标准化水平。建立全省开放式托循环共用体系，全面推广应用1200毫米×1000毫米标准托盘及600毫米×400毫米系列包装模数周转箱（筐）等单元化物流器具，推动物流企业与供应商之间，商贸物流企业与供应商之间开展带托运输。推动物流标准化示范建设，支持物流标准化建设积极性高、条件好的企业开展物流标准示范工作，认定一批省级物流标准化示范企业。充分发挥物流行业协会，物流标准化技术委员会的作用，重点抓好物流标准制修订和宣贯工作。

（三）持续推动物流降本增效

（1）深入推进多种运输方式相互衔接。推进铁路进港、进园区、进集群、进开发区，在物流枢纽和重要口岸作业区建设多式联运中心；调整运输结构，引导大宗物资运输实施“公转铁、公转水”，将铁路基地转化为城市物流中心，开展铁路货物到货配送，在各工业园区、开发区、物流园区建立服务网点，提供门到门揽货和配送服务。

（2）构建城乡高效配送体系。根据各地实际，合理布局城乡配送网络。打造一批具有现代化水平的城市物流中心、县域物流中心、乡镇配送站、村级配送网点。构建

物流园区、配送中心、末端网点的城市配送体系。规范配送车辆及通行，推动即时配送、冷链配送、智能配送等新模式、新业态。将邮政、供销等末端网点资源纳入全省城乡高效配送网络。

（3）提升城市配送管理水平。合理设置城市配送所需的公用仓储、配送车辆停靠、装卸、充电等配套设施和场地。完善城市商业区、居住区、高等院校和大型公共活动场地等项目装卸设施、停车场地、充电桩的配套建设。加强车辆便利通行管理，各设区市建立配送车辆通行证发放机制，利用互联网平台实行网上申报领取。规范城市配送车辆管理，统一配送车辆车型及标识，整顿货运市场，淘汰非法运营车辆。

（四）培育一批物流龙头企业

大力培育物流龙头企业，鼓励企业申报国家认证。引进一批国内外大型现代物流企业，增强物流企业服务能力。推动流通领域供应链体系建设，培育一批流通领域供应链龙头企业。

（江西省物流与采购联合会　胡冲　龚志琴）

2017 年江西省快递业发展情况报告

一、2017 年江西省快递业发展现状

2017 年，江西省快递业按照“打通上下游、拓展产业链、画大同心圆、构建生态圈”的发展思路，注重创新驱动、协同融合和绿色发展，不断满足人民群众日益增长的快递服务需求，为全省经济社会发展发挥了重要的作用。

（一）行业持续快速发展

1. 量收指标增长平稳

2017 年，全省快递业延续了平稳发展的良好势头，快递服务企业业务量（或快件量）累计完成 4.38 亿件，全国排第 17 位，同比增长 14.23%；业务收入累计完成 49.20 亿元，全国排第 17 位，同比增长 19.15%（见图 1－8－1）。

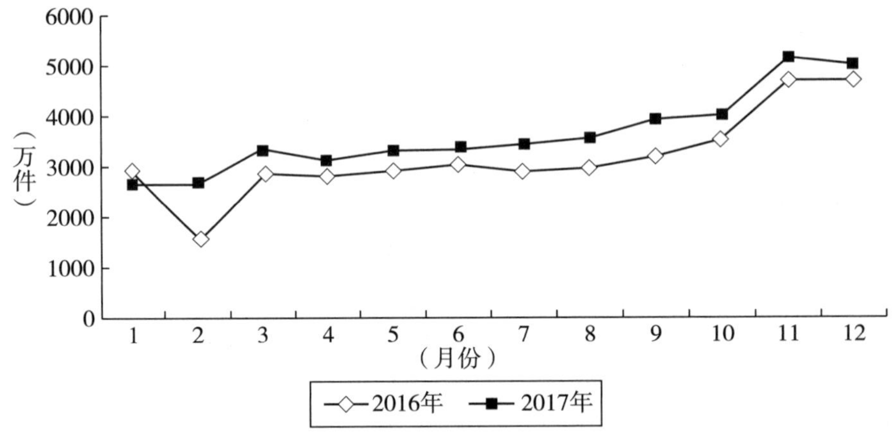

图 1－8－1　2016—2017 年江西省快递业务量情况

快递业务量排名前五位的地市依次是南昌、赣州、九江、上饶和景德镇，其快递业务量合计占全省全部快递业务量的比重达到 77.5%。快递业务收入排名前五位的依次是南昌、赣州、宜春、九江和上饶，其快递业务收入合计占全省全部快递业务收入的 79.7%。

2. 结构进一步优化

同城、异地、国际/港澳台快递业务量分别占全部快递业务量的 14.78%、84.35%

和0.87%；业务收入分别占全部快递收入的11.19%、62.71%和4.34%。与上年同期相比，同城快递业务量的比重持平，异地快递业务量的比重下降0.2个百分点，国际/港澳台业务量的比重上升0.2个百分点（见图1-8-2）。

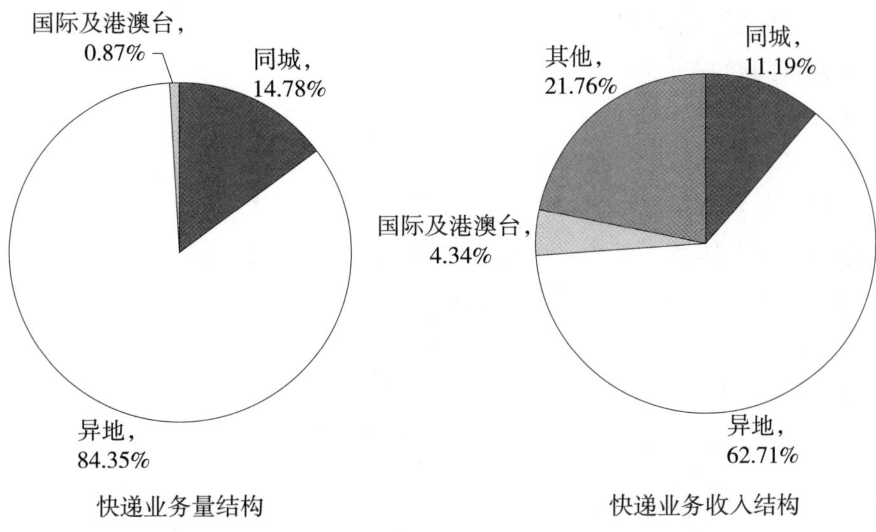

图1-8-2　2017年江西省快递业务量和业务收入结构

3. 市场主体规模不断壮大

截至2017年年底，江西省取得快递业务经营许可和备案的有33个品牌、1026家独立法人企业、2217处分支机构。其中，当年新增快递企业206家，新增快递企业分支机构523家。全省快递企业拥有快递服务汽车3265辆，比上年末下降6.95%；拥有计算机10114台，比上年末增长19.48%；手持终端19708台，比上年末增长34.54%。全省快递（快运）服务网路线条数3363条，快递（快运）服务网路线长度（单程）278337.2公里。

（二）持续加强网络建设

1. 基础设施建设提速

2017年，江西省快递行业大力推进快递园区建设。全省市级快递园区累计达到11个（新增1个），入园区的品牌达到18个，入园区的企业达到126家。有43个县（市）的快递企业入驻当地电商快递园。南昌快递园高起点投入运营，仅中通江西总部一家企业就占地200亩，安装机械化、自动化大型处理设备，快件日最高处理量达200万件；南昌EMS（中国邮政速递物流）积极打造跨境电商产业园，实现跨境业务收入1.4亿元。

2. 改善城市末端服务水平

实现快递规范收投的高校数量达98个，高校快递规范化服务覆盖率实现100%；建成并投入使用的城市末端综合配送平台1877处；建成并投入使用的智能快件箱（包裹柜）3923组，基本形成上门投递、智能箱投递、平台投递等多元化末端投递服务体系。

邮政管理部门和相关行业积极与相关部门协调沟通，推动解决快递三轮车等运营车辆上路通行难问题。景德镇、吉安、九江、上饶等地市通过“三统一”，解决了快递三轮车持证通行问题。

3. 提升农村快递服务能力

通过推进“快邮合作”“抱团下乡”、组建“快递超市”，利用第三方平台下乡等，全省实现快递服务乡镇覆盖率100%，并逐渐向行政村延伸，构建、扩大县—乡—村三级农村快递网络服务体系。其中，九江共青城市实现了村村通快递的目标，鹰潭市快递服务行政村覆盖率达73%，其他地市村通率也都有了显著提升。全省农村地区快递业务量完成1744.79万件，同比增长124.59%，业务收入1.4亿元，同比增长98.14%，投递量5345.86万件，同比增长112.71%。邮政企业建设农村“邮乐购”站点12565个，“邮乐购”上线产品4737种，带动电商快递包裹业务量1329万件。

（三）产业协同进一步加强

1. 服务制造业转型

全省快递服务制造业项目达2922个，快递业务量达7367.6万件，涌现出景德镇“快递+陶瓷”、赣州“快递+南康家具”、九江“快递+羽绒服”等一批快递服务地方特色产业项目。省邮政管理局对重点项目建立数据库，全省有诸如“快递服务陶瓷”等31个入库重点项目，涵盖南昌、赣州、景德镇、鹰潭、上饶、吉安6个地市、5种服务模式。景德镇市邮政管理局引导寄递企业服务全市1万余家陶瓷电商客户，全年寄递陶瓷快件2000多万件，同比增长30%，销售陶瓷价值20多亿元；九江市邮政管理局引导寄递企业“下乡进村”，零距离服务“江西淘宝第一村”九江庐山横塘镇红星村羽绒制品，实现快递业务量1000万件，实现快递业务收入1亿元；赣州市邮政管理局深入实施“快递+南康家具”项目，服务家具千亿产业，实现快递业务量达150万件，业务收入突破1亿元。

2. 推动农业现代化

全省快递服务现代农业“一地一品”项目达51个，已形成较为成功的服务模式。省邮政管理局主抓重点项目，针对赣南脐橙、廖奶奶咸鸭蛋、军山湖大闸蟹、南丰蜜橘、上饶马家柚等江西知名农产品，引导寄递企业按照“一品一案、直连产需、全程一体”的思路，实现了从“寄包裹”到“产包裹”的有效转变，效果非常明显。如赣州顺丰提出“一橘橙名，顺丰领鲜”为主题的脐橙寄递解决方案，投入资金6800万元、增加场地63个、车辆217台、设备24套，推出防冻包装等定制包装，增加空运班次，实现了南果北运“鲜”到家。2017年脐橙快件量一举突破1000万件大关，达到1500万件，业务收入突破2亿元，实现量收双翻番，支撑当地农民脐橙销售收入达8.4

亿元；2016 年军山湖大闸蟹快递业务收入只有 100 余万元，2017 年达 400 余万元，帮助蟹农实现销售收入 2700 余万元。

（四）服务质量持续改善

江西省快递服务公众满意度测评结果显示，2017 年快递服务公众满意度为 82.4 分，比 2016 年提升 2 分；主要品牌寄递时限进一步缩短，时限准时率进一步提高。通过开展快递服务质量专项监测，客观反映用户对快递服务的意见和建议，调查结果显示，全省快递服务公众满意度 5 年来稳步提升，用户在快递的受理、揽收、售后和投递这四大服务环节的满意度均有所提高，对送达质量、送达时限、查询服务、投递证实等认可度逐步提升，地区间的均衡性不断向好。同时，用户对品牌和诚信越来越重视，对改善投递服务质量表示更多期待。

（五）行业发展人才基础持续强化

不断创新工作思路，打造行业人才队伍建设特色，为全省邮政快递人才队伍的建设和行业的可持续发展提供了有力支撑。一是做好快递业务员职业技能鉴定工作，全年共组织开展了 2 个批次的全国快递业务员职业技能鉴定统考，共有 1841 人报考。截至 2017 年年底，江西省累计鉴定总数为 19944 人，统考合格人数为 13644 人，合格率为 68% 左右。二是建立邮政行业高技能人才公共实训基地，目前，江西交通职业技术学院和江西省商务学校均设立了省级邮政行业人才公共实训基地。三是成功申报全国快递专业示范点。2017 年 9 月，江西交通职业技术学院的物流管理（快递方向）成功入选全国职业院校交通运输大类示范专业点名单。

（六）行业精神文明建设成效显著

全省快递行业积极开展精神文明建设，立标杆、树品牌、弘正气，努力提升快递行业的社会满意度、美誉度。一是组织开展江西省第二届“最美快递员”评选活动，发掘行业先进典型事迹，传播行业正能量，体现时代精神。二是行业精神文明标兵不断涌现。赣州市于都县快递员肖福明勇救 5 名落水儿童不幸遇难，在全行业产生巨大反响，掀起了向英雄学习的热潮，开展了“学英雄、献爱心”捐赠活动，全省邮政行业共募集捐款 70 余万元。三是组织参与全国青年文明号创建活动，江西顺丰速运有限公司市场销售部、江西省圆通速递有限公司客服部、杭州百世速递有限公司南昌分公司三家符合全国青年文明号创建条件的青年集体参与全国青年文明号创建工作，新增“全国青年文明号”1 个。

二、2017 年江西省快递业发展问题

2017 年，江西省快递业延续了多年以来快速增长的良好势头，特别是一批“快递 +”

项目在服务全省地方经济社会发展中做出了积极的贡献，实现了经济效益与社会效益的有机结合，但行业发展仍然面临着一系列的压力与挑战。

一是发展基础依然薄弱。加盟制是快递行业的主要经营模式，具有强干弱枝的特点。企业在快递网络中位于资源分配的末端，自身发展能力有限，在园区建设、车辆通行、安全管控等方面依然面临较多的困难。

二是发展的结构性矛盾突出。首先是行业发展趋同，低水平规模性扩张，导致增量不增收的低效益发展；其次是城乡发展不均衡，企业资源集中向城市投放，对于农村地区业务发展投入不足；最后是行业科技和信息化发展滞后，智能化、标准化设备投入不足。

三是绿色可持续发展压力巨大。2017 年全省累计产生快件 4.38 亿件，为社会经济发展和便利居民生活做出了积极贡献，但也要看到背后快件包装对生态环境造成的巨大压力。适应生态文明建设，提升绿色发展水平，是快递行业面临的重要课题。

三、2018 年江西省快递业发展意见和建议

2018 年江西省快递业将全面贯彻落实党的十九大精神，以习近平新时代中国特色社会主义思想为指导，按照“打通上下游、拓展产业链、画大同心圆、构建生态圈”的发展思路，积极适应新时代发展要求，加快更新思想、转变观念，自觉实践高质量发展的新发展理念，深化供给侧结构性改革，集中力量抓重点、补短板、强弱项，提升发展质量和效益，拓展行业发展新格局。预期全年快递业务量完成 5.3 亿件，同比增长 22%；业务收入完成 60 亿元，同比增长 20%。

（一）加强园区基础设施建设

积极抢抓长江经济带、赣江新区等重大战略发展机遇，加强快递与航空、铁路、公路等综合交通运输方式衔接，推动现代化、枢纽型快递园区建设，优化园区规划布局。大力提升园区服务功能、信息化科技水平和管理规范，加快构建功能互补、联动发展、衔接顺畅、支撑有力的省、市、县三级快递园区体系。

（二）深化供给侧机构性改革

对标国内外先进水平，把提高行业供给体系质量作为主攻方向，持续推动质量变革、效率变革、动力变革。丰富服务功能拓宽联动领域，立足江西丰富的农特产品资源，聚焦现代农业打造特色农产品“直通车”；融入江西传统优势制造业，聚焦先进制造业探索设立“移动仓库”。推动大包裹、供应链解决方案、即时配送、众包递送等新产品新业态新模式发展，不断培育壮大新动能。加快与互联网、大数据、物联网和人工智能等前沿科技深度融合，打造智慧供应链体系。不断夯实寄递安全基础，提升寄递服务质量，打造江西寄递名片。

（三）持续完善末端服务体系

一是坚持规划引领，将城市快递末端配送网点作为城市公共配套设施纳入城市总体规划、城市社区发展规划和城市共同配送体系，合理安排处理中心、寄递便民综合服务网点、智能快件箱等基础设施的规划布局。

二是加快完善城市配送体系及终端网络建设，在有条件的工业园区、商业楼宇、住宅小区设置快递服务网点，为居民群众提供便捷高效的快件收投服务。

三是加大智能快件箱投放，逐步提升箱投比例。

四是设立快件集中代收投服务点，鼓励、支持社会第三方建立快件末端投递服务平台，或进行联合服务经营，规范服务行为。

五是保障快递服务车辆通行，在确保安全、有序、畅通的前提下，给予城区道路通行便利。

（四）持续提升农村快递服务水平

充分发挥好行业在创新流通方式方面的优势，大力推进农村电商与实体流通相结合，架起城乡双向流通桥梁，着力完善农村服务网络，推动农产品进城和工业品下乡。全力做好邮政行业助力三农、精准扶贫大文章，推广“寄递＋农村电商＋农特产品＋农户”产业脱贫模式。打造“快递下乡”升级版，发挥快递连通城乡、贯通一二三产业的优势，支撑农村和农业现代化，促进城乡融合。深入挖掘全省农特产品种类丰富、品质优异的资源潜力，补齐“产品商品化”和“流通组织化”短板。

（五）加快绿色发展转型

加强快递绿色包装标准宣贯执行，按照“先易后难、把握重点、梯次推进”的顺序，先行解决面单、中转编织袋等问题，以塑料包装袋和封装胶带治理为重点和突破口，大力促进包装减量化、绿色化和可循环化，引导更多企业参与“绿色快递”行动。

（六）坚守行业发展安全底线

强化企业安全生产主体责任，认真抓好收寄验视、实名收寄、过机安检“三项制度”，强化重点地区、重点部位、重点时期寄递渠道安全防范工作。加强数据安全和用户个人信息保护，防控和化解行业风险。

（江西省邮政管理局　陈国彪　熊伟）

2017 年江西省仓储业运行情况报告

2017 年，全省积极推动仓储业发展，仓储业呈现稳步增长态势，为全省经济发展发挥了重要作用。

一、2017 年江西省仓储业发展现状

（一）行业规模增速有所回落

2017 年，江西省仓储业企业法人单位 120 家，同比增长 5.3%，增速比上年回落 2.2 个百分点，其中：中型企业 33 家，小微型企业 87 家。从业人员 11836 人，同比增长 7.0%。从业人员中本科以上学历的为 2622 人，同比增长 7.15%；仓储岗位从业人员 9514 人，同比增长 10.6%。从总体人员构成情况来看，本科以上学历的从业人员占就业总人数的 22.2%（见图 1－9－1）。

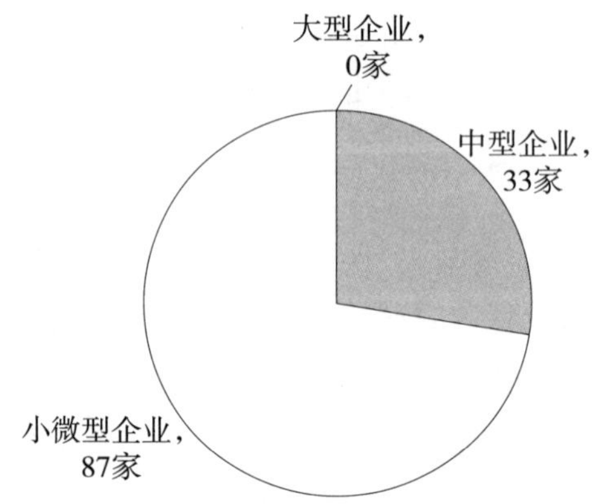

图 1－9－1　2017 年江西省仓储企业分类

（二）行业效益持续改善

2017 年，江西省仓储业实现主营业务收入 66.2 亿元，与上年相比增长 3.6%，增速放缓 0.64 个百分点。从主营业务收入结构来看，仓储业务收入为 47.4 亿元，同比增长 4.9%；干线运输收入 6.1 亿元，同比增长 3.4%；其他收入 12.6 亿元，同比下降 2.3%。仓储业务收入、干线运输收入、其他收入占主营业务收入比例分别为 72%、9%、19%。与上年相比，仓储业务收入与干线运输收入占比有所增长，其他收入占比

有所降低（见图1－9－2）。

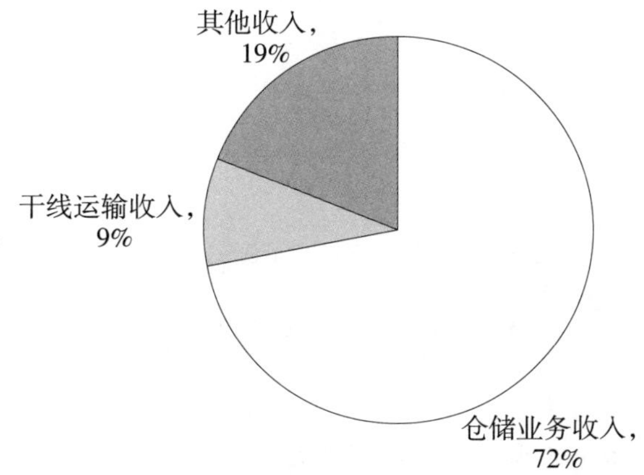

图1－9－2　2017年江西省仓储业主营业务收入中各项收入比例

从仓储业务收入构成来看，仓库租金及服务费为15.67亿元，同比增长6.1%；加工包装收入1.62亿元，同比增长4.5%；配送收入28.69亿元，同比增长4.38%；其他仓储收入1.4亿元，同比增长3.7%。分别占仓储业务收入的比例为33%、3%、61%、3%，可见配送业务是仓储业务的主要业务板块（见图1－9－3）。

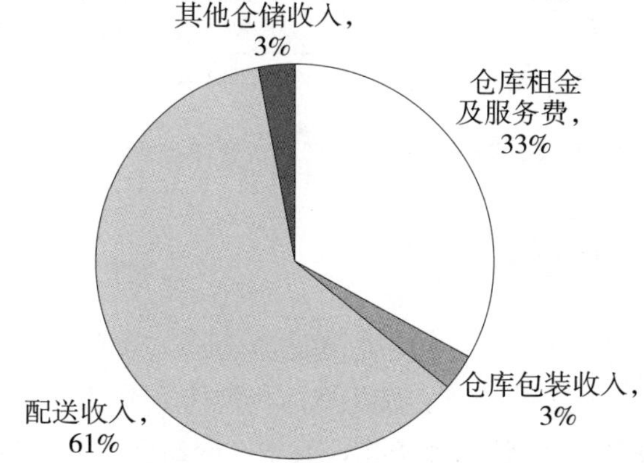

图1－9－3　2017年江西省仓储业的收入中各项收入比例

（三）行业贡献度不断提升

2017年，江西省仓储业固定资产投资额为10.22亿元，同比增长5.46%；全行业工资总额为4.99亿元，同比增长10.76%；应缴税金为1.55亿元，同比下降1.97%（见图1－9－4）。

（四）货物吞吐量实现平稳增长

2017年，江西省仓储货物吞吐量为3012.56万吨，同比增长3.88%，其中，中型企业923.72万吨，小微型企业2088.84万吨。平均库存量860.21万吨，比上年增加103.13

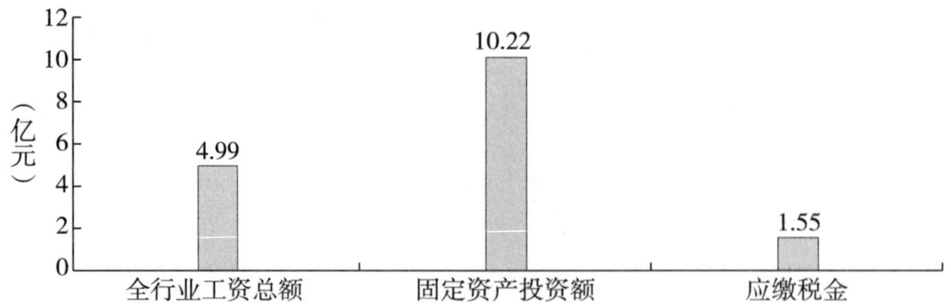

图1－9－4　2017年江西省仓储业行业贡献度对照

万吨，其中：中型企业129.93万吨，小微型企业730.28万吨。加工包装量101.2万吨，与上年持平，其中，中型企业68.9万吨，小微型企业32.3万吨（见图1－9－5）。

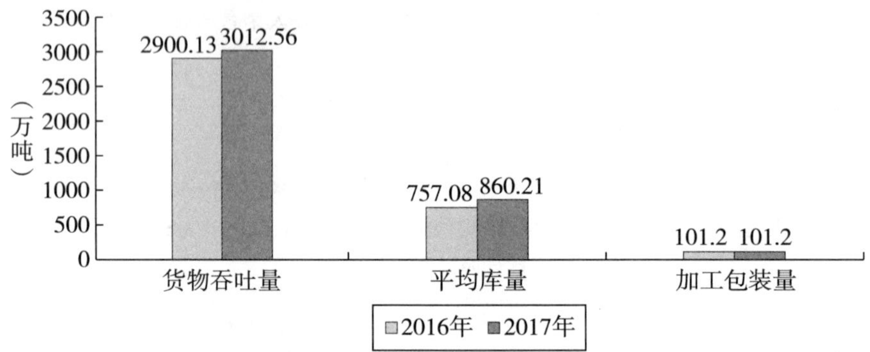

图1－9－5　2016—2017年江西省仓储行业运行情况

（五）仓储面积持续增长

2017年，江西省通用仓库面积达到278.76万平方米，比上年净增长17.41万平方米，其中，立体库面积增加1.33万平方米，楼房库面积增加7.33万平方米，平房库面积增加8.75万平方米。冷库面积为75.81万平方米，其中，冷却物冷库为51.93万平方米，冻结物冷库为23.88万平方米。货场为74.9万平方米，与上年持平（见图1－9－6）。

（六）仓库租金略有上升

2017年，江西省除立体库租金保持平稳以外，其他各类仓库租金均有所上升，冷库租金上升幅度较快。其中：楼房库租金由上年的2.81元/平方米·天，增加到2.83元/平方米·天，同比增长0.7%；平房库租金由上年的2.95元/平方米·天，上升到2.96元/平方米·天，同比增长0.3%；冷藏库租金由上年的6.94元/平方米·天，增加到7.08元/平方米·天，同比增长2.0%；冷冻库租金由上年的8.56/平方米·天，增加到9.12元/平方米·天，同比增长6.5%；货场租金由上年的1.22元/平方米·天，增加到1.23元/平方米·天，同比增长0.8%（见图1－9－7）。

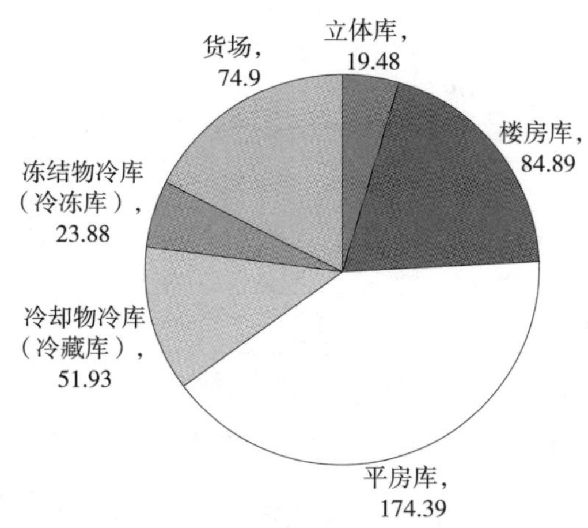

图 1-9-6　2017 年江西省仓储面积情况（单位：万平方米）

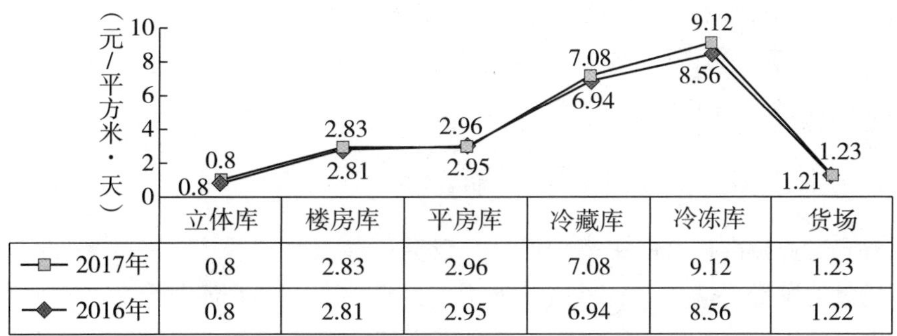

	立体库	楼房库	平房库	冷藏库	冷冻库	货场
2017年	0.8	2.83	2.96	7.08	9.12	1.23
2016年	0.8	2.81	2.95	6.94	8.56	1.22

图 1-9-7　2016—2017 年江西省仓库租金运行情况

（七）仓库空置率仍然呈下降趋势

2017 年，江西省各类仓库的空置率有所下降。立体库空置率为 23.51%，比上年下降 0.33 个百分点；楼房库空置率为 19.63%，比上年下降 0.33 个百分点；平房库的空置率为 19.02%，比上年下降 0.15 个百分点；冷却物冷库（冷藏库）空置率为 20.25%，比上年下降 0.56 个百分点；冻结物冷库（冷冻库）空置率为 11.05%，比上年下降 0.05 个百分点，这些仓库空置率变化情况反映仓库使用率在不断提高，资源利用效率也在不断提升（见图 1-9-8）。

二、2017 年江西省仓储业发展问题

（一）现代化仓储发展较慢

江西省大型现代化仓储，特别是智能化仓储、自动库非常少。自动库主要分布在医药物流领域，如江中制药、樟树五洲医药、九州通药业。其他仓库特别是配送型仓库只是作业机械化程度得到改善。如苏宁南昌物流中心、华润万家配送中心、蓝海物

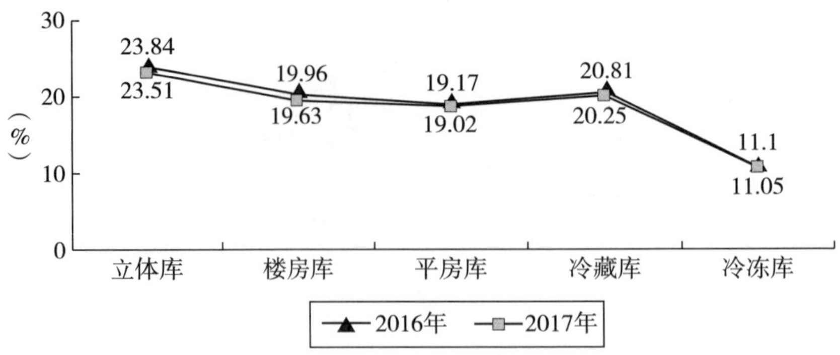

图1-9-8　2016—2017年江西省仓储业各类仓库空置率情况

流配送中心、江西邮政物流仓储配送中心、九江联商配送中心、坚强百货配送中心、国光和甘雨亭配送中心等。仓库的标准化程度有所改善，如向塘的平安仓储、招商仓储均按照国家通用仓库标准建设，但京东物流的标准化作业还不规范，带托运输有待推广应用。一些新建仓库还存在功能不完善，标准不高，消防设施不过关等问题，也给仓储安全生产带来一定隐患。

（二）仓储业作业标准化水平不高

江西省仓储业标准托盘使用率较低，托盘循环共用率较低。仓库内大量存在使用非标托盘，托盘的质量普遍较差，材质参差不齐。仓储业各类仓库月台较少，月台宽度达不到国家规定的标准，影响了装卸作业。仓库带托运输率较低，车辆与仓库的匹配有差距。仓库内因配送量不够大，传送设备和分拣设备普及率不高，装卸作业效率低。

（三）仓储业信息化建设迟缓

江西省仓储业信息化建设普及率不高，特别是中小微型仓储企业没有规范的仓库管理信息系统，配送业务没有与配送车辆、配送网点进行有效衔接。大型商业连锁企业自营物流中心信息系统，面向社会开放的不足5%，如九江联商物流在满足自身网点配送任务后，才会面向社会开放。赣州坚强百货配送中心在参与省级城市配送试点后才适度向社会开放，吉安国光商业配送中心，江西绿滋肴超市配送中心还只停留在为自身经营网点服务。

（四）仓储资源仍然比较缺乏

仓库建设上不适应现代物流的发展，满足客户要求的仓储设施不多，新建仓储项目不多，大型仓储业项目仍然是空白。新建仓库中配备立体货架、配套装卸平台、安装信息系统和分拣设备的比例不到30%，与市场对标准化仓库的需求还有很大的缺口。全省120家仓储企业中，中型企业33家，小微型企业87家，没有大型企业。商贸流通企业自营物流面向社会开放不足，投资建设公共仓储的积极不是很高，加上用地保障困难，对仓储资源迅速补充还有一定难度。

三、2018 年推进江西省仓储业发展措施

（一）江西省仓储业发展趋势

1. 新零售推动仓储业加快发展

随着永辉超市、王府井、万象、万达、苏宁、铜锣湾等知名企业进入全省，百货大楼、购物中心、商业综合体发展迅速，京东强势入驻江西，新零售带来的消费需求不断上升，推动线上线下融合发展。新零售通过供应链体系，将仓库资源与生产、批发、零售、仓储等环节实现协同发展，提升了供应链整体效率，全面降低物流成本。

2. 城市配送推动了仓配一体化

近年来，江西省积极推动省级城市配送试点，构建物流园区、配送中心、末端网点三级配送体系，提升改造了一批商贸流通企业自营物流设施，在满足自身网点配送的基础上，逐步面向社会开放。一些从事末端配送的企业通过租赁仓库设施为合同用户提供专业配送服务，提高了服务质量，推动了仓配一体化的发展。

3. 各类仓储资源逐步实现共享

随着城市配送体系不断完善，物流产业集群逐步推进，多式联运加快发展，仓储作为物流综合服务的重要环节，作用不断显现，资源多样化需要进一步整合，在不改变运营主体的前提下，实现仓储资源共享，减少盲目投资、盲目建仓，挖掘现有资源，提升改造，形成仓储网络体系，实现城乡高效配送网络的互联互通。

4. 智能仓储得到快速发展

随着仓配行业大量运用大数据、物联网、自动仓等先进技术，推广应用电子面单、电子合同等数据化信息，在“互联网 +”高效物流的基础上，逐步呈现智能化。智能仓储在医药行业首先得到发展，逐步向快速消费品、快递物流方向发展，也推动公路货物分拨中心向仓储智能化方向发展。仓储智能化还体现在冷链物流上，智能化冷库也将进入快速发展期，以满足人民生活日益增长的需求。

（二）促进江西省仓储业发展建议

1. 建设一批现代化仓储基础设施

全省各地结合实施城市配送、城乡高效配送重点工程，推动一批标准化程度高、信息化水平高的现代化仓储项目建设，科学布局仓储基础设施，积极发展仓配一体化，不断提升仓储现代化水平。推广应用 1200 毫米 × 1000 毫米标准托盘循环、600 毫米 × 400 毫米系列包装模数的周转箱（筐），围绕标准托盘的应用提升改造装卸月台、货架、叉车、传送带、分拣设施及射频条码等仓储设施，提升货物装卸效率，降低物流成本。

2. 构建科学的仓储业体系

仓储是现代物流业的重要基础设施，也是城乡高效配送的重要载体。要形成以城市现代化仓储为主体，市县仓储为纵向，以快速消费品、农产品、家电、药品仓储为主体，危险品、生产资料、商品车堆场等专业仓储为横向的仓储体系。

3. 扩大仓储业的对外开放

仓储业也是对接“一带一路”国家战略的重要切入点，通过在保税物流中心、铁路口岸、航空口岸、水运口岸建设一批货物进出口仓储，特别是发展跨境电商仓储、进口冷链仓储、药品仓储等，使仓储与口岸设施相互衔接，与便利店、专卖店、高档超市对接。鼓励有实力的企业在境外建立仓储和配送网点。

4. 积极发展智能仓储

推进一批智能化仓储进入国家级智能仓储企业行列，不断引进国内外知名企业来江西省建设自动化程度较高的智能仓储，推动现有仓储使用机器人装卸，发展智能叉车、托盘等智能化装卸设施，提高仓储智能作业水平。

5. 扩大星级仓库规模

引导各类仓储企业申报国家星级仓库资质，进一步提升仓储业核心竞争力，培育仓储品牌，形成仓储业产业优势，扩大影响力，使全省星级仓库数量和质量进一步提升。

（江西省商务厅　傅南）

2017 年江西省物流园区调研评价报告

为进一步了解和掌握 2017 年江西省物流园区规划建设情况，及时指导物流园区规范建设和提升园区发展服务水平，江西省发改委连同江西省交通运输与物流协会对全省物流园区开展了一次全面深入的调查。本次调查采取“面”“点”结合的方式，对全省在建和运营的物流园区的建设总体情况和创新发展的模式、机制及新技术、新装备的推广应用和建设发展中存在的主要问题进行了摸底和梳理。现将情况汇总综述如下。

一、2017 年江西省物流园区发展现状

（一）园区现状

（1）数量分布。全省现有各类物流园区 94 家，比上年调查统计的 80 余家增长 15%。物流园区的区域分布为南昌 10 家、宜春 7 家、九江 9 家、赣州 21 家、吉安 11 家、上饶 7 家、抚州 11 家、萍乡 7 家、景德镇 2 家、鹰潭 3 家、新余 6 家（见下表），总体分布相对合理。

2017 年江西省物流园区数量分布情况

设区市	园区数	其中			园区面积（万平方米）	投资额度（万元）
		运营	在建	规划		
南昌	10	8	1	1	118.25	138498.8
赣州	21	3	12	6	162	194000
九江	9	5	1	3	20.08	129678
上饶	7	4	2	1	138.5	33523
吉安	11	6	4	1	82.31	180209
宜春	7	3	1	3	44.2	105581
抚州	11	4	5	2	91.86	29100
萍乡	7	4	1	2	74.9	128600
景德镇	2	2			18.6	27000
新余	6	3	3		609.6	323000
鹰潭	3	3			159.1	115000
合计	94	45	30	19	1519.4	1404189.8

（2）运营收入。数据显示，94 家物流园区中，运营的有 45 家，占 47.9%；在建的有 30 家，占 31.9%；规划的有 19 家，占 20.2%。在已运营的物流园区中，入驻企业已达 5844 家，2017 年主营业务收入实现 190 亿元，税收达 18.7 亿元，其中鹰潭现代物流园主营业务收入高达 30 亿元，吉安经开区、宜春赣南物流园主营业务收入均达 20 亿元以上。

（3）带动效应。由于园区与入驻企业收入增速加快，园区用工人数至 2017 年年底已达 4.3 万人，经贸服务业务收入较上年也有较快增长，有效促进了当地及周边地区餐饮、汽配等服务业的发展。增加了当地人在家门口就业的机会。

（4）服务功能。园区入驻企业增多，创收能力增强，又带动了投资额度的增大，有效地促进了园区的服务功能提升，使园区的服务功能由简单的停车、中转和休息，转变为装卸、仓储、线上线下交易、汽修加油、餐饮住宿、委托租赁等，基本满足了入驻企业的需求，也促进了园区管理的提升和经营状况的改善。

（二）发展亮点

（1）标准化建设有所加强。按照国家发改委、自然资源部、住房和城乡建设部关于物流园区示范工作的要求，全省部分物流园区的功能集成、设施共享、用地集约、运营模式、区域带动的优势作用逐步显现，涌现出了一批全国性和全省性的示范园区和优秀物流园区，如鹰潭物流园区获 2017 年度全国示范物流园区称号；吉安经开区物流综合中心获 2017 年度全省示范物流园称号；宜春赣西物流园、上饶新华龙物流园获全国优秀物流园区称号，为全省物流园区标准化做出了贡献，将为推动全省物流园区的标准化建设发挥巨大引领作用。

（2）多式联运运营加快。公铁、水铁、公水、空地联运优势逐步彰显，物流园区的联运设施不断改善，降本增效有力吸引企业入驻，园区经营效率和营业收入不断攀升，为完善园区的基础设施建设、资金投入产生了新的推动。如鹰潭物流园，经开区综合物流中心、新干城北物流园、邮政快递园、景德镇金三角物流园等，由于多式联运的应用，入驻企业、营业收入均有较快增长。

（3）人才培训有新进展。企校挂钩，在职培养是提升物流人才的重要途径，吉安经开区物流园由于规模的扩充，业务的拓展，人才缺乏是一个重要的制约因素，为解决人才引进难的问题，从 2017 年起，园区与井冈山大学、吉安吉州职业技术学院合作，按照企业需求，在校开设了物流专业班，并进行相关项目的专题研讨，为培育人才开展了新的探索。

（4）多元经营促货源集聚。鹰潭经开区、景德镇等物流园区通过招商引资，充分发挥园区位置、交通、基础设施等优势，集专线、快递、仓储、配送等功能于一体，增强了货物集聚能力，发挥了物流园区综合平台的作用，减少了入驻企业的空载率，达到了降本增效的目的，逐步形成了相互促进的良性循环态势，提高了园区的影响力和辐射能力，为园区的发展添加了新的动力。

二、2017 年江西省物流园区发展问题

（一）规划布局有待改善

调查数据显示，江西省各设区市、县的物流园区分布相对较为合理，但也有部分园区的地理位置、交通基础设施不够理想，特别是与当地区域经济发展不匹配，同质化现象较为严重，产生了货源不足、效益低下、运营困难等现象。

（二）标准化建设有待加强

标准化建设是园区发展的瓶颈，也是吸纳企业入驻的前置条件，不少园区因服务功能不全，基础设施不到位，因此入驻企业，特别是实力较强的 A 级企业较少，以致园区规模上不去，货源集聚能力有限，园区的整体经济效益不高，个别园区的生存都存在不少风险。

（三）园区发展政策有待再落实

从调查反映的问题来看，不少园区的用地、税收、道路畅通、资金扶助等都遇到困难，难享受到相关政策的优惠，特别是由于城市的扩张，原处市区或近郊的园区实行交通限行，影响入驻企业的正常运营，以致效益低下，同时有的地方还存在扶外不扶内的不公平做法。

（四）经营管理能力有待提高

重经营轻管理是园区普遍存在的突出问题，一是园区管理机构不健全，相关管理制度只是写在纸上，贴在墙上，并无专人组织实施；二是管理人员素质不高，管理水平有限，不专业不熟练；三是信息化水平低，信息来源不多，信息平台功能偏少，操作水平不高，影响系统性能发挥。

三、2018 年江西省物流园区发展建议

（一）加强领导和组织协调

按照分工，各地要切实落实责任制，力争做到园区发展的事有人管，园区的建设情况有人问，园区的运营困难有人帮，引导企业自信、自律、自强，物流工作主管部门和物流牵头部门要协调各对口环节的政策落实。出台相关实施细则，切实把国家、省和当地政府出台的各项优惠政策落到实处。同时鼓励全社会各行各业支持和关心园区建设，以营造一种公平宽松的物流发展环境。

（二）加强政策扶持力度

将物流园区建设项目和用地列入当地城市规划，给予重点支持，对于物流项目中非商业配套用地价格给予一定优惠；加大对物流园区周边交通基础设施的改造力度，促进多式联运发展；结合城市扩张的布局，采取有堵有疏和土地置换的措施，保障物流车辆的正常运行，对于物流园区及入驻企业的税费，各地应给予适当减免，以支持园区的建设和税基的培养。

（三）加强园区标准化建设

在政府标准化部门的指导下，发挥行业标委会和行业协会的作用，在物流园区的基本要求、规模建设、功能设置、服务规范、评估考核等方面，全面推进物流园区标准化工作的实施，并建立相应的座谈交流，监督检查等常态机制，发挥示范物流园区和优秀园区的引领作用，全面提高推进物流园区标准化建设的速度，努力打造一批在全省、全国具有影响力的现代物流园区。

（四）积极培育物流专业人才

从调查中了解到，物流专业人才缺乏是制约全省物流企业和园区发展的重要因素。真正懂管理懂经营的物流专业人才偏少，且由于经济基础及待遇问题，又很难引进，因此，建议政府应给予物流人才培养相应的经费支持，鼓励院校与企业联系，挂钩培养，促进园区企业加大资金投入，共同为园区发展逐步打造一支视野开阔，理念先进，管理经营能力强，规范服务水平高的专业人才队伍。

（江西省发展和改革委员会　杨大玮
江西省交通运输与物流协会　项望东）

第二部分
区域发展篇

2017 年南昌市物流业发展情况报告

一、2017 年南昌市物流业发展总体情况

（一）物流业总体运行情况

1. 社会物流

2017 年全市社会物流总额 20589.31 亿元，同比增长 11.8%；实现物流业增加值 516.25 亿元；全年社会物流总费用 810.12 亿元，占 GDP 比重为 16.2%，同比下降 0.4 个百分点。

2. 货物运输

2017 年全市货运量 12436 万吨，同比增长 12.37%；货运周转量 264.17 亿吨公里，同比增长 9.04%。全市水路运输累计完成内河水路货运量 1122 万吨，同比增长 6.05%；完成内河货运周转量 42.36 亿吨公里，同比增长 6.04%；港口吞吐量 3281.2 万吨，同比增长 20.32%；集装箱吞吐量完成 133314 标准箱，同比增长 16.80%。南昌昌北国际机场货邮吞吐量 5.23 万吨，比 2016 年（5.06 万吨）增长 3.3%，在全国排名第 35 位；起降架次 89863 架次，比 2016 年（66409 架次）增长 35.3%，在全国排名第 34 位。邮政企业和规模以上快递服务企业业务收入（不包括邮政储蓄银行直接营业收入）累计完成 28.14 亿元，同比增长 22.43%，占全省比重为 30.05%；业务总量累计完成 43.03 亿元，同比增长 37.06%，占全省比重为 33.19%。其中，快递业务量完成 1.86 亿件，同比增长 8.32%，占全省的比重为 42.46%；业务收入完成 22.07 亿元，同比增长 13.52%，占全省的比重为 44.85%。

3. 物流企业

截至 2017 年年底，全市注册登记的物流企业有 1396 家，其中 5A 级企业 2 家，4A 级企业 12 家，3A 级企业 7 家，2A 级企业 2 家；五星级仓库 2 家，仓储服务质量金牌企业 1 家，三星级仓库 2 家。营业收入 0.3 亿 ~1 亿元的企业有 51 家，营业收入 1 亿元以上的企业有 20 家。

（二）物流基础设施情况

目前，全市基本建成由铁路、公路、水运、航空运输组成的物流运输基础设施体

系。昌景黄铁路南昌东站、进贤军山湖站工程可行性研究报告已上报国家发改委，南昌至抚州、南昌至修水城际铁路已开展前期研究。《南昌港总体规划》加快修编，龙头岗综合码头一期建成投入使用。南昌综合保税区封关运行，南昌（向塘）至福州（江阴港）、南昌（向塘）至宁波（舟山港）、南昌（向塘）至深圳（盐田港）海铁联运外贸货运班列和首列赣欧（亚）南昌至河内国际货运班列相继开行，外贸进出口集装箱运量呈现爆发式增长。昌北国际机场T1航站楼正在实施升级改造，T2航站楼扩建加快启动，年旅客吞吐量突破1000万人次，成为全国第31个千万级枢纽机场。红谷隧道、沿江大道南延工程、南外环迎宾互通以西段、昌九快速路改造一期、沿江北大道快速路均已通车；前湖大道快速路、志敏大道改造、昌西大道、洪都大道快速路改造、昌南大道快速路改造等项目扎实推进，以“十横十纵”干线路网为基础的“三环”路网体系基本成型。仓储设施发展迅速，现代包装技术和机械化、自动化货物搬运技术在全市已广泛应用，共用通信网的规模、技术层次、服务水平方面均有质的飞跃。以“基于5G应用的民生服务和社会治理”示范项目成功入选“5G规模组网建设及应用示范工程”示范城市名单，开创南昌5G新纪元。

（三）物流园区情况

全市已建成物流园区21个，其中有2家物流园区目前正在提升、扩建（昌南农产品物流中心三期、江西桑海－香港威裕医药产业园二期桑海医药产业物流中心），有2家物流园区被评为省重点物流园区（兴发物流园区和南昌保税物流中心），占全省的18.2%；随着经济社会的发展，南昌市推进了一大批标准化和智能化程度较高、产业影响力较大的物流园区项目陆续开工、建设、投产。目前新建物流园区10个（南昌快递电商物流园、江西向塘铁路－公路枢纽型物流基地、南昌华南城电商物流基地、鑫润物流园、新太好现代冷链物流园及仓储交易中心、深国际南昌综合物流港、南昌龙头岗综合码头物流园、全球鲜果优选中心、丰树物流、江西和通现代物流园区）；目前，占地1500亩的向塘铁路货场积极推进，占地面积591亩的南昌龙头岗综合码头一期工程项目已正式开港运营，二期700多亩前期准备工作刚启动，预计明年年底正式动工；高新区10万吨江西玉丰农产品冷藏加工物流中心项目正式投入运营，新建区10万吨新太好冷库项目进展顺利，南昌临空经济区快递物流园项目加快推进。

（四）物流产业集群发展情况

全市认真按照江西省商务厅的要求，重点围绕推进八大省级物流产业集群建设，并把推进向塘物流产业集群建设作为全市经济发展的着力点和引爆点，依托向塘独特的区位优势，聚焦资源快速推进，实现向塘物流产业集群建设率先突破，努力将向塘物流产业集群打造成中国中部地区的物流集散地。目前，向塘物流产业园汇集了江西京九物流、北京京东物流、河南宇鑫物流等物流企业20余家。招商局物流、平安物流、赣电物流等项目正在加快推进，京东江西“亚洲一号”物流基地项目落户向塘，目前正在进行项目平整和工商注册等工作。向塘铁路口岸一期正式封关运行，二期项目可研报告已编制完成。以商贸物流为主，汽车物流、农产品物流为辅的“一主两辅”物流产业集群雏形已现。2017 年 4 月 5 日，南昌向塘（横岗）至宁波港铁海联运外贸班列成功首发，此趟满载着 90 个国际标准集装箱的铁海联运外贸班列，全部为外贸适箱货物。前三个季度，向塘铁海联运外贸班列稳健开行，共发运 4438TEU，进出口吞吐量占全市比重达 54%，全年预计出口达到 6500TEU，进口 1000TEU。2017 年 4 月 10 日向塘综合物流产业集群被江西省商务厅认定为“江西省物流中心”。在加快全市物流产业集群建设同时，积极配合省商务主管部门开展物流产业集群统计工作，已上报8 个区县的 68 家物流企业作为统计样本企业，不仅是物流统计工作的创新，也为全面掌握全市物流产业集群运行情况打下基础。

（五）重点物流行业发展情况

1. 物流标准化试点建设

在商务部、江西省商务厅的关心指导下，南昌市被列为 2016 年全国第三批物流标准化试点城市，获奖补资金 8000 万元，试点周期为 2 年。截至 2017 年年底，全市物流标准化试点工作总体进展顺利，先后三批共 28 个项目入围试点，预计总投资 42205.96 万元。试点项目已投资 14396.94 万元，试点项目带动社会投资总额 75518.46 万元。试点工作带来明显的经济、社会效益。一是物流装卸效率和车辆周转率显著提升。装卸效率比试点前提升 72%，由每小时装卸 10.39 吨提高至 17.87 吨；车辆周转率比试点前提升 39.3%，由每天平均 33.58 次提高至 46.78 次。二是货损率明显降低。目前货损率已降至 2.03%，较试点前降低 1.5 个百分点。三是物流成本显著降低。在人工、土地等成本上升的情况下，企业物流成本占主营业务收入的比重由试点前的 73.02% 降至 64.42%。四是社会效益逐渐扩大。物流市场秩序更加规范，物流标准化的发展方向及理念正逐步在树立，低碳绿色物流成为主流理念，信息技术在物流业中逐渐被广泛应用。南昌市物流标准化试点工作多次得到商务部流通业发展司及兄弟城市的肯定。

2. “互联网 +”智慧物流建设

2017 年，全市以“江西尧泰风快平台”和江西“马力冷运”平台为依托，以南昌市国家智慧物流配送示范城市为着力点，引导物流企业应用互联网、物联网、大数据等先进技术设备，整合物流配送资源，打造智慧物流配送体系，发展现代物流业态。江西尧泰供应链管理有限公司研发的“江西尧泰风快平台”自 2017 年 2 月上线至 2017 年 11 月 24 日，平台线上累计交易票数 11363 票，支付交易额达 20325.67 万元；注册会员数达 2506 家，车辆数 1011 辆。江西“马力冷运”是冷链零担物流解决方案提供商，通过建立全国完善的冷链干线运输网络，运用互联网技术对冷链车辆和货主进行高效匹配，优化节点城市分拣仓运营，线下专业客服全程跟进保障，为全国冷链货物生产、加工、贸易等企业提供优质高效全方位的冷链运输服务。自2017年3月正式运营至今，用户数3012家，平台认证司机数量17345名，合作物流公司798家。平台成交金额达2704.57万元。“互联网+”及第四方物流平台运作模式，改善了小型物流企业管理水平落后，各自为战的局面，提升了物流行业的集约度；通过降低物流车辆的空载率，提高了运输效率，降低了物流成本，更能适应现代物流供应链一体化的要求。

二、南昌市物流业发展存在的问题

（一）企业规模较小，行业竞争力不强

目前，全市物流企业大部分仍然呈现“小、散、乱”现象，注册资金1000万元以上的大型物流企业不足全市物流企业总数的10%，尚无企业进入全国物流50强。物流企业信息化、专业化程度不高，经营模式比较落后，自动化、智能化水平较低。虽然有公共物流信息平台在建，但在实现资源共享、数据共用、信息互通方面仍有欠缺，极大地影响了企业运作效率和行业竞争力的提高。

（二）企业管理水平较低，物流资源浪费严重

现有物流企业管理水平落后，各自为战。对物流行业标准化、集约化发展认知度较低，难以适应现代物流供应链一体化的要求。物流企业运输效率低，空载率高，物流资源浪费现象严重。

（三）物流发展缺乏整体观念，发展存在盲目性

各地物流项目建设存在盲目性和随意性，规划意识不强，缺乏整体观念。有的地方在调研不充分、功能定位不清晰的情况下，仓促启动物流项目建设，导致部分功能不符合企业需求，造成资源浪费。

三、南昌市促进物流业发展的措施

（一）全面完成全国物流标准化试点项目建设

加强对三批共28个入围的试点项目的跟踪、督导，通过抓制度建设、抓绩效跟踪、抓特色项目、抓跟踪督导、抓工作合力这“五抓”，顺利推进南昌市物流标准化试点工作。重点抓好试点项目企业标准备案工作，通过企业标准在全国标准网上申报备案，让企业做到有标生产、经营，逐步建立全市物流标准化体系，并建成全国物流标准化试点的亮点。

（二）着力推进城乡高效配送体系建设

在前期对《南昌市城市共同配送体系建设战略研究》的基础上，着手调研、谋划《南昌市城乡高效配送专项规划》。通过提升城市配送公共服务能力，进一步解决“三难”，服务民生，即围绕着力解决城市配送车辆通行难、停靠难、装卸难等问题，努力降低物流“最后一公里”的成本，提高城市配送效率，满足城市居民对配送时效性、便捷性的要求。

（三）以智慧物流装备运用为基础，积极有效推进智慧物流建设

大力发展物流供应链管理，并向“智慧供应链”延伸，改变“大而全”“小而全”的商业运作模式，通过信息技术，实施商流、物流、信息流、资金流的一体化运作，使市场、行业、企业、个人联结在一起，实现智能化管理与智能化生活。同时依托物流标准化试点及城市共同配送体系建设，鼓励、支持物流企业运用智慧物流装备，在装备的标准化、智能化等方面进一步提升，从而提升配送能力和配送效率，降低物流成本。加强物流业与制造业、农业、建筑业、流通业联动、融合发展。逐步改变社会化程度不高、物流需求不足、特别是高端增值物流服务不足的局面。

（四）推进向塘物流产业集群建设，助推口岸物流快速发展

根据向塘物流产业集群的功能定位，加快构筑铁路物流基地、铁路口岸作业区和保税物流中心。

（1）铁路物流基地。推进向塘铁路物流基地核心项目——1500 亩铁路货场设施建设，争取用五年时间，建成具有零担、集装箱、大宗货物、特种货物等运输功能，年吞吐量达 1500 万吨规模的铁路货场，充分利用基础交通优势，依托发达的公路和铁路基础设施，发挥其适合钢铁、汽车等大宗物资运输的特点，加快发展多式联运。

（2）铁路口岸作业区。推进向塘铁路口岸作业区建设，尽快启动建设二期铁路口岸。利用中欧班列和三条铁海联运班列开行优势，力争用两年时间完成口岸建设，形成全省最大铁海联运基地。构建铁、公一体的口岸综合物流体系，加快市场培育，使向塘铁路口岸作业区真正成为服务全省并辐射湘、鄂、皖等周边地区的枢纽港。

（3）保税物流中心。推进保税物流中心建设，加快发展保税物流，集外贸货运代理、保税仓储、简单加工和增值服务、集装箱业务、口岸和退税、物流信息处理功能于一体。发挥全市内陆口岸作用，为全省进出口贸易、转口贸易及南昌市的制造业产品外销和城市消费提供物流服务，利用境内关外条件，减少货物周转，降低物流成本。

（南昌市商务局　高杨）

2017年九江市物流业发展情况报告

一、2017年九江市物流业发展总体情况

（一）物流业总体运行情况

1. 社会物流

（1）社会物流总额情况。2017年，全市社会物流总额7353.41亿元，比上年增长8.15%。从物流总额构成看：工业品物流总额5635.43亿元，比上年增长8.48%，占全市社会物流总额76.64%；农产品物流总额214.08亿元，比上年增长13.91%，占全市社会物流总额2.91%；区域外流入货物物流总额1480.14亿元，比上年增长5.85%，占全市社会物流总额20.13%，单位与居民物品物流总额11.67亿元，比上年增长42.33%，占全市社会物流总额0.16%；再生资源物流总额12.09亿元，比上年增长24.53%，占全市社会物流总额0.16%。

（2）社会物流总费用与GDP比率情况。2017年，全市社会物流总费用372.93亿元，比上年增长8.10%；与GDP比率为15.45%，同比下降1.01个百分点。其中运输费用218.14亿元，增长12.45%，占全市社会物流总费用58.49%；保管费用110.45亿元，比上年增长1.86%，占全市社会物流总费用29.62%；管理费用44.34亿元，比上年增长4.20%，占全市社会物流总费用11.89%。

（3）物流业增加值情况。2017年，全市物流业增加值178.14亿元，比上年增长11.33%，占第三产业增加值的17.68%，占全市GDP的比重为7.38%。

（4）物流业总收入情况。2017年，全市物流业总收入317.29亿元，比上年增长8.65%。

2. 货物运输

（1）公路运输情况。全年公路运输完成货运量12102万吨，同比增长12.39%；货物周转量257.35亿吨公里，同比增长9.04%。

（2）铁路运输情况。铁路货物运输量1278万吨，同比增长11.4%；货物周转量48.18亿吨公里，同比增长5.6%。

（3）水路运输情况。全年水路运输完成货运量1137万吨，同比增长0.7%；货运周转量56.95亿吨公里，同比增长7.1%。九江港长江段“一港五区”，完成货物吞吐量

11717.18万吨，同比增长3%，连续三年保持亿吨大港地位，九江港已经成为钢铁矿石、水泥产品、纸制品、粮食、化肥等大宗商品大进大出的重要通道。瑞昌港区2017年货物吞吐量为4399.18万吨，占完成总量的38%；城西港区完成货物吞吐量为295.75万吨，占完成总量的3%；城区港区完成货物吞吐量为570.07万吨，占完成总量的5%；湖口港区完成货物吞吐量4338.9万吨，占完成总量的37%；彭泽港区完成货物吞吐量903.65万吨，占完成总量的8%；上港集团九江港务有限公司完成货物吞吐量1209万吨，占完成总量的10%；集装箱首次突破30万TEU大关，其中，上港集团集装箱公司完成30.46万TEU、瑞昌理文物流有限公司的集装箱码头完成3.01万TEU。

（4）邮政快递情况。全市邮政寄递服务业务量累计完成7692.46万件，同比增长10.84%。全市快递服务企业业务量完成3869万件，同比增长34.43%；业务收入完成3.63亿元，同比增长26.45%。

3. 物流企业

随着工业兴市战略的实施，全市经济总量不断做大做强，近三年来GDP平均增速为9.4%。以石油化工、现代纺织、电子电器、新材料、新能源五大千亿产业集群为主导产业的工业经济快速发展，催生了日益旺盛的物流需求，全市物流产业呈现快速发展的良好势头。2017年，全市物流行业企业总数超过1500家，其中4A级企业1家，3A级企业1家，2A级企业3家，3星级冷链物流企业1家，各类物流园区22个，重点商贸物流企业3家，重点商贸物流园区（中心）3家，形成了九江水运口岸等6大物流产业集群。重点培育了上港集团、九鼎物流、金砂湾港务等第三方大型港口物流企业。瑞昌理文造纸、亚东水泥，湖口神华煤电、方大九钢厂，濂溪区煤炭储备中心等一批大型企业均自有5000吨级以上港口码头。代表性企业如下。

（1）上港集团九江港务有限公司。上港集团九江港务有限公司是江西省第一批重点商贸物流企业，九江市物流标准化试点单位，2015年获批江西省唯一进口粮食指定口岸，是目前九江市功能最多最齐全的公共码头公司。2017年公司集装箱吞吐量完成30.46万TEU，是增长幅度最大的一年，标志着九江港集装箱业务实现新突破，踏上新起点。公司2017年与重庆上汽通用五菱汽车公司合作，开展汽车滚装业务，建成全市首个汽车水运库，2017年共实现商品车装卸量12427台。投资2.5亿元兴建的集汽车装卸、仓储、交易配送、维修改装服务于一体的专业化的汽车滚装码头，于2018年年底开工建设，预计2019年年底投入使用，可实现年35万辆车的通过能力。上港二期集装箱码头预计2020年年底完工，码头年通过能力将达到60万TEU。

（2）九江市九鼎物流有限公司。九江市九鼎物流有限公司码头位于九江市城西港区，九江长江二桥下游500米处。拥有5000吨泊位2个，年吞吐能力400万吨，前沿水域水深全年平均在7米以上，可常年停靠5000吨级江轮及20000吨级海轮船舶，是长江中上游不可多得的天然深水良港。码头陆域总面积31万平方米，其中场堆14万平方米，仓库10万平方米。码头设备先进、齐全。配有国内最先进的GYM4530、

GYM2533 系列门座式起重机（最大起重能力达 45 吨）、JDQ4540 集装箱龙门起重机（带集装箱自动吊具、吊钩横梁）、双梁桥式起重机、平衡重式叉车等，拥有较高的现代化作业水平。

（二）物流基础设施情况

1. 公路建设情况

全年累计完成交通重点工程项目投资 22.35 亿元。昌九高速全线“四改八”改扩建全线开工，都九高速二期加快建设；城区高速收费站“拆四建二”开工建设；全力抓好农村公路建设。一年来完成交通运输固定资产投资 11.78 亿元，新改建农村公路 1339.8 公里。

2. 铁路建设情况

2017 年，相继开通武九客专和九景衢铁路，九江铁路通车新增里程约 126 公里，新增里程数居全省第一，占全省新增里程（291 公里）的 43.3%，占全国新增里程（2000 公里）的 6.3%。

3. 水路建设情况

2017 年，组织开展沿江非法码头整治工作，取缔、关停、整合拆除了 78 个泊位。瑞昌理文二期工程、华中木业专用码头、彭泽红光作业区综合枢纽码头一期工程开工建设，湖口神华煤电码头建成试运行。新增船舶吨位 2.5 万吨，拥有港口码头泊位 272 个（货运泊位 53 个，客运泊位 219 个），其中千吨级以上泊位 11 个。

4. 航空建设情况

九江庐山机场改扩建各项工作正在进入全面招标和施工阶段。

（三）物流园区情况

2017 年九江有各类物流园区 22 个，但综合物流园区和专业物流中心等大型物流载体缺乏。针对现有物流园区的不足之处，2017 年九江合理规划物流用地，依托港口、铁路站场及公路建立“物流综合枢纽—物流园区—物流节点”三个层次的物流园区。随着物流行业发展，冷链物流的重要性越来越高，九江水产品物流年交易量 20 万吨以上，全市粮、棉、油、猪、蔬菜、水果等农产品物流量增速可观，2017 年九江重点打造九江新雪域物流园，推动九江进口肉类指定口岸项目建设。

九江新雪域物流园坐落于九江市浔阳区城东工业基地 1 号园内，是浔阳区重点招商引资项目，是以冷链为主导，集农产品公共检测检验服务、农产品交易数据结算服务、大宗商品仓储、第三方冷链物流服务、物流金融服务（冷链结算金融、冷链仓单金融、冷链授信金融等）、九江进口肉类指定口岸检验检疫冷链配套服务为一体的国家 3A 级综合服务型现代冷链物流园。独有的区位优势和专业的运营，市场业绩及市场整体逐年向好，2017 年园区平台内商户总产值超过 20 亿元，实现配送总量 50 万吨，总税收突破千万元。

九江新雪域物流园现有10万吨冷库，园区拥有赣北90%以上冷冻客户资源和95%以上的冻肉分销渠道，不仅催生了冷链中心仓储资源及运营服务共享模式，更在促进区域经济发展上形成了以冷链为核心的“1+7”八大专业市场新城东农产品商圈资源产业聚合。新雪域二期5万吨冷库在建项目，即九江进口肉类指定口岸项目，是江西省首个水运进口肉类指定口岸项目，项目依托城东“1+7”农产品物流集群近2000个成熟商户的优势，运营初期以内贸托外贸，渐至市场成熟后以外贸带内贸的发展理念，充分发挥港口型国家物流枢纽承载城市的作用，实现水陆联运、水水中转有机衔接，建成后将大幅降低物流成本30%以上，食品单价降低20%～30%，食品腐损率下降25%，解决地方就业约5000人，园区内冷链物流标准化程度达80%以上。

（四）物流产业集群发展情况

1. 物流产业集群运行良好

2017年，九江市6个物流产业集群实现主营收入298.8亿元，同比增长9.7%；物流企业平均利润率为9.1%，同比增长0.3%。

2. 货运总量快速增长

6个物流产业集群内物流企业发往外省货运总量为7353.0万吨，同比增长11.4%；外省流入货物总量为5373.1万吨，同比增长10.9%。发往外省与外省流入比例为137∶100。

3. 集群企业数量增多

2017年，九江市6个物流产业集群入驻物流企业1081家，从业人员总数为7.5万人，同比增长7.8%。

4. 基础设施建设不断完善

2017年，九江市6个物流产业集群内物流企业拥有仓库面积共计222.7万平方米，同比增长3.5%；货运车辆2.7万辆，同比增长1.3%。

5. 工批零企业物流费用率下降

2017年，物流产业集群内工业、批发和零售企业销售总额比上年增长10.6%，其中工业企业销售总额增长6.2%，批发和零售企业销售总额增长12.4%；物流成本同比增长2.4%；物流费用率（物流费用占销售额的比重）为8.4%，比上年下降0.3个百分点，其中工业企业物流费用率为9.1%，比上年下降0.3个百分点，批发和零售企业物流费用率为7.7%，比上年下降0.2个百分点。

（五）重点物流行业发展情况

1. 物流标准化建设

全市持续推进物流标准化试点工作，重点推进快消品、农副产品、医药、电商等四大领域的物流标准化。以1200毫米×1000毫米标准托盘的循环共用为切入点，带动与标准托盘（周转箱）配套的仓储、货架、叉车、月台和运输车辆等设施设备广泛投入使用，大力推行带托运输，有效地促进了商贸流通业上下游企业物流仓储、装卸、转运等环节相衔接，提高了物流效率，降低了物流成本。九江市开展标准化试点前，36家试点企业自购1200毫米×1000毫米尺寸的标准托盘数量为8.4万片，租赁标准托盘数量为0.31万片；2017年企业自购标准尺寸托盘数量达到10.5万片，较试点前增长25%；租赁标准托盘数量为5.22万片，增长速度较快，租赁率达29.7%，初步形成了标准托盘循环共用服务体系。货架、叉车、运输车辆、月台等设施设备和ERP（企业管理系统）、WMS（仓储管理系统）、RFID（射频识别）等信息系统逐步普及，确保了标准托盘及相关设施设备之间相互配套衔接。开展试点以来，完成设施设备标准化改造的企业货物装卸工时效率平均提高了2.9吨/小时，效率提高超过40%；装卸搬运单位成本降低了3.97元/吨，在试点前的基础上降低了24.6%。

2. 商贸流通市场建设

为加快物流业发展，市委市政府高位推动出台了一系列支持物流业发展的政策文件。2015年出台了《进一步做大现代商贸物流产业的实施意见》，着力构建立体化的现代物流服务体系。全市促进消费工作取得显著成效，商贸市场氛围活跃。2017年，实现社会消费品零售总额739.2亿元，同比增长12.6%。全市年交易额亿元以上商品交易市场30家，年交易总额352.75亿元，其中年交易额10亿元以上市场10个。经调研了解，以新雪域物流园为中心的“1+7”农产品商圈市场接近饱和，亟须进一步扩大规模，升级发展。城市配送方面，初步形成了以联盛为龙头的快消品配送和以新雪域为龙头的冷链仓储配送两大共同配送平台。近5年来九江市中心城区新增商贸综合体面积约483.67万平方米，九方购物中心、联盛快乐城、新天地购物广场、万达广场等集购物、餐饮、娱乐、休闲等功能为一体的一站式消费体验中心相继建成营业。九江成为赣鄂湘皖四省毗邻区域的消费聚集地，辐射中部地区的农副产品、建材家居材料的集散地。

3. 口岸平台建设

2017年，市委市政府出台了《九江市人民政府关于加快发展现代服务业的意见》，明确将物流业作为发展重点之一进行推进。还出台了《关于把九江建设成为长江经济带区域航运中心的实施意见》，专门成立了领导小组，设立3000万元专项资金，明确了长江岸线非法码头整治，加快推进临港服务业发展等重点工作，着力把九江市打造成为长江中游地区江海直达、服务全省、辐射周边的区域性航运中心。同时，大力实施绿色发展战略，着力打造“水美、岸美、产业美”的九江长江“最美岸线”。全市进口口岸中1个在运营，1个在建，3个正在申报和1个综合保税区。进口粮食指定口岸于2015年获批，进口的粮食种类不断增加，2017年累计进口粮食、饲料151批，总计9.4万吨。进口木材国检监管区于2017年正式运营，共进口木材74批次，总计

5650立方米，下一步将正式形成开放口岸。进口肉类指定口岸正在建设中，进口水果指定口岸和汽车整车进口口岸正在申报中，申报工作进展顺利。九江综合保税区的申报工作正在扎实推进。

二、九江市物流业发展存在的问题

（一）物流企业规模普遍偏小

全市大多数物流企业经营规模小，设施设备标准化程度低，运营模式传统单一，物流服务水平和市场竞争力弱，A级物流企业总数只有5家，其中4A级只有1家。还没有辐射带动能力较强的综合物流园区和规模较大的第三方物流龙头企业，港口物流企业虽然基础相对较好，但大多数都是企业自有码头，不对外开放，利用率不高，对社会物流的带动作用很小。

（二）企业物流标准化理念有待增强

标准托盘（周转箱）在企业内部使用较多，外部物流或上下游产业间的循环共用较少，企业带托运输的积极性不高，托盘循环共用普及推广较为困难。

（三）水运优势没有充分发挥

口岸物流相较于沿江上游岳阳、下游芜湖等地市缺乏政策优势，再加上省内铁海联运分流货源，九江口岸在沿江口岸的激烈竞争中货源集聚效应逐年下降。港口物流基础设施不健全，配套的疏港铁路和疏港公路建设严重滞后，导致水、陆物流分割，多式联运不畅，未能充分发挥水运优势实现大进大出。目前全市已纳入港口集疏运体系的瑞昌港区、城西港区、彭泽港区、湖口港区4条铁路专用线和9条疏港公路，都还在规划建设中。

（四）信息化程度低

物流企业信息化进程较慢，物流信息管理和技术落后。车、货源之间的信息不对称，虽然依托万佶物流建立了集信息发布、撮合交易、信用监管等服务功能为一体的物流信息服务平台，但是暂时还没有实现与部门信息互通，没有实现物流信息全覆盖，信息服务平台的作用未得到充分发挥。

三、九江市促进物流业发展的措施

（一）抓好顶层设计

建议在现有物流相关规划的基础上，聘请国内具有权威性的高校、科研院所、知名规划机构的专家对全市物流业发展进行深入的调研论证，加快编制全市物流业中长期发展规划，明确物流业发展的方向和目标，突出发展重点，合理规划布局物流产业，提出切实可行的推进措施，指导行业发展。

（二）完善基础设施建设

加强水运、铁路、公路等基础设施建设衔接，功能配套互补，完善重点交通枢纽和大型综合性物流园区的集疏运系统。积极探索解决投融资问题的方法，引入战略投资，加快推进目前已确定的9条疏港公路和4条铁路专用线的建设。推动九江港电子口岸平台建设，积极引进海关和出入境检验检疫机构入驻，加快九江口岸通关速度。

（三）推动物流产业集聚发展

重点培育本地龙头物流企业和引进国内外知名或5A级第三方物流企业，整合分散的物流资源，在全市建设大型综合物流园，设立分拨中心、配送中心，引领和带动全市物流业向集约化、标准化、信息化、规模化发展。引导本地龙头企业生产和物流业务脱离，特别是沿江自有大型码头的企业，开放物流资源，向第三方现代物流企业转型。

（四）优化发展环境

加强物流业相关政策研究，及时跟踪国家专项资金的具体投向，争取国家、省级对九江市重点物流项目的政策、资金支持。落实好航运中心政策，做大港口物流规模。争取更多支持物流业发展的土地使用、税收、融资、人才培养引进等政策措施，为加快推进物流业发展创造良好的政策环境。

（九江市商业管理办公室　陈方东）

2017 年景德镇市物流业发展情况报告

一、2017 年景德镇市物流业发展总体情况

（一）物流业总体运行情况

1. 货物运输

2017 年，全市公路运输企业 184 家，共有货车 4024 辆，全年公路货运量 3536 万吨，货运周转量同比增长 8.9%；铁路货运量 10 万吨，货运周转量同比增长 4.1%；航空货运量 2100 吨，货运周转量同比增长 12.3%；水路货运量 192 万吨，货运周转量同比增长 7.4%。2017 年全年货运量达到 3738.21 万吨。

2. 物流企业

2017 年，全市共有物流企业 820 家，A 级物流企业新增 3 家，总数达 8 家，其中 4A 级物流企业新增 1 家，共 3 家，3A 级物流企业新增 2 家，共 5 家。全市获得快递业务经营许可的法人企业和分支机构共计 175 家，其中法人企业 29 家，分支机构 146 家。代表性企业如下。

（1）景德镇恒达物流有限公司。国家 4A 级物流企业，省级重点商贸物流企业，占地 3000 多平方米，拥有可调配商品车运输车辆 200 多辆，主要承接上汽通用、上汽大众、众泰、比亚迪、吉利、江淮、北京现代、柳汽、长城等商品车零公里运输往返业务。为更好地给客户提供优质服务，公司在全国设有 18 个大小驻外办，从而在全国构成一个紧密相连的运输网络，优化路线的同时也提高了装载率、降低了成本。2017 年，公司新增运力 90 台，自营总运力达到 188 台。2017 年零公里整车实际完成运输 297083 台，完成营业收入 27749 万元，实现利润总额 2411 万元，实现净利润 1808 万元，缴税 2600 万元。

（2）江西联源物流有限公司。国家 4A 级物流企业，主要从事道路货物普通运输、集装箱运输、货物联运、国际货运代理、仓储、装卸服务以及汽车零配件销售，采用铁路、公路、水运、多式联运等方式为客户提供运输服务，运输网络遍布全国，属于多种运输联运的综合型运输企业，2017 年多式联运运输总量 5.19 万吨，实现运输收入 2327.92 万元。

（二）物流基础设施情况

1. 公路建设

全市公路总里程达4848公里，形成了以高速公路为主干、国（省）道干线公路为骨架、农村公路（县、乡、村道）为网络的干支结合、内通外畅的公路网络。东西走向的祁（门）浮（梁）高速公路、杭（州）瑞（丽）高速公路、德（兴）（南）昌高速公路与北南走向的济（南）广（州）高速公路在境内形成“一纵三横”高速公路主骨架，通车总里程199公里。全市有国道1条，里程132公里；省道4条（含景鹰高速乐平连接线），共计562.62公里；农村公路4257.31公里，其中县道664.16公里、乡道1348.65公里、村道2244.50公里。

2. 铁路建设

现有皖赣铁路和景涌铁路，其中皖赣铁路境内长104.3公里，乐平市境内皖赣线全长37公里；景涌铁路运营里程41公里。

3. 航空建设

景德镇拥有4C级民用机场一个，于1959年建成，1992年9月机场扩建，1996年7月新机场正式投入运营，属全国100个重点支线机场之一。年运送旅客达50余万人次，2017年货物吞吐量达2120吨。

4. 水运建设

景德镇市通航总里程达到132公里（含支流南河），航道等级偏低，最高为景德镇—凰岗枢纽5级航道；景德镇现拥有5座码头，生产用泊位18个，最大靠泊能力300吨，其中100吨级泊位7个、300吨级泊位11个、工作泊位6个。

（三）物流园区情况（见下表）

景德镇市物流园区情况

序号	园区名称	面积（亩）	园区情况
1	赣东北综合物流园	5600	园区包含会展中心、游客集散中心、长途客运中心、公交枢纽中心、汽车城、大型货车停车场、物流批发市场、货物仓储、物流保税、生产加工区十大功能区，是景德镇市最大的物流产业开发区和物流企业集中地
2	远航物流中心	80	入驻包括安能物流、德邦物流等综合性物流企业，同时还聚集了30余家小物流企业，为往来车辆提供配货服务
3	冠东物流中心（在建）	70	提供零担专线、整车运输、快递快运、城市配送等运输服务，以及停车、餐饮、住宿和新能源车辆充电等一站式服务
4	金三角物流中心	80	提供包括仓储、分拨、干线运输和危货运输等服务，其中仓储和分拨仓库主要被邮政速递租用

续　表

序号	园区名称	面积（亩）	园区情况
5	曙光路物流中心	30	20余家民营物流企业聚集于此，经营以陶瓷为主的整车、零担运输以及专线运输业务
6	景德镇东站物流基地	120	主要场地由雪花啤酒及粮食经销商租用，年货运量36万吨，其中发货14万吨，主要为陶瓷制品；22万吨为日常散杂货
7	蓝海物流中心（在建）	90	主要为美菱提供仓储服务，二期在建完成后将陆续入驻其他物流企业
8	顺吉物流园（在建）	198	利用原药厂大面积空地及厂房改造，主要货品为建材、石材
9	曙光路水果批发市场	65	赣东北地区最早的水果物流中心，该市场内约有20多家水果批发商，经营各类水果批发零售业务

（四）物流产业集群发展情况

全市拥有2个物流产业集群：陶瓷物流产业集群、乐平综合物流产业集群。2017年这2个产业集群实现主营总收入为108.4亿元，其中陶瓷物流产业集群实现主营收入84亿元，在全省50个物流产业集群主营收入中排名第8位。

（五）重点物流行业发展情况

1. 电子商务

2017年景德镇市完成限额以上全平台电商交易额317.76亿元，同比增长71.3%，在全国各第三方交易平台注册并产生交易的网店有41000余家，在“中瓷商城”“景瓷网”等本地交易平台注册的网店有万余家，电子商务网店总数已超过5万家。景德镇连续4年进入全国“电商百佳城市”。景德镇市农村电商主要有邮政公司主导的“农村e邮”和浮梁茶、乐平绿色食品网上购销两大块组成。目前，“农村e邮”网点已建成近24家。农村e邮”弥补了农村电商发展的“最后一公里”瓶颈，让农民实现“购物不出村、销售不出村、金融不出村”。

景德镇市昌江区新枫街道三河村、吕蒙乡石岭村被授予“中国淘宝村”称号，三河村成为景德镇地区第一个淘宝村。淘宝村目前已初具规模，吸引了众多电商聚集发展。三河村范围内陶瓷线上交易额超过1000万元的约有20户。电子商务的快速发展，推动了全市电子商务物流业的发展。

2. 邮政快递

2017年全市邮政业务总量完成7.2亿元，同比增长16.69%；业务收入完成4亿元，同比增长11.11%。其中，规模以上快递服务企业业务量（含邮政小包）完成

3119.5 万件，同比增长 19.63%；快递业务收入（含邮政小包）完成 2.58 亿元，同比增长 17.27%。

二、景德镇市物流业发展存在的问题

（一）缺少全市层面的统一规划，物流园区建设滞后

当前景德镇市物流园区发展建设较为滞后，缺乏大型现代化、综合性及专业化的物流园区，大型园区作为市场载体作用难以体现。现有园区多为各部门、平台或企业等自行建设，缺少全市层面的统一规划引导。选址、规模、功能等方面缺少科学合理的依据。已有的物流园区也建设缓慢，如景德镇市规划实施中的赣东北物流园，仍处于边建设边发展的起步阶段，物流企业入园率低。

（二）物流企业规模小，集中程度低

全市市场格局分散，缺乏行业龙头企业，物流业呈现“多、小、散、乱”；物流企业发展水平较低，网点分散、规模较小、层次偏低、效益低下、秩序混乱。市场竞争不规范、货物总量小、部分物流企业证照等手续不齐全，标准化水平低，绝大多数物流企业设备简陋、技术落后、信息化设施滞后。

（三）低成本运输占有量过低，社会物流成本较高

全市物流企业仍是以成本较高的公路货运为主，运输能力不足，运输成本偏高，制约着城市各类工商企业（如陶瓷、建材、蔬果生鲜）的发展和居民生活（物价、消费品类）水平的提高。目前，景德镇的物流园区主要提供仓储、包装、运输、停车、配货等传统业务，服务功能单一，物流因受信息平台、仓储服务、配送中心等影响，无法满足现代物流业的快速发展和作业要求。

（四）物流专业人才匮乏

虽然景德镇现有三所院校开设物流相关专业，但与工商企业和物流企业对物流专业人才的需求相比，无论是从数量还是质量上，都有很大差距，尤其具有从业资质的物流师、高级物流师等物流专业人才匮乏，在很大程度上制约了景德镇市现代物流的发展。

三、景德镇市促进物流业发展的措施

（一）培育和引进龙头物流企业、整合资源

以现有物流企业为基础，以资源整合和体制创新为手段，积极推动有条件的运输、仓储和代理等传统物流企业向现代物流企业转变。重点发展景德镇市远航物流有限公

司、景德镇恒达物流有限公司、江西联源物流有限公司、景德镇市信联物流有限公司等本地物流龙头企业，示范和带动其他物流企业发展。扶持和培育景德镇市远航物流有限公司、景德镇恒达物流有限公司等一批具有一定经营规模和实力，有较高的信息管理水平，市场竞争力强的第三方物流企业。开展物流企业招商引资，引进 1 ~ 2 家国内外知名、技术领先、主营业务突出、带动力强的第三方大型物流企业来景德镇市投资设立分支机构或开展业务，为景德镇市物流业注入新的活力，带动与促进本地物流企业发展。

（二）加快物流企业与其他产业的融合发展

一是促进物流业与制造业融合发展。依托陶瓷工业、航空产业、汽车产业、旅游商贸超市，着重打造陶瓷物流产业集群、航空汽车物流集群、城乡快速消费品物流集群，引导制造业释放物流需求，鼓励物流企业主动为制造业提供一体化供应链服务，有效解决物流供需结构性矛盾，促进制造业与物流业联动发展。

二是促进物流业与商贸流通业融合发展。着力培育各类大型市场，鼓励大型商贸市场与物流业相互融合、相互促进、形成“市场 + 商户 + 物流”的大数据、大网格、大流通的发展格局。

三是促进物流业与现代农业融合发展。在进一步完善城市物流体系的同时，以大型农产品批发市场为龙头，加快形成农副产品交易、冷藏、加工、运输、配送“一条龙”式的城乡物流体系建设，畅通城乡“双向物流”渠道，推动城乡物流一体化协调发展。

（三）加快基础设施建设

完善物流基础设施功能，优化综合运输网络布局，加强公路、铁路、民航之间的规划衔接，强化高速、干线公路与城市道路建设衔接，加快物流中心改造和升级，引导传统货运站场向物流园区（中心）转型；加强物流基础设施建设，加快推进物流节点设施建设；重视综合性物流园区的规划和建设，改造利用现有枢纽，增加物流服务功能，鼓励企业入园，引导物流企业向园区集聚，给予入园企业相应的优惠政策，统一管理、信息共享，减少资源浪费，降低物流成本。

（四）构建物流公共信息平台

建设并逐步完善景德镇物流公共信息平台，整合供应链上下游的物流信息资源，为物流企业、商贸流通企业、生产制造企业、第三方服务企业及个人提供集成化的信息服务和交易服务。本着实用、方便、安全、可兼容的原则，由工业、农业、商业、工商、税务和“一关三检”等部门根据自己的实际情况建设企业/行业内部物流信息平台，注重各企业、行业物流信息系统平台之间的数据交换接口一致，能够与其他地区以及全国性的物流公共信息平台相连接。

（五）建设全球陶瓷产品集散中心

景德镇要完善原有的艺术陶瓷、生活陶瓷等产品，不断优化和提升，引进全国建筑陶瓷、工业陶瓷、家具陶瓷等大型陶瓷产业，引进各地特色陶瓷进入景德镇，优化景德镇陶瓷品牌，提升景德镇陶瓷市场影响力，扩大陶瓷产业的规划和质量。建设全球陶瓷电商平台，通过中欧班列把景德镇外贸陶瓷销出去。也可以成为全球陶瓷采购中心和电商物流中心，规范陶瓷产品包装，实现标准化，通过信息化平台，把电子商务订单与物流有效结合起来，并与专线零担、铁路运输相互衔接，实现多式联运。

（六）发展景德镇陶瓷会展物流

充分利用每年的景德镇陶瓷国际博览会，发展陶瓷会展物流，研发大件陶瓷物流装具，保证陶瓷展品运输安全，防止陶瓷运输过程中的损失。建设中国最大陶瓷集散地。景德镇陶瓷产业发达，具有得天独厚的条件，景德镇陶瓷也是中国历史最悠久、艺术水平最高、使用面最广泛的特殊商品，利用景德镇国际陶瓷博览会，建设最大的陶瓷产品展示中心，汇集景德镇及全国各地陶瓷商品，进一步提升会展的影响力。

（景德镇市商务局　罗小亮）

2017 年萍乡市物流业发展情况报告

一、2017 年萍乡市物流业发展总体情况

（一）物流业总体运行情况

1. 货物运输

2017 年全市铁路货物发送量 598.72 万吨，比上年增长 7.4%；公路货运量 3670 万吨，比上年增长 12.4%，货运周转量 60.26 亿吨公里，比上年增长 9.0%；快递业务量完成 1051.05 万件，比上年增长 17.9%；快递业务收入完成 1.07 亿元，比上年增长 12.2%。道路营运货车 12498 辆，其中普货运输车辆 11298 辆、危货运输车辆 1200 辆，与 2016 年相比，普货运输车辆增长 31.71%，危货运输车辆增长 18.69%。

2. 物流企业

2017 年，全市共有各类物流企业 491 家，其中 4A 级物流企业 3 家，江西重点物流企业 6 家，江西天来实业有限公司、江西四顺实业有限公司被评为 2017 年度省级重点商贸物流企业。代表性企业如下。

（1）江西安智物流股份有限公司。萍乡辖区内第一家上市物流企业，公司在江西、上海、湖南等地拥有多家子公司，以外贸出口、仓储运输业务为主，是国内最早从事出口烟花爆竹运输的专业物流承运商之一，取得了烟花爆竹经营（批发）许可证、危险品道路运输许可证、货物仓储、货物进出口业务等相关证照，拥有员工 200 余人，占地面积 350 余亩，2017 年营业收入 3.67 亿元，是国家 4A 级综合服务型物流企业，曾荣获"中国化工物流 30 强企业"。

（2）江西鑫超商贸有限公司。公司创建于 1997 年，连续 18 年来被评为"消费者信得过"单位，截至 2017 年，公司租有物流仓储中心 12000 平方米，建立物流公共信息平台 1 个，整合配送车辆 32 辆，传统渠道流通网点 1380 个，电子商务"供销 e 家"信息平台网点近 600 个，辐射 5 镇 4 乡，基础网点覆盖率 95%，仓库使用率 95%，县城以下物流覆盖率 85%。代理了 12 个快速消费品国内一线产品，如红牛、王老吉、润田、洋河、银鹭、原创、青岛、威龙、滕王阁等品牌。2017 年，公司总营业收入 3110 万元，其中物流收入 2650 万元。

（二）物流基础设施情况

1. 公路建设

全市国、省道13条，桥梁167座、隧道4座，总里程620.05公里（不含中环和上栗G319绕城）。其中国道3条，省道10条；一级公路46.06公里，二级公路393.96公里。二级以上公路比重为71.0%（以620.05为基数），公路优良路率达91.6%，农村公路总里程达到6180公里。萍洪高速、昌栗高速、吉莲高速顺利通车，高标准改造了武功山大道、安源大道、迎宾南大道等城市主干道，打通了建设东路、无专南路、龙腾路等城市断头路。构筑了以昌金高速、萍洪高速为高速通道，以319国道、320国道交叉组成的“大十字”主干线，形成了贯通全市，通达四邻，延伸全国的交通路网格局。

2. 铁路建设

全市沿沪昆铁路、沪昆客专、衡茶吉铁路线上共有8个火车站，其中萍乡站、萍乡北站为客运站，姚家洲站、白源站等其余6家为货运站，全市共有铁路正线约128公里（沪昆铁路65公里、沪昆客专54公里、衡茶吉铁路莲花段9公里），沪昆联络线（老浙赣线）12公里，站线约100公里。全市范围内有1条专用铁路和29条铁路专用线，合计约83公里，其中安源区境内22条、湘东区境内8条、芦溪县境内1条（华能安源电厂专用线经安源、芦溪）。正在规划中的渝长厦高铁，将在萍乡设站，届时，渝长厦高铁与沪昆高铁将在萍乡相交，萍乡有望将成为高铁枢纽中心。

（三）物流园区情况

萍乡市正在运营的重点物流园区有四顺物流园、萍乡市鑫滟农副产品批发市场、江西烟花爆竹物流中心（见下表），在建的有赣湘物流园（上栗）、中国供销·萍乡农产品物流园等。

2017年萍乡市主要物流园区情况

序号	物流园区名称	占地面积（亩）	仓储面积（平方米）	入驻企业（家）	主营业务收入（万元）	货运量（万吨）
1	四顺物流园	150	20000	17	2920.1	150
2	萍乡市鑫滟农副产品批发市场	24	11000	30	6599	160
3	江西烟花爆竹物流中心	350	17400	监装2407个集装箱		

其中代表性物流园区如下。

1. 四顺物流园

位于芦溪县工业园区，占地面积150亩（一期50亩已建设完成，二期40亩规划完成，三期60亩正在规划），其中已建三栋大楼：综合大楼、物流共享仓库和信息化中心。入驻物流快递企业 15 家，电子商务公司 2 家。拥有面积达 10000 平方米的办公空间、20000 平方米仓配一体化仓库、1000 平方米大数据展示中心以及信息化大楼、三层生活服务大楼等。拥有从事专业物流及信息化服务的人员 200 人，其中大专及中级以上职称人员比例占 65%。目前拥有货车资源 200 辆，年货物吞吐量 150 万吨，当地物流市场占有率达 45%，在当地同行中具备较好的品牌和技术优势。2017 年，四顺物流园营业收入 2920. 1 万元，其中物流业务收入 2675. 8 万元，利润总额 233. 6 万元，利税总额 311. 46 万元。

2. 萍乡市鑫滟农副产品批发市场

总建筑面积 20000 平方米，其中物流运营面积 16000 平方米，办公服务配套设施建筑面积 4000 平方米；自有仓储建筑面积 11000 平方米，其中平面库面积 7800 平方米，立体库面积 3200 平方米，冷库面积 3200 平方米；拥有托盘总量达 710 片，其中（1200 毫米 ×1000 毫米）托盘数 210 片；自有配送车辆 56 辆，其中厢式货车 16 辆，冷藏车 6 辆，其他类型货车 34 辆，配套仓储起重设备 2 台，叉车 8 台；拥有末端配送网点 1620 个，配送网点面积 30000 平方米。2017 年营业收入 6599 万元，其中物流业务收入 6300 万元，利润总额 876 万元。

（四）物流产业集群发展情况

根据江西省省委、省政府关于推进物流产业集群发展的总体部署，全市主推打造三大物流产业集群，分别为萍乡烟花鞭炮危险品物流产业集群、萍乡电子商务物流产业集群、萍乡汽车零配件产业集群。2017 年全市物流产业集群实现主营业务收入 132. 4 亿元，同比增长 45. 65%，创造就业机会 5371 个，其中萍乡烟花鞭炮危险品物流产业集群主营业务收入 65. 2 亿元，位列全省 50 个物流产业集群第 15 位。萍乡市达金物流有限公司是烟花鞭炮危险品物流产业集群中的重点企业，2017 年获评江西省道路运输安全管理先进企业，2017 年公司主营业务收入超过 2 个亿，缴纳税款近 200 万，其投建的赣湘物流园项目顺利通过专家评审，被江西省发改委纳入 2018 年重点支持和奖补项目；公司业务量占萍乡市花炮物流 70%，为全省十大重点物流企业，全国份额也达到 30% 以上，为国家公路甩挂运输项目试点单位。

（五）重点物流行业发展情况

1. 烟花爆竹产业

上栗是烟花爆竹发源地，地处烟花爆竹四大主产区中心位置，洼地效应明显，县政府大力推进布局集约化，加快第四轮行政许可进程，打造花炮集团。县域花炮企业精简至 469 家，其中烟花企业 141 家、爆竹企业 289 家、引火线企业 39 家，上规模的花炮企业达 68 家，税收 1000 万以上企业 4 家。爆竹企业装药工序机械化 100%，烟花企业机械化覆盖面达 60%，产业规模不断发展壮大。全县从事烟花爆竹生产的人员达

10 万人，占全县总人口的五分之一，产业工人年均工资达 4 万元，现有烟花爆竹产品 14 大类 4000 余个品种，畅销全国及其他 100 多个国家，成为上栗县经济振兴和出口创汇的主导产业。配套有印刷企业 36 家，原材料生产企业 7 家，销售公司 211 家，零售网点 59 个，物流公司 6 家，机械制造加工厂 51 家，出口贸易公司 39 家，燃放公司 28 家，形成了集造纸、包装、印刷、产品研发、生产、运输、营销、燃放等一系列较为完善的产业链。为推动烟花鞭炮出口通关便利化，上栗县率先成立了县级口岸办，专门负责口岸、物流建设和管理，与海关、国检建立了促进物流业发展的综合联系机制，成功打造了赣西地区第一个公路口岸作业区，将沿海港口功能搬入内地，建立无水港。

2. **电子商务**

2017 年度全市电商销售额 530. 9 亿元，同比增长 30. 4%，总量在全省 11 个地市中位列第三，4 小地市中位列第一。入驻萍乡的品牌快递公司超过 15 家，如联邦快递、顺丰、中通、申通、圆通、韵达、汇通、国通、快捷、EMS、宅急送等，全年邮政企业和快递服务企业业务收入完成 3. 01 亿元，比上年增长 16. 8%；业务总量完成 4. 16 亿元，比上年增长 32. 6%。其中，全市快递业务量完成 1051. 05 万件，比上年增长 17. 9%；快递业务收入完成 1. 07 亿元，比上年增长 12. 2%。

3. **省级城市共同配送试点工作**

2016 年 8 月，萍乡市成为全省第三批城市配送试点城市，全市确立了“市场运作、先易后难，整合资源、梯次推进”的共同配送试点工作思路，重点开展信息平台、仓储中心、配送车队、末端网点的建设，到 2018 年年底，将搭建完成全市城市配送信息平台，共同配送占整个城市配送的比例超过 30%，投入标准化仓储设施 2 万平方米以上，建设 15 个以上标准化城市末端配送门店，综合物流成本降低 10% 以上。首先在生活消费品共同配送方面取得突破，逐步向其他领域扩展，中心城区基本建成以专业化和规模化第三方物流企业为主体、以标准化集中配送车辆和城市共同配送中心等设施为载体、以现代信息和物流技术为支撑的城市共同配送体系。

二、萍乡市物流业发展存在的问题

（一）物流企业基础设施薄弱

一是交通运输设施建设与物流配送的需求不匹配。现有仓储业设施虽已具备发展物流的硬件条件，但在物流信息管理、现代化物流设施改造等方面仍有不足。

二是技术装备水平落后。现代化的集装箱、散装运输发展较慢，高效专用运输车辆少；车辆以中型汽油车为主，能耗大，效率低；装卸搬运的机械化水平低。

三是物流标准化程度低。大部分物流企业作业信息化、机械化作业程度低，托盘普及率还不高，物流基础设施非标准化比较普遍，公共信息平台对物流资源整合能力有待提高。

（二）物流企业服务功能单一，业务附加值不高

萍乡物流企业仍采用粗放经营方式，以传统的运输、仓储等形式为主，现代的配送、包装、流通加工等增值服务能力不足，服务功能相对单一，且大多数物流企业经营理念保守滞后，忽视金融、电子商务、供应链、平台等新型物流业态，难以形成较为完整的现代物流产业链条，专业化物流供应配送服务供给能力不足，特别是在物流方案设计以及全程物流服务等高附加值服务方面还没有全面展开，造成物流成本偏高，业务附加值不高，物流业长期处于低水平的粗放阶段。

（三）物流业人才储备不足

萍乡学院、江西工业工程职业技术学院等高校均未设立物流相关专业，缺乏对供应链管理、冷链物流、快递物流等新业态专业人才的培养，且小城市对高端物流人才吸引力较弱，导致萍乡市高端物流专业人才短缺，物流服务和经营管理人员水平整体偏低，加之物流企业对人才培育的忽视，在物流研究和人才培养方面投入不足，形成了物流人才引进储备难以适应萍乡市物流产业优化整合迅速发展的局势。

三、萍乡市促进物流业发展的措施

（一）加强物流基础设施建设

按照《萍乡市现代物流发展规划》，大力推进物流基础设施建设，进一步推进“一港三园八中心”的规划布局构建，完善产业基地、铁路、公路通道资源，整合物流基础设施，逐步推动企业内部物流向社会化、第三方物流企业转变，建设一批功能齐全、辐射范围广的产业物流园区和商贸物流园区，实现物流基础设施的集聚化、规模化发展，形成区域物流集聚区，加快物流运输体系的发展。

（二）完善服务功能，强化增值服务

物流企业加大自主创新升级投入，根据市场需求，不断细分市场，拓展业务范围，发展增值物流服务，广泛开展加工、配送货代理等业务，用专业化服务满足个性化需求，提高服务质量，以服务求效益；政府部门进一步加大物流行业政策扶持力度，以商贸物流为突破点，整合上下游产业链，形成以电子商务为核心的集贸易、货代、仓储、配送、运输于一体、商贸与物流联动发展的模式，带动经济产业优化升级和物流业跨越式发展。

（三）加强物流人才培育，建立专业物流队伍

结合全市物流行业发展规划，制订科学的引进计划、本土人才的培养目标和规划，

鼓励物流企业与市内外高校、科研机构合作，引进物流人才。强化物流教育培训，开展物流领域的职业资质培训与认证工作；鼓励物流企业从物质上与精神上重视鼓励员工，多方面为员工创造条件，灵活调整员工的上班时间，对积极上进的员工给予培训补贴，提倡多层次、多方面的物流继续教育和在职培训，在企业内部形成学习物流专业知识与技能、提高企业物流管理与运作水平的良好氛围。

（四）培育或引进物流龙头企业，推动物流业发展和升级

全市物流业发展基础薄弱，遵循市场化发展规律，培育、引进物流龙头企业，积极推行“走出去、引进来”的战略，采取资产联合、参股合资等方式，引入资源、技术、资本，与关联紧密、资质优良的供应商、服务用户进行融资合作，并灵活采用重组、并购、参股以及与国内大型物流公司联合等方式，培育出投资主体多元、辐射全省甚至华南、华东的一流专业化、现代化第三方物流企业，鼓励专业化物流企业（如花炮等危险品物流企业）做大做强，借助龙头企业的辐射、整合和带动作用，带动当地物流企业发展，促进物流产业升级。

（萍乡市商务局　黄华　刘劲松　肖鹏翔）

2017 年新余市物流业发展情况报告

一、2017 年新余市物流业发展总体情况

（一）物流业总体运行情况

1. 货物运输

2017 年完成货运量 2.08 亿吨，同比增长 3%（其中铁路货运量 2162 万吨，公路货运量 1.86 亿吨，水路货运量 40.6 万吨），货运周转量 421.51 亿吨公里。快递业务量 620.88 万件，业务收入 7498.59 万元。2017 年交通运输业增加值 57.03 亿元，同比增长 4.5%，占 GDP 比重 5.9%。

2. 物流企业

截至 2017 年年底，全市共有物流企业 597 家，其中公路运输型物流企业 530 家，铁路运输型物流企业 2 家，水路运输型物流企业 3 家，仓储型物流企业 22 家，快递物流企业 36 家，综合服务型物流园区（中心）3 家，市级物流公共信息服务平台 1 家。规模以上物流企业 55 家。经国家认定的 4A 级资质物流企业 4 家。代表性物流企业如下。

（1）新余中新物流有限公司。新余中新物流有限公司是新余钢铁股份有限公司全资子公司，公司现有货运车辆 65 台，挂靠的社会个体户车辆和社会车辆 1000 余台，是国家 4A 级综合服务型物流企业。公司从事钢材、矿粉、煤炭等大宗商品汽运、铁运、水运代理以及多式联运物流服务，已建立起全国主要干线运输的物流服务网，形成了以华东、中南、华南为基地，辐射全国的运输资源网络，2017 年完成货运量 1176 万吨，收入 4.57 亿元，资产总额 7242 万元，净利润 876 万元。

（2）江西金土地天然食品饮料股份有限公司。江西金土地天然食品饮料股份有限公司是一家集粮食收储、大米加工、食品饮料生产销售、粮食贸易于一体的大型工贸集团，是中国大米加工企业 50 强、中国粮油企业 100 强，江西省优秀农业龙头企业、江西省科技型民营企业、江西省百强民营企业。拥有仓储面积 5 万平方米，年货运总量 150 万吨。公司自建物流系统，自有和租用标准配送车辆 60 余辆（其中新能源货车 6 辆），并配有 3 套信息管理系统。同时拥有 1200 毫米 × 1000 毫米标准托盘 48000 片，起重设备 10 台。2017 年，公司主营业务收入 2.35 亿元。目前，公司拥有世界最先进

的瑞典生产线 18 条，进口 2 片罐、3 片罐 PE（聚乙烯）瓶生产线共计 30 条，是全国最大的稻米深加工企业，年产能 50 万吨。

（二）物流基础设施情况

1. 公路、铁路建设

截至 2017 年年底，全市公路通车里程 4459. 42 公里，其中国道通车里程 101. 16 公里，省道通车里程 324. 61 公里，高速公路通车里程 127. 86 公里，农村公路通车里程 3905. 8 公里。铁路通车里程 58 公里，高铁通车里程 58 公里。铁路货运专用线 28 条，总里程 132 公里。无航道。

2. 城市配送体系建设

全市城市配送体系建设重点围绕快消品、蔬果、快递三大行业，整合现有仓储、运输等物流基础设施，以搭建一个全市性城市配送公共信息服务平台，打造一支专业化城市绿色配送车队，集中建设 40 个标准化城市末端配送网点为目标，努力实现配送进社区、进学校、进机关、进医院，最大限度满足城区居民生活生产配送需求。

目前，新余邮政分公司已经完成新余城市配送公共信息服务平台建设工作，通过合理安排线路，解决“车找货”和“货找车”的问题，有效减少了“大车拉少货”和“空车返程”等传统物流业普遍存在的运力浪费问题，提高配送效率的同时有效降低物流成本；新余邮政、嘉福农科、红太阳、江南红 4 家试点企业通过新购和改造的方式分别组建一支城市配送专用车队，统一专业配送车队外观标识，统一安装 GPS（全球定位系统），且使用统一的技术标准和数据接口，保证与城市配送信息平台实现对接；步步高、红太阳、江南红、泓兴、申通等企业通过新建和改造服务网点，建设城市末端配送网点 40 个；新余邮政、红太阳、步步高、菜小二、珊娜果业新建、改造和提升仓储配送中心，增购一批先进、适用的仓储作业设备，投入自动化分拣传送系统、电子自动化配送系统、仓储高架陈列设备、装卸车与分装工具等。2017 年城市配送体系建设得到加强，目前发展城乡快递末端服务网点 129 个，邮政网点 48 个，城乡网点覆盖率为 100%。

3. 保税物流区

新余陆路口岸查验区位于高新区阳光大道以北、铁路上新线以东、虎跃路以西，由新余国贸产业发展有限公司承建运营。项目总用地面积 167. 12 亩，建设用地面积 156. 66 亩。项目计划总投资 4 亿元，分两期建设，其中一期工程建设用地 56. 43 亩、建设单一窗口数据中心、公共保税仓、通关监管场所相关设施设备等，基本实现国际贸易“单一窗口”下的“通关一体化”功能；二期工程建设用地 110. 77 亩，将建设联检大楼、铁路货运站场、国际集装箱中转场所、国际冷链库、特殊监管场所相关设施设备等，实现赣西区域“国际保税物流通关中心”的功能要求。该项目全面建成后，将以集海铁联运、保税物流、海关监管、商检查验及国际快件于一体，满足海关总署

“B 型保税物流园区”规范要求，符合省国际贸易“单一窗口”运行标准，构建“赣西国际保税通关物流中心”，助推高新区乃至全市打造“赣西物流中心园区”的产业发展。2017 年 9 月 27 日得到省商务厅立项批复，2018 年开工建设。

（三）物流园区情况

1. 已建成物流园区

仙女湖中心物流园区，规划面积 9000 亩（约 6 平方公里），总投资 43 亿元，入驻企业 100 余家。2017 年完成货运量 10.5 万吨，实现主营业务收入 57 亿元；天润物流中心，规划占地面积 200 亩，总投资 1.2 亿元，入驻企业 60 家，2017 年完成货运量 24 万吨，同比下降 50%。

分宜县华翔公交物流园区于 2017 年 1 月建成运营，规划占地 3.66 万平方米，总投资 1.1 亿元，入驻企业 36 家，2017 年完成业务收入 2.5 亿元，上缴税收 2000 万元。

新余市天润物流市场总规划面积 455 亩，总投资 2 亿元，现已投资 1.2 亿元，入驻企业 110 家。集政府优势、资源优势、交通优势、功能优势、通信优势、战略优势、人才优势、服务优势八大优势与货物运输、配载、仓储、金融、旅业、餐饮、停车、汽修、超市、办公十大功能为一体的大型物流市场。2017 年物流量 72 万吨。

2. 在建物流园区

新余市邮政快递物流园区规划占地 150 亩，总投资 2.5 亿元；新余市陆路口岸作业区规划占地 167 亩，总投资 4 亿元。

3. 规划待建物流园区

高新区电子商务仓储物流园区、滨江物流产业园区、蒙华铁路货运枢纽及配送中心、分宜物流园区、“百联万家”仓储配送中心及快件转运中心。

（四）物流产业集群发展情况

新余光伏钢铁物流产业集群、新余综合物流产业集群、新余电子商务物流产业集群列入了全省 50 个物流产业集群。三大集群 2017 年实现主营业务收入 130 亿元，同比增长 81.31%。

（五）重点物流行业发展情况

1. 钢铁物流

新余市为江西省重要钢铁生产基地，目前共有钢铁企业 175 家，其中规模以上企业 131 家，基本形成了钢铁矿石采选—炼铁—炼钢—轧材完整的钢铁产业链。2017 年全行业货运量达 4000 万吨，其中原材料进入量 2800 万吨，产品输出量 1200 万吨。运输方式主要以公路和铁路为主。原材料进入量中公路占 40%，铁路（含铁水联运）占 60%。产品输出量中公路占 80%，铁路占 20%。2017 年全行业实现主营业务收入

719.94 亿元，同比增长 23.9%。实现利税 73.2 亿元，同比增长 143.1%。上缴税金 25.5 亿元，同比增长 43.2%。钢铁经济撑起全市经济发展半壁江山。2017 年，新钢公司在中国企业 500 强中排名第 463 位，在中国制造业 500 强中排名第 221 位，在全球钢铁行业排名第 43 位。

2. 电子商务物流

快速发展的电子商务在促消费、稳增长、增就业、调结构方面有着重要意义，新余市高度重视电子商务产业发展，并将其纳入全市经济发展重点规划，通过强化政策扶持、突出产业招商、加强工作调度、优化发展环境，有效推动了全市电子商务产业快速创新发展，2017 年，全市电子商务销售额达到 347.1 亿元，同比增长 40.16%。随着“一带一路”倡议的提出和“互联网 +”行动计划的逐步落地，电子商务成为传统行业自我革新的突破口，“大众创新、万众创业”的“创新潮”“创业潮”双潮涌动。全市电子商务产业的快速发展，创造了新的消费需求，引发了新的投资热潮，开创了新的就业渠道，为大众创业、万众创新提供了新的空间，推动了物流业的发展，拓宽了产品的销售渠道，带动了本地产品的销售。

3. 冷链物流

全市现有大型仓储企业 15 家，仓库面积 21 万平方米，大型冷库数量 4 个，总建筑面积 21000 平方米。市高新产业园区正在高速路出入口附近建立物流园区，多家配送企业入驻并着手施工建设仓储基地及配送中心，在仓储服务上以满足供应链上下游的需求为目的，依托仓库设施设备升级建立自动化立体仓库，并利用信息技术对货物存储、加工包装、分拣配送等仓储物流活动进行有效计划、管理和执行，提高仓储服务质量和服务水平。建成后将是区域内物流要素、物流企业和物流市场的聚集中心，承担为城区居民提供生活日用品配送服务，为园区企业原材料和产成品提供运输、仓储配送服务，为农村生产资料和农副产品提供储运加工配送等服务。

4. 物流信息化

新余市智慧物流公共信息平台按照“政府引导、企业投资、市场运作、自负盈亏、自我管理与发展”模式于 2014 年 8 月建设，经过几年的发展完善，目前发展企业会员 400 家，个人会员 7.5 万名，月均信息交易发布量数万条。为政府认定的市级物流公共信息平台。

二、新余市物流业发展存在的问题

（一）物流基础设施不完善

新余市近几年虽然不断加大了对物流基础设施建设投入，但与经济社会发展仍然不匹配，物流园区规划欠科学，选址离高速公路出入口太远，园区规模小、服务功能单一，专业化程度低，效益差，缺乏国家、省级示范物流园区。部分物流园区、物流中心、专业物流市场规划缺乏论证，适合未来经济社会发展的大型物流园区、物流中心、专业物流市场建设滞后，现有的一些物流基础设施，无论在规模、质量和功能上，均有待进一步提高和完善。

（二）物流信息化水平低

新余市目前唯一一家物流公共信息平台于2013年建设并运营，由于平台由企业投资自建，投资大、见效慢、风险高、收益低，因此平台进一步发展的积极性受到影响，信息采集困难，信息交易量少（月均信息交易量只有上万条），客户点击率低。物流公共信息平台建设是一项跨行业、跨地区、跨部门的系统工程，其专业性强、业务复杂、实施难度大，加之生产、商贸流通等企业对新余市物流公共信息平台缺乏全面了解等原因，导致物流公共信息平台货运信息采集困难、物流信息发布量不大，作用未得到有效发挥。

（三）缺乏龙头物流企业

新余市近几年物流企业发展虽然较快，但发展规模普遍偏小，全市500余家物流企业中，规模以上企业仅有55家，占物流企业总数9.2%，4A级物流企业只有4家。物流企业基本处于“小、散、弱”的状态。辐射带动能力强的龙头企业更为缺乏，大多数物流企业经营规模小，信息化、智能化程度低，装备技术水平和管理手段落后，物流增值服务能力不足，只能提供传统的运输、配货和仓储服务，缺乏专业第三方物流企业。

三、新余市促进物流业发展的措施

（一）加快推进物流基础设施建设

重点加快推进新余市陆路口岸作业区、邮政快递物流园区及蒙华铁路货运枢纽等项目建设，完善提升仙女湖中心物流园区、天润物流中心及分宜县华翔公交物流园区服务功能。加快推进蒙华铁路项目建设，加快新余至峡江、上高、新干等周边市县区公路快速通道建设，按照四级航道（500吨船舶）规划建设标准，尽快将袁河开发提上议事日程，争取项目早立项、早开工，尽快启用樟树和新干赣江水运码头，为物流畅通创造条件。

（二）做大做强物流公共信息平台

物流信息化是物流业的重要支撑，是企业降成本、增效益的重要途径。重点加快推进市级物流信息平台建设，进一步完善新余智慧物流公共信息平台，加大宣传力度，加快团队建设，逐步建立完善物流公共信息查询系统、物流电子政务信息系统和物流电子商务信息系统，形成信息采集、处理和服务的交换共享机制，有效整合物流资源，推动工业、商贸、物流企业与平台高效对接，提高企业运营效率。

（三）积极培育物流龙头企业

加大政策扶持力度，努力形成一批以新博、中新物流为样板的服务水平高、竞争能力强的大型物流品牌企业。鼓励现有运输、仓储、货代、联运、快递等传统物流企业进行功能整合和业务延伸，提升一体化服务水平。鼓励中小物流企业转变思想观念，创新物流服务模式，走多样化物流服务的路子，逐步发展壮大。鼓励规模物流企业积极申报国家4A及以上物流企业，政策上给予奖励支持。鼓励招大引强，引进一批国内外知名物流品牌企业落户新余，影响和带动全市传统物流业快速发展，提高企业的附加值。

（新余市交通运输局　郭辉）

2017 年鹰潭市物流业发展情况报告

一、2017 年鹰潭市物流业发展总体情况

（一）物流业总体运行情况

1. 货物运输

2017 年全市实现公路货运量 4262 万吨，同比增长 12.4%，公路货运周转量 216.63 亿吨公里，同比增长 9%。建设仓储面积共 41 万平方米，货运车辆超过 2.6 万辆，货运总量超过 43 万吨。全市规模以上快递服务企业业务量累计完成 1537.12 万件，同比增长 28.15%。业务收入累计完成 1.19 亿元，同比增长 11.96%。全市快递业务量增速居全省第三。

2. 物流企业

截至 2017 年年底，全市物流企业 1018 家，实体物流企业 135 家，规模以上企业 50 家。其中 4A 级物流企业 2 家，省级重点商贸物流企业 7 家。

全市目前共有 21 个快递品牌，73 家快递企业及分支机构，设立快递营业网点 136 个，乡镇快递覆盖率达 100%，村快递覆盖率达 85%，快递从业人数近 1600 人；供销合作共有 2 家社属电商企业；兴建乡镇电子商务服务中心 24 家，设立电子商务服务中心（站）136 个。鹰潭邮政分公司整合资源、实现资源共享，和其他社会快递公司开展“邮快合作”，与申通、圆通、顺丰等 15 家快递公司签订《鹰潭市农村快递服务体系建设战略合作协议》，真正为城市、农村商超、社区便利店、专业市场入驻商户实现共同配送。代表性物流企业如下。

（1）江西泗丰物流有限公司。位于江西省贵溪市，是一家集大型物流运输、仓储配送、装卸、包装于一体的国家 3A 级综合服务型物流企业。2017 年正式更名为江西泗丰物流有限公司，注册资金 3000 万元。占地面积约 40 亩，建筑面积 18800 平方米。目前拥有员工 149 人，货运车辆 35 辆。并于 2017 年 4 月正式引进江西万佶物流“运物联”公共信息平台（www.ywl56.com），通过线上（互联网交易平台）与线下（O2O 服务站）互动的复合型经营模式，有效地实现货与车高效匹配，采用大数据技术为企业提供领先的个性化物流定制服务。2017 年实现收入 2154 万元，上缴税收 237 万元。

（2）鹰潭市阿桂物流有限公司。是一家集公路、仓储、配送为一体的综合型实体

运输公司。致力开展全国各地的整车、零担货运业务。现有车辆 84 辆，员工 125 人。2017 年公司资产总额达到 5350 万元，上缴税收 1317 万元，年利润总额 805 万元。物流总收入 13658 万元，年货运量超过 3000 万吨。

（二）物流基础设施情况

1. 公路建设

现有公路里程 4036.7 公里，其中高速公路通车里程 89 公里。

2. 铁路建设

鹰潭站是南昌铁路局唯一一个特等站。浙赣、皖赣、鹰厦铁路干线在此纵横交汇，贯通大江南北，境内营运里程达 156.3 公里。沪昆高铁极大地缩短了鹰潭与上海、杭州、长沙、南昌等大中型城市的空间距离。鹰东编组站是三站三场编组站，全国 15 个路网特等编组站之一，主要负责芜湖东、乔司、武汉北、株洲北、樟林、向塘西和来舟七个方向各种货物列车的解编任务，日解编能力 14000 余辆。鹰潭南站是全国 58 个大型综合性铁路货运站之一，属二级物流基地，该站货场占地面积 28.6 万平方米，仓库面积 10 万平方米，拥有 10 条货运线、2 条集装箱线，设计装卸货物能力 330 万吨，涵盖零担、整车、集装箱各类业务，是拥有先进装卸机械的百万吨级现代化综合型货场。

（三）物流园区情况

鹰潭市现代物流园、鹰潭国际物流中心（无水港）、鹰潭国际商贸园与贵溪市物流园四大商贸物流发展平台建设稳步推进，其中鹰潭市现代物流园 2015—2017 年连续三年被评为全国优秀物流园区。中国邮政投资 5 亿元的鹰潭邮件及物流仓储中心、广东林安物流投资 30 亿元的鹰潭林安智慧物流园等重大项目正在建设当中。

1. 鹰潭市现代物流园（在建）

选址于鹰潭市东南部，以鹰潭南站为核心，沿 320 国道南北展开，处于公铁“双枢纽”的核心地带。规划面积约 13000 亩。是经市委、市政府研究决定建设的以生产资料大宗物资运输和仓储为主的园区，系 2012 年江西省省级服务业综合改革试点单位。园区按“一心、四轴、多片区”的功能结构布局。一个服务于物流与专业市场的公共服务核心；320 国道与岩山路两个交通轴和平安路与田洁大道两个发展轴；多个专业市场片区、物流仓储片区、商住片区。园内目前聚集了中国民企 500 强胜华集团、5A 级物流企业林安集团、江西盐业集团、江西广甸集团等一批行业龙头企业入驻，总投资逾 60 亿元的 10 个项目现已基本建成 7 个项目。机电五金商贸城一期运营顺利；大三江电商物流港仓库已投入使用；赣东北盐业仓储配送中心办公楼和仓库全面竣工并投入使用；丰华源冷链物流、双林冷链物流项目先后投入运营。2014 年鹰潭市现代物流园被评为江西省级服务业集聚区，2015—2017 年连续三年被评为全国优秀物流园区。

2. 贵溪市物流园（在建）

位于鹰潭市铜产业拆解园内，总占地面积686亩，共规划了4条道路建设，分别为45号道路、26号道路、22号道路、18号道路。18号路西起内环路，东至贵溪大道，长691米，宽30米；45号路为东西向主干道，长650米，宽20米；26号路起点为45号路，终点贵溪大道，长253米，宽20米；22号路暂未启动。

贵溪市物流园区共分为A区、E区、F区、G区、H区、J区六个分区。物流园引进了4家物流企业。A区（江西拓航物流园）由江西拓航物流园有限公司投资建设，占地420亩，建设内容为商业办公楼、综合服务楼（信息平台）、仓储、货运场、零担、汽车维修等。F区（贵溪市泗丰物流园）由江西泗丰物流有限公司投资建设，占地39.8亩，建设内容为办公楼、货运场、零担、汽车维修等。现已建成，正式对外运营，信息中心平台已建成。H区（贵溪市云辉物流园）由贵溪市云辉物流有限公司投资建设，占地59.25亩。建设内容为办公楼、货运场、零担、汽车维修等。现正在进行土地平整。

3. 鹰潭国际商贸园

位于余江县中童镇，规划用地12000亩，鹰潭国际商贸物流园区规划主要内容有“一核、四城、五中心、六区”。“一核”即中央商务中心；“四城”即国际眼镜城、国际汽车城、建材家居城、鹰西商城；“五中心”即农副产品物流中心、医药物流中心、公路物流中心、冷链物流中心、电商快递中心；“六区”即仓储配送区、流通加工区、配套居住区、物流社区、公共配套区和延伸拓展区。国际商贸园区规划定位为以生活资料为主的专业市场集群。

目前，江西君融华业有限公司投资10.25亿元，占地面积405亩的国际眼镜城市场部分已基本建成并试运营，眼镜博物馆已建成开馆；浙商联盟投资3.5亿元建设的鹰潭建材家居商贸城一期5.4万平方米市场已全面竣工，并完成90%招商；浙江手拉手投资公司投资8亿元建设的手拉手鹰潭国际汽车城投入运营，以完整的产业链打造出赣东北地区汽车后市场产业集群平台，20多个汽车品牌4S店及直营店开业。此外，由福信集团投资的大唐农博城基本建成。

4. 鹰潭国际物流中心（无水港）

鹰潭国际物流中心（无水港）主要是为铜拆解园区提供配套服务，定位为中西部地区枢纽型国际内陆港，是以公路、铁路等运输方式为依托的国际运输操作平台，是宁波港港口国际物流服务功能在鹰潭贵溪地区的延伸，为铜产业循环经济基地拆解加工区提供集装箱物流、装卸、口岸服务等；同时，鹰潭国际物流中心（无水港）承东启西、连接南北，又是鹰潭及周边地区国内物资的集散地，为赣浙闽皖四省交界区域和中西部地区的经济发展提供国际物流、国内物流和国际保税物流等基本功能。鹰潭国际物流中心（无水港）规划面积500亩，一期123亩已建成投入使用，二期将于“十三五”期间建成。建成后，将为铜拆解企业提供订舱、仓储、集装箱堆存、中转、集装箱拼拆装箱、海陆联运、签发海运提单、进出口货场报关、报验、查验和通关等一条龙服务。

（四）物流产业集群发展情况

2017 年，全市共有省级物流产业集群 3 个：鹰潭综合物流产业集群、贵溪有色金属物流产业集群、贵溪综合物流产业集群。3 个产业集群内企业共计 1018 家，实现销售收入 86.31 亿元，同比增长 36.11%；上缴增值税 6.05 亿元，同比增长 25%。

2017 年 4 月，贵溪综合物流产业集群完成了江西万佶物流信息平台与鹰潭市泗丰物流信息平台的对接。可有效整合物流信息，实现物流信息跨区域整合，做到车源、货源信息实时更新，将有效解决生产企业与物流企业信息不对称的问题，从而降低企业物流成本。

2017 年 7 月，贵溪综合物流产业集群开通贵广深专线物流，专线开通后，经统计核算价格下降了 58.33%，有效降低了全市工业企业物流成本，提高了服务水平、物流时效性，同时开拓了泗丰物流有限公司的业务，培育壮大了本地第三方物流企业，实现了“双赢”局面。截至 2017 年 12 月，该专线的铜进出吞吐量共 5000 吨。

二、鹰潭市物流业发展存在的问题

（一）基础设施不完善，平台功能不健全

鹰潭发展物流产业的优势是道路交通系统发达，但围绕这一优势，尚未建立布局合理、能力充分、高效便捷的综合交通运输体系，存在公铁联运不顺畅、铁路优势不能有效发挥等问题。多种运输方式的集疏运功能未能协调发展，水运、空运发展条件尚在起步，铁路站场的运力闲置严重，资源整合不充分，专业化物流基础设施处于初级发展阶段。虽然现代物流园、国际商贸园两大平台初具规模，但重大物流项目建设进展缓慢，比如公铁联运、林安、大三江、拓航物流项目等；征地拆迁难度大，物流项目用地供给不足，几个物流园区都存在已签约项目推进慢，想要地的本地物流企业进不了园的现象。

（二）基础产业不发达，货源不足，物流辐射带动力差

一是全市人口和经济总量不大，经济结构比较单一，铜产业作为地方优势产业占全市经济的比重超过 70%，除铜产品外其他产品制造业不够发达，产品少、货源不多。龙头企业江西铜业公司的物流基本是封闭运行，车和货均在集团内部解决。外地货车拉货到本地卸货后，装载一部分本地货物，导致本地物流企业筹集货源难，零担成本居高不下。

二是全市铁路、公路、水运等部门基本上都是分散经营，物流成本没有优势，长

三角，珠三角等地在鹰潭市周转运输货物量少。

（三）交通枢纽地位日趋弱化

独特的区位交通优势，是鹰潭市发展物流产业的基础。但随着全国铁路、公路特别是高速公路、高铁建设快速发展，各地的交通条件均有了明显改善。福银高速、沈海高速、向莆铁路、合福高铁先后建成通车，鹰潭作为“长三角”、海西经济区通往内陆的交通枢纽地位日渐下降。随着向塘物流园和上饶高铁枢纽基地的建设，鹰潭市铁路货运的集散辐射力也将下降。南站铁路货场设计装卸能力是320万吨，近年来货物装卸量逐年下降，往往仅能达到设计能力的三分之一。

（四）物流企业服务能力弱、实体企业少

全市现有物流企业1018家，其中实体物流企业仅有135家，数量较少，企业分布以总部经济企业为主，整体呈现出“小、散、差”的状态。物流中介、货运代理、货运车辆大部分分散停放在南站路、320国道、各批发市场门口或租放在其他企业内部，物流配送、货物配载尚未集中。企业的软硬件设施都有待进一步完善，大多数物流企业只能提供简单的运输和仓储服务，在提供流通加工、信息应用、库存管理、成本控制等增值服务方面，尤其在提供物流方案设计和全程物流服务等方面能力不足。

（五）物流人才匮乏

物流业的复杂性决定了其对物流专业人才的数量和质量都要求较高，而目前现有的物流专业人才远远不能满足鹰潭市物流业发展的需要。据调查，鹰潭市发展现代物流业所需物流专业人才缺口较大，人才流失严重，企业对物流人才的培养及储备还存在欠缺，产业对人才的吸引力不强，因此人才的缺乏在一定程度上制约了地区物流业的发展。

三、鹰潭市促进物流业发展的措施

（一）完善物流网络建设，夯实物流发展基础

（1）加快推进现代物流园区建设。完善现代物流园区基础设施建设，全力推进园区路网建设，重点保障园区物流项目用地。对周边的五金市场、干鲜果批发市场、水产水果批发市场等市场进行升级改造，纳入物流园区统一管理。协调规划、建设、环保等部门积极配合物流园区的建设，为园区相关项目建设手续的办理提供方便、快捷的绿色通道。

（2）推进国际物流港建设。依托南站火车和南站公铁联运项目，打造集海外仓、仓储分拨中心和大宗商品储备中心三个功能区的国际物流港。整合资源，对铁路战备

材料总厂和铁路鹰潭防腐厂等单位现有的铁路专用线和土地资源进行整合，特别是对铁路闲置站场进行有效整合，完善其功能，发挥其效益。

（3）推进现代化仓储群建设。一是引导和鼓励物流平台和物流企业投资仓储设施建设和仓储智能化改造，在主城区重点打造两个10万平方米仓储群。二是引进大型电子商务企业在鹰潭市设立货物分拨中心。三是争取国家大宗物资储备项目在鹰潭市设点建设仓储。

（4）推进邮件快递中心建设。结合中国邮政鹰潭邮件处理及仓储中心项目建设，打造区域邮件快递中心，实现全市快递物流信息化、快速化改造，全面提升快递物流服务能力。

（5）加快推进县级物流园区建设。重点建设鹰潭国际商贸园、鹰潭国际物流中心（无水港）、贵溪市物流园、余江国际商贸园、余江电商物流园，形成鹰潭市区、贵溪市、余江区的“三组团、多园区”的物流发展格局。

（6）推进乡镇集散中心建设。分别在贵溪市、余江区建设物流分拨中心，并在32个乡镇各建设1个快递物流集散中心，承接所有物流快递在乡镇集散，然后再分拨到各村站点，打通城乡配送“最后一公里”。每个村建设1个电商物流配送点。

（7）推进末端网点建设。依托社区便利站、农家店、电商村级网点、村邮站、三农服务站等末端网点，发展社区、农村物流网点建设，争取建设500个左右的村级、社区网点，并完善各社区、厂区、楼区的智能包裹柜建设，健全末端网点设施。

（二）加快前端产业发展，增加物流产业货源

（1）加快现代工业发展。促进特色产业发展，如铜产业、眼镜制造、节能照明、电子信息等产业等，重点打造“物联网+工业”经济发展模式，做强做大全市工业企业。

（2）加快现代农业发展。加大农业规模化发展，利用互联网、物联网、大数据技术促进全市特色农产品（天师板栗、邓埠红糖、文坊香菇等）网上销售。

（3）加快电子商务与第一、二、三产业融合发展。推动传统企业转型升级。

（4）发展加工贸易产业。引进培育一批加工贸易企业，增加全市贸易出口量，形成物流发展新动能。

（三）完善物流运输体系建设，提升物流产业竞争力

（1）加快中欧班列、五定班列等铁路专线的项目建设，按照“先试行、后常态；先专列，后班列”的思路，逐步实现中欧班列常态化运行，减少企业货运成本。

（2）开通城际物流公路专线，在现有物流公路专线的基础上，鼓励企业增开多条物流公路专线，切实解决公路物流成本居高不下的问题。

（3）开通全市范围内城乡专列物流班车，实行定时、定点配送商品下乡及运输农产品回城，打通城乡配送“最后一公里”。

（4）鼓励快递企业在乡镇增设网点，推动乡镇、农村快递业发展。

（四）加快物流产业现代化建设，提高物流管理水平

推进物联网在物流产业的应用。结合鹰潭市新一代宽带物流移动通信网国家科技重大专项试点示范建设、智慧新城建设，加强装备技术推广应用。推广应用无线射频识别、综合识别、集成传感等物联网感知技术，鼓励一批龙头企业应用货位管理、可视化、路径优化、供应链管理等智能存储配送技术；支持将无人机等新技术应用于快递末端服务等。

（五）优化物流产业发展环境，加大政策扶持

（1）全市一盘棋，确定统一税收政策，避免内耗，形成良好氛围。

（2）制定和完善相关政策措施，引导物流企业向园区集中。

（3）理顺物流管理体制，在县（市、区）设立物流专门机构，提高物流管理效力。

（4）设立物流产业专项发展资金，支持物流公共平台打造、物流园区建设、物流企业标准化、智能化技术改造升级及物流人才培训。

（5）推动配送与供应链深度融合。拓展配送功能，加强与生产制造、采购销售、农产品生产等环节的协同衔接。

（六）培育鼓励物流企业做大做强，实现产业发展转型升级

鼓励企业完善软硬件设施建设，引导物流企业提高物流运输水平和物流信息化水平，支持企业积极申报国家4A级和5A级物流企业，督促各地落实《关于加快物流产业发展的实施意见》文件精神。引进国内外大型物流企业入驻，提高物流企业的服务能力和服务质量，带动全市物流行业快速发展。

（七）加快物流人才培养，增加物流发展活力

（1）管理人才培养。定期邀请国内著名物流专家来鹰讲学，主要讲学对象为市委、市政府、市人大、市政协以及相关部门的领导、重点物流企业经营管理者，使其树立正确的物流发展理念，掌握物流核心理论知识，紧跟物流发展的潮流与趋势。

（2）物流专业人才培养。采取市内现有高校与重点物流企业合作的方式，开设专业招收培养物流专门人才。

（3）岗位技能培训。鼓励物流企业利用社会物流培训机构，定期进行岗位技能培训，更新知识，提升实际工作能力和水平。

（鹰潭市商务局　陈熙恒）

2017 年赣州市物流业发展情况报告

一、2017 年赣州市物流业发展总体情况

（一）物流业总体运行情况

1. 社会物流总额

2017 年，全市社会物流总额 5456.54 亿元，比上年增长 4.91%，增速比 2016 年有所放缓。从物流总额的构成来看，工业品物流总额达到 3670.27 亿元，比上年增长 2.6%，占社会物流总额的 67.26%，所占比重比上年下降了 1.52 个百分点；农产品物流总额 547.47 亿元，比上年增长 4.7%，占社会物流总额的 10.03%，所占比重与上年持平；区域外流入货物物流总额 1164.87 亿元，比上年增长了 12.25%，占社会物流总额的 21.35%，所占比重比上年增长了 1.4 个百分点；单位与居民物品物流总额 17.96 亿元，比上年增长 25.76%，占社会物流总额的 0.33%，所占比重比上年增长了 0.06 个百分点；再生资源物流总额 55.97 亿元，比上年增长 11.49%，占社会物流总额的 1.03%，所占比重比上年增长了 0.06 个百分点。

2. 社会物流总费用

2017 年，全市社会物流总费用为 373.03 亿元，比上年增长 4.76%。社会物流总费用与 GDP 的比率为 14.78%，同比下降 1.45 个百分点，降幅比全国比率高 1.15 个百分点。

从物流总费用构成看：运输费用 201.67 亿元，同比增长 7.06%，占社会物流总费用的 54.06%；保管费用 130.42 亿元，同比下降 1.01%，占社会物流总费用的 34.96%；管理费用 40.94 亿元，同比增长 13.85%，占社会物流总费用的 10.98%。

3. 物流业务总收入

2017 年，全市物流业务总收入 322.03 亿元，比上年增长 12.07%，增速比上年高了 2.67 个百分点，比全国增速高出 0.57 个百分点。

4. 货物运输

2017 年全年公路货物运输量 10485 万吨，比上年增长 12.7%；公路货物运输周转量 246.85 亿吨公里，比上年增长 9.1%；铁路货物运输量 425.40 万吨，比上年增长 109.4%；民航货物运输量 6628.7 吨，比上年下降 9.3%；水路货物运输量 2910.29 万吨，比上年增长 6.4%；水运货物运输周转量 8.81 亿吨公里，比上年增长 9.2%。

5. **物流企业**

全市在册并正常运营的物流企业1809家，截至25批A级企业评估，赣州市拥有国家A级物流企业59家，其中4A级物流企业6家，3A级物流企业29家，2A级物流企业20家，1A级物流企业4家。代表性物流企业如下。

（1）江西红土地物流有限公司。2017年开通全国所有一线城市和部分二、三线城际专线，会员企业达到300家以上，与全国一线城市平台对接，实现信息互联互通。2017年货运总量101.2万吨，相比上年增长75.1%，营业收入相比上年增长22.1%，从业人员增长40.6%，达到135人，公司实现了跨越式发展。2017年公司主要获得4A级物流企业、中国城市物流示范园区、江西省现代服务业集聚区、省级诚信物流园区、赣州市中小企业公共服务示范平台、市电商示范企业、守合同重信用企业、赣州市诚信物流企业等荣誉。

（2）江西裕民药业有限公司。2017年拥有药品配送车辆4辆（另有租用车辆27辆），售后服务用车3辆，现有员工36人，占地总面积6955平方米，建有框架式标准库房2栋，仓储面积5100平方米。公司是瑞金市唯一有药品批发、配送、仓储资质的企业。2017年实现业务收入8000余万元，资产达到6000万元，货运量4729吨，同比增长3%，当年获评赣州市十强物流企业，成为行业标杆企业。

（二）物流基础设施情况

1. **公路建设**

现有高速公路总里程1441公里，国省干线公路总里程3663公里，农村公路总里程25832公里。其中大广高速南康至龙南段扩容工程正在高位推进，兴赣高速北延项目开工建设，广吉高速宁都段顺利推进。下一步计划实施国省道建设1850公里、完成投资72.3亿元，其中，升级改造1460公里、路面大中修390公里。计划实施农村公路建设2500公里、完成投资50亿元，其中，县道改造948公里、乡道改造288公里、村道建设1264公里、危桥改造336座。

2. **水路建设**

赣州辖区航道通航里程为827.55公里，其中设标里程为293.65公里，拥有港口11个，泊位509个；2017年完成水路货物运输2910.29万吨，比上年增长6.4%；水运货物周转量8.81亿吨公里，比上年增长9.2%。赣州港综合货运码头项目前期工作，力争2019年3月前开工建设，争取与赣州至南昌三级通航基本同步建成，提高全市水运发展效益。

3. **铁路建设**

目前，赣州市在建及规划的快速铁路有三条：昌赣客专、赣深客专和长赣铁路。昌赣客专于2014年12月开工建设先行段，2015年7月全线开工建设，计划于2019年7月联调联试，2019年年底前开通运行。赣深客专于2016年12月开工建设先行段，

2017 年 10 月全线开工建设，计划于 2021 年建成通车。长赣铁路也是设计时速 350 公里的高铁项目，线路拟经过赣州市开发区、南康区、上犹。全线长约 400 公里，赣州段约 60 公里，全线预估总投资 480 亿元，赣州段总投资约 52 亿元。目前，铁四院、铁五院正在开展项目规划研究工作。该项目的建设有利于加强赣南苏区与长株潭经济区、成渝地区沟通联系，形成西南往东南的重要快速铁路客运通道。

目前规划建设普速铁路项目（速度 120 公里/小时以上）有瑞梅铁路、兴泉铁路，与既有京九线、赣龙铁路单线、赣韶铁路单线形成较为完善的普速铁路网，提升赣州在区域性交通枢纽的地位。其中兴泉铁路兴国至宁化段全线正线里程 159 公里，赣州市境内长约 124.78 公里；该铁路已于 2016 年开工建设，工期 5 年，目前正在全线建设中。瑞梅铁路线路拟经过赣州市瑞金、会昌、安远、寻乌。全线长约 193 公里，赣州境内约 150 公里，全线总投资 158 亿元，赣州境内投资约 105 亿元。建成后赣州市将增加一条“客货兼顾”向南出海的铁路运输通道，目前该铁路正在研讨规划中。

4. 航空建设

航空事业稳步发展，全年新增 4 个航点，通航城市 18 个，年旅客吞吐量 127.9 万余人次，同比增长 18.15%，总量和增速位居全省支线机场第一，成为全省通航城市最多、通达性最强的支线机场。公路、水路完成货运量同比分别增长 13.1%、5.87%，货运周转量同比分别增长 9.3%、8.12%，保持了稳定增长势头。

5. 快递设施

全市邮政企业和快递服务企业业务收入（不包括邮政储蓄银行直接营业收入）2017 年累计完成 15.28 亿元，同比增长 26.02%；累计完成业务总量 17.96 亿元，同比增长 25.76%。全市快递服务企业业务收入累计完成 6.58 亿元，同比增长 30.02%；业务量累计完成 5376.89 万件，同比增长 19.87%。

6. 综合保税区

2014 年 1 月 22 日，赣州综合保税区经国务院正式批复设立，成为全国第 35 个、江西省第一个综合保税区。规划面积 4 平方千米，分两期建设，一期建设 2.229 平方千米，2015 年 10 月 20 日通过国家十部委正式封关验收，2016 年 10 月 19 日正式通关运行；2017 年 1 月 23 日，受市委、市政府委托，赣州综保区由赣州经开区领导，相对独立运行。赣州综合保税区立足于保税区独特政策，围绕赣州产业特点，聚焦赣州经开区新能源汽车、电子信息两大首位产业，重点引进保税物流、保税加工、跨境金融和跨境电商类企业。自正式通关运行以来，累计入驻企业 34 家，进出口总值达 16214.58 万美元，折合人民币突破 10 亿元大关，其中 2017 年，进出口额突破 1 亿美元，累计达 13109.56 万美元。

（三）物流园区情况

赣州重大物流园区项目有 25 个，其中赣州综合物流园区、赣州港多式联运物流园、赣州冷链物流中心等重大物流项目正在全面加快建设，完成投资 85.2 亿元，同比增长 34.9%。龙南保税物流中心、崇义钨都产品物流中心、赣州国际港站二期等 12 个项目建成并投入运营，龙头昂起格局基本形成。2017 年赣州市主要物流园区情况见下表。

2017 年赣州市主要物流园区情况

序号	项目名称	面积（亩）	建设情况	建设性质	建设年限
1	赣州冷链物流中心	270	已开工在建	新建	2017—2020 年
2	赣州综合物流园区	2110	一期工程 280 亩在建	续建	2016—2018 年
3	江西红土地物流园	210	落成运营	新建	2016—2018 年
4	赣州港多式联运物流园	3500	已建面积 289 亩	续建	2016—2020 年
5	南康区物流中心	500	规划在建	新建	2017—2020 年
6	赣州铭宸蔬菜冷链物流	50	规划在建	新建	2017—2019 年
7	大余县物流园	30	规划在建	新建	2017 年
8	信丰县赣州合一橙乡通物流园	100	规划在建	新建	2017—2018 年
9	江西省氟盐化工产业基地综合物流园	100	规划在建	新建	2017—2019 年
10	定南县三和冷链物流	30	落成运营	新建	2017 年
11	赣州华东国际商贸物流城	483	落成运营，建筑面积 30 万平方米	续建	2015—2018 年
12	赣州综合商贸物流园	2992	落成运营	续建	2012—2017 年
13	赣州综合保税区物流园区	600	落成运营	续建	2015—2019 年
14	于都鸿顺物流中心	100	落成运营	续建	2015—2017 年
15	兴国县综合物流园	1600	规划在建	续建	2016—2018 年
16	信丰县中国赣州南部国际商贸物流园	992.8	规划在建	续建	2015—2018 年
17	瑞金商贸物流园	627	规划在建	续建	2016—2018 年
18	瑞金市陆路口岸作业区（无水港）	500	落成运营	续建	2016—2018 年
19	中国供销赣南脐橙交易中心	286	规划在建	续建	2016—2020 年
20	安远县农资连锁配送中心	30	落成运营	续建	2016—2017 年
21	寻乌县综合物流园区	200	一期工程落成，二期工程在建	续建	2016—2020 年

续 表

序号	项目名称	面积（亩）	建设情况	建设性质	建设年限
22	龙南保税物流中心（B 型）	154	落成运营	续建	2016—2018 年
23	全南县万通物流有限公司仓储基地	24	规划在建	续建	2016—2017 年
24	宁都县农副产品综合批发市场	70	落成运营	续建	2016—2018 年
25	石城县旅游商贸物流中心	282	规划在建	续建	2015—2018 年

其中重点项目如下。

2017 年 9 月，赣州综合物流园项目开工建设，该项目总占地 2110 亩，根据赣州市场运作特点，建设了管理服务中心、金融保理服务、卡车商贸服务、快递分拣、车源中心、零担快运、分拨中心、仓储中心、司机旅馆和汽修汽配等物流配套服务中心，构架起现代化、智能化的物流服务网络平台。该项目运营后，将引进、孵化 2000 多家物流企业，服务 100 多万名货主和司机，年营业额达 50 亿元，年税收 3 亿元以上，带动 5 万人以上就业，并将有力拉动园区周边城市化发展。园区内重点项目传化南北公路港项目，一期工程占地 280 余亩，预计 2018 年 9 月竣工。

2017 年 10 月赣州冷链物流基地开工，基地总占地面积 270 亩，总投资达 13 亿元，建筑面积约 29.4 万平方米，其中冷库建筑面积约 15.1 万平方米（总容量达 15 万吨），分拨中心、集配中心等 14.3 万平方米。项目一期工程建筑面积 18.8 万平方米，其中冷库建筑面积约 9 万平方米，分拨中心、集配中心等建筑面积约 9.8 万平方米，一期工程现在正在建设中，预计 2020 年完成全部工程建设。

（四）物流产业集群发展情况

赣州市目前重点培育的产业集群有南康家具、赣南脐橙、城市配送、钨和稀土物流、商贸物流等七大物流产业集群，其中南康家具、赣南脐橙物流产业集群基本形成。

2017 年南康家具被国家林业和草原局授予“中国实木家居之都”，经国家市场监督管理总局批准，成为全国 16 个创建国家级家具产品质量提升示范区之一。产业集群继续保持高速增长态势，南康家具产业集群总产值达 1300 亿元，同比增长 27.4%。其中南康现有家具物流企业 300 余家，其中国家 A 级物流企业 15 家，有物流专线 1000 多条，渗透全国各地，影响力遍布全国，随着赣州港的加快建设，南康家具物流运输体系已从全国逐步扩散至全世界。在家具企业“升企入规”的带动下，2017 年，29 家物流企业相继入规，吹响了物流行业“转企升规”的嘹亮号角。一大批知名物流企业先后落户南康，2017 年南康区先后引进了德邦物流、申通快递、顺丰速运、香港龙泰安等65个重大项目，总投资192亿元。

2017年，赣州市实现脐橙产业集群总产值118亿元，其中鲜果收入62亿元，帮助25万种植户、70万果农增收致富。脐橙产业带动100万农村劳动力就业，种植户户均收入2.48万元，果农人均收入8850元，占果农人均总收入的85%，带动了苗木、生产、养殖、农资、分级、包装、加工、贮藏、运输、销售以及机械制造、休闲旅游等全产业链发展。

（五）重点物流行业发展情况

1. 冷链物流

现有农产品加工企业自营型冷藏库总容量42万吨。全市有冷链物流企业31家，主要分为四类：一是为生产服务的冷链企业，以鹭溪农场为代表；二是为第三方服务的以租赁冷库为主的冷链企业，以利友食品有限公司为代表；三是依托冷库办市场的冷链企业，其主要为市场贸易服务，以仓储批发功能为主，以物流仓储企业（尤其是脐橙等果品企业）“老果农”为代表；四是为销售终端服务的冷链企业，以坚强量贩等大型超市为代表。年销售额超亿元的脐橙流通企业13家，全市脐橙冷藏库总容量40多万吨。其中，江西杨氏果业股份有限公司和信丰县裕和农业有限公司的冷库储藏量都达5万吨。

2017年10月赣州冷链物流中心项目开工仪式在章贡经开区沙河产业园举行。该项目占地229亩，总投资达13亿元，建筑面积约29.4万平方米，其中冷库建筑面积约15.1万平方米，总容量达15万吨。项目一期工程建筑面积18.8万平方米，其中冷库建筑面积约9万平方米；分拨中心、集配中心等建筑面积约9.8万平方米，是目前省内最大的冷链物流集散基地，目前正在开工建设中。

2. 口岸物流

赣州港现已建成进境木材监管区、集装箱堆场和货物监管仓等核心功能区域，铁路场站配备了正面吊、龙门吊等装卸设备，“单一窗口”暨电子口岸建成运行。去年以来，大力加快赣州国际港二期建设，进一步完善口岸功能，目前二期已开通试运行，一批现代化物流仓库即将投入使用，京东、顺丰等国内一流物流企业进驻运营，现代港口功能逐步完善，物流体系逐渐健全，国内一流陆港基本成型。龙南保税物流中心已全面投资完成建设并投入运营，2017年保税中心进驻企业4家，备案车辆17辆，办理保税物流业务企业20家，办理业务195票，进出口货值1221万美元。瑞金陆路口岸作业区建设加快推进，主体工程已经完成。

3. 国际物流

通过充分利用获批铁路口岸对外开放和建设检验检疫试验区的契机，主动对接融入“一带一路”，从2016年中欧班列开通以来，一年多时间赣州国际港快速打通阿拉山口、霍尔果斯、满洲里和二连浩特四个进出口岸通道，开通了18条中欧（亚）线路，直通中亚五国、挺进欧洲经济腹地，其中满洲里、霍尔果斯口岸和二连浩特的线路已进入国家铁路运输网并固化，班列时效得到了有效保证。2017 年开行中欧（亚）班列 87 列，全年班列开行向 200 列、港口年吞吐量向 40 万标箱迈进。开行范围超过全球面积 50%，成为全国开行班列线路、辐射国家、进口班列比例、开行货物品种都有比较优势的“一带一路”重要节点。

（六）物流信息化、物流统计发展情况

1. 物流信息化

2017 年 3 月赣州市举行重点物流项目签约暨赣州智慧物流信息平台“吉集号”上线仪式。仪式上，“吉集号”上线启动，该系统实现全国物流信息的互联互通，彻底解决“车找货、货找车”的难题。吉集号平台注册司机用户达 32.7 万，平台在线物流订单交易总额达 22.8 亿元，企业用户 8085 家，全面覆盖江西区域，并已辐射福建、广东、湖南、浙江、安徽等省份。平台得到了省、市、区各级政府的鼎力支持及中国物流与采购联合会的重点扶持，同年获得“全国十大重点物流平台”“赣州市级物流公共信息平台”“市级中小企业公共服务示范平台”等荣誉，这是赣州市物流信息化平台发展迈出的重大一步。

通过招商引资、自主培育等方式，引进和培育一批物流新业态，推进赣州市物流产业转型升级，发展层次明显提升。引进的全国创新平台惠龙易通在赣州市建设全国结算中心，年交易额达 8 亿元。红土地物流园、江宁物流等传统物流园区和企业纷纷“触网”，打造交易、金融、保险等“车后”服务全产业链。顺丰科技有限公司在赣州市打造全国首个无人机物流试点项目，获颁全国第一家无人机航空运营许可证，目前已建立日常飞行航线 10 条，用无人机运送当地农特产品 130 单，无人机物流配送应用试点正朝着“科技改变物流，物流改变生活”的目标发展，积极探索可复制、可推广的无人机物流产业发展经验。

2. 物流统计工作

2017 年 3 月，赣州市率先启动物流统计工作，成为江西首个开展物流统计分析工作的城市。同月赣州市物流协会设立物流数据分析中心，安排 5 名专职统计工作人员，经过几个月的数据收集整理工作，当年 8 月完成《2016 年赣州市社会物流统计分析报告》，年底完成《2017 年赣州市物流景气指数报告》《2017 年赣州市仓储调查报告》。

物流统计主要做了以下工作。一是争取多方支持。2015 年年初北上前往中物联争取全国物流统计直报系统授权和端口开放，2017 年请中国物流信息中心的专家做专题培训和现场指导，取得相关市直部门的大力支持和各县市区物流牵头部门的大力协助，取得全市重点样本企业的全力配合。

二是组建专业队伍，培养了一批专题研究人员。物流数据分析中心发挥了较好的人才优势、信息优势、技术优势，以创新发展的理念，以多层次的数据信息产品、分

析报告产品和咨询服务产品，以多方位、多角度、多方式的服务形式，提供专业信息服务，满足市场需求，初步形成了较为顺畅的工作机制、基本稳定的统计队伍和相对科学的方法体系。

三是广泛采集数据。建立和完善了市场监测预警预测系统、物流行业数据信息系统；企业样本数量不断增多，代表性强，地域和行业实现全面覆盖，分布更趋合理，涵盖工业、商贸和物流企业，建立赣州社会物流调查统计数据库，为物流业发展研究分析提供可持续的调查渠道，为赣州经济发展做出贡献。

二、赣州市物流业发展存在的问题

（一）物流基础设施不完善

货运枢纽薄弱，交通枢纽衔接不顺畅，货运“无缝衔接”还远远未破题。物流市场仓储设施落后，第三方物流仓储面积少，占比还不足5%，完全符合物流功能和标准的园区较少，这就导致赣州市仓储成本居高不下，造成企业仓储成本压力大大增加，根据企业的信息反馈，赣州的平均仓储成本要远远高于其他城市，企业面临较大的生存压力。

（二）政府政策支持较弱

由于市本级设立的物流产业发展专项资金总量少，门槛高，支持作用微乎其微，特别是对于一些小微企业，专项资金的申请基本难以成功。另外各县市区出台的物流政策偏少，且对市级层面的政策落实不到位，造成企业在发展过程中很难享受到政府的政策红利。由于赣州市物流企业基本属于小微企业，流动资产多，固定资产少，这就导致物流企业融资困难，并且营改增后诸多成本难以抵扣，企业实际税赋加重造成运营压力。

（三）物流市场主体弱小

全市在册并正常运营的物流企业1809家，大多数是批发、零售的小型快递和专线运输公司，运输线路少，专业化程度低，运营效率低下，抗风险能力弱，全市符合国家标准的A级物流企业总计59家，占比只有3.3%，这说明全市物流企业达到国家A级物流企业标准程度还远远不够，这对于企业跨省市竞争，标准化操作等情况都受到一定的限制，在一定程度上制约了全市物流企业的发展。

（四）物流体制机制尚需提升

现代物流业是跨行业、跨地区、跨部门的工作，政府对物流行业的管理需要各部门通力合作，形成合力，更需要成立专门的综合管理机构，来引导、理顺、协调各方面的管理工作；从全国和全省来看，物流行业管理发改委牵头，具体业务各个职能部门各管一块，如商务管商贸流通、工信管大宗货品、农粮管冷链物流、邮政管快递、交通管道路运输，各方标准不一、政策不一、难以协调，出现多头管理、九龙治水的现象；从市级层面看，全市没有专门的物流管理机构，现有的“市物流办”是赣州市现代物流产业发展协调领导小组下设的办公室，挂靠在市交通运输局，属于非常设的协调议事机构，没有管理职能，更没有执法职能，物流行业监管和物流基础设施监管乏力，造成物流投诉无门、政策落实不力、物流项目监管缺失等诸多问题。

三、赣州市促进物流业发展的措施

（一）快速推进物流基础设施建设

对标建设全国性交通枢纽和省域副中心城市总体要求，加快建设现代化综合运输体系，加快形成布局合理、功能完善、衔接顺畅、便捷高效的综合运输网络。加快建设区域性航空门户，完成黄金机场改扩建，开通航空口岸，开工建设瑞金机场，启动宁都、安远等通用机场建设，加快形成“一主多辅”机场布局。加快打造区域性铁路枢纽，加快昌赣、赣深客专和兴泉铁路建设，推动长赣、瑞梅铁路开工建设，启动南丰至瑞金城际铁路、赣郴永兴铁路、赣韶铁路扩能改造等项目前期工作，早日实现县县通铁路，建成全国“八纵八横”高铁节点城市。加快建成全国南方重要的高速公路枢纽，建成广吉高速、大广高速南康至龙南段扩容工程、兴赣高速北延等项目，启动信丰至南雄、寻乌南桥至广东龙川高速公路等项目建设，进一步完善“三纵三横六联”高速公路网络。积极融入长江经济带建设，实现赣州至南昌三级通航，规划研究赣粤运河，把赣州港建设成为全省第三大枢纽港之一，基本形成通江达海、干支相通的现代水运体系。持续建设物流平台载体，加快赣州综合物流园、赣州港多式联运、赣州冷链物流中心等重大项目建设；引进更多国内一流物流企业参与赣州市物流业发展，建设区域总部，着力打造物流生态圈和产业链。加大政府对仓储设施设备建设，合理选址，大力引导物流园区对仓储建设的投入力度，做到有效增加全市仓储面积，降低仓储成本。

（二）出台政策推动物流业快速发展

为加快赣州市现代物流产业快速发展，出台推动赣州市物流产业转型升级的政策措施，加快城乡现代物流体系建设，加快物流信息化发展，持续降低社会物流成本。由政府出资建设智慧供应链公共信息平台，包含物流交易中心、物流安全视频监控中心、供应链“大数据”中心、供应链“云服务”平台、供应链监督与服务平台五大板块，市交通运输局具体负责建设运营。进一步整合全市物流资源，降低货车空驶率、提高仓库使用效率，使赣州市物流信息化水平大幅提升，有效降低社会物流成本。

（三）培育物流大市场

积极支持现有物流企业做大做强、入园入规、转型升级，重点培育国家 A 级物流企业、星级冷链企业和供应链企业，支持传统物流企业向上下游延伸服务。筛选出基础设施较完善，地理位置较优越，服务质量较好的物流园区，作为退城入园的示范物流园区。支持功能完善的综合性物流园区通过物流资源整合，企业逐步做大做强，形成品牌效应，带动物流行业转型升级。重点培育发展冷链物流、快递物流、物流金融等新业态，促进现代供应链的创新和应用。

（赣州市物流协会　刘晶飞）

2017 年宜春市物流业发展情况报告

一、2017 年宜春市物流业发展总体情况

（一）物流业总体运行情况

1. 货物运输

2017 年，全市公路货运量 21085 万吨，比上年增长 12.37%，货运周转量 602.08 亿吨公里，比上年增长 9.04%；水路货运量 2644.2 万吨，货运周转量 35.9 亿吨公里，同比增长均为 6%；全市快递业务量 2401.92 万件，同比增长 29.2%。快递业务收入 3.69 亿元，同比增长 52.94%；明月山机场完成货邮吞吐量 369.89 吨，同比增长 34.3%。

2. 物流企业

截至 2017 年年底，全市有各类物流企业约 3000 家。A 级物流企业 33 家，其中 4A 级物流企业达 32 家，总量位居全省首位。其中 2017 年新增 4A 级物流企业 11 家、3A 级物流企业 1 家（见表 2 - 8 - 1）。江西省高安汽运集团鸿弘汽运有限公司、江西金辉物流有限公司、江西省高安汽运集团福林汽运有限公司 3 家企业被评为 2017 年度省级重点商贸物流企业。代表性物流企业如下。

（1）江西五洲医药营销有限公司。是目前全国智能化程度最高的企业之一，采用先进的 ERP 系统，打造了便捷的电脑、微信、App 下单平台，采用 WMS（仓库管理系统），TMS（运输管理系统）、北斗卫星定位系统，实现了药品运输全程全方位的监控。2017 年下半年引进瑞士 ABB 机械手全自动码垛收货入库系统、荷兰安霸·福莱克斯螺旋输送机、南京华章箱式立体库货到人拣选系统、流利式货架拣选系统、德国胜斐迩公司 A 字架无人拣选系统等自动化分拣设备，建成智能化仓储物流系统。整合医药产业上下游资源、实行统、仓、共、配，打造扁平化渠道。2017 年荣获全国智慧物流示范企业、全国医药流通企业百强第 52 位、全国 4A 级物流企业、江西省唯一药品第三方现代物流企业、江西民营企业服务业 20 强第 5 位、江西民营企业 100 强第 41 位、江西中小企业公共服务示范平台、《药品冷链物流运作规范》国家标准试点企业等荣誉。2017 年达成销售总额 26 亿元，税金总额 4000 多万元。

（2）江西华正道物流有限公司。位于药都樟树，是一家以仓储、运输服务和物流

信息为主的民营企业。现有仓储面积1.07万平方米，拥有货运车辆140辆，采用GPS（全球定位系统），实时全面跟踪货车车辆与货物的运输情况，使客户可随时了解车辆与货物的位置与状态，同时对车辆行驶路线及油耗有实时的监控，以保障整个物流过程的有效监控和快速运转。2017年销售总额1.7亿元，税金总额1112万元，是樟树市纳税超千万贡献企业，诚信等级为3A级。

（3）江西仁翔药业有限公司。是一家集批发、物流配送为一体的专注于药品经营的大型医药流通企业，2017年销售总额18.08亿元，税金总额3096万元，是樟树市纳税超千万贡献企业；于省民营100强企业排名52位；于省民营企业服务业20强企业排名7位；于宜春市民营100强企业排名21位；诚信等级为3A级。

表2－8－1　　　　宜春市2017年新增A级物流企业名单

序号	属地	企业名称	等级	类型	评定时间（年）
1	樟树市	江西九州医药有限公司	3A	综合服务型	2017
2	樟树市	江西五洲医药营销有限公司	4A	仓储型	2017
3	高安市	江西省高安汽运集团鸿弘汽运有限公司	4A	运输型	2017
4	高安市	宜春润佳物流运输服务有限公司	4A	运输型	2017
5	高安市	江西瑞州汽运集团新荷物流有限公司	4A	运输型	2017
6	高安市	高安市隆景运输有限责任公司	4A	运输型	2017
7	高安市	江西瑞州汽运集团豪瑞汽运有限公司	4A	运输型	2017
8	高安市	江西瑞州汽运集团瑞通物流有限公司	4A	运输型	2017
9	高安市	江西瑞州汽运集团宏景汽运有限公司	4A	运输型	2017
10	高安市	江西瑞州汽运集团欣禧物流有限公司	4A	运输型	2017
11	高安市	高安市村长物流有限公司	4A	运输型	2017
12	高安市	江西江龙集团兴海汽运有限公司	4A	运输型	2017

（二）物流基础设施情况

1. 公路建设

全市基本形成了以高速铁路、普通铁路、高速公路为主骨架的综合运输通道。沪昆高铁、浙赣铁路、沪昆高速横贯东西，大广高速纵贯南北，运输能力和服务质量大幅提升。截至2017年年底，全市公路通车总里程为19977公里，其中高速公路8条，通车总里程约783公里；国道7条，里程约766公里；省道26条，里程约1759公里。全市农村公路通车公路总里程约16669公里，密度为每百平方公里107公里。

2. 水路建设

全市共有码头100座（其中生产用95座，非生产用5座），泊位120个。1000吨级的泊位1个，位于丰城港曲江码头，500～999吨级的1个，300～500吨级的7个，

100~300吨级的35个，100吨级以下的71个。

3. **铁路建设**

全市铁路运营里程达355公里，覆盖50%县（市、区）。

4. **航空建设**

宜春明月山机场，2013年6月26日正式通航，位于江西省宜春市袁州区锦绣大道1888号，占地1921亩，跑道长2400米，宽45米，垂直联络道长210米、宽18米，站坪机位3个，停机坪2.3万平方米，航站楼建筑面积7160平方米，跑道主降方向设长900米I类精密进近灯光系统，次降方向设长420米的B类简易进近灯光系统，配套建设空管、供电、供水、供热、供冷、供油、消防救援以及机场辅助生产设施，总投资5.93亿元。截至2017年，宜春明月山机场已经开通了直抵北京、上海、深圳等地的12条航线。2017年完成旅客吞吐量542727人次，同比增长15.5%；货邮吞吐量369.89吨，同比增长34.3%；飞机起降架次6128架次，同比增长20.7%。

（三）物流园区情况

物流园区的集聚效应不断增强，打造了一批功能较为完善、辐射带动能力强的物流园区和物流基地。目前，全市已建成的物流园区有宜春市经开区物流中心、宜春快递物流产业园、郑铁物流园、蓝海物流科技有限公司宜春物流中心等。在建的有袁州区医药物流园、樟树药都医药物流园、中汽高安汽车商贸物流产业基地、中国物流水运口岸作业区（见表2-8-2）。宜春经开区物流中心园区被评为“全国优秀物流园区”和“江西省省级示范物流园区”。宜春快递物流产业园获得“中国城市物流示范园区”和“江西省现代服务业集聚区”等荣誉。

表2-8-2　全市在建物流园区统计

序号	项目名称	建设时间（年月）	投资主体	投资额（亿元）	占地面积（万平方米）	仓储面积（万平方米）	货物年吞吐量（万吨）	年物流配送量（万吨）
1	中国物流水运口岸作业区	2013.11—2018.12	华东城通物流有限公司	30	80	7	1000	2000
2	樟树药都医药物流园	2013.12—2018.10	樟树市政府	100	260	13	5000	8000
3	中汽高安汽车商贸物流产业基地	2015.2—2020	中国汽车零部件工业公司	100	320	15	250	40
4	袁州区医药物流园	2017.1—2021.12	宜春市袁州医药物流园投资开发有限公司	10	33.33	—	—	—

（四）物流产业集群发展情况

全市有五大省级物流产业集群，即高安建筑陶瓷、丰城商贸、宜春经开区综合、樟树医药化工、万载烟花鞭炮危险品物流产业集群。2017 年，全市五大物流产业集群共有企业 2800 余家，车辆 5 万余辆，共完成主营业务收入 259.2 亿元。其中，高安建筑陶瓷物流产业集群作为省级重点推进物流产业集群，完成主营业务收入 129.9 亿元，总量位居全省各产业集群首位。

高安是全国知名的物流大市，高安建筑陶瓷产业集群内有物流企业近 2000 家，市内注册的营运大货车 4.74 万辆，登记吨位 67.65 万吨，加上高安籍人员在周边县市注册的公司和车辆，高安人拥有大型货运车辆已经突破 8 万辆，物流运输产值突破 400 亿，实现税收近 5 亿元，集群内相关从业人员已超过 15 万人。产业规模远居全国各县（区、市）之首。集群内有 4A 级物流企业 29 家，占全省 4A 级物流企业的三分之一，省级重点商贸物流企业 7 家，数量位居全市首位。

（五）重点物流行业发展情况

1. 医药物流

全市袁州、樟树两地医药流通产业基础良好，医药配送规模庞大。袁州医药园内有科伦医药、昌坤医药、东荣医药等 20 余家医药配送企业，主营业务收入突破 100 亿元。园区内袁州医药物流园项目正在有条不紊地建设，袁州医药物流园总体规划占地约 500 亩，总投资 10 亿元。其中一期投资 3 亿元，占地面积 6.67 万平方米，建筑面积 2.6 万平方米。樟树市为全国闻名的“药都”，区域内有医药物流企业有 30 多家。全市通过了 GSP（药品经营质量管理规范）认证的医药物流企业 24 家，进入全省前 10 的有 7 家，全行业仓储面积达 75 万平方米左右，主营收入达 200 亿元左右。区域内重点企业江西五洲医药有限公司为国家 4A 级物流企业、全国智慧物流配送示范企业、江西省第一个药品第三方现代物流试点企业。2017 年营业额达 25.39 亿元。区域内樟树药都医药物流园项目，规划面积 4000 亩，计划一期建设占地约 2000 亩，总投资约为 100 亿元。

2. 口岸物流

2017 年，宜春至福州江阴港铁海联运快速班列持续运行，全年累计零散发运 96 列次，货物发运总量 3094TEU，其中内贸货物 3013TEU，外贸货物 81TEU，有效为企业节约了运输时间，降低了物流成本。

3. 省级城市共同配送试点

2017 年，成功申报省级城市配送试点建设项目。为保障城市配送试点项目的有序推进，市商务局制定了《宜春市城市共同配送试点实施方案》。以快消品、蔬果、电商快递 3 个行业为试点，整合现有仓储、运输、配送中心等物流基础设施，推广现代物流技术应用，提高物流配送标准化、信息化水平，搭建 1 个全市性城市配送公共信息服务平台，建成 2 个设施先进、功能完善、管理规范、运作高效的现代化配送中心，打造 1 支专业化城市绿色配送车队，集中建设一批标准化城市末端配送网点，实现配送进社区、进学校、进机关、进医院，满足城区居民生活生产配送需求，力争 2018 年实现城市共同配送占整个城市配送的比例超过30%，物流配送成本逐年降低，在中心城区初步形成规范有序、统一高效、机制健全的城市共同配送服务体系。

4. 物流标准化、信息化建设

全市共有1200毫米×1000毫米标准托盘8.05万片；600毫米×400毫米包装模数周转箱0.75万只。仅中心城区就有标准化仓库17.17万平方米，专业配送车辆90余辆，标准托盘1.15万片。同时全市物流企业在标准化、智能化、信息化建设方面成效显著。江西华正道物流有限公司自主研发了综合物流智能信息系统，通过物联网技术的应用，集成GPS、SMS（短消息服务）、RFID远程视频监控、手持终端等技术，打造可视物流、大件电商物流及网络甩挂运输平台，成为江西可视运输、网络甩挂运输及电商大件物流的领跑者。全国智慧物流配送示范企业江西五洲医药营销有限公司投资2.2亿元的樟树市福城医药园现代医药物流建设项目，仓储面积达8.3万平方米，是目前江西省唯一具备自动化、信息化设施，即集自动化立体仓库（含自堆垛机、货架系统）、电子标签拣选系统、输送分拣系统、高速分拣机、WMS、ECS（电气控制系统）、条码管理系统、RF（射频）软件系统、ERP等为一体的现代医药物流项目。为全国医药物流领域中智能自动化程度领先的中医药物流企业。目前，五洲医药日平均储存能力达35万标准箱，日分拣能力达到13万订单，可支撑仓储配送能力达到120亿元/年。

二、宜春市物流业发展存在的问题

（一）现代物流园区缺乏

全市物流园区建设进展较慢，且分布不均。除中心城区有经开区物流中心、宜春快递物流产业园、郑铁物流园等园区外，其他县（市、区）还比较缺乏现代化的物流园区。

（二）物流龙头企业分布不均

物流龙头企业分布不均，除高安市物流业比较发达，涌现出了一批4A级物流企业外，其他县（市、区）物流企业普遍存在“散、乱、杂”现象。由于规模小，功能单一，管理水平低，技术水平落后，使得大多数物流企业竞争力较弱，物流带动能力不强。

（三）物流企业市场化程度低

全市物流企业市场化程度低，经营方式粗放。绝大部分物流企业还停留在运输功能阶段，没有包含商品的配送、仓储、包装、搬运装卸、流通加工以及相关的物流信息等多个环节。同时，缺乏物流公共服务信息平台，物流信息系统和公共物流信息平台标准不一，使得物流信息无法实现互联互通和物流资源的有效配置。

三、宜春市促进物流业发展的措施

（一）优化空间布局

充分发挥宜春市区位优势、资源优势、产业优势，结合宜春市城市空间发展战略和产业布局，规划形成“一心、四区”的物流产业空间发展格局。“一心”，即一个物流枢纽中心。以袁州区、经开区为核心，重点发展商贸物流、锂电新能源物流、空港物流、高铁快运等，建设袁州新城商贸物流园区、宜春经济技术开发区物流中心园区、湖田临港综合物流园区、宜春铁路综合物流园区等，加快培育和引进大型龙头骨干企业，加强物流标准化、信息化建设，提高物流新技术应用水平，大力发展物流企业总部、信息中心、孵化培训基地、供应链管理中心等，加快省级城市共同配送试点建设，提高宜春物流业的生产效率和在赣西物流区的辐射能力。“四区”，即汽车物流、商贸物流、医药物流、烟花鞭炮危险品物流四个产业集聚区。依托现代物流技术、物流信息平台，发挥专业物流的仓储、运输、配送等生产性服务业功能，为制造业转型升级提供强大支撑，形成物流产业与优势产业集聚发展、联动发展的格局。

（二）加大政策资金扶持

积极争取国家、省政府物流领域相关试点及资金支持，加大对 A 级物流企业、物流产业集群基础设施及公共服务的扶持力度。按照国家、省政府鼓励物流产业发展的有关政策，制定推动宜春市物流产业发展的相关意见，重点在投融资、土地、工商登记、规费减免、项目审批、龙头企业培育等方面给予优惠。

（三）积极推进城市共同配送试点建设

1. 打造物流公共服务信息平台

以省级城市共同配送试点为依托，整合现有物流信息服务平台资源，改变目前物流信息平台存在的“小、散、乱”现状，将各自为政的信息平台加以整合，形成跨行业和区域的智能物流信息公共服务平台；逐步推进配送车辆标准化建设。鼓励使用符合选型技术标准的厢式、封闭式货车，大力引导冷链、危化品物流企业使用专用车辆，鼓励公路零担专线运输企业使用甩挂车，推动快递企业使用符合标准的非机动车。

2. 改造建设一批仓储配送中心

通过整合现有仓储、运输、配送中心等物流基础设施，推广现代物流技术应用，提高物流配送标准化、信息化水平，改造建设一批仓储配送中心，提高企业配送水平，降低物流成本。

3. 组建统一的“城市配送车队”

立足于城市道路交通条件及发展趋势，联合各主要物流、快递配送龙头企业，重新整合与组建一支城市配送专用车队。推广使用“车型统一、技术统一、标识统一、管理统一”的标准化集中配送车辆，推动城市配送车辆向标准化、专业化发展。

（宜春市商务局　陈芳）

2017 年上饶市物流业发展情况报告

一、2017 年上饶市物流业发展总体情况

（一）物流业总体运行情况

1. 货物运输

2017 年，全市货物运输量 25558 万吨，同比增长 11.8%。其中，铁路货运量 350 万吨，同比下降 7.3%；公路货运总量 24344 万吨，同比增长 12.36%；货运周转量 315.76 亿吨公里，同比增长 9.04%。水运货运总量 864.1 万吨，同比增长 6.1%；货运周转量 19.86 亿吨公里，同比下降 6%。快递量达 1.1 亿件，同比增长 36.25%；其中发出量（快递业务量）为 3506.56 万件，同比增长 19.12%；收进量（快递业务投递量）为 7518.91 万件，同比增长 46.05%。上饶无水港（含东南物流）共发运集装箱（不含空箱）40730TEU，同比增长 24.93%。共开行上饶—宁波“海铁联运天天班”312 趟，同比增长 7.22%；发运集装箱 22690TEU，同比增长 32.40%。

2. 物流企业

上饶市现有物流企业 2474 家，其中省级重点商贸物流企业 4 家，国家 4A 级物流企业 2 家。代表性企业如下。

（1）上饶市大顺实业有限公司。国家 4A 级物流企业，具有汽车销售、维修、检测、运输、物流园、物流平台、电子商务、运输北斗监控科技园一体化经营模式，员工达 6000 余人，其中就职上饶本地的约 1300 人。拥有仓储面积 3.83 万平方米，各类大中型、特殊、集装箱、冷藏运输车等车辆 5500 多辆，配送网点 46 个，标准化托盘 320 个，仓储起重机 2 套，叉车 100 台，物流管理系统 5 套，园区入驻物流企业 15 家。2017 年，物流业务收入 21035 万元，同比增长 37.2%。

（2）上饶市新华龙物流有限公司。国家 4A 级物流企业，目前已有 86 户商贸物流小微企业入园，形成了一个由 100 多条联托运线、点组成的，覆盖 28 个省、市 100 多个大中城市的庞大的联托物流服务网络，每天有 200～300 辆各种型号的加长货车进出，日发货量达 3000 吨，年货运量达 150 多万吨，为当地开发区及周边商贸企业提供经济、快捷、安全的服务。2017 年，货运总量达 73.7 万吨，物流业务收入 48297 万元。2017 年 4 月，新华龙物流园区扩园升级项目（新华龙汽车物流智慧港）开工建设，

项目占地约245亩，总建筑面积约30万平方米，分二期建设，其中一期于2019年1月投入使用，二期计划于2020年3月投入使用。

（3）上饶海港物流有限公司。上饶无水港是宁波港集团首个在外省兴建的无水港项目，也是江西第一个无水港。上饶无水港具备仓储、配送、拆装箱、铁路与公路运输、货物代理、代理报检报关、转关查验、施封等多项功能，依托上饶—宁波“海铁联运天天班”及“属地申报、口岸验放”的便捷通关模式，可为进出口企业提供各种快捷通畅的物流服务。2017年，实现营业收入5198.23万元，同比增长37.51%。上饶无水港海铁联运价格和单纯公路运输相比，可以节省15%～35%的物流成本。以晶科能源为例，海铁联运模式相比单纯公路运输，单箱节省成本1000～1500元，为企业节省物流成本超过1500万元，极大提高了企业的经济效益。目前，上饶无水港已发展成为宁波港集团负责经营的省内、外最好的无水港，全国范围内经营最好的无水港之一。

（二）物流基础设施情况

1. 公路建设

普通公路总里程超2.1万公里。至2017年，全市公路通车总里程21665公里，普通国省道路况好路率达到85%。高速公路总里程684公里，境内已建成8条高速公路，列全省第二，形成了“三纵三横”高速公路网络。

2. 铁路建设

高速铁路“十字”互通。境内有铁路里程647公里，形成了“三纵三横”铁路网，沪昆高铁和京福高铁在上饶市“十字”互通。“三纵”即峰福线（70公里）、京福高铁线（183公里）、皖赣线（21公里）；“三横”即沪昆高铁线（122公里）、浙赣线（123公里）、九景衢线（128公里）。

3. 机场建设

2017年5月28日三清山机场正式通航，截至2017年12月，4条航线共运送旅客15万人次。

4. 港口码头建设

全市港口12个，2017年完成港口吞吐量1935万吨，同比增长4.7%；旅客吞吐量28万人，与上年持平。

（三）物流园区情况

上饶市现有已建成运营的物流园区有新华龙现代物流园、上饶大顺物流园、横峰现代物流园等。在建物流园区有上饶国际综合物流园、上饶农产品交易冷链物流园、中国·东部物流商贸城、余干铁路物流园等。上饶市已建成运营物流园区和上饶市在建物流园区情况见表2－9－1和表2－9－2。

表2-9-1　　上饶市已建成运营物流园区统计

序号	园区名称	面积（亩）	仓储面积（平方米）	入驻企业（家）	2017年主营业务收入（万元）	2017年货运量（万吨）
1	新华龙现代物流园	70	50000	86	34206	133.85
2	上饶大顺物流园	125	40000	15	21035	384
3	横峰现代物流园	1160	300000	28	48000	56
4	余干县鄱阳湖农产品物流园	500（一期231亩）	10000	200	1310	19.6

表2-9-2　　上饶市在建物流园区统计

序号	园区名称	投资主体	建设时间（时间）	投资总额（亿元）	占地面积（亩）	规划仓储面积（亩）	拟建成时间（年·月）
1	上饶国际综合物流园	上饶市国资集团	2017	232	15000	—	2022.03
2	中国·东部物流商贸城	玉山县宏锦置业有限公司	2017	40	720	119	2019.02
3	上饶农产品交易冷链物流园	江西深农汇农产品发展有限公司	2017	30	1000	305	一期 2018.12
4	中国铜都·德兴国际物流商贸城	北京亚琦博轩投资公司	2017	20	377	90	2020.10
5	新华龙现代物流园扩园升级	上饶市新华龙物流有限公司	2017	5.5	245	20000平方米	一期 2019.01
6	余干铁路物流园	余干县城投铁路物流园有限公司	2017	5	500	100	2019.06
7	余干长青物流园	长青物流园有限公司	2017	0.6	120	75	2019.12

其中重点项目余干县鄱阳湖农产品物流园位于鄱阳湖大道旁，由江西省供销合作社负责建设。项目分为两期，一期于2017年建成，每期各建1座5万吨级冷库和配备分拣加工、冷藏储运等冷链运输配套设备及车辆设施。园区有效整合余干及其周边农产品资源，促进农产品流通，立足余干、辐射周边。

（四）物流产业集群发展情况

全市纳入全省物流发展规划的物流产业集群有 5 个，分别为上饶商贸物流产业集群、上饶电子商务物流产业集群、横峰工业物流产业集群、鄱余万农产品物流产业集群、上饶经开区物流产业集群。2017 年这 5 个物流产业集群主营总收入达 227.80 亿元，同比增长 46.80%。其中，上饶商贸物流产业集群、上饶电子商务物流产业集群主营业务收入分别完成 68.30 亿元和 56.20 亿元，位列全省 50 个物流产业集群主营收入的第 14 位和第 20 位。

横峰工业物流产业集群以“葛”为龙头、“食”为基础、“药”为重点，依托毗邻的沪昆高速和县域物流园区，大力发展物流产业。2017 年成功引进圆通速递赣东（横峰）转运中心项目后，4 个月内就建成投入运营。目前，横峰县物流园有入园企业近 30 家，年营业收入超过 1000 万元的第三方物流企业 6 家，其中，比较有代表性的是上饶驰骋仓储有限公司和江西蓝海物流科技有限公司上饶物流中心。

（五）重点物流行业发展情况

1. 冷链物流

上饶市大力推行农产品标准化生产，推进建设农村商品配送链、城市商品配送链和冷链物流，缩短农产品从田间到餐桌的时间和距离。现有上饶北环冷藏有限公司、江西柳林农业发展有限公司、江西万村泉食品有限公司、江西省江天科技农业有限公司、德兴市东东商贸有限公司、上饶农产品交易冷链物流园（在建）等冷链物流企业（项目），其中，总投资 30 亿元的上饶农产品交易冷链物流园于 2017 年 10 月开工建设，建成后将成为赣东北地区规模最大的农产品综合交易市场。

2. 电商物流

2017 年全市电子商务销售额 636.6 亿元，连续五年位居全省第二，发展势头强劲。全市现有联邦快递、敦豪快递、顺丰、中通、申通、圆通、韵达、汇通、速尔、国通、快捷、优速、EMS、宅急送、全峰等品牌快递公司进入上饶，邮政国际小包业务已获试点，600 条货运物流专线为电子商务提供服务。2017 年，全市快递总量达 1.10 亿件，同比增长 36.25%，其中快递服务企业业务量为 3506.56 万件，快递业务投递量为 7518.91 万件。

二、上饶市物流业发展存在的问题

（一）A 级物流企业数量偏少

目前，全市仅有 4A 级以上物流企业 2 家，分别是上饶市大顺实业有限公司和上饶市新华龙物流有限公司。全市 A 级企业数量偏少。主要是企业对国家 A 级物流企业申报认识不够，对认定国家 A 级企业的重要性认识还不到位。

（二）标准化信息化水平不高

目前，全市物流企业信息化应用水平偏低且不平衡，使用的信息系统多为 ERP、WMS 或 GPS 系统，仅应用于单个环节，缺少对整个物流过程的信息化管理。企业标准托盘等设施普及率不高，单元化物流发展较慢。同时，市级物流公共信息平台建设有待进一步推进，对物流资源整合能力有待提高。

（三）物流专业人才匮乏

全市纳入物流集群统计的企业中有 3 万余人从事物流行业，其中大专以上学历不足 1000 人。现代物流业对从业人才的专业化程度要求较高，全市缺乏供应链管理、电商物流、冷链物流、跨境物流等新业态专业人才，特别是中高端管理和技术人才匮乏，在较大程度上制约了物流业高质量发展。

（四）扶持力度还需进一步强化

要在强化部门联动、政府推动上下功夫，制定出台系列扶持政策，加大对平台载体建设、信息化改造提升、标准化设施应用、中高端人才引进等方面扶持力度，加快产业集群发展进程。

三、上饶市促进物流业发展的措施

（一）夯实发展基础，加快平台载体项目建设

用抓工业发展的理念和力度，抓物流发展平台项目建设，进一步强化调度，压实工作责任，对标时间节点，切实加快上饶国际综合物流园、上饶农产品交易冷链物流园、上饶保税物流中心、新华龙物流园扩园升级等一批物流业重点平台项目的建设推进力度，不断夯实物流产业集群发展的平台载体。

（二）整合要素资源，大力搭建物流公共平台

引导和支持行业协会建设上饶市物流公共信息平台，构建物流行业信息服务、政务服务、技术服务、百园互通、车货匹配的物流公共信息平台，推动互联网、大数据、云计算等信息技术与物流产业发展融合，实现与全省全国重点物流信息平台等平台互联互通，为全市商贸流通、生产制造、物流企业及承运商、第三方服务企业等提供“一站式”集成化、便捷、高效的物流信息与交易服务。

（三）培育龙头企业，不断提升物流企业竞争力

积极培育一批龙头企业，提升信息化、标准化建设水平，提升运营效率和管理水

平。鼓励中小物流企业通过资产重组、兼并等方式组建一批有实力的物流集团。积极参与国家 A 级物流企业申报，提升市场竞争实力。对物流龙头企业建立健全台账制度，对其发展状况、存在的问题以及相关物流指标建档立卡，加强指导，推动物流龙头企业加快发展。

（四）加大招商力度，抓实物流重点项目招引

充分放大上饶区位交通、上饶国际综合物流园平台集聚、“两光一车”产业等发展优势，进一步加强与国内知名物流企业的洽谈对接，大力引进国内有影响力、组织化程度高、专业能力强、辐射区域广、经济效益好的知名品牌物流企业入户上饶。同时，围绕上饶国际综合物流园发展定位和规划，全力抓好园区配套项目招商，引进一批物流及关联项目入驻。

（五）加大扶持力度，不断优化产业发展环境

充分发挥商务主管部门职责，加强部门互动联动，加快制定促进产业集群发展的政策措施，在加快基础设施建设、提供生产要素保障、加大财税扶持力度、提高企业融资能力、保障集群发展用地、强化公共服务平台、提供人才技术支撑等方面给予政策支持，为物流产业发展特别是集群发展提供良好的营商环境。

（上饶市商务局　俞方林　张超然）

2017 年吉安市物流业发展情况报告

一、2017 年吉安市物流业发展总体情况

（一）物流业总体运行情况

1. 货物运输

2017 年，全市公路货运车辆有 4.6 万余辆，比上年增长 7.8%；实现货物运输量 11584 万吨，比上年增长 12.4%；货物运输周转量 442.69 亿吨公里，比上年增长 9%。全年铁路（吉安站）货运总发送量 21.9 万吨，比上年增长 161.1%；总到达量 361.7 万吨，比上年增长 8.3%。水路运总运输量 2001.8 万吨，比上年增长 6%；总货运周转量 45.44 亿吨公里，比上年增长 6.0%。快递业务量 2225.47 万件，比上年增长 2.95%；快递业务收入 2.75 亿元，比上年增长 17.76%。

2. 物流企业

2017 年，全市共有各类物流企业 1196 家，比上年增长 12.1%。A 级物流企业新增 6 家，总数达 17 家，其中 4A 级物流企业 6 家，3A 级物流企业 10 家，2A 级物流企业 1 家。全市快递法人企业达 110 家，快递揽货点 309 个。代表性物流企业如下。

（1）江西万佶物流有限公司（以下简称“万佶物流”）。2017 年，万佶物流大力实施“互联网 + 高效物流”战略，积极完善省级物流公共信息平台，全力打通省市级物流公共信息平台数据共通共享，成立江西智慧物流联盟，精准推进物流降本增效。全年为全省降低物流成本达 6.8 亿元，给相关物流企业直接节省信息化建设费用近 7 亿元，应用万佶物流平台的企业总成本年均下降 15% 左右。2017 年，公司平台被国家工业和信息化部认定为“国家中小企业公共服务示范平台”，公司总经理刘光森荣获“2017 年江西省物流十大年度人物”称号。

（2）江西国光商业连锁股份有限公司。江西国光商业连锁股份有限公司 2016 到 2017 年积极参与吉安市城市共同配送试点项目建设，投入配送中心仓储升级改造和末端网点建设资金共 650 余万元。使用电子标签系统拣货后，员工拣货作业由 30 件/小时提高到 80 件/小时，准确率达 99.99%；优化配送格局，生鲜商品清洗、初加工、包装等环节实现操作智能化，每日生鲜配送由 160 吨增至 245 吨；建立和使用标准化托盘、周转筐等循环共用系统；充分利用物流大仓存储功能，增加门店送货频次和商品满足

率，减少门店囤货量，实现直通商品占比由75%降至30%，配送商品占比由25%增至70%；新建10个末端网点。

（二）物流基础设施情况

1. 公路、铁路建设

截至2017年，全市境内公路通车里程为23129公里，其中高速公路达651.6公里，国道1178.4公里，省道1522.8公里。2017年，市内第一条高速铁路昌吉赣客专铁路和煤运专用通道蒙华铁路全面开工建设，建成后，加上纵贯南北的京九铁路、连通吉安西部的衡茶吉铁路和沟通吉安西北部的分文铁路，全市铁路营业里程将达到455.4公里。

2. 水运建设

"十三五"期间是吉安水运发展史上的黄金期。2017年，继赣江石虎塘航电枢纽和峡江水利枢纽建成后，新干航电枢纽船闸主体工程完工并试通航成功，赣江井冈山航电枢纽工程正式开工。同时，港口码头建设加快推进，继新干港河西综合码头、吉安港石溪头货运码头基本建成后，泰和港区沿溪货运码头完成批复立项，进入项目初步设计阶段；吉水港区醪桥货运码头完成工程预可行性研究报告编制，进入专项审批阶段。全市拥有7个年吞吐量万吨以上港区，87座客货码头，118个泊位，年吞吐能力达1760万吨。

3. 航空建设

井冈山机场二期扩建工程进展顺利，2017年4月实现临时航站楼完美转场。扩建竣工后，新航站楼将由目前的3340平方米扩展到13640平方米，机位由2个增加至9个，其他配套服务功能也将得到明显提升。

（三）物流园区情况

截至2017年，全市建成或部分建成并投入使用的物流园有10个，在建的物流园主要有4个。投入使用的物流园主要分布在井冈山经济技术开发区（以下简称"井开区"）、吉州区、吉安县、吉水县、新干县等。其中吉州区新增赣中电商快递物流园，该园位于吉州区城北工业园内，由吉安市添越实业有限公司投资建设。园区规划面积200亩，一期60亩于2016年4月开建，2017年8月建成并开始运营，已入驻快递物流企业13家，电商企业17家。全市主要运营园区情况见下表。

2017年吉安市主要营运物流园区情况

序号	园区名称	面积（亩）	建筑面积（万平方米）	仓储面积（万平方米）	入驻企业（家）	吞吐量（万吨）	园区收入（含入驻企业）（亿元）
1	井冈山经济技术开发区物流园	417（一期）	12.68	10.54	73	570	23

续 表

序号	园区名称	面积（亩）	建筑面积（万平方米）	仓储面积（万平方米）	入驻企业（家）	吞吐量（万吨）	园区收入（含入驻企业）（亿元）
2	江西祥和物流园	157.61（一期）	8.2	3.12	73	325	13.2
3	吉安华通物流园	136.7	10	5	87	351	15.6
4	江西金鸿马现代物流产业园	204	1.8	0.8	28	56	1.1
5	瑞和商贸物流园	301	26.34	5	300	380	15.5
6	赣中快递电商物流园	60（一期）	4.3	3.5	43	21	0.6

其中代表性物流园如下。

1. 井冈山经济技术开发区物流园

该园区位于吉泰工业走廊中心地带，地理位置优越。园区主要依托重点行业、企业和项目，大力发展日用商品、建筑装饰材料、工业原料、快递物流四大专业物流，加快提升服务水平，打造全国示范的特色物流园区。建设专线中心、仓储及配送中心，进行集中采购，构建商品统一配送体系，为商贸企业提供运输、仓储等物流服务以及商品展示、电子商务、融资保险等配套服务。推进工业原料物流服务外包，不断增强工业原料物流服务园区乃至吉泰走廊产业结构升级、布局调整优化的功能。园区建成了信息中心、交易中心、运输中心、零担中心、转运中心、保税中心、综合服务中心等基础设施。该物流园2017年荣获“全国优秀物流园”称号。

2. 江西祥和物流园

江西祥和物流园地处吉安市吉安县大广高速公路出入口200米处，园区紧邻大广高速、赣粤高速、泉南高速、新105国道、衡吉铁路、昌赣高铁，距井冈山机场25公里，区位优势明显。近年来，园区积极打造吉安市快递产业园，吸引吉安电子商务产业园、吸引物流运输、城乡配送、仓储配送、冷链物流、商贸流通、信息服务、软件开发以及其他相关配套服务企业70余家入驻，集聚效应凸显。2017年，占地145亩的园区二期工程项目已列入政府部门规划，该物流园曾荣获“江西省重点商贸物流园区”称号。

（四）物流产业集群发展情况

吉安市井开区综合物流产业集群、吉安县综合物流产业集群、吉州区商贸物流产业集群、新干县箱包灯饰物流产业集群列入了全省50个物流产业集群。2017年，全市4个物流产业集群共有企业876家；从业人员达20余万人，车辆1.06万辆，线路达1000多条，基本覆盖全国各地；实现主营业务收入183.9亿元，同比增长23.9%；平均利润率7.64%，同比增长23.1%。其中井开区综合物流产业集群主营收入84.7亿元，列入全省20个重点产业集群，全省排名第七。2017年四个产业集群的运行情况总体良好。产业集群的规模效应有效引领了吉安市物流产业的发展。

（五）重点物流行业发展情况

1. 电子商务物流

2017年，吉安市电子商务交易额349.1亿元，同比增长43.4%。电子商务企业和从事电商的个体超过20000家，其中入统规模以上272家，比上年增加80家；国家级电商服务平台6家，交易额达59.7亿元；规模以下企业交易额30亿元以上。建成创客空间13个，电商服务中心乡镇全覆盖，村级电子商务服务站2351个，当年新增504个，覆盖率达到91.8%。电子商务的快速发展，推动了电子商务物流体系及平台建设向社会化、信息化、智能化发展。

2. 省级城市共同配送试点

2016—2017年，吉安市被列为省级城市共同配送试点城市，通过试点，着力构建以公共服务平台、仓储配送中心、绿色车队、末端网络等物流节点为支撑的城市物流共同配送网络体系，城市共同配送网络布局更加规范有序，节点与干线运输的衔接更加顺畅；升级改造了中心城区两家主要仓储配送中心，新建了30个末端网点，配送能力由原来的平均5000万元/月提升至9000万元/月，商品配送件由原来的月配送大约400万件提升至550万件，商品配送量由原来的月配送大约1313万吨提升至1751万吨，人均配送额由原来的57万元/月达到103万元/月以上，集中配送满足率达到80%，物流效率提高17%，仓储配送效率提高60%；采用电子标签信息分拣技术大大提高了操作效率，从每小时30个提高到80个，拣货作业效率提升了近300%，准确率达到99.99%，降低分拣错误率，每单货物配送成本降低0.1元；利用传输带分拨机与WMS系统相结合应用，劳动强度降低30%，月均用工量由原来的230人下降为136人，商品配送周期缩短了12小时。自试点项目实施以来，全市商贸物流企业降低物流运行成本4000万元，降低物流成本达23%，改变了吉安传统的分散型配送业务形态，初步实现了本地领先的标准化、智能化、信息化的城市共同配送建设目标。

3. 物流信息化

2017年，万佶物流以物流园区、物流企业信息化为基础，通过云计算和信息共享，完成各市、县级平台和部分园区、企业与省级平台的互联，与政府政务数据构建一个庞大的网络体系，积极搭建平台大数据中心，实现物流大数据的采集与集中。公共信息平台的搭建，园区与省级物流公共信息平台实现了信息互联互通，资源共享，为园区入驻企业提供专业化、标准化、集约化的物流信息服务；园区盈利模式实现了多元化发展，传统租赁业务降至营业总收入的50%以下；极大地提升了园区企业的物流效率，物流成本降低15%以上。在2016—2017年，万佶物流承建城市共同配送公共信息平台，投入406.65万元，现已建成吉安市城市共同配送公共信息服务平台网站和城市共同配送调度中心展示厅，以大数据实现城市共同配送，并顺利通过验收，实现了公共信息服务平台与仓储配送中心、配送车辆、末端网点数据并网对接，并成功运行。同时，江西永和诚信供应链管理有限公司、江西国光商业连锁股份有限公司和甘雨亭商贸有限责任公司，根据自身业务发展需要，进一步加大信息化建设力度，相继研发适合自身特点的物流信息平台和企业内部管理系统。自平台投入运营以来，当年注册城市配送车辆20台，城配项目累计线上交易量894单，注册城配项目以外会员1000多人，累计线上交易量8000多单。

二、吉安市物流业发展存在的问题

（一）物流基础设施十分薄弱

近年来，吉安的物流园区一直在建设当中，但是缺乏统一的规划和管理，选址不够科学，定位不够准确，与现代物流的发展步伐不匹配。目前现有的物流园区服务功能单一，服务水平较低，竞争能力较弱。物流基础设施建设投入不足，仍是制约城乡物流配送发展提速、高质量运行的桎梏。比如，一方面，物流园区建设滞后，全市13个县（市、区）中还有5个没有物流园区，超过三分之一，已建成比较符合规范的物流园区偏少，服务于区域和城市的物流园区或物流分拨中心等物流设施比较缺乏。另一方面，随着乡村振兴战略的推进，城乡物流需求不断增加，但城乡物流配送体系建设不完善，很大程度上影响和制约着物流集散和物流效率的提高。

（二）物流企业总体竞争力不强

截至2017年，吉安市物流企业共有1196家，相对数量较大，但缺乏大型物流企业。全市A级物流企业只有17家，其中4A级物流企业仅6家。70%以上是从事货物运输的小微企业，由于规模小，功能单一，管理水平低，装备技术落后，竞争力、带动力普遍较弱，缺乏具有较强竞争力、掌握先进物流技术的龙头物流企业。

（三）物流信息化、标准化建设仍显滞后

近年来，吉安市重点打造江西万佶物流公共信息平台，使其逐步成长为全省乃至全国十大物流公共信息平台之一，但该平台在全市推广应用力度不够，大多数物流企业仍处于信息化建设初期阶段，只能满足一般业务操作，公共信息平台对物流资源整合力度有待提高。同时，大部分物流企业在装备技术方面投入不足，机械化作业程度低，托盘使用面较小，单元化物流发展较慢，物流设施非标准化现象较普通，以致物流服务水平和物流效率低下。

三、吉安市促进物流业发展的措施

（一）推动物流产业转型升级

党的十九大开启了新时代中国特色社会主义建设新征程，物流业迎来供给侧结构性改革为主线的新阶段，逐步从追求规模数量增长向质量效益提升转变。为此，吉安市将加强引导，努力推动物流产业转型升级。

一是着力引导物流信息化建设。充分发挥万佶全国、全省物流公共信息平台优势，推动平台入园区、进企业、下乡镇，进一步扩大物流公共信息平台在全市的覆盖面，促进全市物流资源互联互通、无缝对接。同时积极引导小微企业加大信息化建设投入力度，开发利用各种先进物流管理系统或智能系统，进一步提升企业运行效率，促进企业转型升级。

二是着力引导物流标准化建设。借助江西省物流标准化技术委员会成立及江西地方标准将陆续制定、出台的契机，进一步加大对物流标准化宣贯力度，逐步推动全市物流标准化建设进程，促进企业升级改造。

三是着力引导绿色发展。抓住国家大力发展新能源车的有利时机，进一步加快老旧车型更新换代步伐，以适应物流企业转型升级、永续发展需要。

（二）加强物流基础设施建设

一是加快集聚。要在各级党委政府的统一领导下，按照物流规划、规范要求，进一步推动物流园区建设，力争新的一年开工建设二至三个物流园区。

二是提升功能。要加大城乡物流配送体系建设力度，一方面，抓紧建立完善四级物流配送网络，即市级物流分拨中心、县级物流配送中心、乡级物流配送服务站、村级物流配送点；另一方面，完善构建中心城区三级配送体系，即中心城区物流园区、配送中心、末端网点。

（三）抓好物流品牌建设

切实发挥吉安市龙头物流企业的示范带动作用，引导企业采取联合、加盟、合作、整合等方式，将企业做大做强。要以江西智慧联盟在吉安试点为契机，进一步抓好吉安市物流联盟的构建，推动全市物流企业做到物流可视化，杜绝恶性竞争，注重品牌塑造，真正实现资源整合、抱团发展。同时，继续抓好成长型企业积极争创国家 A 级物流企业的工作，打造一批在业内有一定影响和竞争力的物流品牌。

（吉安市商务局　刘澍生　吉安市物流协会　康昭道）

2017 年抚州市物流业发展情况报告

一、2017 年抚州市物流业发展总体情况

（一）物流业总体运行情况

1. 货物运输

2017 年，全市公路货运车辆有 3.8 万余辆，公路货运量 15937 万吨，同比增长 12.37%，货运周转量 476.29 亿吨公里，同比增长 9.04%；铁路货物运输量大幅回升，全市铁路货运量约 618 万吨，占公路货运量的 3.7%，较上年增长 0.8 个百分点（其中抚北站货场收发量为 75.25 万吨，到达为 54.2 万吨，发送为 21.05 万吨）；邮政快递运输快速发展，全市邮政企业和规模以上快递服务企业业务收入（不包括邮政储蓄银行直接营业收入）累计 5.44 亿元，同比增长 11.24%，业务总量 7.39 亿元，同比增长 25.92%。2017 年快递企业法人 119 家，分支机构和末端网点共计 367 家，快递业务收入 1.95 亿元，同比增长 21.34%，业务量 1985.29 万件，增速 30.2%，快递运输车辆 226 辆。

2. 物流企业

2017 年，全市拥有道路货物运输经营户数 9751 户，物流企业 1705 家，全市交通运输业税收为 12.73 亿元，同比下降 9.2%。A 级物流企业已达 18 家，新增 A 级物流企业 7 家，其中 4A 级物流企业 4 家、3A 级物流企业 3 家。抚州市 A 级物流企业名单见表 2－11－1，抚州市重点商贸物流企业见表 2－11－2。

表 2－11－1　　抚州市 A 级物流企业名单（截至 2017 年）

序号	企业名称	级别	类型	评定时间（年）
1	江西昌顺物流有限公司	4A	综合服务型	2008
2	广昌县惠昌汽车运输有限公司	4A	运输型	2015
3	江西佳润物流集团有限公司	4A	综合服务型	2016
4	江西大飞物流有限公司	4A	综合服务型	2016
5	江西正广通供应链管理有限公司	4A	综合服务型	2016
6	江西省吉诚物流有限公司	3A	综合服务型	2016

续　表

序号	企业名称	级别	类型	评定时间（年）
7	江西鑫昌物流有限公司	3A	综合服务型	2016
8	广昌县骏捷物流有限公司	3A	综合服务型	2016
9	东乡区佳兴物流有限公司	3A	综合服务型	2016
10	南城县吉尔物流有限公司	3A	综合服务型	2016
11	江西伟盛国际货运代理有限公司	2A	综合服务型	2016
12	江西安泰物流有限公司	4A	综合服务型	2017
13	抚州佳斌现代物流园有限公司	4A	综合服务型	2017
14	南城县亚欣物流有限公司	4A	综合服务型	2017
15	南城县麻姑汽车运输有限公司	4A	综合服务型	2017
16	江西宏盛物流有限公司	3A	综合服务型	2017
17	南城瑞顺物流有限公司	3A	综合服务型	2017
18	南城县冠海物流有限公司	3A	综合服务型	2017

表 2－11－2　　抚州市重点商贸物流企业

序号	企业名称	认定时间（年）
1	南丰蜜橘出口物流园	2013
2	江西昌顺物流有限公司	2013
3	江西安泰物流有限公司	2013
4	江西佳润物流有限公司	2014
5	江西正广通供应链管理有限公司	2015
6	江西大飞物流有限公司	2016
7	南城县吉尔物流有限公司	2016
8	南城县冠海物流有限公司	2017

代表性物流企业如下。

（1）江西正广通供应链管理有限公司（以下简称“正广通”）。

国家4A级物流企业、中国物流与采购联合会副会长单位，致力于打造最具价值的“互联网＋供应链＋实体平台”正广通供应链平台，推动中小微物流企业的网络化运营，规模化经营，提高集约化水平，实现集团化发展。正广通依托移动互联网等技术搭建物流信息平台，通过管理和组织模式的创新，集约整合和科学调度车辆、站场、货源等零散物流资源，能够有效提升运输组织效率，优化物流市场格局，规范市场主体经营行为，推动货运物流行业转型升级。建立无车承运人在信息共享、运输组织、运营服务等方面的标准规范，推动大数据、云计算等先进技术在物流领域的广泛应用，引导货运物流行业的规模化、集约化、规范化发展，全面提升综合运输服务能力和水平，为经济社会发展提供安全、高效、绿色的物流运输保障。2017 年正广通供应链平台经中国物流与采购联合会推荐最终认定为国家中小企业公共服务示范平台，于同年通过国家无车承运人试点考核，获得江西省第一张无车承运人道路运输许可证。2017 年营业收入 10 亿元，贡献税收 8000 万元。

（2）江西昌顺物流有限公司。江西昌顺物流有限公司为中国物流与采购联合会授予的国家 4A 级物流企业、全国物流税收试点单位、全国物流先进企业、全国制造业与物流业联动示范企业、江西省服务业龙头企业、江西省重点物流企业、江西省重点商贸物流企业、抚州市高新区重点企业、江西省交通运输与物流协会副会长单位、抚州市物流与采购联合会会长单位。2017 年公司实现营业额超 5 亿元。公司专注于第三方物流服务，主要为抚州市高新区及各县区工业园区企业零担货运等提供物流解决方案，项目包括抚州集散中心和各县区工业园区分拨中心网点建设。昌顺物流已经投入服务城市配送标准化仓库 1.5 万平方米，5 吨及以下货车 41 辆，主要服务机械重工、家居建材、快消品（食品、饮料、酒、粮油）、纸（工业用纸、生活用纸、包装用纸、印刷用纸）、纺织鞋服、医药、汽配等众多领域，客户群中上市公司占 56.36%，外贸企业占 29%。2017 年江西昌顺物流有限公司共为全市园区 233 家企业提供服务，目前已经开通省外直达的零担专线有抚州至广州、深圳，抚州至宁波，抚州至永康、温州，抚州至上海，抚州至南昌往返专线，并设立了相应省外到货分拨点，包括上海、深圳、广州、宁波、温州、苏州、无锡、东莞等；同时在南昌物流集散地设立货物中转分拨中心，加快了货物周转速度，有效减少在途时间，提高运行效率，降低返程空载率，降低企业物流成本。

（二）物流基础设施情况

1. 公路建设

资光、船广、东昌高速建成通车，昌莆高速（南昌至南丰赣闽界）、西外环高速公路完成线路规划方案，增设福银高速昌抚合作示范区（云山）互通获得批准，“四横三纵一联”的高速路网格局初步显现。东外环高速、广昌至吉安高速、G316 资溪花山界至南城黄狮渡段改建工程、G322 宜黄黄陂至乐安鳌溪段新建工程等项目加快推进，G236 国道改线项目（抚州至东乡快速通道）现已完成路线规划方案的编制工作，“五纵七横十联”的国省道干线路网得到完善。

2. 铁路建设

吉抚武温铁路、昌抚城际铁路、南丰至瑞金城际铁路（鹰梅铁路先建段）前期工作扎实开展，借助向莆铁路通江达海优势，大力发展多式联运，通过对抚州北站货场基础设施进行改造，年作业能力可达 15000 标准箱，恢复了集装箱到发站资质。

3. 航空建设

抚州机场是江西第 8 个民用机场，同时也是赣东地区唯一的机场，性质为民用支线机场，飞行区指标近期（2025 年）规划为 4C，能满足 B737、A320 等 C 类飞机和 CRJ 等 B 类飞机起降的要求。该项目已编制《抚州机场选址咨询报告》，列入国家至

2020年机场布局调整规划。2017年6月21日，中国民航局、上海民航新时代机场设计研究院等单位数十位民航领域专家齐聚抚州，实地踏勘三个预选场址，这标志着抚州机场建设迈出了重要一步。

（三）物流园区情况

截至2017年，全市投资规模上亿元的物流业重大项目13家，都已开工建设，其中已建成开始营运8家，其他5家正在建设之中（见表2－11－3）。

表2－11－3　　2015—2017年抚州市物流园区情况

序号	园区名称	园区类型	开业时间（年）	面积（万平方米）	投资总额（万元）	入驻企业数（家）	营业收入（万元）	备注
1	抚州海西综合物流园	综合服务型	2015（开工）	62.2	135000	—	—	在建市本级
2	抚州农产品（冷链）交易中心	综合服务型	2017（开工）	6.498	60000	—	—	在建市本级
3	抚州蓝海物流园	综合服务型	2015	7.6	14500	5	2207.36	高新区
4	南丰蜜橘出口产业园	生产服务型	2011	7.6	11000	36	—	南丰县
5	中国桔都国际果贸城	生产服务型	2014	70	12000	26	8000	南丰县
6	江南汽车城	货运枢纽型	2010	15	11000	36	44020	南城县
7	南城百望电商中心	综合服务型	2016	3.0	100000	70	52000	南城县
8	江西供销（广昌）农商物流大市场	综合服务型	2017（开工）	20	70000	—	—	在建广昌县
9	黎川县赣闽物流园	综合服务型	2016	7.0	11500	37	8000	黎川县
10	黎川县东鑫电子商务园	综合服务型	2014	3.0	7000	76	5000	黎川县
11	抚州市佳斌现代物流园	综合服务型	2017（立项）	10	20000	—	—	在建金溪县
12	东乡内陆无水港物流园	综合服务型	2017（开工）	3.3	10000	—	—	在建东乡区
13	乐安豪德物流配送中心	综合服务型	2017	7.48	11900	—	—	乐安县

（四）物流产业集群发展情况

抚州被列入全省50个物流产业集群的有抚州综合物流产业集群、南丰蜜橘物流产业集群、广昌汽运物流产业集群、黎川陶瓷物流产业集群4个，集群依托毗邻海西经济区及昌抚一体化等区位优势，向莆铁路、高速公路交通优势，特色产业优势，着力提高物流运行效率。2017年，全市4个物流产业集群主营业务收入152.2亿元，其中抚州综合物流产业集群物流主营业务收入78.6亿元，列全省50个物流产业集群第10位。

（五）重点物流行业发展情况

1. 口岸物流

大力发展多式联运，打通新的国际物流大通道。为积极对接“一带一路”倡议，向莆铁路铁海联运集装箱首发班列（抚州—福州江阴港）于2017年8月29日成功开行，铁海联运取得历史性进展。南丰蜜橘中欧（抚州—莫斯科）冷链班列于2017年12月20日成功开行，开启了抚州冷链物流运输新模式，对助推赣鄱腹地对接丝绸之路经济带，打通中部地区特色农产品进出口通道具有里程碑式的意义。2017年，抚州北铁路集装箱到发量达3600个。口岸平台建设项目检验检疫中心大楼全面竣工并开检。

2. 电子商务

继黎川县、广昌县之后，乐安县、南城县再度被商务部批准为全国电子商务进农村综合示范县，示范县数量位居全省前列。2017年，全市电子商务交易额320.8亿元，通过整合邮政、农业、供销、村淘等部门和企业的资源，建成乡、村级电商站点超过1326个，覆盖913个行政村。

二、抚州市物流业发展存在的问题

（一）企业核心竞争力不强

全市物流企业总体仍然处于“小、散、弱”的状况，产业集中度和企业集约化运作水平不高，大型企业数量少，大多数物流企业经营规模小，信息化、智能化程度低，装备技术水平和管理手段落后，提供一体化解决方案和物流增值服务能力不足，只能提供传统的运输、配货和仓储服务，标准化、信息化水平及物流运转效率有待提升。

（二）物流基础设施建设有待加快

全市物流园区、配送中心物流基础设施建设滞后，承接物流服务能力不强。部分重点物流园项目大多处于在建之中，少数县（区）物流设施相对落后，服务工业园区产业发展的配套物流服务基础设施建设有待加快。

三、抚州市促进物流业发展的措施

（一）加大政策扶持

继2016年3月市政府下发了《关于加快推进物流业升级发展的若干措施》后，2017年7月市政府办公室下发了《抚州市向莆铁路铁海联运集装箱货运班列扶持资金管理暂行办法》。为贯彻新理念培育新动能，发展总部经济，出台了《抚州市人民政府办公室印发关于加快抚州市总部经济发展若干政策（试行）的通知》抚府办发〔2017〕85号等系列政策措施。

（二）加快推进抚州海西综合物流园及口岸物流平台基础设施项目建设

总投资13.5亿元的省、市重点项目抚州海西综合物流园建设已完成项目评估、可研、备案、详规评审、能评、水土保持评估、环评等手续，土地平整工程、园区道路、地下管网施工已完成，口岸联检大楼及附楼已经封顶。铁路专用线方案通过南昌铁路局正式上报到铁路总公司，专用线建设用钢轨（3000米）及大型吊装设备已经全部运抵园区。完成抚州北集装箱场站改造任务，铺设了5500平方米的集装箱装卸平台，增添了集装箱装卸用的正面吊等设备，完善货场冷柜充电桩设施，安装充电桩8个。集装箱可由抚州北站始发，经向塘、鹰潭到达福州江阴港以及到达欧洲“一带一路”沿线国家。积极加快推进海关机构设立。抚州是全省仅有的两个没有海关机构的地级市，全市外贸生产企业的报关业务都在南昌海关高新区办事处办理。为补齐口岸服务短板，加快推进抚州海关机构申报工作，2017年3月9日，市政府再次向南昌海关申报了《抚州市人民政府关于恳请设立抚州海关的函》（抚府函〔2017〕3号），海关总署人事司将抚州设关列入了全国2017年上报中编办设关的计划。

（三）推进向莆铁路货运班列、中欧（亚）货运集装箱班列常态化运行

向莆铁路铁海联运集装箱班列和中欧班列的开行，带动抚州铁路货物运输的快速发展，为推动向莆铁路货运班列和中欧（亚）班列常态化运行，市口岸物流办积极配合中铁集、中铁特货、中海运等承运企业在抚州组织货源，特别是加强与永冠科技、中德体育、中亚科技、中瑞威登以及蔬菜、南丰蜜橘出口等货源量大的企业合作，目前，抚州北站铁路货场集装箱场站集装箱到发业务繁忙，铁路集装箱货运快速增长，铁路运输货源充足。

（抚州市口岸与物流办　刘伟）

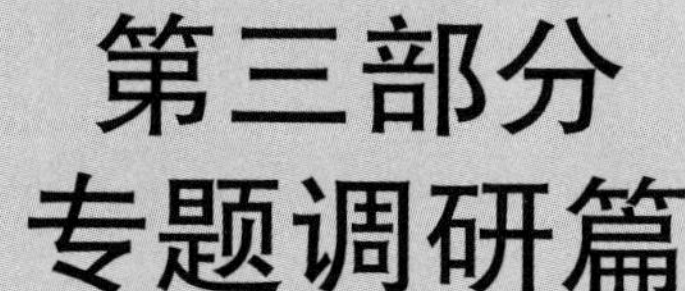

第三部分
专题调研篇

江西积极融入“一带一路”大力发展赣欧班列的调研思考

中欧班列是由中国铁路总公司组织，按照固定车次、线路、班期和全程运行时刻开行，运行于中国与欧洲以及“一带一路”沿线国家间的集装箱铁路国际联运列车，是深化全国与沿线国家经贸合作的重要载体和推进“一带一路”建设的重要抓手。

一、全国中欧班列发展情况

（一）中欧班列发展总体情况

1. 中欧班列开行总体情况

目前，全国规划了西、中、东 3 条通道中欧班列运行线：西部通道由中西部经阿拉山口（霍尔果斯）出境，中部通道由华北地区经二连浩特出境，东部通道由东南部沿海地区经满洲里（绥芬河）出境。据中国铁路总公司统计，截至 2017 年年底，中欧班列累计开行 6235 列，其中 2017 年 3673 列、超过 2011—2016 年前 6 年数量的总和；运行线路 57 条，国内 35 个城市，连接欧洲 12 个国家、34 个城市；在国内 35 个开行城市中，重庆等 19 个城市已进入稳定运营。中欧班列呈现出良好的国际品牌效应和发展前景。

全国班列增长速度持续加快，在已开行的 6000 列中欧班列中，第一个千列开行历时 4 年 7 个月完成；第二个千列用时 8 个半月；第三个千列用时 5. 5 个月；第四个千列用时 4. 5 个月；第五个千列用时 3. 5 个月；第六个千列仅用时 2 个月。按此发展速度，预计 2020 年班列开行数将达到 7500 列，可提前实现《中欧班列建设发展规划（2016—2020 年）》中规划的年开行 5000 列的发展目标。在“一带一路”倡议提出 5 周年之际，到 2018 年 8 月底，全国班列数量累计 10000 列。

2. 具有班列运行常态化和社会效益明显的特点

一是开行数量逐年大幅提升。从最初的“小打小闹”，发展到现在的常态化运行。2011—2016 年开行班列数量分别为 17 列、42 列、80 列、308 列、815 列、2191 列，6 年合计开行班列数量为 3453 列（包含回程），2017 年开行数量超过 2011—2016 年 6 年开行数量的总和。2017 年，成都增长势头最猛，开行数量稳居全国首位，从 2015 年的“每周 2 列”，到 2017 年增长为“每天 3 列”，班列开行频次加快。蓉欧快铁从最初

“每周 1 列”单向运行发展至可实现每周“去 13 回 10”的双向运营。

二是班列稳定运营，使所在区域获得对外贸易开放机会。2017 年，国内 35 个城市中，成都、重庆、郑州、武汉等 19 个城市进入稳定运营，其中一半为中西部内陆地区城市。中欧班列的稳定运营使这些城市获得贸易开放的机会；班列运送的货物种类逐步增加，由开行初期的手机、电脑等 IT（信息技术）产品，逐步扩大到服装鞋帽、汽车及配件、粮食、葡萄酒、咖啡豆、木材、家具、化工品、机械设备等品类。

全国固定开行班列线路达 8 条，这些线路所在地城市，得益于优越的地理位置、物流条件以及地方政府相关政策支持。这 8 条线路分别是渝新欧（重庆—杜伊斯堡）、蓉欧快铁（成都—罗兹）、郑新欧（郑州—汉堡）、汉新欧（武汉—梅林克帕尔杜比采）、营满欧（营口—莫斯科）、苏满欧（苏州—华沙）、义新欧（义乌—马德里）、湘欧快线（长沙—杜伊斯堡）。在这些固定班列中，渝新欧、郑新欧和蓉欧班列是所有班列中最稳定且增长较为迅速的三条班列线路。

8 条固定班列中重庆、成都、郑州、武汉、营口 5 条线路排名前五，回程货比例都为 30% ~40%，这成为支撑班列稳定发展、持续健康运营的重要原因。据统计，2016 年回程货物占比情况如下：渝新欧 27.9%、蓉欧快铁 28.5%、郑新欧 32.4%、汉新欧 36.1%、营满欧 33.4%。其余苏满欧 4.3%、义新欧 4.4%、湘欧快线为零。

3. 班列开通带动城市发展对外贸易

全国向中欧班列沿线国家出口以机电产品为主，进口以矿物燃料、机械、航空器等产品为主。如德国、荷兰、俄罗斯、法国、西班牙是全国向中欧班列沿线出口的主要国家，出口产品为锅炉、机器、机械器具、电机、电气设备等；德国、俄罗斯、法国、伊朗、荷兰是全国中欧班列沿线主要的进口国家，进口产品主要是矿物燃料、机械、航空器等（见表 3 -1 -1）。

表 3 -1 -1　　2017 年部分城市中欧班列运营情况

城市	班列运营数量（列）	出口主要产品	主要到达城市
成都	777	笔记本电脑、汽车、花卉	波兰罗兹
重庆	700	笔记本电脑、汽车、机电产品	德国杜伊斯堡
郑州	493	汽车配件、电子产品	德国汉堡
武汉	375	汽车、电子产品	德国汉堡
长沙	166	电子产品、服装	德国汉堡
苏州	110	液晶显示屏、电源板	波兰华沙

从表 3 -1 -1 中看到，汽车、电子产品及相关零部件是各地中欧班列出口的主要产品，反映了高新技术类产业是目前各城市与欧洲经贸合作的热点方向。如苏满欧班列运输的货物多为附加值较高的电子产品、汽车零部件等。其中，主要出口货物为液晶显示屏、电源板等，占出口总金额的 51.37%。

（二）中欧班列主通道——西中东三条通道

从2011年开始，中欧班列物流组织日趋成熟，目前有西、中、东三条运行通道，当前，这三条主通道的过货量占据全国铁路口岸过货量的95%以上，如表3－1－2所示。

表3－1－2　　中欧班列三大铁路口岸对比分析

口岸名称	占全国铁路过货量比例	可通关的中欧班列
阿拉山口	14.4%	渝新欧、郑新欧、蓉欧快铁、汉新欧、义新欧、合新欧
二连浩特	23.5%	郑新欧、蓉欧快铁、湘新欧、津新欧
满洲里	58.9%	苏满欧、湘满欧、汉满欧、营满欧、哈满欧、沈满欧、粤满欧、津满欧

资料来源：海关总署、出入境检验检疫局、当地政府官网。

在全国中欧班列三条主通道中，阿拉山口口岸并不是铁路过货量最大的口岸，其在全国铁路口岸中的过货量占比仅为14.4%，不及二连浩特口岸和满洲里口岸。官方统计全国铁路口岸集装箱货物占40%左右，而国内铁路货运集装箱化仅有3%，说明以中欧班列为代表的外贸铁路集装箱物流市场份额大，而铁路内贸集装箱市场极为广阔。

1. 西部通道

主要是由中西部经阿拉山口（霍尔果斯）出境，经哈萨克斯坦、俄罗斯、白俄罗斯、波兰到达欧洲地区的国际集装箱大通道，服务我国中西部地区。目前，阿拉山口过货量中，进口量占62.3%（以金属矿石、钢材等为主，金属矿石占比达50%），出口量占37.7%（以集装箱、钢材和化工产品等为主，集装箱占比47%）。随着国家对矿产、林木资源开采管控力度加大，受国内矿产资源价格企稳、需求回暖等因素影响，2016年途经阿拉山口铁路口岸进口的金属矿石、钢材、粮食、木材分别增长176.2%、34.1%、143.5%、7.9%。截至2016年年底，阿拉山口口岸总计通过中欧班列1866列，仅2016年通过班列数1123列，占历史总数的60.2%。

2. 中部通道

主要是由华北地区经二连浩特出境，经蒙古、俄罗斯西伯利亚通道、白俄罗斯、波兰到达欧洲的大通道（中蒙俄通道），再接上第一亚欧大陆桥，服务我国华北地区。二连浩特口岸铁路过货量中，进口量占89%以上（50%是铁矿石，12%是木材，6%是铜矿粉）；出口量占11%（32%为集装箱，16%为化工产品，金属和石油均为4%，3%为沥青）。随着中蒙俄战略合作伙伴关系深化，二连浩特铁路口岸进出口的产品数量快速增长，种类不断增多。

3. 东部通道

主要是由东南部沿海地区经满洲里（绥芬河）出境，经满洲里、俄罗斯的西伯利亚通道、白俄罗斯、波兰到达欧洲地区的大通道（即第一亚欧大陆桥），服务中国东南部沿海地区。满洲里铁路过货量中，进口量占63%（58%是木材，19%是矿粉，9%是煤炭）；出口量占9%（主要是果蔬、矿产品和建材、轻工品和化工品）；转口量占29%。

（三）波兰在中欧班列线路中的节点作用

波兰是中欧班列进入欧盟的首站，发挥着交通中转站作用。中欧班列主要停经波兰的4个城市，中国外销欧盟商品在此进行疏、集、配作业。

1. 马拉舍维奇

列车经过白俄罗斯后在这里进行换轨，将俄罗斯东部标准轨道（1520毫米）换为西欧标准轨道（1435毫米）。波兰国家铁路货物公司（PKP Cargo）负责该过境点中欧班列货物的装卸管理，运输中心面积为5万平方米，仓储容量为1872个标准箱。

2. 罗兹

成都中欧班列的终点站。当地运输中心是铁路和公路多式联运中心，面积为15万平方米，仓储容量为6000个标准箱，由波兰铁路运营公司（Spedcont）负责运营。当地运输中心计划将到达班列数量扩充2倍，存储面积扩充3倍，以满足成都和罗兹的日常班列需求。

3. 华沙

根据2016年波兰国家铁路货运公司（PKP Cargo）与中国中铁快运股份有限公司（China Railway Express）签署的协议，华沙成为中欧班列在波兰的中转站和终点站，来自中国上海、苏州和武汉等城市的班列停经这里。华沙站面积为3万平方米，仓储容量为1200个标准箱，是一个连接铁路和公路的综合交通枢纽。

4. 波兹南

2016年以来最新开通的中欧班列站点，是一个连接东西向和南北向（波罗的海到亚得里亚海）的综合交通枢纽，面积为2.8万平方米，仓储容量为1800个标准箱。

波兰重视投资基础设施建设，计划在中部建设中央交通港，将铁路、航空和高速公路连接起来，增强多式联运能力，打造欧洲立体联运交通枢纽，有望进一步增强在中欧班列线路上的枢纽地位。

（四）影响中欧班列常态化运行的主要原因

1. 国内班列在价格上没有优势

在价格上，中欧班列国内段的运价与境外相比有明显区别。比如经由阿拉山口出境线路，每箱每公里是0.66～0.74美元，但是在欧洲，波兰到德国这段，价格高达0.97美元。照此运输价格计算，平均一个标准箱的运行成本大概需要1万美元。因此，不论是最先开通的“渝新欧”，还是物流发达的“郑新欧”，由于开行频次少，每个集装箱在境外铁路的单程通行费用最高达到8700美元。但因为有财政补贴支持，“郑新欧”班列开出的门到站价格仅为3000～6800美元，成都和重庆的站到站价格也只有7000～9000美元。可见，剔除补贴，上述中欧班列都存在亏损现象。

2. 国家对各省市班列发展提出了数量要求

国家《中欧班列建设发展规划（2016—2020年）》提出，到2020年中欧班列年开行5000列，每个省、市、自治区每年至少开行161列以上。也就是说每个省每月最少开行13列，平均每2～3天就要有一趟中欧班列驶往“一带一路”沿线国家和地区。江西班列还在培育期，应思考如何降低成本，挖掘具有独特货源优势、班列需要的产业带和外向型企业。

3. 班列发展的价格成本瓶颈与集装箱亏损补贴

中欧班列由于在陆上穿行多个国家，需多次转关换轨，每标准集装箱运营成本超过1万美元。然而，各地为吸引客户抢占先机，均以接近海运的价格报价。为维持班列的价格优势，所有中欧货运班列都需要政府补贴。各地中欧班列的价格竞争，已经演变为政府补贴之间的竞争。对有运输需求的企业，地方财政高额补贴是选择运输线路的重要标准。

4. 集装箱返程回货困难，境外国际货运揽货能力有限

中欧班列开行的最大困难是，从欧洲很难揽到足够回程货物、返程班列少、货源得不到持续保障，无法批量组织货源。例如，江西2014年试运行的赣新欧班列，直到2017年才迎来首趟进口中欧班列。

据了解，中欧每年陆路运输量7000多万吨、海运量2亿多吨，大部分货物是由中国出口到欧洲，欧洲对华出口仅有少量的精密仪器、机械、高档服装等。再加上全国货运代理企业在海外网点不健全，揽货能力有限，甚至有部分企业发货到欧洲后，没有返程货物，将集装箱空箱运回成本达每箱5000元，为降低空箱运回成本，部分企业不得不在国外廉价卖掉集装箱。

二、江西中欧班列发展情况

（一）江西积极主动融入“一带一路”倡议建设

近年来，江西作为“一带一路”的重要节点，不断主动融入“一带一路”建设，中欧班列成为全省对接“一带一路”倡议的重要平台和对外开放的前沿。江西赣欧班列的开通，与历史上的丝绸之路源远流长，所展示的对外开放、国际贸易、友好往来均与江西所处地理交通位置、实行对外开放政策、发展国际贸易经济紧密相关。在经济全球化背景下，积极推动运贸一体化，以物流通道带动贸易渠道的建立，具有重要的现实意义和理论指导意义。

1. 2017年江西班列发展基本情况

目前有南昌、赣州、抚州和上饶四个设区市开行中欧国际货运班列，成为陆路连接江西和欧洲市场的重要桥梁。据统计，2017 年全省共开行 26 趟中欧班列（南昌 2 列、赣州 23 列、抚州 1 列），初步实现了常态化运行；南昌海关共监管运行班列 22 列，1760 个标准箱，货值 3.02 亿元。其中进口 2 列，148 个标准箱，货值 298 万元；出口 20 列，1612 个标准箱，货值 2.99 亿元。

全省依托向塘铁路枢纽和赣州港，全面对接融入“一带一路”。赣州港作为全国第 8 个内陆对外开放口岸和内陆首个国检监管试验区、进境木材内陆直通口岸，已经顺利打通经由满洲里、霍尔果斯、阿拉山口、二连浩特等中欧亚班列通道；依托南康家具等工业品，开通多趟双向中欧班列（芬兰—赣州港、赣州港—俄罗斯）。此外，南昌凭借铁路交通优势，还开通南昌至深圳、宁波、福州港的铁海联运外贸快速班列，为快速对接“21 世纪海上丝绸之路”增添新的通道。

2. 江西赣欧班列的发展与物流集聚作用

赣欧班列的开行有利于整合货物资源，为江西货物“走出去”和国外货物“运进来”提供便利条件。在 2017 年 10—12 月，全省南丰蜜橘累计出口 1956 批次、5.7 万吨，货值 9000 万美元；其中抚州始发的南丰蜜橘中欧冷链班列总重量 205 吨、货值 20 多万美元，经满洲里到达莫斯科。2018 年春节期间，赣州港连续开行 15 列“中国年货”班列到欧洲，运送货物 1.6 万吨，运送物品价值 1791 万美元。

进入 2018 年，江西更加注重班列“高质量发展”，赣州港对二连浩特通道的打通，将使开往莫斯科、华沙等地的中欧班列比绕行满洲里口岸出境缩短近 1000 公里，缩短 48 小时左右，每 40 尺箱可节省费用 6000 元左右，一列可节省 24.6 万元。3 月 13 日，搭载赣州企业采购的俄罗斯松木板材，经蒙古国，从二连浩特口岸进境，直达赣州港的首列进口班列顺利到达。

3. 江西班列发展与历史上的对外开放通道

自古以来，江西就是“丝绸之路”的重要货运枢纽，历史上的瓷器、茶叶、夏布等货物贸易通过水路连接陆上和海上丝绸之路。追根溯源，江西既是陆上丝路的重要货源地，又是海丝之路的重要起点之一。两宋时期，大宗外销陶瓷产品到海上港口，江西是其在内陆地区的主产地和起运地。茶叶“丝绸之路”于 16 世纪末形成，江西是重要的贡献者；17 世纪“万里茶道”贯穿南北，是继“丝绸之路”后在欧亚大陆兴起的又一条国际商道，也是中俄长期茶叶贸易交往的结果。水运时代，九江为“万里茶道”水陆交通必经之路。商贾云集、八省通衢的铅山河口镇为万里茶道第一镇，自乾隆三十年（公元 1765 年）起，河口集散贸易中，出口名牌河红茶等大宗商品，在铅山石塘镇翻过武夷山脉可直达泉州港、连接海上丝绸之路；经大庾岭梅关驿道，连接南粤地区直至东南亚及印度洋。发达的水上航运在古丝绸之路建设中起着重要的通道地位作用。

全省各地班列的开通，是积极响应国家“一带一路”倡议，构建对外开放大通道的具体行动，增加西向国际铁路货运大通道，搭建向西开放的新平台。赣欧班列开通，缩短了江西与中亚、欧洲之间的运输距离和时间，对于促进赣欧贸易发展，服务国家

“一带一路”倡议，加强全省与欧洲以及中亚国家的贸易往来，拉动全国内陆地区的经贸发展意义重大。尤其是赣州港，短短一年多时间，实现了多口岸直通中亚五国、挺进欧洲经济腹地、常态化运营，是全国开行目的国和进口班列最多、运行速度最快的内陆口岸，为加快打造国家级物流枢纽和建设国际货物集散地奠定扎实的基础。

（二）赣州中欧班列双向运行的探索

2017年开行23列中欧班列（进口班列2列，出口班列21列），加上铁海联运班列，全年实现吞吐量23.8万标准箱。截至2018年7月就已开行中欧班列65列（进口班列15列，出口班列50列），力争全年开行200列、年吞吐量超30万标准箱。目前，通过赣州港已有50多个国家和地区的木材运进来，辐射周边10个省份，南康家具发往全球100多个国家和地区。除此之外，还积极开通17条内贸班列，连通北京、深圳（盐田）、厦门、广州、成都、义乌、漳州、海口等国内物流节点城市；常态化开行至深圳的“五定班列”和厦门铁海联运班列，促进了赣州港的繁荣。

1. 开放共享建设发展赣州国际港站

赣州港位于赣州市南康区，规划占地面积5500亩，总投资约50亿元，现已完成投入超20亿元。建设主体为赣州港口岸发展有限公司。2014年10月开工建设，2015年1月实现直通运营，2016年9月获批全国内陆第8个对外开放口岸和中国内陆口岸首个国检监管试验区，2018年3月，获国家市场监督管理总局批准设立进口肉类指定口岸。

赣州港现已建成进境木材监管区、铁路场站一期、集装箱堆场和10万平方米货物监管仓等核心功能区，铁路场站配备正面吊、龙门吊等装卸设备，赣州港“单一窗口”暨电子口岸已建成运行。2017年，实现内外贸吞吐量23.8万标准箱，同比增长400%，成为全省吞吐量最大和全国铁海联运外贸集装箱吞吐量最大的内陆港。

2. 赣州港融入“一带一路”的主要做法

一是积极开通内贸专列。截至2018年9月，赣州港已开通了17条内贸班列，主要采取公铁联运模式。已开通19条公铁航线，常态化开行至深圳的“五定班列”和厦门铁海联运班列，每周可实现3列以上对开。赣州港内贸班列辐射到东北、华北、西北、西南、华西、华东地区的16个主要城市，分别连通了北京、深圳（盐田）、厦门、广州、成都、义乌、漳州、海口等国内重要物流节点城市。

二是扩大与沿海港口交流合作。通过几年的发展，赣州港已陆续打通了满洲里、二连浩特、阿拉山口（霍尔果斯）等4个沿边重要出入境通道。同时，已逐步发展成为深圳盐田港、广州港、深圳大铲湾港、厦门港等港口的重要内陆腹地港，实现赣州与周边国家、沿海地区高效便捷货物流通。

三是积极引进骨干物流企业入园。近年来，赣州港陆续引进顺丰、京东、德邦、邮政以及申通、圆通、中通、韵达（“三通一达”）等全国著名物流企业在港区建设省级区域中心，有效解决了港口物流短驳等“最后一公里”问题，物流体系逐渐完善。

四是赣州家具班列的开通，扩大了对外开放的步伐，带动家具企业跻身国际市场。南康家具每年进口1000多万立方米木材，对全国外贸“出口多、进口少”格局产生了积极影响，实现“重去重回”。在港口带动下，南康家具产业集群2016年成为全省唯一的县域级过千亿元的产业集群。在南康注册的进出口公司，从2014年的3家猛增到2018年的400多家，外贸呈现跃变式发展。依托赣州港，南康成为区域性货物贸易集散中心和全国最大的实木家具制造基地，成为全省双向开放新高地。此外，赣州港是全省唯一纳入海关总署和铁路总公司中欧班列运行线路图的国际港站，成为赣州乃至江西省对外开放和经济增长的重要“引爆点”。

（三）赣欧班列提质增效过程中遇到的困难

1. 江西赣欧班列规模发展遇到的困难

全省班列中出口班列多于进口班列，搭载货物主要为江铃、福特汽车零配件，南康家具产品以及其他出口企业的电子、服装、钢制品和小百货等产品，还有一部分农产品。总体来看，制约全省班列开行的主要问题有以下几点：一是发运总量偏低，开行不固定；二是缺少回程货物，班列“吃不饱”，满车出去，空车回来；三是班列运行成本高。综上所述，主要原因在于全省与部分国家还没有足够密切的贸易往来。

2. 赣州港发展面临的考验

赣州港进一步做大做强，还面临基础设施不够完善、资源需要整合的考验。一是赣州港贸易品种还比较单一。目前，仅实现了木材、煤炭、家具等产品的直通，与全国其他港口相比，功能还显单一。二是建设运营资金缺口较大。目前，政府基础设施建设完成投入超过20亿元，但与50亿元总投资相比，资金缺口仍然较大。2018年计划开行200列以上中欧（亚）班列，预计需要补贴资金近2亿元，班列补贴资金将有1亿元以上的缺口。三是基础设施不够完善。赣州港建设运营时间短，基础设施配套不够完善，无经验可循。四是处于发展初期，在国内外知名度不高，外界参与建设集装箱提还箱点的船公司比较单一，铁路运输功能有待完善，公路物流服务体系不够健全，无法完全满足市场需求。

3. 江西在全国班列竞争中面临的问题

从全国发展形势看，江西班列常态化发展还面临以下问题。

一是各地货源竞争激烈。货源不足是中欧班列运营的普遍问题。尽管中欧班列运输具有线路缩短、相比海洋运输缩短一半时间的优势，但运输成本仍高于海洋运输。如果开行地自身货源少，不足以支撑当地班列的常态化运营，争夺其他地区的货源不可避免。班列企业在价格上的比较选择，加剧各地运价的竞争。

二是成本问题制约中欧班列。由于各种原因，中欧班列运营成本较高，目前开行的中欧货运班列需要当地政府的补贴保证正常运行。首先，与海运价格对比，中欧货运班列收费价格不能太高。如“蓉欧快铁”从成都出发到达欧洲，一个集装箱运输成本在1万美元左右，但目前收取的运费却只有7500美元左右，也就是说满载41个集装箱，一趟要亏10多万美元。其次，为了与海运竞争货源，必须压低报价。如果各自对外谈判，每家货运量相对较少，难以获得国外段铁路运营商重视和运费减让优惠。最后，目前铁路运营速度较慢，通关速度和换装的成本较高，班列成本难以降低。

三是全国各地班列开通前期投入较大。为占据“一带一路”建设中有利位置，获得国家政策支持，中西部地区不仅在集装箱铁路口岸建设方面投入巨大，还包括国外考察、与沿线国家谈判、协商运价等。由于财政补贴的存在，有的货主为了获得较低运价，将货物运至较远的地区搭载班列，会造成物流资源浪费。因此，在“丝绸之路经济带”建设中，应该充分挖掘区位优势，结合产业特点，在产业升级、文化发掘、基础设施方面深入研究，避免各地为争“丝绸之路经济带”桥头堡位置重复整合线路、招商引资。

4. 辩证看待班列发展，充分重视发展班列的意义

首先，面对问题和困难，我们应该客观评价班列作用，辩证看待班列社会效益。当前开通运行的班列，确实存在对有的班列运行线路亏损、依赖政府补贴的争议和担忧，以及各地同质竞争、重班列数量、缺自我造血能力、班列去回不平衡等问题。从经济效益看，近期中欧班列直接产生的经济效益可能还不太明显，但中欧班列的作用，并不是简单地表现“运输通道”和商道，更重要的是中欧班列本身具有对外开放、友好往来、国家商贸通道的内涵。它对一个地区经济、社会发展的影响是深层次、全方位的。因此，班列发展的意义不能简单地以现有的盈利能力来衡量。

其次，推动地方扩大对外开放，积极发展外向型产业。在2017年开行中欧班列的35个城市中，50%以上的城市在内陆地区，通过中欧班列，发展或承接外向型产业，推动地方经济结构的转型升级。例如，武汉16条中欧班列线路的开通，打通了武汉至捷克帕尔杜比采、波兰戈茹夫、俄罗斯莫斯科、白俄罗斯明斯克、德国汉堡等多个欧洲城市的陆路通道，增加了武汉在对外贸易方面的竞争优势，使得国内的冠捷、英利、奇宏科技和国外的迪卡侬、世界奶粉巨头澳优公司等纷纷向武汉转移生产布局；全国烟花爆竹主要产区浏阳市，出口量排前10位的国家中，欧洲国家占据8个，通过中欧班列运送烟花爆竹产品，可进一步提高企业的收益率。中欧班列的开行不但为铁路运输带来经济效益，而且为沿线城市居民生活和企业生产经营带来便利，帮助国内企业和城市开辟新的产业带。

三、赣欧班列发展建议对策

（一）通过产业优先，项目先行策略，带动全方位合作效应

“一带一路”倡议，是连接东西方贸易通道的现代版“丝绸之路”。开行班列的目的，是要发展和带动当地产业经济，依托国际运输大通道，以沿线中心城市为支撑，

以重点经贸产业园区为合作平台，推动建立新的国际经济走廊。开行陆路国际货运班列，为全国与欧亚国家开展产能合作搭建桥梁，带动当地经济和国际贸易的全面发展，形成多方共赢的局面。为此，应积极参与“一带一路”建设，推动全省与沿线国家和地区的经贸往来与合作交流。要加强组织协调，解决班列运营中的问题，实现资源共享；要处理好班列数量和质量之间的关系，减少空载率，增加效益。

（二）努力扩大双向运行数量，促使江西经济国际化和班列常态化

1. 加强与“一带一路”沿线国家和地区的经贸交流

实施“引进来”和“走出去”战略，改变出口大于进口，降低单向运输成本，形成一条定期运营的固定线路并且实现盈利。赣州双向班列对开，让江西货物“走出去”和欧洲货物“运进来”。尤其是进口“木材专列”，为家具制造寻找到原材料保障基地，有效克服回程货源不足问题。随着南昌市、赣州市对外贸易的不断发展，通过向塘枢纽、赣州港进出的集装箱将不断增加，形成进出口货源、箱源的匹配对流。与此同时，有效带动各类物流资源和新兴服务业态向南昌向塘、赣州聚集，形成新的竞争优势，增强全省招商引资的吸引力，助推南昌（向塘）国家一类铁路口岸及赣州市成为江西融入“一带一路”的大通道、大平台。

2. 激活市场，在班列线路两端布局物流网、培植回程货源

鼓励企业走出去与欧亚国家开展产能合作或者并购，形成跨越中欧的全产业链，将制造与物流、贸易无缝融合；鼓励铁路企业与港口、航运企业通过换股实现联合经营。促使多式联运无缝连接，通过港口网络增加班列的回程概率，促进全供应链的优化；加强双向货源的组织，加大“走出去”宣传推介，推进软硬件建设，优化服务提质增效，扩大班列的运营规模。为解决“最后一公里”问题，需要有了解中国需求、同时熟悉欧洲市场的服务类、贸易类中介公司加入班列常态化运营。

3. 改善江西进出口贸易结构，促进货运班列互补发展

2017 上半年江西“海铁联运”运输情况显示，南昌的工业品、日用品送达东南亚多个国家；荷兰、比利时的原材料则通过“海铁联运”来到向塘，而宜春的家电、樟树的食品、高安的建材、湖南的纺织品也都通过南昌（向塘）铁路口岸的“海铁联运”班列发货；据测算，南康家具产业木材进口每年 400 万立方米，按一列火车 50 标准箱计算，一年需要 4000 列运力；饲料用粮谷每年需求量约 500 万吨，需 3000 列运力。仅此两项，通过优化中欧中亚班列线路，就可改变“出口多进口少、重柜出空柜回”的尴尬处境，实现重进重出、进出平衡目标。

（三）优化组织能力，出台支持班列发展措施

1. 发展国际贸易，加强对国际贸易和对外开放规则、标准体系的学习

不断优化班列运输的品种类型，如农产品、矿业产品等；对班列来回集聚线路、

货品配载优化展开分析。针对集装箱运货出去、空箱运回的情况，组织进口木材搭载全省的回程班列，再把集装箱带到苏州、宁波、盐田港，使空箱回程成本降到3000元左右。

2. 研究出台江西中欧班列财政补贴办法及发展措施

加强与重庆、成都等中欧班列平台对接协作；加强与南亚中巴经济走廊地区的联系，开发瓜达尔港海鲜产品向内陆腹地的输送线路；发挥班列补贴作用，推动周边区域货源集并，促进中欧班列（江西—欧洲）常态化运行。

（四）引导企业在多种运输方式之间寻求差异化竞争

一般情况下，铁路运输价格是海运价格的两倍。例如将货物运至欧洲，海运运价4500美元左右，铁路运价为8000~9000美元（最低7800美元），铁路运输不具备价格优势。但相比运价为45000美元的航空运输方式，铁路运价仅占航空运价的五分之一。全国内陆地区发行班列终点一般在亚欧内陆城市，铁路运输在时效和成本上具有独特优势。加强铁路运输优势宣传，可以争取更多的出口产品（商品）选择班列运输方式。

（五）扩大开放力度，加强与“一带一路”沿线国家的社会、文化往来

2014年，国家主席习近平前往欧盟进行访问，在访问中他提出，中欧双方应该把简单买卖型贸易合作，提升为各领域联动的复合型经贸合作。在第四次工业革命背景下，加强东西方在经济、政治、文化等领域的交流，“一带一路”被赋予了重要内涵。

扩大对外开放层次，通过班列货运搭台，打造江西文艺创作展演平台。汤显祖是与莎士比亚齐名的伟大戏曲家，定期举办国际、国内戏曲展演交流活动，做大做强汤显祖戏曲品牌，推动“中国戏曲之都”建设。留住乡愁，修复与茶丝路活动有关的古镇遗址、渡口驿道、商铺街市，再现古代丝绸之路贸易繁荣的市井街巷风貌。发展丝绸之路文化旅游产品，吸引国内外游人驻足观赏，赋予江西新时代“物华天宝、人杰地灵”文化建设的国际内涵。

（六）高位推动赣州国际港站建设

目前，赣州港正朝着国际港站方向发展建设，需要省政府出面与海关总署等部委沟通协调，支持赣州港申报水果、钻石、粮谷饲料等指定口岸，建设海关快件监管中心（邮件快件监管中心），助推实现多口岸直通、多品种运营、多方式联运。而随着业务量的增加，进出口班列加密开行，对关检方面的要求越来越高。但国内区域间货物多次通关，徒增时间与费用。为促进贸易便利化，通过海关检验检疫合并，优化流程作业，实现“一次申报、一次查验、一次放行”快速通关，降低通关成本，提升通关效率。

加快赣州国际港站的信息平台建设。中欧货运班列运行涉及港口、口岸、公路、

铁路等多个部门。组织班列开行涉及铁路、船务、海关等行业内部信息系统，但各信息系统独立、无法实现信息交换共享，建议在国家发改委、商务部、中国铁路总公司的统一协调下，在省、市政府的支持配合下，加强港口与公路、铁路等相关部门的信息对接，实现信息互通共享。

（江西省社会科学院　钟群英）

2017 年江西省冷链物流调研报告

——节选自《江西省冷链物流发展规划（2018—2022)》调研报告

一、江西省冷链物流行业发展情况

2017 年全省冷链物流总额达到 850 亿元，同比增长 18.1%；全省冷链物流总收入 54.23 亿元，同比增长 13.6%（见表 3－2－1）。

表 3－2－1　2015—2017 年江西省冷链相关指标情况

指标/年份	冷链物流总额（亿元）		冷链物流总收入（亿元）	
	江西省	全国	江西省	全国
2015	650	30000	39.0	1800
2016	720	33900	47.74	2250
2017	850	40000	54.23	2550

2017 年全省生鲜食用农产品的综合冷链流通率为 13.0%。果蔬、肉类、水产品冷链流通率分别为 3.9%、17.2% 和 10.1%；冷藏运输率分别为 4.9%、28.5% 和 12.7%；腐损率分别为 18.8%、10.0% 和 12.5%（见表 3－2－2）。

表 3－2－2　2017 年江西省果蔬、肉类、水产品相关冷链指标情况

指标/类别	冷链流通率（%）	冷藏运输率（%）	腐损率（%）
果蔬类	3.9	4.9	18.8
肉类	17.2	28.5	10.0
水产品类	10.1	12.7	12.5

（一）冷链市场规模进一步扩大

1. 生鲜农产品市场现状与冷链需求分析

生鲜农产品冷链物流一般是指肉、禽、水产、蔬菜、水果、蛋等生鲜农产品从产地采收（或屠宰、捕捞）后，在产品加工、储藏、运输、分销、零售等环节始终根据农产品的食物特性，处于适宜的低温控制环境下，最大限度地保证产品品质和质量安全、减少损耗、防止污染的特殊供应链系统。一般食品物理特性见表3－2－3。

表3－2－3　　一般食品物理特性

序号	经营产品种类	存储温度（℃）	存储相对湿度（%）	存储周期
1	瓜果类	－1～2	75～90	2～7个月
2	叶菜类	0～4	95～98	21～28天
3	新鲜肉类	0～3	90～95	7天
4	冷冻肉类	－18	60～70	6～9个月
5	冷冻水产品	－25～－18	85～90	6～19个月
6	鲜蛋	4～7	80～85	7个月

（1）生鲜农产品产业分析。江西省农业资源丰富，盛产蔬菜、水果、水产品、生猪、肉禽等各类农产品，2017年全省各类农产品总量超过4830.8万吨，其中，水果产量455.2万吨，水产品产量281.4万吨，蔬菜及食用菌产量1490.1万吨，猪牛羊禽肉产量332.6万吨。根据近三年江西省主要农产品产量数据显示，全省主要农产品产量持续增长，2017年全省农产品产量同比增长2.16%，同时果蔬、肉类、水产品产量一直保持较高产量产出，为全省冷链物流发展提供了产地优势，进一步促进了产地型冷库的发展。

江西省地处北回归线附近，气候温暖，光照充足，雨量充沛，无霜期长，非常适宜农作物生长。全境土地肥沃，水资源丰富，有大小河流2400余条和全国最大的淡水湖鄱阳湖。全省森林覆盖率达63.1%，居全国第一。农产品资源丰富，江西绿茶、赣南脐橙、南丰蜜橘、广昌白莲、泰和乌鸡、鄱阳湖大闸蟹等久负盛名，“三品一标”拥有量居全国前列。初步形成了粮食、油料、蔬菜、柑橘、茶叶、猕猴桃、生猪、水禽、大宗淡水鱼、特种水产十大主导产业和特色产业。几个主要农产品和特色产业情况如下。

一是畜禽蛋奶加工业。以南昌、九江、抚州、赣州为主，加强屠宰加工工艺改造升级，引进先进的屠宰加工设施设备，重点发展冷鲜肉，加快肉制品精深加工开发，形成高温、低温、传统肉制品等系列产品。蛋品加工方面，在巩固发展传统的皮味蛋、咸蛋等基础上，大力开发蛋白粉、蛋黄粉、蛋粉等系列产品。乳品加工方面，巩固传统的乳品花色品种，发展适合不同消费者需求的特色乳制品和功能性产品。

二是水果加工业。以抚州、吉安、赣州、景德镇为主，加快脐橙、蜜橘、甜柚、早熟梨采后商品化处理生产线和贮藏保鲜库建设，促进果品采后商品化处理向内部品质无损检测分选升级，着力推进橙汁、橙汁原浆和脐橙醋等精深加工厂建设。

三是蔬菜加工业。依托环南昌优势产区、乐平优势产区、上饶优势产区、九江优势产区、萍宜新优势产区、鹰抚优势产区、赣州优势产区、永丰优势产区“八个优势蔬菜产区”和白莲产区、食用菌产区、山药产区、水生蔬菜产区、西甜瓜产区“五个特色蔬菜产区”，集中在产地打造一批速冻、冻干蔬菜加工企业。

四是水产品加工业。以南昌、九江、上饶为主，在环鄱阳湖区发展优势水产品（含珍珠、珍珠核和贝壳）加工与出口产业，在赣南、赣东北和赣东板块发展鳗鱼加工与出口产业，在赣中、赣西发展特色水产品加工与产品保鲜冷藏产业。

（2）生鲜农产品冷链消费特点及需求分析。一是生鲜消费追求便捷，特点“小量多次”。生鲜消费主要用于满足居民的日常生活需要，大多数人都习惯于在社区周边的菜市场、便利店、超市购买，追求便捷。同时，生鲜保质期短暂，消费者需要通过高频次购买生鲜来保证产品的新鲜度，因此与其他品类相比，生鲜品类的同店重复购买率更高，且对每次的采购量都有一定限制。

二是果蔬冷库占比将进一步提高。相较于其他的生鲜产品，果蔬产销量巨大，而全省果蔬冷链流通率仅为 3.9%，显示出果蔬冷链市场存在较大发展空间，其中以樱桃、葡萄、杨梅等高附加值水果和冷冻蔬菜为主。随着全省居民消费能力的升级，果蔬的冷库占比会进一步提高。

三是生鲜产品保质期短、损腐高，产地预冷是关键。保质期短，损腐高是生鲜产品的特点。因此，在供应链管理的每一个环节，都对时间、温度、包装有严格的要求。相较于“最后一公里”，生鲜产品的“最先一公里”对产品的温度控制、包装方案设计与改进、运输方案及线路规划等一系列操作都对相关知识、技术、经验有非常高的专业要求。流通过程中容易出现生鲜产品损腐严重的现象，很大一部分原因就是“最先一公里”问题没有得到很好的解决。因此，解决生鲜产品供应链的关键是解决“最先一公里”的问题，即产地型冷库的发展问题。

2. 速冻食品市场现状与冷链需求分析

速冻食品是利用现代速冻技术，在 －25℃迅速冻结，然后在 －18℃或更低温条件下贮藏并远距离运输、长期保存的一种新兴食品，常见的速冻食品包括速冻鱼糜制品、速冻肉制品、速冻面米制品、速冻菜肴制品等。其中速冻鱼糜制品、速冻肉制品以及部分速冻其他制品俗称“火锅料制品”。火锅料制品和速冻面米制品是主要的速冻食品品种，具有安全卫生、食用方便、营养美味及成本低等特点。

（1）速冻食品行业规模。近年来，随着全省居民收入快速提高，生活节奏加快，消费习惯改变，速冻食品需求量快速增长。另外，速冻食品企业技术投入增加，产品品种和质量提高，高中档产品发展势头迅猛，新市场不断开拓。

2017 年，全省速冻食品销售额不断增长，主要原因：第一，居民消费升级，冰箱已经普及，速冻食品市场不断扩大；第二，火锅餐饮企业大幅扩张，带动火锅料制品的销售；第三，速冻食品属于产品推动型行业，三全、思念、湾仔码头等速冻食品龙头企业不断推出新产品，通过新产品促进在全省市场规模扩大。

（2）速冻食品冷链需求特点。一是对温度要求严格，厂商对此高度重视。速冻食品对温度要求十分严格，在冷藏、低温运输以及零售贩卖阶段的产品温度必须维持在-18℃以下，才能确保速冻食品品质的稳定。速冻食品厂商对冷链物流高度重视，且行业冷链发展逐渐趋于信息化、现代化。

二是冷冻食品品牌扩张离不开冷链运输。速冻食品一个显著的特点是要借助冷链运输，但江西省冷链发展并不成熟，影响了速冻食品发展。冷链渠道不成熟，单靠品牌影响力很难迅速覆盖全省。尤其是在一些县乡市场，其渗透速度很慢，产品扩张难度大。

三是超市对速冻食品冷链物流需求较大。超市是速冻食品主要销售终端，超市的冷链物流配送业务大多由生产商和经销商完成，第三方冷链物流公司与超市的合作相对较少、形式松散，期限较短，缺乏长期合作且稳定的第三方物流公司。从超市速冻食品品质和长远发展考虑，超市应该培育并发展第三方冷链物流合作伙伴，这有利于降低交易成本，提高冷冻冷藏设备的利用率。

3. 餐饮市场现状与冷链需求分析

随着全省经济的快速发展，居民收入水平不断提高，为餐饮业的快速发展提供了前提条件。中央“八项规定”出台后，公务接待、公款消费直线下降，高端餐饮受阻，而大众化餐饮作为刚性需求增长稳定，更因其经济实惠、方便快捷的特点越来越得到市场的认可和欢迎，成为推动全省餐饮行业企稳回暖的中流砥柱。

（1）餐饮产业分析。2017 年全省餐饮市场增长平稳，市场规模持续扩大，餐饮业零售额达到 805.8 亿元，同比增长 8.3%。外卖行业作为带动餐饮收入增长的主要业态之一，较上一年也有很大的增长。目前，餐饮行业发展存在的问题是人民日益增长的对美好餐食的需要和餐饮行业发展不平衡不充分之间的矛盾。供给侧结构性改革、质量效益提升工程，大众餐饮消费升级等将成为 2018 年全省餐饮行业的新亮点。

（2）餐饮行业冷链需求特点。一是餐饮业对冷链的需求将进一步提高。近年来，政府对餐饮行业高度关注，食品安全监管进一步升级，冷链物流的重要性凸显。而食品安全需依托整个餐饮供应链的协同保障，因此餐饮供应链的安全监管将会成为未来政策的重点。另外，全省人民生活水平的日益提高，“饮食健康”意识逐步增强，从食材的安全性、新鲜度到最终饮食的营养价值等，正在成为人们选择餐厅的重要考量指标。在此情况下，餐饮行业对供应链的品控要求将越来越严格，对冷链的要求将进一步提高。

从餐饮行业看，随着消费升级和市场规模扩大，餐饮企业的冷链物流体系进入了升级发展阶段，大量的资本开始关注餐饮冷链物流体系发展，尤其是在冷链园区和中央厨房建设方面投入巨资。

二是共享型中央厨房正在兴起。自建中央厨房能够保证餐饮企业的食材供应全程冷链不断链，但是这种方式并不适合所有企业采用，对于中小型连锁餐饮企业来说，自建中央厨房耗费资金众多，需要更多的人力、物力用于管理和运营上，势必会造成一定的负担，影响核心业务的发展。在此背景下，共享型中央厨房正在悄然兴起。

共享型中央厨房一般是以冷链物流园为依托，由冷链园区负责建设和经营，餐饮企业只需要以租赁的形式获取中央厨房的使用权即可。从前端的原材料采购，到中央厨房内部的收货、存储、拣货、配送一系列操作，均可委托冷链物流园区完成，同时餐饮企业也可以选择仅仅租赁场地自行管理。这种模式下，餐饮企业完全能够实现集中采购、规模管理、统一配送，高度实现资源共享，并享受到更为专业的第三方冷链物流服务，实现冷链物流轻资产运营。

三是城市多温共同配送（多温层产品的共同配送）迎来春天。为保证食材口味统一及控制成本，餐饮企业大多建立起标准化全自动生产线。为确保食品品质及保障食材质量安全，采取全程冷链物流、建设食品安全追溯体系等全产业链运作手法必不可少。当前很多连锁和加盟品牌开始从一线城市逐渐向二、三线城市下沉，可是现有的冷链物流网络不足以支撑。随着第三方物流企业不断提升自身的配送能力，逐步建立可覆盖全省的温控配送网络，达到日配日销的水平。而餐饮企业为降低物流成本，共同配送是最好的发展路径。

（二）基础设施不断完善

1. 冷链仓储情况

一是冷库总量情况。据冷链调研数据显示，截至 2017 年年底，全省现有冷库容量达到 129. 3 万吨，同比增长 28%；在建冷库容量达到 40. 3 万吨；规划冷库容量达到 39. 2 万吨（见图 3 -2 -1）；多温库容量 12. 3 万吨；气调库容量 0. 56 万吨。

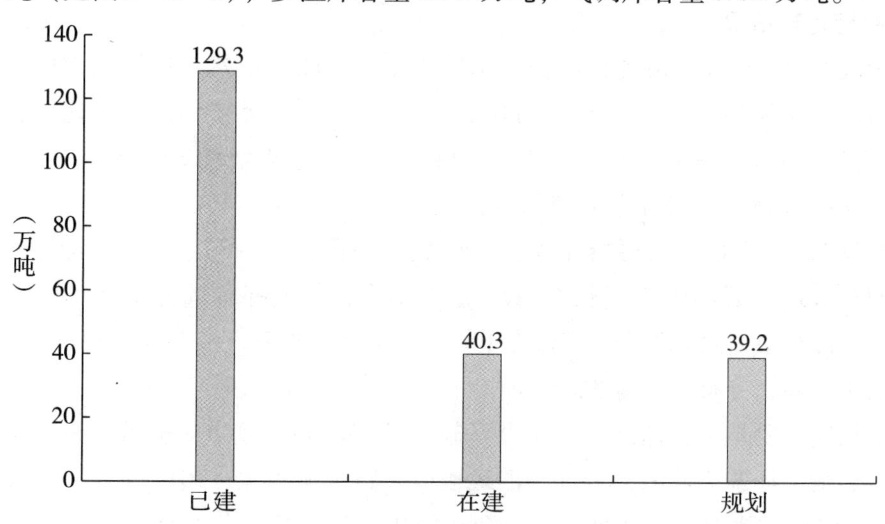

图 3 -2 -1　2017 年江西省冷库情况

目前，冷链物流呈“金字塔形客户”结构，分为七层（见图 3 -2 -2）。

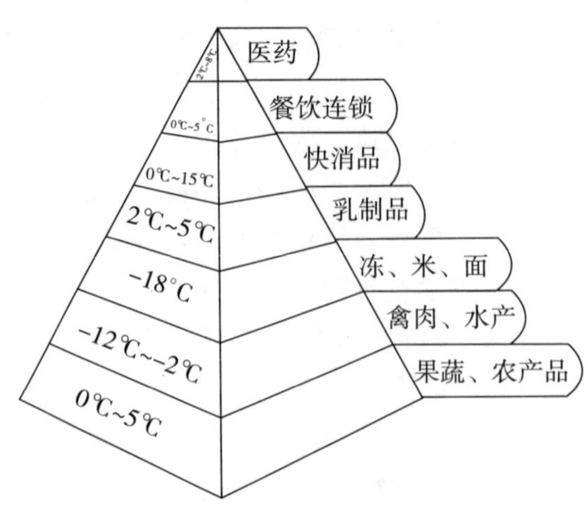

图3-2-2　冷链物流金字塔形客户结构

塔顶客户——高附加值的医药、餐饮连锁、快消品类，冷链物流多数采取外包形式。

中间层级客户——工业制品和加工型乳制品、速冻米面食品类，冷链物流竞争最激烈的市场。

下层客户——食材型禽肉和水产类

塔底客户——果蔬、农产品类，冷链物流依托生鲜电商平台发展最为迅速的市场。

二是江西省冷库租赁价格与成本分析。据调查显示，全省生鲜农产品年产量超过2500万吨，通过冷链物流运往湖北、湖南、浙江、广东、福建、安徽等地区。各设区市冷库容积、冷库租赁价格及周转时间情况见表3-2-4，冷库企业成本结构及占比情况见表3-2-5。

2. 冷链运输情况

现阶段全国冷链运输市场仍以公路运输为主，冷藏车依然是冷链物流的核心运载装备。2013年全国冷藏车产量超过万辆，并以20%的年增长率持续快速增长，截至2017年年底，中国冷藏车市场保有量达到14万辆，较上年增长2.5万辆，年增长率约21.7%。预计2018年全年增长量仍将维持在2.5万辆以上。

截至2017年年底，全省共有冷藏车747辆（见图3-2-3），其中新能源冷藏车63辆，冷藏车数量相比2016年增长40.15%，冷藏车每万人拥有量为0.16辆，低于全国平均水平；冷藏集装箱242个，保温车106辆。从全国来看，江西省冷藏车呈现数量不够、发展不平衡、分布不均衡的态势。

冷链运输主要是由公路运输、水路运输、铁路运输、航空运输及多种运输方式组成的综合运输。经调查显示，全省冷链运输以公路运输为主，2017年全省企业冷链物流运输总量351.7万吨，同比增长24.4%。其中按货物品类分：果蔬类76.7万吨，肉类176.5万吨，水产品类28.5万吨，其他品类70万吨。其中肉类占总运输量的50%，水产品占总运输量的比例最低为8%（见图3-2-4）。

表 3-2-4　江西省各设区市重要农产品及冷库资源供应情况

序号	货源地	货源种类及产量（2017 年）	主要流向	冷库容积（万立方米）	冷库租赁价格（元/平方米·月）	周转时间		
						水果	蔬菜	冻品
1	南昌市	蔬菜：总产量 129.32 万吨 水果：总产量 14.38 万吨 水产品：总产量 44.22 万吨 畜牧产品：总产量 15.2 万吨	湖南、湖北、福建、广东、安徽、浙江	103	30～90	1～2 天	1～2 天	1 周
2	九江市	蔬菜：总产量 104.55 万吨 水果：总产量 14.08 万吨 水产品：总产量 48.46 万吨 畜牧产品：总产量 21.24 万吨	江西、湖北、黄梅、安徽、望江县、宿江	27.092	60～90	苹果 5～6 个月 哈密瓜 1～2 个月	—	3 个月
3	赣州市	蔬菜：总产量 328.93 万吨 水果：总产量 158.10 万吨 水产品：总产量 32.72 万吨 畜牧产品：总产量 72.81 万吨	江西、福建、广东	24.28	80～120	2～3 天	1～2 天	2～3 周
4	吉安市	蔬菜：总产量 93.7 万吨 水果：总产量 57.37 万吨 水产品：总产量 23.98 万吨 畜牧产品：总产量 103.85 万吨	江西、湖南、广东	11	80～100	2～3 天	1～2 天	3～4 周
5	上饶市	蔬菜：总产量 157.16 万吨 水果：总产量 7.07 万吨 水产品：总产量 55.39 万吨 畜牧产品：总产量 31.62 万吨	江西、浙江、福建、武汉、长沙、杭州、无锡	26.68	60～120	1—2 天	1—2 天	3 个月左右

续 表

序号	货源地	货源种类及产量（2017年）	主要流向	冷库容积（万立方米）	冷库租赁价格（元/平方米·月）	周转时间		
						水果	蔬菜	冻品
6	抚州市	蔬菜：总产量151.77万吨 水果：总产量178.27万吨 水产品：总产量19.98万吨 蓄牧产品：总产量35.1万吨	江西、福建、广东	0.64	50～70	—	—	—
7	宜春市	蔬菜：总产量174.39万吨 水果：总产量14.53万吨 水产品：总产量38.69万吨 蓄牧产品：总产量62.0万吨	宜春、新余、吉安、萍乡、莲花、分宜	25.2	70～110	1～2天	1～2天	淡季时间长，年前时间短
8	萍乡市	蔬菜：总产量63.7万吨 水果：总产量1.03万吨 水产品：总产量4.38万吨 蓄牧产品：总产量14.97万吨	萍乡市区、宜春、新余、吉安、株洲、长沙	7.6	80～180	1～2天	1～2天	3～6个月
9	新余市	蔬菜：总产量20.5万吨 水果：总产量12.8万吨 水产品：总产量5.65万吨 蓄牧产品：总产量9.31万吨	分宜县、宜春、新余	28.04	60～100	1～2天	1～2天	淡季1周期左右，旺季每天
10	景德镇市	蔬菜：总产量81.8万吨 水产品：总产量3.55万吨 蓄牧产品：总产量6.28万吨	江西、浙江、安徽、福建、湖北	2	—	1～2天	1～2天	1～2周
11	鹰潭市	蔬菜：总产量29.4万吨 水果：总产量5.27万吨 水产品：总产量5.39万吨 蓄牧产品：总产量12.61万吨	（全国）江西、福建、浙江	3.2	60～120	—	—	1～3个月

表 3－2－5　　冷库企业成本结构及占比情况

成本项目	成本属性	折旧年限	成本占比
土地	固定	40 年	40% ～45%
冷库建设	固定	20 年	45% ～55%
租金	半固定	—	60% 左右
设备（制冷、货架、叉车、托盘）	固定	3～8 年不等	10% 左右
办公设施	固定	—	—
信息系统	半固定	—	—
人工费	变动	—	30% ～40%
电费	变动	—	10%
低值易耗品	变动	—	—
管理费	变动	—	运营的 5% ～8%
税费	变动	—	6%

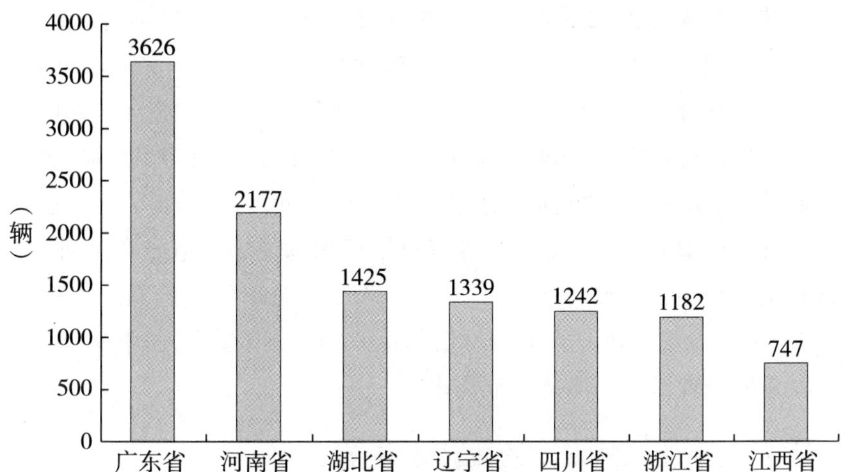

图 3－2－3　全国部分地区冷藏车分布情况

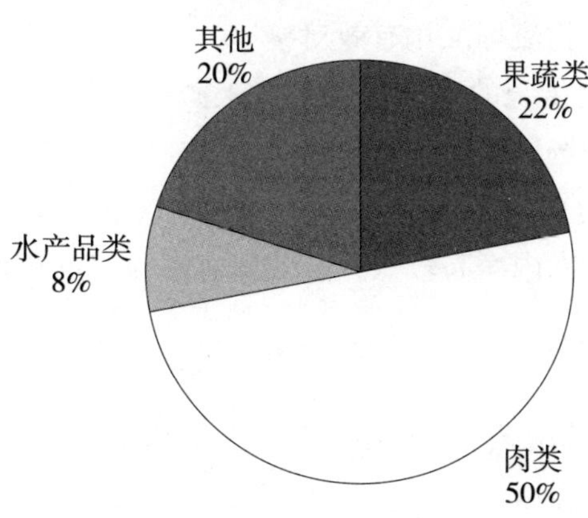

图 3－2－4　2017 年江西省冷链运输情况

二、江西省冷链物流行业发展问题

近年来随着政府的重视、政策的支持以及人民对健康农产品需求量的增加，现代农产品储存技术普及应用，农产品冷链物流发展条件和环境不断改善，全省冷链物流得到快速发展。近年来，全省培育出了如南昌肉联食品集团公司、江西玉丰实业有限公司、九江新雪域物流园等一批冷链物流龙头企业，也引进了明品福、中农批、顺丰等一批国内知名冷链物流企业。但全省冷链综合流通率只有13%，尚不及福建、广东的一半，冷链物流依然处于发展的初级阶段，主要体现在以下方面。

（一）供需结构性矛盾突出

（1）区域分布不均衡。全省已建成的冷链设施大多集中于以省会南昌为中心的赣北地区（冷库总容量占据全省63%），人数占全省三分之一的赣南地区（赣州、吉安），冷库总容量仅占全省的13%，比例偏低。

（2）冷库建设与实际需求不匹配。全省尚未形成多功能的区域性农产品冷链物流基地，缺乏城市大型生鲜产品配送中心。冷库类型上，肉类冷冻库多于果蔬冷藏库，仓储型冷库多，具有分拣、加工、包装、配送、服务等配套功能的冷库较少，城市经营性冷链设施多于农村农产品产地冷链设施。一方面产地冷库建设相对滞后，果蔬预冷、冷藏设施明显不足；另一方面部分地区消费型冷库存在低水平重复建设，部分生产型企业因为只经营季节性农产品，冷库仅供工厂内部使用，造成冷库利用率偏低。

（3）冷链运输设备能力整体不足。公路冷藏及保温车数量偏低，占货运汽车保有量的比例为2.5‰，冷藏车每万人拥有量仅为0.16辆，远远低于全国每万人1.08辆平均水平，难以满足全省目前的冷链物流需求。

（二）冷库硬件设施陈旧，物流技术装备落后

（1）绝大部分已建成冷库制冷设备陈旧老化，冷库场地、月台、库门及冷库内部的柱距布局等设计难以与物流标准化有效对接。

（2）多数企业仍使用传统的人工堆垛和人工搬运，装车多是在开放式月台而非具有降温设施的封闭式月台场所操作。

（3）全省冷库大多为高4.5~6米的单层土建库，单层立体库建设较少，冷库运营的耗能较高，平层库由于库内净高较低，有效库容占保温面积的比重非常低。

（三）断链现象普遍

冷库设施发展较快，但其他环节相对薄弱，尤其是农产品物流上下游之间缺乏整体协调与规划，具体体现在以下方面。

（1）产品源头的产地预冷严重缺乏。全省农产品产地严重缺乏预冷设施和低温存

储设施，农产品运输大部分是采用常温运输，冷藏运输率较低，在“最先一公里”环节品质难以得到保障。

(2) 冷藏运力不足，运输、配送环节温控手段粗放，冷藏运输及配送过程缺乏监控，同时专业冷链运输车辆的数量还有较大差距，难以满足现有冷库的配套需求，“板车＋棉被”的运输方式依然存在。

(3) 冷藏货物的装卸和进出冷库过程大部分都是在外置开放式月台下操作，处于断链状态。

(四) 缺乏大型龙头冷链物流企业

目前全省冷链物流企业多为中小企业，主要以区域性服务为主，经营管理粗放，整体效率不高，缺乏区域竞争力强、影响力大的冷链物流龙头企业。截至 2017 年年底，中国百强冷链物流企业暂无江西冷链物流企业，全省多数冷链企业经销规模小，服务标准不统一，由于无法实现资源共享，各企业自建冷库使得企业运营成本居高不下。

(五) 冷链物流信息化水平低

全省目前尚无冷链物流公共信息服务平台，信息共享滞后，冷藏车空置与供给不足同时存在，冷链运输资源浪费，影响农产品配货运输速度，冷链运输成本增加，阻碍了生鲜等农产品供应质量的提升。据调研显示，全省农产品冷链物流企业信息化程度低。虽然全省 79% 冷链物流企业在日常运营中已使用信息化手段，但都是各模块单独使用，尚未形成系统，只有不到 10% 企业拥有一套完善的冷链信息系统（订单管理系统、仓储管理系统、车辆定位系统、运输管理系统、温湿度监控系统等）。

(六) 服务保障体系不健全，冷链专业人才缺乏

(1) 产地源头的预冷及城市配送的保障体系和冷链物流的快速发展不相适应，生鲜冷链配送“最先一公里”和“最后一公里”问题未能有效解决。

(2) 支持冷链物流产业发展的金融服务不配套，专门针对冷链物流项目建设、冷藏车辆购置、冰鲜运输车辆高速路通行等方面的支持政策尚未出台。

(3) 规范冷链物流各环节市场主体行为的法律法规体系尚未建立，对冷链环节技术要求和标准的执行情况缺乏有效监督。

(4) 监管部门相对关注某一环节的产品状态，而对冷链过程的监管和追溯相对弱化；企业对保证农产品鲜度和质量的重要性认识不足，新技术的应用意识不强；大部分消费者保留着传统的消费习惯（比如对热鲜肉的偏好），食品安全意识不强，对温度变化影响食品鲜度和食品安全的程度认识不足。

(5) 冷链专业技术、管理人才和操作技工紧缺。据调研显示，2017 年全省 152 家冷链物流企业从业人员总数近 5 万人，在全省近 2 万家物流企业 119 万从业人员中占比

为4.2%，其中冷链相关岗位从业人员总数为1.29万人，在冷链物流企业从业人员中占比为25.8%；冷链从业人员中具有大专及以上学历或专业资质人员总数为0.27万人，在冷链物流企业从业人员中占比为5.4%（见图3－2－5）。

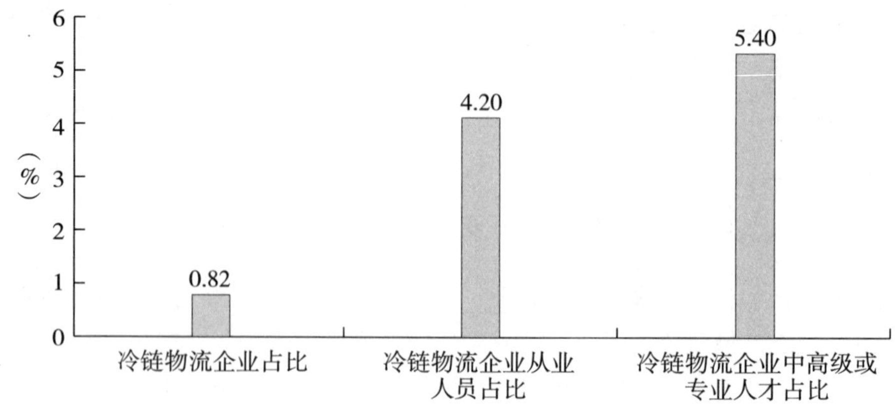

图3－2－5　2017年江西省冷链物流企业从业人员情况

三、江西省冷链物流行业发展建议

（一）扩大冷链物流市场

（1）积极发展现代农业，改变现有农业经营模式，发展“农业产业园区＋电子商务＋物流”的运营模式，保证农产品生产企业从源头开始，实现温度控制，发展冷链运输和低温销售，建立以生产企业为核心的冷链物流体系。

（2）适应标准化种植和现代农业发展需要，加强果蔬产地预冷、储存保鲜和低温运输，提高农产品附加值。加快产地农产品批发市场低温储藏保鲜设施建设，支持农产品批发市场、农产品生产流通企业建设具备集中采购、低温加工、跨区域配送能力的果蔬配送中心和中转保鲜库；积极与果蔬产地对接，在果蔬运输环节推广全程温控技术，建立面向销售终端的一体化冷链物流快速调配体系。

（3）鼓励大型连锁零售企业加快生鲜食品配送中心建设，在做好企业内部配送的基础上逐步发展为社会提供公共服务的第三方冷链物流中心。

（4）重点支持农产品城市配送的冷链物流配送体系建设，大力提升农产品冷链运输车辆匹配比例，推行农产品冷链城市配送车辆统一标识和车型标准化，推广具有常温、冷藏、冷冻等多温层功能农产品运输车辆。

（5）利用第三方物流，构建跨区域的农产品长途冷链物流体系。

（二）突出区域特色，优化空间布局

综合考虑全省各区域当前和今后五年内农产品特色产业、生产布局、人口集中度、

消费水平、消费习惯，兼顾现有冷链物流基础以及未来发展潜力，以满足生产、流通发展和消费需求为目标，进一步优化布局。

抓住国家级赣江新区建设和昌九一体化发展的重大契机，构建以昌九为核心，以赣中南、赣东北、赣东南、赣西四大发展地带为支撑的“一核四带”发展格局。

（1）昌九核心区，以南昌、九江为区域中心城市，发挥水空结合和南昌作为全国区域性物流节点城市、“一带一路”重要节点城市的优势，依托南昌昌北国际机场、九江港和南昌港，重点加快农产品冷链物流中心基地建设，推进周边县市（区）冷链物流园区、中心建设，配套完善多功能、标准化、国际化的冷链物流设施，提高铁路、公路、水路、航空冷链物流一体化运输服务能力，建成中部冷链物流集散分拨中心。

（2）赣中南，以赣州、吉安为区域中心城市，辐射闽粤湘交界地区市县。重点布局产销区和物流枢纽城市低温物流园区、农产品产地低温集配中心和物流集散地的中转集中区，建成赣中南冷链物流中心。

（3）赣东北，以上饶、景德镇为区域中心城市，辐射浙皖交界地区市县。重点加快水产品生产基地、水产品加工基地、水产品批发市场、农产品批发市场冷链物流设施等建设，建成赣东北冷链物流中心。

（4）赣东南，以抚州、鹰潭为区域中心城市，辐射福建交界地区市县。重点加快冷鲜肉、低温肉制品加工基地，水果后商品化处理生产线和贮藏保鲜库农产品生产基地、农产品批发市场冷链物流设施等建设，建成赣东南冷链物流中心。

（5）赣西，以新余、宜春、萍乡为区域中心城市，辐射湖南交界地区市县。重点加快农产品生产基地、水产品批发市场、农产品批发市场冷链物流设施等建设，建成赣西冷链物流中心。

（6）2020 年前，各设区市至少建设或升级改造一个与本地产业布局和消费需求发展相适应、有特色和前瞻性的冷链物流中心，进驻生鲜农产品批零、低温仓储、冷藏运输配送、冷链流通加工、中央厨房等运营主体，汇聚商品交易、流通加工、低温仓储、运力调度、信息共享、集中配送等功能，做到既突出区域特色，又体现各板块互为配套、互为补充和互为带动。

（三）优化农产品冷链物流体系

（1）预冷环节：鼓励果蔬种植、水产捕捞、畜禽屠宰企业选购适用型的冷水预冷、冷风预冷、真空预冷或混合预冷设备，解决产地源头预冷普遍缺失问题，把握收割、采摘、捕捞、宰杀后产品品质下降最快的 2 小时关键期。

（2）运输环节：推动企业尤其是第三方物流公司增加节能、环保、高效、安全的干线、末端低温运输工具，大幅度提升冷藏运输能力，减少“断链”；加强物联网技术在冷链运输过程中的应用，实现最佳运输线路的智能化匹配及冷藏运输温湿度的动态监控，加强对冷链运输车辆性能的检查，建立冷链车辆制冷保温性能年检制度，提高冷藏运输质量和效率。

（3）仓储环节：新建与改造提升并重。对设备老化、堆垛粗放、管理落后、事故隐患多的老旧冷库进行技术改造，推动配套建设封闭式装卸站台、电动滑升式冷藏门和防撞柔性密封口等设施，实现全封闭式作业。新建冷库重点发展多温库、气调库、立体自动化冷库等智能型高端冷藏设施。大力推进一批传统冷库的功能拓展，建设低温加工区、包装区、分拣区、配送区发展增值服务。鼓励利用物联网技术加强冷链仓储信息采集与处理，实现仓储管理的信息化、自动化运作。

（4）零售环节：推动零售商完善冷藏设施，扩大低温零售冷藏柜、冷藏展示柜规模，普遍建立规范的冷藏温度记录制度。发展企业间合作，开展统一配送。

（四）加强冷链物流基础设施建设

以解决制约冷链物流发展“最先一公里”和“最后一公里”问题为重点，完善冷链物流基础设施布局，实现农产品冷链物流供给与需求的无缝对接。

（1）结合各地实际需求，加快建设一批结构合理、设施先进、节能环保、高效适用的冷藏冷冻库，提升改造一批符合条件的中大型冷库，建设封闭式月台、电动滑升式冷藏门等设施，实现全封闭式作业，推进一批传统冷库功能拓展，建设低温加工区，发展增值服务，从单一功能的仓储型冷库向冷链加工配送处理中心转变。

（2）鼓励产地批发市场、大型龙头企业和农民合作建设产地冷藏保鲜库，实现源头冷链错峰上市，提高农产品附加值。加快推进物流园区、农产品批发市场等冷链物流配套设施建设，支持大型连锁企业改造建设生鲜食品配送中心，提高集中配送能力。积极推进有条件的社区建设一批冷链储藏柜等新型社区化配送设施，满足居民对冷链农产品的需求。

（五）推进冷链物流标准化

（1）加大冷链物流标准的宣贯实施力度。开展物流标准化专项培训工作。依托江西省物流标准化技术委员会，积极推行符合国际规范的质量安全认证和市场准入制度。全面落实中华人民共和国国家市场监督管理总局和中国国家标准化管理委员会已颁布的《食品冷链物流追溯管理要求》《主食冷链配送良好操作规范》等，实行食品全程监控与质量追溯制度，并组织开展冷链物流相关国家标准、行业标准、地方标准的宣贯活动和“达标对标”活动，引导冷链物流企业公开服务标准。

（2）积极推进标准化建设。健全标准化建设的体制和机制，优化全省冷链物流标准化建设的顶层设计。构建更为全面、科学、合理、系统的物流标准体系，围绕需求和问题，制修订符合江西省的地方标准，鼓励社会团体制定冷链物流团体标准，提高标准市场供给能力。构建冷链物流标准信息服务平台，向社会提供标准服务。

（3）开展冷链物流标准化试点工作。提升企业在标准化活动的主体地位，引导和鼓励企业使用托盘、容器、包装等标准化运输工具，加大财政资金扶持力度，鼓励和支持企业按照规范化、标准化运作要求，建设全程温湿度自动监测、控制和记录系统，支持并鼓励冷链物流企业积极主导并参与国家标准和行业标准的制修订工作，强化标准的科学性和实际可操作性。

（六）全力推动冷链物流信息化建设

（1）支持物流公共信息平台建立冷链物流子平台或冷链物流独立模块，推动建立冷链物流大数据库，并逐步与全国农产品冷链流通监控平台、国家交通运输物流公共信息平台、城市配送公共信息平台对接。实现上下游企业数据交换和信息共享，整合优化冷链物流资源，全面提升冷链物流业务管理的信息化水平。

（2）推广应用无线射频识别、二维码、电子标签、卫星定位系统、电子化运单、温湿度记录系统、物联网等信息技术，建立冷链流通的全过程质量安全管理体系和信息追溯体系，提高种植养殖源头生产、加工、流通环节的安全性。

（3）加强物联网、云计算、大数据、移动互联等先进信息技术在农产品冷链物流领域中的应用，鼓励生鲜电商企业利用信息平台优势开展大数据分析，合理安排采购、库存、配送，提高供应链全程管控能力。

（七）加快培育第三方冷链物流企业

（1）积极争取省外境外冷链物流企业在江西省设立分支机构或总部机构，鼓励实力雄厚、经营理念和管理方式先进、核心竞争力强的大型冷链物流企业来赣投资兴业。

（2）扶持省内现有物流企业发展。推进与国企、外企、民企三维对接，引进一批组织化程度高、专业服务能力强、辐射区域广、经营效益好的大型物流企业。

（3）通过参股控股、兼并联合、合资合作等方式进行资产重组、业务融合和流程再造，对分散的冷链资源进行整合，壮大企业规模和实力。

（4）鼓励企业参与全国星级冷链物流企业评定，在此基础上研究制定江西省冷链物流企业评定标准，按照不同级别对相应企业给予一定资金和政策支持。

（八）推动冷链物流对外开放

发挥综合交通枢纽优势，依托高速公路、铁路、水路、航空等干线网络，积极推进赣欧班列、赣港班列、昌九、赣中南、赣东北、赣东南和赣西通道建设，构建全省冷链物流干支、空水地相结合的综合立体运输服务大通道。围绕国家“一带一路”倡议，依托中欧班列（赣欧班列）铁路，加强与沿线国家及城市农产品贸易合作，大力发展进出口冷链物流。积极扩大果蔬、水产品等冷链农产品运输规模，增加全省冷链农产品输出品种，推动全省特色农产品国际化发展，构建江西省国际冷链物流运输大通道。

（九）推进冷链物流模式创新

（1）发展城市冷链共同配送。鼓励生鲜农产品经营主体加强与配送、快递等企业合作，支持企业开展多品种、小批量、多批次的冷链共同配送服务。发展“冷链配送+连锁零售”“生鲜电商+冷链宅配”“中央厨房+食材宅配”“生产基地+电商+冷链快递+智能菜柜”等新型业态模式，推动供货、运输、配送终端无缝衔接，形成“干线运输+神经末梢”的冷链共同配送网络。

（2）实施冷链联盟计划。鼓励上下游企业加强冷链物流战略合作，加快建立一批贯通产业链上下游和同业企业间的“冷链联盟”，推动联盟内企业精细分工、流程再造，实现资源高效利用。

（3）融合发展模式。以农超对接为切入点，促进冷链物流与批发市场、大型超市、社区超市等商贸流通企业加强合作，助推冷链产品直销模式发展。以生鲜电商为切入点，促进冷链物流与综合电商平台、垂直电商平台等电商企业加强合作，助推冷链产品线上销售模式发展。

（4）互联网+冷链物流。推进物联网、互联网在冷链物流中的应用，以冷链物流公共信息平台为载体，建立信息采集、交换、共享、追溯机制，实现供与需、车与货等精准对接、精准服务。

（江西省商务厅市场体系建设处　江西省物流与采购联合会秘书处）

江西省物流人才培养现状分析及建议

随着全球经济一体化加深和中国对外开放程度越来越高，中国经济逐渐从高速增长向高质量发展。江西物流业在国家及地方政府的高度关注下，呈现出平稳较快的增长趋势。全省物流人才的培养对于推动全省现代物流业的发展起着举足轻重的作用。

一、省内物流专业开设情况

根据教育部本科招生目录，物流类专业包括物流管理、物流工程、采购管理3个本科专业，物流类专业属于新兴专业，是教育部于2000年开始设立的本科专业，具有应用性、实践性强的特点。根据教育部提供的本科物流专业布点数据，截至2017年，全国开设物流类本科专业的高等院校达570所，布点数622个。其中开设物流管理本科专业院校有495所，物流工程本科专业院校有120所，采购管理本科专业院校有7所，见表3－3－1。

表3－3－1　全国物流类本科专业布点

专业名称	2017年布点数	2017年百分比（%）
采购管理	7	1.1
物流工程	120	19.3
物流管理	495	79.6
合计	622	100.0

资料来源：中国物流与采购联合会、教育部物流教指委《2017年度中国物流高等教育年度报告》。

根据江西省教育厅的最新统计数据显示，江西省现有本科院校29所，其中开设了物流类本科专业（物流管理、物流工程）的高校共13所，其中民办本科高校4所。13所院校每年物流相关本科专业毕业生1500余人，如表3－3－2所示。

表3－3－2　江西省物流类本科专业高校名单

序号	学校	开设专业
1	华东交通大学	物流管理、物流工程
2	江西财经大学	物流管理

续　表

序号	学校	开设专业
3	南昌工程学院	物流管理
4	东华理工大学	物流管理
5	赣南师范大学	物流管理
6	九江学院	物流管理
7	江西科技学院	物流管理
8	江西理工大学	物流管理
9	景德镇陶瓷大学	物流管理
10	南昌职业学院	物流管理
11	江西经济干部管理学院	物流管理
12	华东交通大学理工学院	物流管理
13	江西财经大学现代经济管理学院	物流管理

江西省共有40余所高职专科院校开设物流相关专业，每年毕业生近5000人，其余皆为非专业教育人才。虽然江西省开设物流相关专业的高校不少，但是毕业后从事相关交通运输、仓储和邮政业的，具有理论知识的物流人才占比只有18.93%，大部分从业者只注重仓储和运输管理理念。物流管理人员专业水平落后，无法满足制造企业和商贸流通企业对高层次物流人才的需要。

二、江西省内物流人才培养情况

1. 大专院校重理论，轻实践

大专院校虽然有完善的人才培养方案和成熟的课程体系，但在学生的实践能力培养方面存在严重不足。学校主要以课堂教学为主，依然是传统的教师教、学生听的授课模式。纵观全省大专院校人才培养方案发现，本科院校物流管理专业实践课程比重低，四年教学计划中涉及实践的内容仅为一个月的校外实习，第八个学期学生基本都在求职和撰写毕业论文；专科院校相对更重视实践，有6个月顶岗实习，且省内大部分高职院校的人才培养方案都明确了第六个学期为毕业实习或者顶岗实习。

2. 物流行业人才流出多，流入少

物流管理专业学生大部分有意向去沿海发达地区发展，江西省物流行业相对于发达地区尚处于发展初级阶段，对高水平专业人才缺乏吸引力，流出去的专业人才回流少。根据每年本省院校物流管理专业学生就业流向来看，超过50%的学生第一次就业选择沿海发达地区。江西旅游商贸职业学院物流管理专业开设的订单班，有深圳德邦班、广州赛时班、上海百世班、江西顺丰班，只有一个订单班是为南昌地区输送专业

学生，其他订单班都是为沿海大型物流企业定向培养。根据外省就业的物流管理专业学生毕业 3 年后的发展情况来看，回流江西的学生每年仅有 10% 左右，但是选择物流行业的占比不超过 5%，原因在于江西省物流行业发展水平较低，对物流管理专业学生的吸引力不足。

3. 物流企业缺乏内部培养机制

省内物流企业在内部培养人才方面投入很少，不能满足物流专业人才深造的需求。通过对省内物流企业走访，并且组织学生对南昌市各细分领域物流企业进行调研，发现省内物流企业在每年的经费预算中很少有员工培训方面的专项支出预算。物流管理专业人才进入省内物流企业发展，通过自身努力后难以实现预期目标。只有具有全国性网络的知名品牌的大型物流企业，比如江西顺丰、宇鑫物流江西公司等，有完善的内外部培训机制和专项人才培养经费预算，大部分本省物流企业缺乏对新员工引进和再培训的专项经费支出。

4. 政府对物流行业高水平人才引进缺乏激励机制

江西省政府出台了非常多的高精尖人才引进方案，却缺少具体针对全省物流行业高水平人才引进的配套专项激励措施。希望政府通过不同方式和各种渠道，培育市场急需的物流管理人才，对现代物流人才引进制定专门优惠政策。

三、典型物流人才培养方案分享

社会发展迅速，行业不断更新迭代，物流管理专业理论知识传递也需要紧跟市场变化和行业发展的脚步，以下几种已经尝试并取得一定成效的物流管理专业人才培养方案供大家探讨。

1. 建立校外合作基地

在校企合作的基础上，可适当对南昌的物流企业进行筛选，或者根据地理位置就近原则，选择有条件的物流企业为学校提供实践实训场地和实训设备，学生可以切身体验物流的实际操作，在实训中发现问题、解决问题，从而提升学生实践能力。

2. 物流管理专业课程加大市场调研比重

物流行业从成长期进入成熟期，大数据遍布物流业务各个模块。在校大学生对行业分模块调研显得尤为重要。教师可在刚入学的新生中成立外出调研小组，对各大物流市场和企业开展调研。新生对自己所学的专业相对有好奇心，保留了高中阶段的学习积极性，同时乐意并且有精力外出调研企业。通过理论与实践的学习，学生能更快地找到学习的方向和动力，也让学生更深入了解物流行业。

3. 开展订单班培养

如果成立外出调研小组是培养学生自主学习能力，那么成立订单班则是更有针对性地引导学生去学习。学生在对物流的某个领域感兴趣时，可以选择对应的订单班，可精学货代、冷链等物流的不同细分领域。订单企业也能为订单班的学生提供短期实习，也有企业导师定期给学生上课，讲授除课本以外的实际操作经验。江西顺丰班、深圳德邦班、广州赛时国际货运代理班等深受学生和物流企业青睐。

4. 邀请行业精英进校园开展专题讲座

学校难以提供浓厚的实践学习氛围，学生容易养成惰性思维，特别是即将毕业的大专生容易陷入迷茫，很多学生不知道将要何去何从。不定期邀请物流行业精英来校讲座，讲行业动态、行业经验，能有效培养学生对物流管理专业知识的兴趣，激发学习动力。

5. 物流管理专业教师下企业锻炼

教育部出台了鼓励高职院校教师下企业锻炼相关政策，规定在五年内锻炼时间不少于6个月。如江西旅游商贸职业学院，每年都要安排物流管理专业教师下企业锻炼，深入一线了解物流行业发展现状，学习企业业务模式、操作流程，丰富课堂教学内容。

四、江西省物流人才培养建议

1. 从学生方面

（1）物流专业学生需要具有危机感。学生要时刻保持学习的积极性，树立终身学习的思想，不断在学习中成长、提升自己。人工智能技术的成熟，传统的劳动力将逐步被替代，最终需要的是高级物流人才。学生在校期间边学边实践，初入职场要学会边干边学，就业后要不断更新知识、提升学历。

（2）学习范围和视野需要拓宽。除了向省内优秀物流企业学习业务流程，还要学习全国知名物流企业的业务模式，更重要的是围绕习近平总书记提出的“伟大工程”目标，立足专业、放眼全产业链，学习全球供应链巨头的最新业务和发展方向。

2. 从学校方面

（1）加强师资队伍建设。教师作为物流人才培养的中坚力量，教师的教学水平决定着人才输出水平。因此，加强师资建设是培养高质量物流人才的关键。加强师资队伍建设，可以采取内培外引的方式，引进行业经验丰富的人才，进一步优化教师结构，提高教学质量。

（2）教师深入掌握行业发展趋势。市场与行业的瞬息变化，要求高校教师与时俱进，倡导高校领导积极鼓励教师在教学之余扎根市场、扎根行业，不断更新行业知识。同时也鼓励高校提供更多外出实践的机会，读万卷书，行万里路，教师的知识更新将对学生的进步产生积极影响。

3. 从企业方面

（1）知人善任，人尽其才。大学生离职率高，据《2017年大学生就业报告书》显示，2014届本科、专科毕业生半年内离职的人群有98%为主动离职，主要原因是个人发展空间不足、薪资福利偏低。如何留住新招聘的人才？高校积极对接企业，为企业输入人才，江西省物流企业也要知人善任，人尽其才。全省物流企业要建立完善的培训机制，针对不同学生给予不同岗位培训，为其制定职业规划，对表现好的学生给予适当的物质或精神上的奖励，同时加强对学校的反馈工作，江西省高校可根据往届学生表现适当调整人才培养方案。

（2）改变组织架构和运营模式。传统的企业组织架构都是自上而下的官僚体系，任务是通过命令向下传递，使组织缺乏活力，新时代年轻人是个性张扬的一代，每个人都有被尊重被需要的心理。因此，物流企业需要调整组织架构和运营模式。物流公司可以依据具体任务组建团队，由成员推选团队负责人，公司定期进行考核，激发年轻人自主性和活力，满足他们的心理需求。

4. 从行业方面

（1）江西省物流行业组织要制定物流人才培养标准。从源头上拟定江西省物流人才科学标准，依据江西省物流行业实际情况，按照物流行业不同分类标准细化物流人才各项指标。

（2）对江西省物流人才进行分层次分业务培训。行业组织积极打造全省物流人才培养输入地、中转站、输出地，成为江西省物流人才的蓄水池，为学生、学校、行业、政府等搭建桥梁，提供全方位的全省物流人才培养平台。

5. 从政府方面

引领江西省高校物流人才培养方向。党的十九大报告提出，中国特色社会主义进入新时代，全国社会主要矛盾已转化为人民日益增长的美好生活需要和不平衡不充分的发展之间的矛盾。随着人民对美好生活的追求，为物流的发展提供新机遇、提出新挑战。冷链物流、国际物流成为发展新潮流。与此同时，人工智能、大数据、区块链等先进技术飞速发展，为物流行业转型升级创造新机遇。智慧物流、物流大数据成为物流企业的发展趋势，未来的物流从业人员必须是既懂物流业务，又懂计算机技术、互联网技术、通信技术等相关知识，熟悉现代物流信息化运作规律，能够应用物联网、云计算、大数据、人工智能等新型技术辅助解决实际问题，提高物流效率的高素质“复合型、技术应用型”物流人才。江西省应加大对高层次物流人才培养的投入，出资对全省物流人才分层次培训，重视引进全球高精尖物流人才，依托行业协会组织全省优秀物流人才前往发达国家标杆物流企业考察学习。

（华东交通大学　甘卫华　江西旅游商贸职业学院　邹建生）

第四部分
典型案例篇

※ 物流服务业

港口物流企业

“一带一路”的新明珠，内陆双向开放的新高地

——赣州市南康区口岸发展有限责任公司

一、企业基本情况介绍

赣州港“一带一路”多式联运示范工程（以下简称“赣州港”）是全国第二批、江西省首个多式联运示范工程项目，工程位于江西省赣州市南康区，由赣州市南康区口岸发展有限责任公司牵头，中铁南昌局集团有限公司货运营销中心参与运营。

赣州港规划占地面积5500亩，总投资约30亿元，围绕平台建设和功能配套，已完成投入超20亿元。项目于2014年10月开工建设，2015年1月实现直通运营，2016年9月获批成为全国内陆第8个对外开放口岸和中国内陆口岸首个监管试验区，2017年11月获批成为江西省首个全国多式联运示范工程（见图4-1-1）。现已建成进境木材

图4-1-1　赣州港多式联运示范区

监管区、赣州国际港站一期、集装箱堆场和10万平方米货物监管仓等核心功能区域，铁路场站配备了正面吊、龙门吊等装卸、运输等特种设备，赣州港“单一窗口”暨电子口岸建成运行，赣州国际港站二期现已完成主体工程，即将投入使用。

二、企业项目情况介绍

（一）业务开展情况

围绕江西省委、省政府加快把示范工程打造“一带一路”重要节点和国际货物集散地的发展目标，在加快完善各类基础设施的前提下，不断丰富自身运营能力，在原有的进境木材许可的基础上，赣州港正在积极申报进口肉类指定口岸、汽车整车进口指定口岸、粮谷饲料、水果等指定口岸资质，指定口岸的落地和申报极大地改变了赣州港的运营模式，完成了从单一品种向多品种发展转型。

为进一步做大做强多式联运业务，在赣州市南康区口岸发展有限责任公司的基础上，新成立了赣州陆港铁路运营有限公司、赣州融通实业有限公司、赣州陆港储运有限公司，组建了赣州国际陆港发展集团有限公司，以赣州港“一带一路”多式联运示范工程为载体，立足赣州辖区十八县（市、区），聚集辐射周边4省9市货物，大力推进多式联运业务发展（见图4－1－2）。2017年赣州港实现内外贸吞吐量23.8万标准箱，成为江西省吞吐量最大和全国铁海联运外贸集装箱吞吐量最大的内陆港，正朝着全国乃至世界货物集散地迈进。

图4－1－2　赣州港多式联运项目

目前，赣州港“一带一路”多式联运示范工程主要有公铁联运、铁海联运、空铁联运三种模式。公铁联运方面：对外，打通了满洲里、二连浩特、霍尔果斯、阿拉山口等沿边出口口岸，其中2条中欧班列线路纳入国网运行图，赣州港“一带一路”中欧（亚）班列也随之发展迅速，2017 年开行中欧（亚）班列 23 列，预计 2018 年全年将开行 200 列，已全面参与“一带一路”和全球经济竞争；对内，集聚了周边 4 省 9 市货物通过公铁多式联运辐射到东北、华北、西北、西南、华南、华东地区 16 个主要城市、19 条公铁内贸航线。铁海联运方面：打通了深圳、广州、上海、宁波等“出海通道”，成为盐田港、厦门港、广州港、大铲湾港的腹地港，目前与盐田港基本达成了“同港同价”（进口货物与沿海同价到港，出口货物与沿海同价起运）全面合作意向，这对示范工程全面发展具有里程碑的意义。空铁联运方面：已与广州、深圳、上海的国际机场国际快件中心及沿海跨境电商协会初步达成了合作意向，待赣州航空口岸验收及沿海通过后启动公铁海空多式联运。

（二）主要做法和经验

示范工程快速建成，创下了全国多个第一。作为内陆地区的开放平台，示范工程的迅速崛起对全国推进全方位开放、补齐内陆地区开放的“短板”具有积极意义，也为内陆其他欠发达地区提供了有益的探索和示范。总结示范工程的发展经验主要有如下几点。

一是中央顶层设计在红色苏区生动实践。示范工程从无到有、从小到大，快速蝶变，是抢抓中央全面深化改革和支持苏区振兴发展历史机遇的生动体现。国务院出台的《国务院关于支持赣南等原中央苏区振兴发展的若干意见》，在国家战略层面对赣南革命老区振兴发展做了“顶层设计”，原国检、海关、口岸、铁路、交通、发改等部门坚决贯彻落实，对示范工程建设给予了大力支持。

二是深化改革与产业发展高度衔接。家具产业是南康首位产业和富民产业，年进口家具用木材 1000 万立方米以上，家具企业从沿海木材市场“多道贩运”，面临需求量大、成本高、运费高、“两头在外”“低小散乱”等问题。为破解发展难题、助推产业转型升级，南康的企业勇于涉险滩，争取建设示范工程，通过示范工程的高效、便捷运输，进一步降低物流成本。这种始终立足于产业发展来深化改革、破解难题，坚持问题导向、市场导向、民生导向的做法，打造了示范工程这个开放性的功能性平台，是顶层设计与基层探索良性互动、有机结合，先行先试、敢想敢干的攻坚缩影，是“不以江西为世界、而以世界谋江西”“无中生有、有中生辉”的典型范例，为全国内陆地区探索发展开放型经济新路子提供了鲜活样本。

三是苏区精神与苏区作风深刻诠释。为加快推进建设运营进度，省、市、区三级超常规调度，在人、财、物方面给予充分保障，仅用 3 个月建成了核心功能区域，用半年时间开通了长达 3. 788 公里的铁路专用线，实现铁海多式联运，改变了物流结构，形成横贯东西、连接南北的对外经济的中部走廊。并以示范工程为核心，推动“港、产、城”联动发展，成为产业发展和对外开放的重要“引爆点”。

三、企业项目实施效果

（一）取得的主要成效

示范工程的建成运营，极大提升了革命老区经济的外向度，推动赣州乃至江西步入口岸时代，使开放的“末梢”转变为了开放的“前沿”，港口经济呈现“裂变”发展态势，成为苏区振兴发展由“输血”到“造血”的战略引爆点。概括而言就是“三大实现”。

一是实现了产业集群的大突破。通过示范工程，有 50 多个国家和地区的木材进入南康，家具等产品发往全球 100 多个国家和地区，实现了“木材买全球、家具卖全球”。在示范工程的带动下，南康家具实现准入规企业 1022 家，经省级核准 358 家，产业产值由 2012 年的 100 亿元猛增至 2017 年的 1300 亿元，电商交易额突破 200 亿元，成为全国最大的实木家具生产制造基地，被授予“中国实木家居之都”称号。示范工程的功能辐射周边 4 省 9 市，特别是在示范工程的带动下，赣州的经济结构、产业结构进一步优化，传统产业加速转型、新兴动能加快培育，现代化经济体系提速形成，有力带动了赣州“两城两谷一带”产业板块和全市新能源汽车、电子信息产业、稀土和钨新材料、生物医药等战略性新兴产业蓬勃发展，渐成燎原之势。

二是实现了高端要素的大集聚。通过示范工程，极大地推动了人才、金融、物流等要素高度集聚，外贸服务、现代物流、跨境电商等配套服务企业集聚，使得内陆赣州形成了全方位开放格局，经济的外向度大幅提升。其中，马士基、地中海航运等一批报关报检、船代货代等外贸服务企业相继入驻；京东、顺丰、德邦以及“三通一达”等全国知名物流企业、红星美凯龙等品牌的营销企业和龙泰安集团等冷链公司“抢滩入驻”；建成了京东、阿里巴巴全国最大的线上线下体验馆，获得了全球最大的 B2B（企业到企业的电子商务模式）跨境电商 ARIBA 中国唯一授权。

三是实现了内生动力的大提升。示范工程，不仅推动老区在制度、政策、产业、市场与沿海、与国际接轨，也让越来越多的企业解放思想、更新观念，开始主动“请进来、走出去”，注重研发设计、参与国际竞争，培育成长起来了一大批开放主体。同时，国际知名企业、一线品牌纷纷看好南康，仅南康承接的沿海电子信息企业抱团转移有 60 多家，推动南康、赣州成为粤港澳大湾区、海西经济区产业转移的首选地，有力推动了革命老区招大引强。

（二）下一步工作计划

赣州港将进一步围绕打造“一带一路”重要节点和国际货物集散地的发展目标，全力推动示范工程繁荣发展。

一是把示范工程打造为“一带一路”主节点。进一步整合全市乃至周边4省9市进出口资源，将示范工程建设成为开行班列最多、线路最优、成本最低的“一带一路”重要节点。

二是把示范工程打造为国际货物集散地。以顺丰、申通、德邦、京东等物流企业进驻为契机，完善示范工程物流配送服务体系，将示范工程打造成为国际货物集散地。

三是把示范工程打造为江西对外开放的“南大门”和赣州社会经济发展的引爆点。加快完善多品种运营和多口岸直通，积极申报建设自由贸易（实验）区，全面繁荣示范工程，全力打造成为国内一流示范工程，助推经济社会高质量发展。

充分发挥口岸优势，打造进口粮食（农副产品）重要集散中心

——上港集团九江港务有限公司

一、企业基本情况介绍

上港集团九江港务有限公司是由上海国际港务（集团）股份有限公司与九江市国资委于2008年2月共同发起成立的股份制公司，公司注册资金6亿元人民币，上港集团占股比91.67%，九江市国资委占股比8.33%。现有员工968人。目前公司下辖10家分公司、1家控股公司、3家参股公司。主要从事矿石、煤炭、钢材、集装箱等各类货物的装卸、储存、配送销售、水路运输、中转和代理等业务，现已开辟至长江沿线、欧美、日本、韩国、东南亚等国家及港澳台地区直达或中转航线，每周80余班。公司先后被评为江西省第一批重点商贸物流企业、4A物流企业，2015年公司城西集装箱码头获批成为江西省唯一进境粮食指定口岸，以公司发展为重要载体的九江水运口岸物流集群被列入省级重点推进物流示范产业集群，这些荣誉及资质的取得进一步夯实了公司发展基础、增强了发展后劲。

九江港作为江西省唯一的对外开放一类口岸，是江西省对外贸易的重要窗口，是长江中游重要的江海联运、内外贸中转枢纽港，是九江市、江西省沿江开放开发的战略前沿阵地，是江西省外贸物资进出入的重要通道。江西每年进口粮食规模在70万吨以上，通过将标准化托盘引入进口粮食（农副产品）物流运输体系，物流标准化可以加快物流过程中运输、装卸、搬运的速度，提高流通效率，进一步降低相关企业物流运输费用，对于企业加速市场布局和提升竞争力具有较大促进作用。此外利用进口粮食资质，推动进口粮食（农副产品）物流标准化，有利于实现“九江港获批一项资质、带动江西省一个产业”的目标，对促进区域经济发展具有重要意义。

二、企业项目情况介绍

九江港城西港区进口粮食（农副产品）物流标准化建设项目，以进口粮食（农副产品）物流设施设备标准化、作业管理规范化、信息支撑智慧化为方向，以提升城西集装箱码头和上港江西物流园区设施现代化水平为手段，以先进技术应用为支撑，以

完善进口粮食（农副产品）物流通道为重点，进一步健全支持进口粮食（农副产品）物流业发展的制度体系，加快提升进口粮食（农副产品）物流业发展水平，着力提高进口粮食（农副产品）物流效率、降低物流成本、增加物流附加值，促进进口粮食（农副产品）产业转型升级，为区域物资运输和经济发展提供重要保障。

（一）项目建设内容

1. 标准化设施设备

紧紧围绕进口粮食（农副产品）作业需要，按照粮食（农副产品）流通基础设施现代化的要求，建设与进口粮食（农副产品）物流和港口中转管理相适应的起重、运输设备设施，不断提高粮食接、卸、运业务装备的现代化水平。购置岸桥 1 台（40. 5 吨）、拖车 5 台、10 吨叉车 1 台，租赁标准化托盘 1000 片，投资 1811. 5 万元。标准化设施设备见图 4 - 1 - 3。

图 4 - 1 - 3　标准化设施设备

2. 智慧管理应用体系

投资 96. 6 万元建设智慧管理应用体系［升级 TOPS（交通运行与仿真）系统］，进而为进口粮食（农副产品）在港区、园区内卸船、短驳、查验、装车等作业提供高效信息支撑。实现统一调配进口粮食（农副产品）“散卸、散驳、集装、集运”现代化运输，提高工作效率，降低生产能耗。智慧管理应用体系操作界面见图4 - 1 - 4。

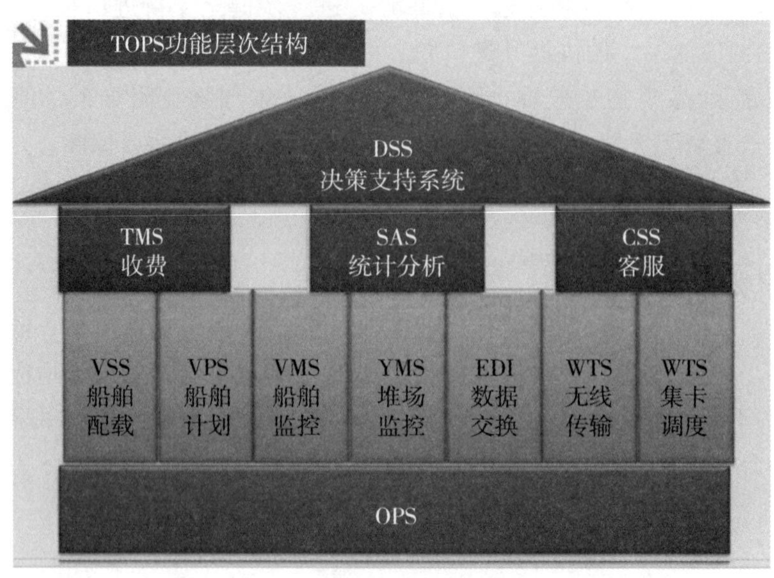

图 4－1－4 智慧管理应用体系操作界面

3. 智慧监控应用体系

投资 3.97 万元建设智慧监控应用体系。其中 APM（应用性能管理）监控系统对集装箱 TOPS4.0 等软件系统即时监控，以实现对应用程序性能管理和故障管理的系统化的解决方案。Oracle（甲骨文）系统是以 Oracle 关系数据库为构架基础，构建出的数据库管理系统。APM 系统工作运行原理见图 4－1－5。

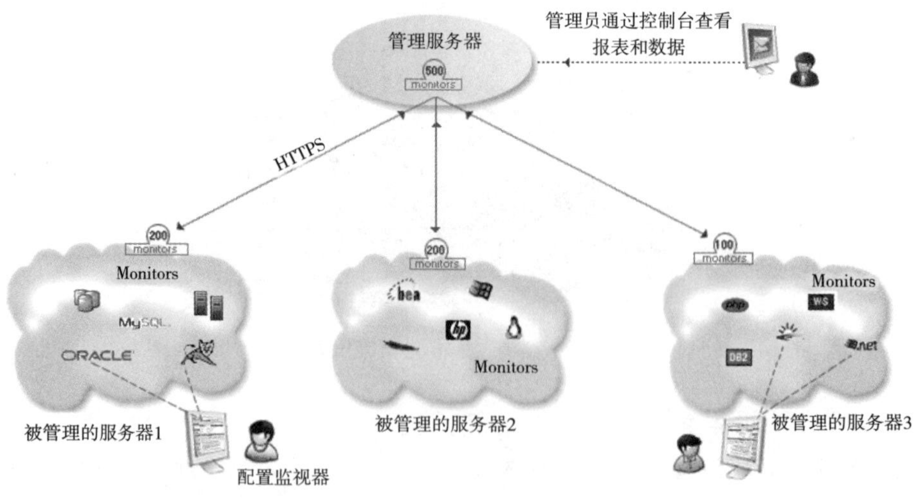

图 4－1－5 APM 系统工作运行原理

（二）运作模式

1. 物流标准化运作管理

通过实施统一标准，统一了公司品牌形象。主要包括以下 4 大标识：公司 LOGO（徽标）标识、安全类标识、运作类标识、企业文化类标识。体现在员工守则、宣传栏、标语口号、工作服装、拖车等的外在标识方面，旨在对内增强凝聚力，对外树立企业形象，提升企业品质，增强竞争能力。

建立和实施运作流程标准化，主要包括一般类流程标准化及操作类标准化。一般类流程标准化主要包含安全类流程和设备管理程序；操作类流程标准化是指在仓储运作收货、备货、发货、装卸、点检、维修过程中通过规范的操作流程，提高操作效率，降低成本。

2. 港口与物流园区联合

本项目涉及港口单元和物流园区单元，打破两个单元的隔阂和藩篱，通过信息管理技术和相应设备的高效利用，使得带托运输标的物在港区内能够快速卸船、快速短驳、快速查验。通过园区内叉车和托盘的使用，使得带托运输标的物能够快速进行仓储、装车作业。

港口单元与物流园区单元相辅相成，合作无间，共同提高进口粮食（农副产品）物流运输效率。

三、企业项目实施效果

1. 降低企业成本

通过推广物流标准化行动，企业物流成本（营业成本、工资、劳务费）占营业收入的比率由未实施前（2016 年）的 89.7% 下降到实施后（2017 年）的 83.8%，下降了近 6 个百分点。

试点前，对 TOPS 系统监控采用人工方式，假定需要 1 人进行监测，其成本约 8 万元/年。而试点后，采用了 APM 系统监控，只需一次性投入 3.3 万元。在节约成本投入时，系统监测比人工监测更为高效、及时，保障了系统的正常运转。

2. 提高物流效率

因实现带托运输，货物由试点前的人工装卸方式变为叉车装卸方式，减少了装卸时间。以一车装卸 20 吨粮食为例，装、卸时间由试点前的 2 小时减少至 90 分钟，装卸效率提升 30%。

自岸桥（40.5 吨，进口粮食专用）投入使用以来，有效缓解了城西集装箱码头岸桥不足的局面，进口粮食实现快速卸船，减少了进口粮食（农副产品）等候卸船时间。以等候一艘船舶卸船为例，减少等候时间约 3 小时。

3. 技术进步情况

堆场计划和监控系统由于采用了矢量图形化操作（也可称为 GIS）功能，从而使用户可以快捷方便地进行诸如放大、缩小、平移、全景、三维立体箱区、导航等基本操作。港区内的所有对象基本是按港区实际位置和坐标布局通过等比例缩放绘制而成，用户可通过操作鼠标在 GIS 图形界面上选取或绘制诸如新建箱区、箱区倍位占用、堆存计划区间、轮胎吊作业区间等，从而使用户减少数据的输入量、提高数据的可靠性，实现所见即所得的图形化可视效果。堆场计划监控子系统操作界面见图 4－1－6。

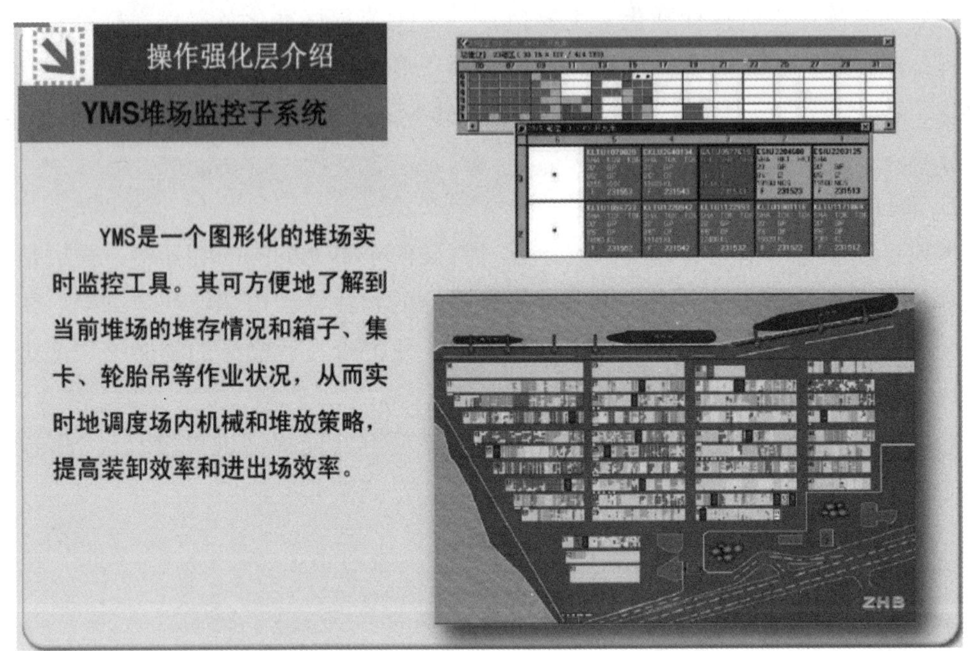

图 4－1－6　堆场计划监控子系统操作界面

4. 社会效益情况

（1）提高安全生产能力。

借助于使用叉车，进口粮食（农副产品）在装卸及落堆、堆码过程中无须人与货物直接接触，而是直接依赖机器，极大提升了生产的安全性。操作内容对比见表 4－1－1。

表 4－1－1　操作内容对比

试点前		试点后	
装卸方式	操作内容	装卸方式	操作内容
人工	一人指挥，一人落堆、摆堆，人、物需要配合密切。如配合协调不顺畅，可能导致安全事故发生	叉车	叉车司机完成独立操作，安全、快捷

（2）提升企业竞争力。

通过物流标准化建设，加快进口粮食（农副产品）周转速度，对保障进口粮食（农副产品）品质及生产厂家利益起到促进作用，能有效提升相关企业市场竞争力，促进区域经济发展。

通过标准化托盘的运用，以机械化、标准化操作取代传统人工操作，能有效减少人员投入、降低社会物流成本、提高社会物流效率。

（3）提升九江港服务水平。

TOPS4.0智慧管理系统及APM智慧监控系统的投入使用，以及标准化托盘的运用，进一步健全和完善了“港口+物流园区”服务配套体系和功能，释放九江港优良深水岸线优势，对腹地货物选择九江港进行直接进出口起到极大的吸引作用，有效促进了江西外向型经济发展，并提升了江西对外开放水平。

建设南昌铁路口岸，搭建对接“一带一路”大平台

——江西国储物流有限公司

一、企业基本情况介绍

江西国储物流有限公司（以下简称“国储物流”）是一家国有大型综合性物流公司，成立于2011年，注册资本3000万元。公司位于南昌市向塘经济开发区，处于南昌市高速南外环线上，距市中心20公里，距105、320与316三条国道交会处1公里，区内有京九、浙赣、皖赣、向乐4条铁路经过，交通便利，区位优势明显，是各类物资理想的集散地和销售地。

公司仓储面积12万平方米，露天货场面积7.5万平方米，仓储能力80万吨。起重设备50台（套），起重吨位500吨，场站拥有3条铁路专用线，年吞吐能力260万吨。公司本着“传递价值，合作共赢”的企业理念，不断开拓进取，与深圳盐田港、宁波舟山港、福州江阴港、中远海运、中铁集、中铁特货、五矿集团等国内外知名企业建立良好的合作伙伴关系。公司凭着稳定、可靠、安全的运营网络、科学的资源整合、先进的管理理念，为各类客户提供仓储、中转、配送、集装箱到发、期货交割等门到门、站到站的一站式全方位的物流服务。

二、企业项目情况介绍

（一）项目背景

为积极响应江西省委、省政府融入“一带一路”倡议的实施，全力打造口岸物流通道建设，更好地完善南昌开放口岸功能，促进江西经济发展，在江西省商务厅、南昌市政府、南昌海关的大力支持下，国储物流在现有铁路货场（933处）内建设南昌铁路口岸（一期）工程。

1. 江西开放型经济发展的迫切需要

江西省外贸经济发展已成为全省主要发展动能之一。2017年全省累计实现外贸进出口额3020亿元，同比增长14.5%，其中，出口额2222.6亿元，增长13.3%；进口额797.5亿元，增长17.9%。“一带一路”沿线国家市场出口稳步增长，全省对“一带一路”沿线国家出口额103.7亿美元，增长2.5%，占全省比重为31.7%。

2. 有利于推动全省铁海联运业务的发展

打通南昌到各大港口的出海口，可为江西省有出口产品的制造企业和有集装箱出口业务的物流企业降低物流成本，提升产品竞争力，提供新的思路和途径，同时也符合江西省物流规划打造南昌无水港，缔造进出口物流服务平台大战略。

3. 满足园区发展的需要

随着中国世界工厂的形成，南昌各大工业园区企业正处在一个高速发展期，南昌乃至江西其他地区对外经贸往来日益频繁，建设一个高效管理、反应迅速、设施完备的综合物流平台，对出口物资的快速流通运转、清关业务等需求尤为迫切。

（二）项目建设内容

根据海关总署第232号令、国质检通〔2007〕149号规定要求，南昌铁路口岸建设包括基础设施建设、信息化建设和后勤保障设施建设。

1. 基础设施建设

建设内容包括查验区、空箱区、重箱区、卡口等区域。场地总建设面积12834平方米，包括查验平台、查验仓库、重箱堆场、空箱堆场、药品器械库、处理库。周界设围网393米、高度3米，地磅2台，检疫处理区焚烧炉1个，移动消毒车1辆、放射性检测系统1套。

2. 信息化建设

信息化建设内容包括海关网络传输系统、智能卡口系统、视频监控报警系统等。

网络传输系统由运行网、管理网、电子口岸专网、视频监控专网及程控电话交换机组成。视频监控报警系统由53个监控摄像机、2个360度全景鹰眼组成，实现口岸及运输通道全域24小时无死角监控。卡口设置一进一出2条A类通道，一条行政通道，包括箱号识别系统、车牌识别系统、电子栏杆系统、电子关锁系统等，能够对集装箱箱号、车牌、电子车牌等信息进行自动采集和识别。

铁路口岸内实现WiFi（行动热点）全范围覆盖，满足关、检工作需要。口岸内安装物流信息平台管理系统，场站内使用生产管理系统，实现无纸化作业要求，并通过物流信息平台实现海关、国检、场站内数据的交换，办理相关手续。

3. 办公场所及后勤保障设施

国储物流建设服务大厅，供工作人员办公使用。设有8个工位、2间独立办公室、2间档案室，保障工作人员的办公需要。

三、企业项目实施效果

（一）标志着南昌口岸工作迈入新阶段，南昌开放型经济发展踏上新征程

南昌铁路口岸（一期）项目顺利通过验收，是南昌市继南昌综合保税区正式封关

运行之后，又一个口岸重大项目建设成果，标志着南昌铁路口岸项目建设进入新阶段。国储物流努力将南昌铁路口岸打造成为江西省和南昌市对接融入国家“一带一路”倡议的对外开放新高地。

（二）助推海铁联运外贸班列、中欧班列的发展

2017 年，随着南昌铁路口岸建设的不断推进，南昌铁海联运外贸班列业务迅猛发展。自 2017 年 2 月 15 日首发南昌—深圳集装箱外贸班列以来，4 月 5 日、4 月 20 日又陆续开通了南昌—宁波、南昌—江阴集装箱外贸班列，11 月 22 日开通南昌—河内国际铁路货运班列。

南昌到深圳、宁波、江阴、河内班列从 933 处专用线发出，经转深圳盐田港、宁波舟山港、福州江阴港、广西凭祥口岸运往欧美、东南亚及世界各地。4 条班列线路 2017 年全年共发运 173 列，7550 标准箱。其中铁海联运外贸班列 7440 标准箱，国际铁路货运班列 110 标准箱，货值约 2.5 亿美元。铁海联运外贸班列占全市外贸班列发运比重的 65%（见图 4-1-7）。

图 4-1-7　南昌—莫斯科班列首发

（三）有效促进当地外贸经济及物流园区发展

自 2017 年南昌铁路口岸投入运营以来，促进了当地外贸进出口额的增长。2017 年南昌县完成出口额 9.73 亿美元，占全市比重 15.4%，总量在全市排第 2 位，在全省

100 个县区排第 1 位。小蓝经济开发区 2017 年外贸出口额 52423 万美元，进口额 52689 万美元，进出口总额同比增长 18.7%。向塘镇投资 45 亿元完善园区路网（含管线）设施，在向塘原有 13 条铁路专线基础上投资 2.7 亿元，新建铁路口岸专线、集装箱专线和大宗货物专线各 1 条，汽车装卸线 4 条。园区已入驻平安物流、招商局物流、赣电物流、京九物流等 20 余家物流龙头企业，随着向塘铁路口岸的影响力不断扩大，越来越多的物流项目将向塘作为投资首选地。

海铁联运促进上饶物流业降本增效

——江西上饶海港物流有限公司

一、企业基本情况介绍

江西上饶海港物流有限公司，即上饶无水港，由上饶市政府直属的上饶市城市建设投资开发集团有限公司与宁波舟山港股份有限公司全资子公司宁波国际物流有限公司合资组建，注册资金3200万元，双方各占50%股份，于2009年12月26日正式运作，是江西省重点物流建设项目，上饶市实施大通关战略的重点工程。无水港位于上饶市信州区新火车站片区货场路北侧，占地129.52亩，项目分两期进行，一期总投资7000多万元，硬件包括2座仓库合计3200平方米、1.5万平方米堆场、A类智能卡口、海关监管场所等。年集装箱设计吞吐能力为5万标准箱（TEU），普通货物年设计吞吐能力为300万吨。根据上饶市委市政府的规划，上饶无水港将随上饶铁路货运站西迁。

上饶无水港具备集装箱专业装卸与运输设备，并且应用宁波港成熟的业务信息管理系统进行科学化的生产管理。上饶至宁波北仑港的“五定班列”已实现铁路、港口与海关信息的对接与共享。上饶无水港已成为中远海、马士基等船公司的集装箱堆场，客户可以就近提还箱，能为客户提供“一站式”专业服务。

二、企业项目情况介绍

（一）海铁联运业务价格优势

目前，上饶无水港的运营以铁路运输为主要内陆运输方式。由于上饶火车站紧邻无水港，而无水港距宁波港500千米，适用于中远程的铁路运输成了首选运输方式。在实际运营中构建“干线铁路运输、公路短驳甩挂运输”的运作模式，在内陆运输段充分做好公路集卡运输与铁路运输的无缝对接，在海岸段实现海铁联运间的无缝衔接，能节约成本，提高准时性，为港口的迅速装船出海提供保证。

上饶无水港海铁联运价格（短驳运输费用+铁路和进港费用），和公路运输相比，可节省15%~35%的物流成本。

以上饶无水港大客户晶科能源为例，海铁联运模式相比公路运输，单箱节省成本1000~1500元。2017年晶科能源出货量为10492个大箱，上饶无水港为其节省物流成本 1500 万元，极大提高了企业的经济效益。

（二）海铁联运平台优势

1. 政策支持

2014 年开始，上饶市政府设立了五定班列配套补贴资金，推广海铁联运发展。省、市领导高度关注海铁联运天天班项目，多次莅临指导工作。免收企业海铁联运重箱码头转栈费、预进港费、迟到进重费、改单费、转船费。

2. 铁路保障

上饶无水港是港口功能在内陆的延伸，叠加了陆路口岸服务、仓库物流服务、国际集装箱物流服务以及物流信息服务等多种功能。强大的辐射能力，是开发上饶及周边地区货源的基础，是提升海铁联运平台服务能力的关键支撑。

目前上饶至宁波为天天班，现已申请宁波至上饶的重箱及空箱对开班列，届时在进口、提箱服务时更为快捷。甬金铁路预计 2020 年建成，届时海铁联运货物无须绕道杭州，铁路里程缩短 104 公里，进一步提高时效性，对优化上饶—宁波班列线路具有重要意义。

面对日益增长的海铁联运量，穿山港站于 2015 年年底开工建设，届时海铁联运班列将会直达穿山港区，打通进港“最后一公里”。

3. 船公司助力

基于无水港的提还箱模式理念得到了船公司的积极响应，目前宁波地区 20 家船公司与宁波港国际物流有限公司基本上都签订了用箱协议。上饶无水港海铁联运用箱具有提前提箱、优先保障的优势。

4. 口岸监管

通过和上饶、宁波两地口岸部门的紧密合作，为客户提供方便、快捷的口岸通关服务。目前海铁联运系统已经运行，并升级至二阶段，实现和港口码头、海关、铁路港站、EDI（电子数据交换）数据中心等联网，实现集装箱信息实时可视化。

海铁联运系统三阶段将会和铁路信息系统无缝衔接，实现铁路运输路途信息可视化。目前海铁联运重箱通过系统信息传送，已实现无纸化入场，推动信息流程优化，实现海铁联运信息及时、准确、高效地流转是海铁联运平台的另一优势。

三、企业项目实施效果

（一）上饶无水港发展情况

（1）上饶无水港自 2009 年 12 月正式投入运营以来，服务功能不断完善，客户不断增加，对区域经济的促进作用日益显现。在江西省委省政府和上饶市政府等有关部门的大力支持下，2011 年 6 月开通上饶—宁波的“五定班列”，并于 2014 年 4 月升级为“海铁联运天天班”，为上饶及周边地区内、外贸企业提供了一条铁路运输精品线路，不仅降低企业30%物流成本，保障运输安全及时，而且推进了运输节能减排，为上饶乃至江西外向型经济的发展做出了贡献。上饶无水港于2015年成为江西省重点商贸物流企业。

（2）上饶—宁波“五定班列”是江西对外开放的一张响亮名片。5年多以来，上饶—宁波“五定班列”发运的集装箱占江西省发往宁波港的海铁联运集装箱总量75%左右，已成为贯通萍乡至上饶铁路沿线地区，对接“长三角”的一条快速出海通道，进一步提升、扩大了江西对外开放的影响力和知名度。

（3）上饶无水港设有海关专用的监管场所，开展查验业务时如无问题则实行免费查验，同时通过与各部门单位的沟通、协调，提升效率，从而为企业降低物流成本，促进当地经济发展，为外向型经济创造了良好的条件。

（4）引进马士基（MSK）、地中海（MSC）、达飞（CMA）、中远海等国际、国内前20大船公司，开展管箱业务。可实现企业就地提箱、还箱。

（二）无水港运行效益

上饶无水港各项工作顺利开展，业务量呈现出逐年递增的态势，截至2017年年底累计完成业务量60.86万标准箱，海铁联运17.94万标准箱；其中2017年累计完成业务量约15.85万标准箱，同比增长23.18%；海铁联运量约4.53万标准箱，同比增长29.30%，再创新高。上饶无水港2017年海铁联运量占江西—宁波海铁量的59.5%，占整个江西海铁量的47.9%（见图4－1－8）。

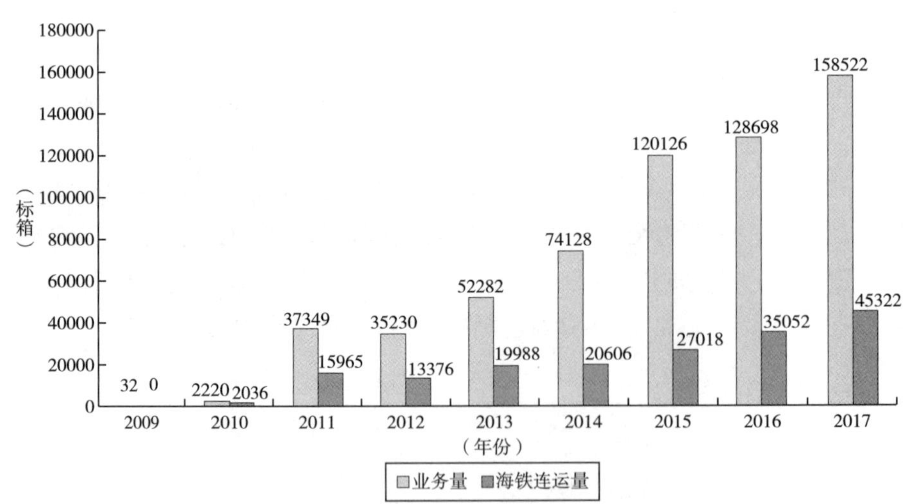

图4－1－8　上饶无水港历年业务量和海铁联运量统计数据

班列（海铁联运天天班）运行情况：自2011年6月30日班列开通以来，截至2017年12月底累计发运班列1387趟，重箱总量为8.36万标准箱；其中2017年累计发运 312 趟，同比增长 7.22%，重箱总量约为 2.27 标准箱，同比增长 32.39%（见图 4－1－9），单趟班列平均发运 36.3 车，基本实现海铁联运天天班。

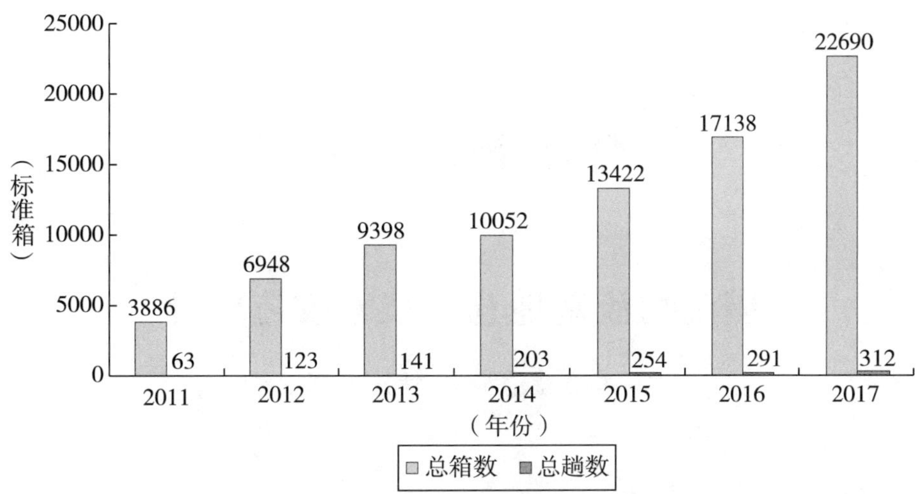

图 4－1－9　上饶无水港历年班列统计数据

上饶无水港作为上饶、宁波两地战略合作的重点工程，一直以“降低企业物流成本，促进当地经济发展”作为公司宗旨。历年来共为企业客户节约了 2500 万~4000 万元物流成本，极大地提高了企业经济效益，促进了上饶当地经济发展。

※ 物流服务业

仓配物流企业

璜溪物流基地仓库技术改造项目

——江西蓝海物流科技有限公司

一、企业基本情况介绍

江西新华发行集团有限公司，是2006年按照中宣部、国家新闻出版总署（现国家新闻出版广电总局）有关出版发行体制改革的要求，在江西省新华书店及全省93家设区市、县（市）新华书店的基础上组建成立的。负责对全省设区市、县（市）新华书店人、财、物进行统一管理，并承担国有资产保值增值任务，是江西省规模最大、实力最强的出版物发行企业。

公司旗下江西蓝海物流科技有限公司（4A级物流企业）属江西新华发行集团有限公司全资子公司，注册资金10612万元，成立于2006年。销售收入从2007年的2000余万元发展到2017年的4.17亿元。公司有江西新华物流有限公司、江西蓝海供应链管理有限公司2个直属的子公司和6个分公司：九江物流中心、抚州物流中心、萍乡物流中心、上饶物流中心、景德镇物流中心、宜春物流中心。2012年荣获中国交通运输协会颁发的“2012年全国先进物流企业”，2013年荣获商务部颁发“典型调查统计企业”，中国物流与采购联合会颁发“企业信用评价3A级信用企业”，江西省商务厅颁发的“江西省重点商贸物流企业”等称号，2015年，荣获中华人民共和国人力资源和社会保障部、中国物流与采购联合会“全国物流行业先进集体”称号，为江西省唯一一家入选的物流企业。2016年被商务部评定为第一批智慧物流配送示范单位。

二、企业项目情况介绍

（一）企业项目实施背景

随着“货到人系统”、子母车、穿梭车、自动化立体仓储等新技术、新设备越来越普遍的应用于图书物流，为了优化业务流程、提高劳动生产效率、提升物流服务质量，对原有的设施、设备升级改造，打造现代化物流中心，在不增加仓储面积的基础上，增加库容量、提高作业效率，更好地按众多网点的要求进行储存保管、配货、分拣、流通加工、信息处理，提供迅速、及时、准确、安全、低成本的配送服务。

（二）企业项目实施具体情况

璜溪物流基地仓库技术改造项目位于璜溪物流基地的三号、四号仓库。每个仓库长为161.4米、宽为72.2米、高为12米（滴水高度9米、实际可用高度约8米）。托盘立库采用四向穿梭车技术，包含不少于1万托盘储位、8套四向穿梭车、配套的升降系统及工作位、WCS/WMS（仓库控制系统/仓库管理系统）系统等；箱式立库包含不少于8万箱储位、164套穿梭机器人、10套货到人综合工作站、WCS/WMS系统等；输送线的2台升降机、安全防护系统、输送机（含动力滚筒输送机、无动力斜坡滚筒输送机、合流输送机、分流输送机、90度滚筒输送机）、动态电子磅秤等已安装调试完毕；载具包含不少于1万个标准托盘（动载荷1.5吨，静载荷6吨，立体载荷1吨），规格要求为1200毫米×1000毫米，适合四向进叉，采用进口铁杉木，环保要求达到现行国家标准，标准化托盘实际使用量不少于1万片，标准化托盘使用率达到90%以上；不少于8万个周转箱，规格要求为600毫米×400毫米×280毫米，承载30kg时料箱底部的最大变形量不大于3毫米，空箱时底部平面度0~3毫米，不允许突出，可空箱堆叠和加盖堆叠；系统集成包含但不限于与ERP/WMS/WCS/CIP（图书在版编目数据）的集成，还包括实施性技术方案和服务方案。目前，公司向国家新闻出版广电总局申请承担制定《新闻出版领域物联网技术应用行业标准体系架构》标准并完成公示；正在制定《出版物物联网物流包件编码》标准；国家新闻出版广电总局“出版融合发展（中文传媒）重点实验室也已落户”。

三、企业项目实施效果

1. 提高企业作业效率

在进行标准化试点前，公司图书物流在收货环节经常出现收货后由于储位不够导致堆放混乱，作业效率受到影响，使用了托盘立库后实现了有序暂存。进行分拣作业时，调度人员依靠系统中库存数量，结合业务订单需求，根据优先级要求有序安排补货、上架作业，根据产能进行及时调整，利用箱式立库创造性地实现了设备替代人工进行分包的工作环节，在保证准确率的基础上解放了劳动力（见图4－1－10、图4－1－11）。

利用仓库之间的连廊设备，简化了上下工序的交接手续，同时取消了摆渡的作业环节，节省了燃料和劳动力。为解决图书包件非标准的难题，从印刷环节开始摸索带托运输方式，装卸效率从原来的10吨/小时提升至现在的15~20吨/小时，企业物流仓储作业效率提升 20% 以上。在场地不变的情况下，仓储容量从原先的 10 万件提升至现在的 40 万件，物流仓储效率提升 300%。

图 4-1-10　四向穿梭车托盘密集库

图 4-1-11　穿梭车箱式密集库

2. **提高仓库及标准化托盘使用效率**

通过试点项目实施，提高仓库使用效率。本项目完成后三号库主要用于整合本版出版社、教材教辅等业务类型；四号库主要用于一般图书、教参、农家书屋、本版出版社退货等作业。改造前，两个仓库的总库存量为 10 万件，改造后在不增加仓库面积的情况下，向空间要容量，库存量约为 40 万件。通过自动化库建设，大幅提高作业效率。此次技术改造过程中，与供应商一起探讨，将自动化立库的功能延伸，困扰多年的分包环节的问题得到了有效的解决，标准化托盘实际使用量不少于 1 万片，标准化托盘使用率达到 90% 以上。通过租赁标准化托盘（1 万片），试点带托运输，在提高物流综合作业效率约 20 倍的同时，把差错率控制在 0. 1‰，为有效整合本出版社物流业务提供了前提条件。2017 年，江西新华发行集团有限公司实现销售净收入 45. 26 亿元，实现利润 6. 08 亿元。江西蓝海物流科技有限公司 2017 年销售收入 4. 17 亿元，归母利润 1193. 78 万元。

3. **引导社会资源配置方向**

公司标准化项目采用利旧改造方案及相关设备选型应用，在全国同行中属于首创，既充分利用了原有设备的产能，保证了改造期间的生产任务执行，同时，对旧有系统进行升级，配合引进的新设备应用。在引进设备方面，按照设备的先进性和可靠性原则进行必选，率先引进托盘立库及货到人系统、箱式立库及货到人系统，这两种设备在国内同行中均属先进设备，国内京东、菜鸟等企业也采用了类似设备。在场地不变的情况下有效地提升了仓储效率，加快了作业效率，提升了服务品质，在全国同行中能有效地进行推广（见图 4 - 1 - 12、图 4 - 1 - 13）。目前，包括总局以及江苏、广东、云南、黑龙江等省份的同行均到现场参观交流，项目具有很强的推广示范效用。

图 4 - 1 - 12　托盘密集库

服务于连锁网点的物流企业借助智能库存管理、车辆管理、人员管理以及车间物流优化等手段，提高对备品备件、生产过程物品的精确认知与控制，减少库存与物流成本，有效地引导了社会资源的配置方向。通过提升物流配送服务质量，缩短服务响应时间，提供空间信息服务，推进物流供应链一体化发展，实现信息流、物流、资金流上增值服务，从而有效地降低了对社会资源的浪费和对环境的污染，推动图书物流向高端服务业发展。

图 4－1－13　路顺库

标准一体化助力降本增效

——南昌苏宁物流有限公司

一、企业基本情况介绍

南昌苏宁物流有限公司系苏宁集团于2014年在南昌市经济开发区出资组建，注册资本500万元，总占地面积150亩，总建筑面积约5.8万平方米，其中仓储面积4.1万平方米。目前，拥有员工260余名。前身是江西苏宁云商有限公司的配套物流部门，从2005年起承担苏宁江西地区线下实体店零售和线上网购商品中的大小件商品的收发存储、分拨集散、门店调拨及配送入户等工作。2014年6月注册为独立法人，并已取得快递业务经营许可证，依托苏宁云商集团强大的软硬件支持，正式由企业内物流独立转型为集仓储、配送、供应链设计为一体的现代化第三方物流。

苏宁南昌物流基地是苏宁投资自建的第四代物流基地，总用地面积9.66万平方米，仓库面积约4.8万平方米。主要存放大件3.2万平方米、小件0.8万平方米，配套设施1.72万平方米（培训办公楼、员工公寓及活动室以及员工餐厅）（见图4-1-14）。业务辐射南昌同城130个快递点，全省其他地市多条干线运输业务；省外包括华中、华南、华东区域运输业务。苏宁南昌物流基地2017年度大件年配送规模90万件，小件年配送规模500万件，预计2018年配送规模增长50%。

图4-1-14 苏宁南昌物流基地鸟瞰图

二、企业项目情况介绍

（一）实施背景

苏宁物流在物流标准化实施方面人才匮乏，物流从业者的标准化意识较弱，严重制约了苏宁物流的发展。需通过系统性的培训进行提升，强化标准作业规范。公司将围绕物流标准化理念，融入实际工作中，提升运输效率，缩短配送时效，为消费者提供快捷的服务。协同供应商参与托盘循环利用，提升供应链效率，带动供应商、代理商参与托盘循环共用。

（二）项目实施情况

项目具有仓储立体货架存储、托盘存储装运、运输环节带板运输功能。仓储可满足20万件存储、运输可满足大件1万台/天、小件10万件/天的分拨转运能力。租赁标准化托盘使用量达到2000片，标准化托盘使用率达到90%以上，供应链商品带托盘运输率达到15%以上，企业物流效率提升20%，物流成本降低10%以上。推动10%以上供货商、代理商参与托盘循环共用。通过信息系统的投入实现作业全流程监控管理。立体式存储货架见图4-1-15、带托盘运输方式见图4-1-16。

图4-1-15 立体式存储货架

图4-1-16 带托盘运输

项目围绕提升物流标准化的目标，对相关实施及配套管理系统进行建设：新建设立体式高位货架3000组，月台配置液压升降平台1个；新增租赁托盘2000个、周转箱200个；购置高位叉车6台、夹抱车1台、电动托盘车13台、手动液压车15辆、输送设备1套；相配套的仓储管理系统、运输管理系统、数据管理系统、计费平台系统；配套的信息管理设备RF枪25把、监控设备1套、电脑设备。通过信息系统和托盘管理的有效结合，实现物流数据的可视化。实现标准托盘循环使用，持续推动上游供应链厂家送货的托盘循环利用，利用专业化的车辆、设备，实现部分厂家免检入库，有效提升收货效率。标准托盘和周转箱分别见图4-1-17、图4-1-18。

图4-1-17　标准托盘

图4-1-18　周转箱

三、企业项目实施效果

（1）减少商品在流通环节的动碰次数，有效控制商品流通损耗率在2%以内；苏宁物流标准化提升改造项目，从整体改造来看，通过横梁式货架投入，增加高架区仓位12050个，整体存储面积提升50%以上。托盘仓位式管理，便于盘点，减少了差异，提高了人效和坪效。标准化托盘普及率80%以上，年托盘采购成本一次性可降低53万元，年物流人力成本降低超过50万元；完成货架、托盘笼、分拣输送、电动托盘车等硬件配置，推动仓储运输全环节的标准化，货损率下降50%。

（2）以托盘为单位进行装卸，利用叉车等机械化设备，提升人均作业能力300%；通过高位叉车及电动托盘车的购置，提高了人均作业效率，仓储机械化运作，减少了人工作业量；建设高位货架提高了仓储空间利用率。

（3）苏宁自身庞大的业务规模和B2C电商的业务特点，使其具备与托盘第三方租赁共建托盘循环体系的条件，硬件条件配置后，将率先试点干线带托运输，以托盘标准化为主导，推动了苏宁江西区域物流、零售全流程的物流标准化进程，物流成本得到下降。

（4）商品在企业间流通交验环节，由现有平均2.5小时缩减到1小时；苏宁自主建设物流体系，8仓、49仓仓储及干线布局已经搭建完成。苏宁物流标准化建设，推进了体系内干线业务发展，同时紧密衔接上游供应商和下游顾客，带动上游供应商共建标准化，共同优化供应链效率，实现多赢。

（5）苏宁围绕其市场业务拓展（日用、百货品类）的需要，在快消品物流仓储中心建设改造及托盘购置、租赁方面，全面推广标准化托盘的采购和租赁工作，并加大与1200毫米×1000毫米标准化托盘配套的仓储设备设施投入。增加租赁托盘的使用比例，减少了企业自主采购托盘带来的资金成本压力。

以托盘循环撬动物流体系标准化

——华润万家南昌配送中心

一、企业基本情况介绍

华润万家是中央直属的国有控股企业集团、世界500强企业——华润（集团）有限公司旗下优秀的零售连锁企业集团，同时也是中国最具规模的零售连锁企业集团之一，超市业务已连续多年位居中国连锁超市第一位。华润万家目前拥有40多家大型配送中心，分布在深圳、香港、杭州、南京、北京、天津、西安、南昌等核心城市，总面积近75.5万平方米。配送中心配备先进的信息系统和物流设备，支持全国各业态超市的配送业务。

在华东区江西地区，华润万家南昌配送中心坚持以仓储配送业务为主的发展方向，库区面积约1.6万平方米，日均吞吐量达5万箱、金额约为800万元，为江西省26家门店提供高效、及时的配送服务。华润万家南昌配送中心在标准化设施设备应用方面，主要以标准化托盘运作为中心，普及和推进相关配套设施设备以及信息系统的标准，极大地提升了运作效率，最终降低物流运作的成本和门店运营成本。

二、企业项目情况介绍

（一）项目背景

在物流行业，托盘作为物流运作过程中最重要的装卸、储存和运输设备，与叉车配套使用，在现代物流中发挥着巨大的作用。托盘可以实现物品包装的单元化、规范化和标准化，它既可以保护物品不受损伤，也可以方便货物运输流通。托盘作业是迅速提高搬运效率和使货物流动过程有序化的有效手段，在降低生产成本和提高生鲜配送效率方面起着巨大的作用。

华润万家南昌配送中心的高标准、高效率运作，基于使用标准化托盘物流循环运作。华润万家的托盘循环运作主要分为供应商预约及带托送货、仓库内托盘运作、带托送货到店。最核心的是使用一个系统内的标准化托盘——招商路凯托盘。

（二）项目实施情况

1. 供应商预约及带托送货

（1）预约操作。供应商在自己仓库内使用招商路凯托盘实现仓库内托盘运作，然后根据订单信息，在供应商服务系统里，对订单进行集单预约操作，即将下达的订单信息与华润万家物流系统对接预约，形成预约单号。然后根据预约单号，按照集货信息进行带托装车，所装运的车辆也必须安装好标准的尾板。预约操作系统见图4－1－19。

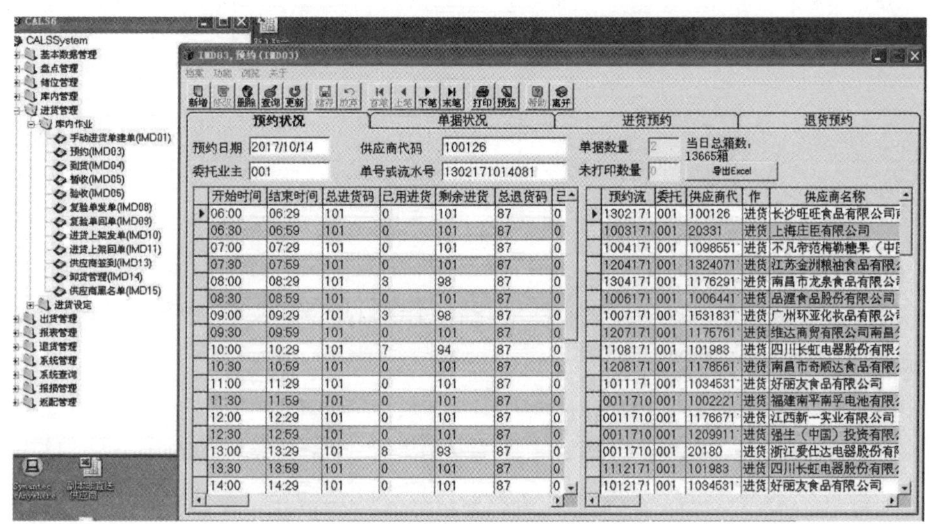

图4－1－19　预约操作系统

（2）置换托盘。供应商将货物带托送至南昌配送中心后，带托卸下，南昌配送中心的收货员直接根据预约单信息进行收货。供应商根据与华润万家南昌配送中心确定的托盘系统单据，直接在现场置换同等数量的托盘，进行装车，托盘单据交给配送中心防损部存档。置换托盘作业见图4－1－20。

图4－1－20　置换托盘作业

（3）托盘管理系统。华润万家南昌配送中心与进行带托送货的供应商分享共用华润万家容器管理系统平台，将双方之间的托盘流转纳入系统进行管理，保证准确无误。为此，华润万家南昌配送中心特设置企业间标准化托盘循环共用操作方式。见图4－1－21。

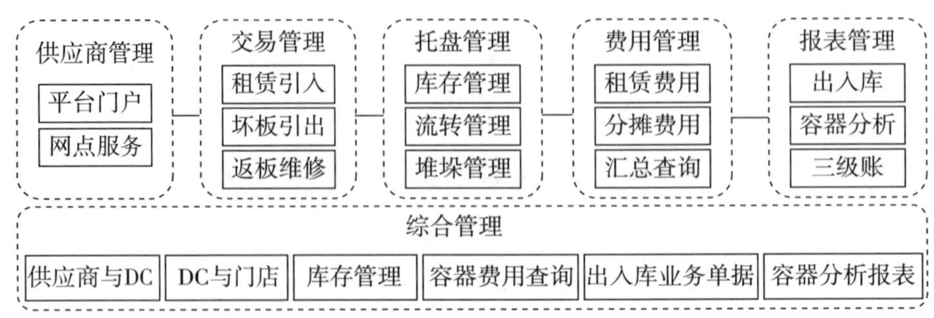

图4－1－21 企业间标准化托盘循环共用操作方式

2. **仓库内托盘运作**

华润万家南昌配送中心设置企业标准化托盘共用岗位，来管理仓库日均使用的1.2万片托盘。见图4－1－22。

图4－1－22 托盘共用岗位设置

构建托盘式货架、电动叉车、月台等托盘式运作体系。华润万家南昌配送中心于2012年全面构建托盘式标准运作体系，从搬运货物的电动叉车、手动液压车、托盘式货架、月台等，全部以1000毫米×1200毫米的标准托盘为核心搭建。目前华润万家南昌配送中心共有620单元托盘式货架、4台林德高门架电动叉车、6台林德单板电动搬运叉车、1台林德电动平衡重叉车、2辆电动手扶叉车、76辆手动液压车；36个码头、13台板型标签打印机、约80套RF设备；1套WMS系统、1套NWMS（新WMS）系统、1套TMS系统、1套托盘容器管理系统。这些设施设备、系统，共同组建起以托盘运作为核心的标准化运作体系（见图4－1－23）。

依靠托盘共同岗位设置、组建托盘式标准运作体系，使得华润万家南昌配送中心的库内标准托盘率高达100%，已全面覆盖使用。

3. **带托送货到店**

（1）组板单元化。华润万家南昌配送中心在建立供应商带托送货、仓库内全托盘式运作后，终端环节是将SKU（最小存货单位）海量、各箱型规格不统一的超市货物

图 4－1－23 托盘式货架、电动叉车、车载 WMS 系统

组板到托盘上面，然后用缠绕膜将货物缠绕打紧，规整统一带托货物，形成标准的单元化货物。见图 4－1－24。

图 4－1－24 组板单元化作业

（2）货车单元化。组板成单元化带托货物后，南昌配送中心的运输部的车辆全部安装标准化尾板，供给带托货物的装卸。货车是宽为 2.2 米的车厢，使得带托货物能实现一横一竖的装卸，单元化的货物与车厢实现集装箱式的匹配。到达门店后，门店收货部每车货只需安排 1 名卸货员，在 20 分钟之内便可卸完一辆 9.6 米长的一车货物。相比于散装散卸，装卸效率提高了 3 倍，极大地提升了货物的流通效率。见图4－1－25。

图 4-1-25　货车单元化作业

华润万家南昌配送中心依靠三大环节的托盘运作，初步实现了以托盘循环共用形成的从生产厂家到供应商，再到物流配送中心，最终到终端门店的物流标准化过程。降低社会总物流成本，推动整个社会的经济发展。保证消费者在门店能享受到最优质的商品及服务。

三、企业项目实施效果

2017 年，华润万家南昌配送中心物流效率在江西省同行业零售物流中首屈一指。干货方面：南昌配送中心 24 小时货物送达门店率高达 91%，远高于同行业零售物流 85% 的水平；全年的货物损耗率 0.0003%，以 2017 年南昌配送中心配送总金额 15 亿元计算，全年仅损耗 4500 元；配送中心的运作效率高达 167 箱/人·小时，高于同行业 28%。生鲜方面：南昌配送中心 24 小时生鲜送达门店率高达 99.82%，高于同行业零售物流平均为 98% 的水平；全年的生鲜损耗率仅为 0.0005%，以 2017 年生鲜配送总金额 3 亿元计算，全年仅损耗 1500 元；配送中心生鲜的运作效率高达 77 箱/人·小时。

华润万家南昌配送中心截至 2017 年年底，已初步实现上游供应商带托运输率 18.3%，下游带托送货到店率 97%，仓库内标准托盘率 100%。华润万家南昌配送中心将进一步提升上游带托运输率，推动托盘循环共用体系发展。

快速消费品智能仓配，标准增效，安全及时

——九江联商物流有限公司

一、企业基本情况介绍

九江联商物流有限公司（以下简称“联商物流”），建于2011年，位于风景秀丽的九江庐山脚下的生态工业园内，交通网络四通八达，占地面积逾3万平方米，设备总投资2100万元，吸纳就业人数120余人。

联商物流是以现代化物流服务管理为理念的智能型仓储配送服务中心。联商物流作为九江城市快速消费品存储集散中心，汇集供销资源，兼营批发与零售，为1000多家供应商提供仓储配送标准管理服务。配送业务辐射赣、鄂、皖三省交会区域的消费市场，2017年配送网点达320余家，年货物吞吐价值约14亿元。提供设施设备租赁、仓储租赁、物流方案策划、条码管理技术、商品管理等综合物流咨询服务。

二、企业项目情况介绍

（一）项目实施的背景

在中国消费升级的大背景下，为满足消费者“个性化、多元化”消费购物体验的需求，联商物流积极开展城乡配送工作，与宝洁、亿滋、伊利、太太乐等多家知名品牌企业合作。为缩短物流响应时间，满足客户消费品配送需求，实现市内紧急货品2小时内送达，普通货品12小时送达，县域货品24～48小时内送达，促进快速消费品流通及保证货品质量，从虚处立基，建设第三方仓储标准基础设施设备，配送使用社会化标准车辆，应用现代化技术，促进标准化托盘上、下游供应链的循环共用。发挥企业人、财、物、时间等物流资源最大效率的同时，提高城市整体物流配送效率，降低社会物流成本。

（二）项目实施的内容

联商物流随需而建，企业根据不同业务配送需求发展与规划，积极推广与应用相关标准化技术，集成采用了多种先进的物流技术与设备，建设第三方仓储设施设备，购置重型立体货架，新增托盘货位1220个、新增拆零货位765个、整箱货位730个、

新添德国进口设备（前移式高位叉车设备 3 台、平衡重 1 台、堆高车 2 台、电动托盘车 6 台、小金刚 2 台、手动叉车 25 台）、标准 T1210 托盘 7000 片、标准带尾板配送车辆 6 台、建立托盘循环共用系统、无线射频设备、先进的 WMS 仓储管理系统、升级改造 ERP 系统，使物流与信息流无缝对接。实现了信息化、立体化、无纸化、可视化、标准化、机械化带托运输作业。对商品品质、作业效率、综合运营进行详细分析，增强了企业自身的竞争优势与盈利能力。（见图 4－1－26）

图 4－1－26　联商物流基地

（1）投入标准化重型货架，新增托盘货位，配合先进的标准化物流系统，按照货品先进先出原则操作，货品品质得到了充分的保证，且提升货品存储效能及仓储利用率。运用了相应的物流设备和作业流程，货品处理量越大，速度和效率越高，并根据不同 SKU 的存储需求和拣选特点，配置多重功能存储货架，可做整托、整箱、拆零发货，为客户提供小批量、多批次配送，降低货品存储及仓储租赁成本。（见图 4－1－27）

图 4－1－27　建设标准化重型立体架

（2）库区内建立内部局域网，利用标准化条码及 RFID 等技术，实现货品上架、拣选、补货、盘点、移库等标准化调度。无线射频传输收货作业技术，采用先进成熟的无线手持终端和发射基站以及条码打印系统，无线网络覆盖整个物流中心，实现数据实时传递。通过条码识别，按路径与配送模式将商品进行归类，验收货品自动分配货位。需要存储的货品由高位叉车司机扫描条码，将货品送至指定货位存储；直通商品采用“播种”方式按电子标签提示的数量投入分配。单链直通货品在完成品质数量验收后，当天送到集货区等待配送。（见图 4 －1 －28）

图 4 －1 －28　存储上架作业

（3）DPS（摘取式电子标签拣货系统）标签拣选，主要用于整箱和拆零货品拣选，可满足零库存、多批次、少批量的需求。SKU 拣选点约为 4500 个，订单拣选无须纸单，可视性强。通过 RF 扫描出库标签，系统触发点亮相应货位的电子标签与拣选数量，缩短了拣货作业人员移动距离和搜索货品时间，并且能够及时根据货品的动态库存信息盘点复核及跟踪查询。全程无纸化作业流程极大地提高了工作效率，减少了对熟练工作人员的依赖。（见图4 －1 －29）

图 4 －1 －29　拣货作业

（4）标准托盘循环共用系统。物流标准托盘保有量达 1.8 万片，标准托盘使用率达 100% 。配置标准尾板配送运输车辆，标准尾板车辆达 80% 以上，在运输作业操作上降低重复搬运动作，提升装卸及车辆周转效率，降低货品运输损耗，实现快速消费品标准化托盘循环共用运输模式。（见图 4 －1 －30）

图 4-1-30　带托运输作业

三、企业项目实施效果

联商物流经过不断地优化物流服务信息平台及仓储基础设施设备改造，实施带托循环运输，与上、中、下游供应服务商之间形成托盘租赁，提升了物流运作效果。具体表现在以下几个方面。

（1）商品损耗率由原来的万分之一降低至万分之 0.05 以内。上、下游托盘循环共用率达 80% 以上。标准化试点前，租赁托盘数量为零，试点后，截至 2017 年托盘租赁数量达 4000 片，托盘租赁率达 83.33%，降低淡季托盘闲置率 30%，提高每片托盘的利用率和周转率，降低企业成本，缓解资金压力，并为环境保护做出积极贡献。

（2）实现上、中、下游之间的循环带托运输，物流作业人均效能提升约 300%，人工装卸效率提升 66.67%，人力成本节约 30%，仓储存储量提升 2.5 倍，货物周转率提升 5%，货车周转率提升 30%，节约物流运营总成本 30%。

（3）缩短供应时间、改善服务质量、实现了机械化操作，配送效率增长 25%，配送营运网点数量增长 723.53%。

（4）结合条码信息化技术及 DPS、RF 等射频技术进行分拣，降低了快消品的存储、分拣成本。协同标准配送车辆管理，降低了车辆空载率，打通上、中、下游之间的循环带托运输，降低了商品的物流配送成本。

区域化生鲜电商新模式的缔造者

——江西菜东家农业发展有限公司

一、企业基本情况介绍

江西菜东家农业发展有限公司（以下简称“菜东家”）成立于2016年10月，注册资金1000万元，现有办公经营场地2.66万平方米，建筑面积1.35万平方米。建有农产品标准化分拣物流服务中心600平方米、农产品初加工中心1000平方米、日用消费品仓储区300平方米、蔬菜冷藏库1200立方米、冷冻库300立方米，农残快检中心等配套设施120平方米，办公食宿及农特产品展示中心450平方米、职工生活区与软件技术研发中心300平方米，是分宜县农产品流通过程中的保鲜、冷藏、转运的重要基地（见图4－1－31）。

图4－1－31　江西菜东家农业发展有限公司鸟瞰图

二、企业项目情况介绍

（一）项目背景

分宜县常住人口31.65万，随着城镇化进程的加快，原有农产品交易模式难以满足日益增长的交易需求。菜东家立足县域，通过创新技术模式，提出“短半径、区域化、本地性”生鲜电商解决方案，有效解决供需矛盾，保障食品安全，推动当地企业创业创新，带动地方一、二、三产业融合发展。

（二）项目建设情况

1. 核心技术和智能化信息系统的开发和应用

菜东家从 2016 年开始，通过旗下的江西黑蚂蚁科技信息技术有限公司与菜东家生鲜学院的运作，将农批流通信息剥离出来构建开放的数据底层，从食材供应链流通前端针对 B2B 电商场景，制定以数据为基础的商户准入和产品准入标准，从而形成集商户管理、商品管理、订单追溯为一体的电商化系统，先后完成了“菜东家生鲜供应链系统”“魔镜农产品溯源系统”“菜东家云仓管理系统”“菜东家智能温控系统”等一系列核心技术和智能化信息系统的软件开发和应用。

2. 建立食品安全保障体系

（1）基地直采。通过和基地签订供应合同，由生产者交纳一定的保证金，签订相应的法律合同，让生产者按照标准来生产和种养，从源头上保证食品安全。项目的生鲜蔬菜主要来源是当地规模以上种养合作社，减少流通环节，缩短流通时间，确保生鲜供应。（见图 4 – 1 – 32）

图 4 – 1 – 32　基地直采

（2）农残检测。由政府主导，与农业和防疫部门合作建立检测部门，成立第三方检测中心，每一批次进行农残等安全检测，用技术手段让食品安全实现可控。项目将按照省农业厅的标准投资建设农药残留检测室，配备专业的检测人员及检测设备，采购人员及站点也配备农业残留快检设备，所有蔬菜水果通过检测合格才能配送，并将检查数据发送至客户手机，让消费者放心。（见图 4 – 1 – 33）

（3）可视监控。基地和分拣中心均安装监控设施，做到食材从生产到销售环节全程监控。菜东家在种养基地、配送车辆、配送中心、检测中心、分拣中心都安装高清监控设备，为农产品提供全程溯源平台。客户能够通过手机实时观看农产品流动环节

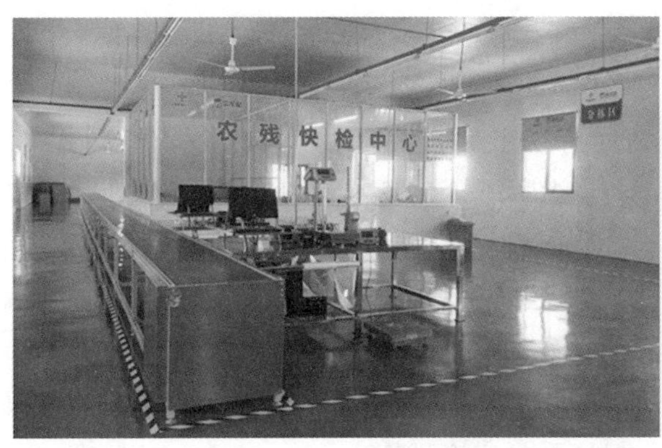

图 4－1－33　农残检测

动态，在保障食品安全的同时更好地为大众服务。（见图 4－1－34）

图 4－1－34　可视监控

（4）千万保险。菜东家不仅在食品源头建立了安全防线，还和中国人民保险签订合同购买了一份 1000 万元的食品安全责任险，严格把控最后一道安全关卡，形成坚实的保障体系。菜东家的每笔订单均会购买食品安全责任险，全程为食品安全保驾护航，提高抗风险和意外事故的处置能力。

（三）项目运作模式

以技术驱动为手段，通过基地现代物流方式和销售体制的优化，集收货、验货、冷链、储存保管、装卸搬运、筛选、分拣、流通加工、配送、结算和信息处理以及订货作业等多功能全方位综合服务于一体，支持农民专业合作社、家庭农场的种植、养殖业发展，整合种植、加工、物流、电商企业等资源，结合实体网络、售后服务渠道，搭建公益性为主的农村流通电子商务公共服务平台，建设完善集信息发布、供求交易、物流配送、质量追踪及售后服务等功能为一体的农村电商综合服务体系，提升农村农产品质量，带动农（副）产品标准化、集约化、规模化、品牌化发展，形成了县域生鲜电商新模式。

三、企业项目实施效果

（1）项目实施至今，菜东家加盟商有辽宁第地嘉集团、河北鲜多多公司、湖南荔芝鲜公司、江西卓商公司等33个，覆盖国内16个省区市。全国33个加盟商营业总额8.17亿元，预计全年可实现主营业务12.18亿元。在全国生鲜B2B同行业排名中，公司仅次于北京的“美菜”与杭州的“宋小菜”。菜东家是一家以示范基地为基础，为全国客户提供场地体验式标准化服务的企业。

（2）有效改善了当地食品安全环境，提高生活质量，通过基地建设与食品安全检测，从源头上解决了食品安全问题，保证食品安全性。

（3）推动智慧农业的发展，引导当地农产品实现订单式生产，提升当地农业产业化水平，通过农村电商系统运营中心后台大数据分析，可以预测掌握当地农产品需求品种与数量，从而做到以销定产，对当地的农业经济作物进行综合布局，破解了地方农作物盲目生产导致的产品滞销难题。

（4）推动企业创业创新，带动地方第一、二、三产业融合发展，实现电商产业的转型升级，助推项目所在地的电商产业加快向现代服务业转型升级的步伐，对推动当地经济发展具有重要的示范意义。

※ 物流服务业

物流平台

无车承运助力业务模式升级

——江西正广通供应链管理有限公司

一、企业基本情况介绍

江西正广通供应链管理有限公司（以下简称“正广通”），注册资金1.5亿元。是一家专注于为中小物流企业赋能的创新型企业，致力于打造最具价值的“互联网+供应链+实体平台”供应链生态圈。借助国内首套基于SaaS（软件即服务）模式的智能协同供应链管理系统，引领国内中小物流企业共建和共享全国性物流网络体系。通过合同物流平台、园区发展平台、百城同配平台、运力支持平台、金融支持平台、智慧物流平台这6大平台，聚合全国中小物流企业，依托互联网技术、供应链金融及组织创新，推动中小物流企业的网络化运营、规模化经营，提高集约化水平，实现集团化发展。

二、企业项目情况介绍

（一）项目背景

正广通平台紧跟全国“一带一路”“互联网+”物流业发展中长期规划等重大倡议或战略部署，抢抓物流业整合升级的重要战略机遇，创新实施了差异化的商业模式和运营体系，设计了独特的经营原则和发展策略，具备政府支持、股东支持、市场优势、管理经验四大显著优势，具有强劲的盈利能力和偿债能力，信用结构良好，且针对各个项目风险设计了周密、可行、有效的应对策略，项目具有强大的发展潜力和广阔的发展前景。

（二）项目建设运行情况

2016年12月19日，江西省无车承运物流试点项目评审结果出炉，经企业申报、地方初审、专家评审，江西正广通供应链管理有限公司被认定为江西省首批无车承运物流试点企业，试点期限为一年，即 2016 年 12 月至 2017 年 12 月，同时要求试点企业按照《交通运输部办公厅关于做好无车承运试点运行监测工作的通知》（交办运〔2017〕256 号）精神，正广通平台数据与国家交通运输物流公共信息平台管理中心级试点运行监测平台实时数据传送对接，接受政府对无车承运人试点企业运行情况进行监测。

正广通平台依托物流大省——江西省的物流资源，通过设立北京、上海、广州、深圳等60 多个子公司，整合了2000 家物流企业，加速平台加盟商之间的信息共享、线路共享、车辆资源共享，完成货源的整合与双向拓展。目前全国范围内运营的客户超过 13000 家，保证了平台上所有服务商及车主拥有充足的货源。

1. 平台功能

（1）物流订单管理：根据设备部和线缆部的业务特点，构建直发和多级配送的业务流程，建立以订单驱动完成整个业务信息操作的订单中心，全程操作可视化、效率化、及时化。

（2）承运商调度管理：根据承运商运力情况，提前制订调度计划，合理匹配运力资源，并且根据运输路线和载重进行调度优化，合理高效地进行运输调度作业。

（3）运输过程跟踪管理：通过 GPS 系统与 TMS 系统的无缝集成，根据订单与 GPS 关联，对车辆和货物动态行驶状态、路线可视化跟踪，及时准确了解运输作业的真实情况。

（4）移动 App 应用管理：通过移动 App 应用，最大限度方便操作人员可以对采集的数据及时上传，特别是签收环节进行电子签收、影像回单，甚至可以扩展电子结算等功能。

（5）报表与分析管理：为高层领导提供决策依据，根据不同的部门、货品、承运商等维度灵活定制各种图形化的数据报表和分析报表。

2. 系统管理

通过物联网、移动互联网及与云计算的技术集成，利用移动终端定位技术，实现了线上信息链与线下操作链的互动关系，从而证实了物流运输服务的真实性。

（1）SaaS 云计算技术平台。为平台上的企业提供定制化及客户化的信息管理集成；实现全国物流基地互联互通；大数据处理中心，为科学决策提供基础数据。

（2）RFID（无线射频技术）。“人车货”三合一：注册司机会员时会分配一个司机会员账号，司机会员下添加车辆时，车辆要粘贴具有唯一性的 NFC（近场通信技术）防撕标签，当平台货物与车辆匹配并形成运单，平台会把货物信息发送至 NFC 标签里，司机扫描 NFC 标签成功后进行提货运输。运输业务与单证信息的绑定：到货后需要上传回单照片，保证运输业务和平台业务信息一致。

（3）手机终端移动应用（移动互联网的应用）。接单：在手机 App 上司机可以进行查找货源，对于合适的货源可以直接竞价。

LBS（基于位置的服务）及北斗系统在途跟踪：车辆在进行运输业务时前台会每三分钟进行一次定位，随时跟踪车辆运输具体情况。

电子身份识别（给客户密码）签收：司机到货后，平台会给收货方一个验证码，司机需要取得验证码才能签收。

（4）录入司机会员提供的资料。包括道路运输许可证（正/副本）复印件、行驶证（头/挂）复印件、道路运输证（头/挂）复印件、产权登记证（头/挂）复印件、车主身份证复印件、司机身份证、驾驶证复印件、车辆挂靠协议。

3. 车辆现场管理

建立统一的安全管理条例和针对客户的专项 SOP（标准操作流程）相结合的监管方案，并通过采取定期培训的方式提升操作人员及驾乘人员的业务能力与素质。

通过车联网系统，对加盟的车辆进行统一的登记与审核，保证平台硬件设施的质量，并根据系统数据对车辆进行监控，制订车辆保养计划，保障车辆与运输货物的安全。

建立加盟商管理体系，从源头把关，保证实际承运人的操作能力与资质符合要求，通过定期考核优胜劣汰，保障整个平台的服务质量与运作能力的延续性与统一性。

专项的保险理赔专员，出险后配合司机与保险公司进行沟通，快速完成保险理赔流程。

4. 车辆在途管理

合同签订。系统发布业务信息给业务范围 500 公里内的已在系统登记的社会车辆，司机确认接收业务经系统匹配后签订电子合同。车辆运行跟踪。为确认该车辆完成该业务，首先进行物联，即通过芯片将车辆、货物、司机进行绑定。系统加盟车辆均领用了企业开发的一个电子芯片（两年内有效），该芯片贴在货物上后与北斗定位系统（具体由企业解释）连接可对业务涉及货物进行定位。其次进行移动互联，开发手机端 App 程序，司机在货物起运和到达时均利用手机端应用程序扫描电子芯片，并拍摄有车牌号的货车及货物照片上传到系统，在运输过程中系统选择定位时间（如市内 3 分钟，短途 15 分钟，长途 30 分钟）发送一次货物定位（提货时司机用手机端程序扫描芯片后自动定位，到货后司机扫描芯片确认到货结束定位）信息，这些定位信息点经连接后形成了完整的运输轨迹，货物到达后经系统审核确认即认为完成此次运输，系统内的业务数据和运输数据实现了一一对应关系，业务真实有效。

5. 营运风险管控

（1）回单管理

企业在业务信息管理——回单管理中查看司机上传的回单，进行业务运输信息审核，对 POD 照片（回单）内容进行核对，保证回传的签收单完整、清晰。需要确认以下内容：订单的客户订单号、提货地、目的地、日期；签收时间与订单到货时间；清晰的签收人签字或企业签收盖章；订单数量与系统中运单数量一致。

（2）定位系统对货车进行轨迹管理

司机登录手机 App，打开 GPS、移动数据、NFC 功能。将手机靠近车辆上粘贴的 NFC 标签，手机会显示 NFC 标签号码，确认绑定即表示绑定成功。进入运输执行界面进行提货，提货成功后跟踪开始。

企业在业务信息管理——在途跟踪，选择运单号，点击轨迹回放，即可在线查询此运单货物运输实时情况。

通过智能车载设备，可以做到对车辆 100% 的实时监控，每 30 秒钟回传一次，达到轨迹的连续性。通过终端接入各种传感器，如冷链的温度湿度传感器、油耗传感器、压力传感器（包括胎压）等，最终形成一个集成多种数据源的智能终端。通过汽车总线得到核心汽车运转数据，通过对车本身的元件进行跟踪，起到取证和监控的作用，实时报警，纠正司机不良驾驶行为，保障全程货物安全。

6. 平台集中统一投保

通过集中采购，采取平台集中统一投保，扩大了保险标准与责任范围，解决了小微物流企业无力投保或因资质被保险公司拒之门外的尴尬。与订单管理系统整合，与保险公司进行实时数据交换，实现了订单录入即完成投保的自动参保模式。

三、企业项目实施效果

正广通依托移动互联网等技术搭建物流信息平台，通过管理和组织模式的创新，集约整合和科学调度车辆、站场、货源等零散物流资源，通过标准化、产品化物流服务，能够有效提升运输组织效率，优化物流市场格局，规范市场主体经营行为，推动货运物流行业转型升级。建立无车承运人在信息共享、运输组织、运营服务等方面的标准规范，推动大数据、云计算等先进技术在物流领域的广泛应用，引导货运物流行业的规模化、集约化、规范化发展，全面提升综合运输服务能力和水平，为社会发展提供了安全、高效、绿色的物流运输保障。

江西省省级物流公共信息平台供给侧成效显现

——江西万佶物流有限公司

一、企业基本情况介绍

江西万佶物流有限公司（以下简称“万佶物流”）创始于1996年，是一家由传统运输型企业转型为以信息科技为先导，货物运输、现代金融、互联网交易于一体的国家4A级综合型现代物流企业和高新技术企业，拥有40多万名会员。公司创建的万佶物流平台被江西省发改委确定为江西省省级物流公共信息平台（以下简称“省级物流平台”），现已成为全国十大重点物流平台，同时公司也是全国第一批无车承运人试点企业。

万佶物流拥有国内一流的运营管理和信息技术团队，开发了运物联（司机版、车主版）、万佶物流宝、万佶移动App、万佶云车库、万佶龙卡等信息服务产品，将订单管理、库存、运输、仓储管理、物料处理以及包装管理优化成一个有机整体，使物流过程能与供应链整体运作保持同步。万佶物流立足江西，面向全国，在省内搭建了赣州、九江、萍乡等市级物流公共信息平台，加大了在其他设区市的推广力度，在四川、湖北、广东、湖南、河南等省的部分城市设立线下实体服务中心近百家。

二、企业项目情况介绍

在江西省委、省政府及由江西省发改委牵头的省现代物流工作联席会议各成员单位的大力关心和支持下，省级物流平台在降成本、优环境，推进物流降本增效促进实体经济发展方面发挥了较好的作用，为提升全省物流行业信息化水平做出了一定的贡献。在江西万佶物流有限公司主导的省级物流平台带领下，在吉安、赣州、九江、萍乡、南昌、宜春成功建设运营市级物流公共信息平台，逐步形成全省物流公共信息平台体系。

（一）建设背景

经江西省委、省政府批准同意，由江西省发改委牵头的省现代物流工作联席会议各成员单位的共同推荐下，江西省发改委于2014年10月10日下发文件认定江西万佶物流有限公司物流信息平台为江西省省级物流公共信息服务平台项目，省现代物流工作联席会议就省级物流平台建设问题多次召集各成员单位进行研究，对有关单位提出了数据对接等需求。经过近两年的研发工作，省级物流平台于2016年6月8日正式上线运行。

（二）建设内容

自上线运行以来，省级物流平台紧紧围绕“服务于企业”“服务于行业”的理念，开展了以下主要工作。一是向行业和社会及时快捷地传达了政府政策、法律法规；二是将企业、车辆、货源、驾驶员、物流园区等相关信息进行整合展示，优化整合物流资源、提高物流组织化程度。实现了两个“有效对接”。一是“货源与运力”的有效对接，促进货源、车源和物流服务等信息的高效匹配；二是“省级与地市”物流公共信息平台的有效对接，逐步与全国物流公共信息平台实现互联互通。

目前，省级物流平台拥有物流新闻、职能窗口、政策法规、物流通道、数据中心、市场主体、物流现代化、物流服务和物流信息 9 大功能板块，在线提供运输专线、信息交换、政策发布、物流动态、服务外包、设备租赁和专家咨询等综合物流信息服务，实现向政府、园区、企业和个人提供“一站式”集成化物流信息服务的功能。

省级物流平台与萍乡市工业园、景德镇市物流园、鹰潭市物流园、赣州开发区工业园、宜春经开区、井冈山经开区、吉州区工业园、吉安县高新区、泰和县物流园、峡江县物流园等物流园区进行了有效对接，在全省设立了 70 余个万佶物流线下服务站，有效地实现了线上与线下互动的复合型经营模式。

（三）实施意义

省级物流平台是一个以收集物流行业大数据、推进行业标准化为己任，以进一步整合铁路、公路、水路、民航、邮政、交通、交管、商务、工商、税务、海关（含检验检疫）、银行、保险等部门的信息资源为目标的综合型服务平台，平台搭建目的旨在将全行业所有的数据与信息进行共享，以此提高整个物流行业的运作效率，在降本增效上发挥重要作用。具体表现为，线上适时为物流企业提供电子商务一揽子解决方案，线下提供物流园区、公路港智慧物流集散中心综合配套服务，有效整合全省商流、物流、人才流、信息流、资金流，提升全省物流业运营效率，降低物流成本。

省级物流平台的建设和运营，其意义主要有以下三个方面。一是提高物流运行效率，降低社会物流成本。二是加快物流行业变革，产业升级，促进制造业、商贸业、物流业联动发展。三是提高政府在物流行业的公共服务质量和服务效率。

三、企业项目实施效果

（一）有效降低了社会物流成本

省级物流平台通过研发信息系统，为社会提供车货匹配撮合交易，整合 100 万家司机会员、企业会员。应用平台的企业费用总成本年均下降 15% 左右，为企业降低运输成本 10%~20%，为全省降低物流成本数十亿元。

（二）有效降低了企业信息化投入

省级物流平台让“信息流”主导“物流”，通过信息化来实现“物流”的准确配置，让货物流动具有最佳目的性和经济性，将生产地和流通过程中的库存降到最低；减少了省内物流园、工业园、物流企业、工业、商贸企业等相关企业信息化的重复建设。

（三）有效提高了公共服务质量

省级物流平台在政务信息服务方面取得了一些成绩。搭建全省物流业政务信息网站，将物流业有关政务信息，有关法律、法规和政策及时在网站上发布，及时报道江西物流业有关重大活动、重大项目进展；围绕落实国家相关措施开展宣传报道工作，如公路运输整治活动、无车承运人试点、物流标准化建设、A级物流企业评估、落实国家物流业规划“互联网+”高效物流实施、营改增政策措施等；展示了重点物流项目进展情况，如赣州国家物流创新试点、南昌和九江物流标准化试点、向塘江西省物流中心、省级城市配送试点、物流供应链试点等。

（四）有效提升了社会服务效率

省级物流平台提供了有效的社会服务。包括提供了权威的人才供求信息发布渠道，为企业招聘人员进行了撮合，为解决大学生创业就业、下岗工人再就业创造了条件；提供了成品油价格调整信息，方便货运司机及时了解；及时发布交通、法治的相关政策，为会员企业、货运司机提供了知晓政策的途径，动员物流从业人员正确理解治超工作，主动配合治超行动；改善物流市场环境，为地方政府单位招商引资创造了有利条件。

※ 物流服务业

快递企业

南昌物流仓配一体化建设项目

——中国邮政速递物流股份有限公司江西省分公司

一、企业基本情况介绍

中国邮政速递物流股份有限公司江西省分公司是中国邮政速递物流股份有限公司的下属省级分支机构，是江西省知名的现代综合快递物流企业。

2008 年 12 月 22 日，江西省邮政公司在原江西省邮政速递局、江西省邮政物流局的基础上整合组建江西省邮政速递物流公司。2010 年 6 月 29 日，江西省邮政速递公司重组为股份制公司，并挂牌运作。2015 年 4 月，经中国邮政集团批复，由原“母子”公司调整为“总分”公司，重新设立中国邮政速递物流股份有限公司江西省分公司，原公司所有业务范围全部纳入现江西省分公司业务范围经营管理，所属省级行政区划范围内有 12 个市分公司及运输分公司、电商物流分公司。

公司内设综合部、人力资源部、计划财务部、网控部、市场部、昌北工程建设办公室（临时机构）、监察部 7 个部门，以及省邮件处理中心、省运输分公司 2 个省直单位，下辖 10 个地市分公司、83 个县营业部（揽投部）。

公司拥有国内知名的 EMS 特快专递和 CNPL 中邮物流等专业品牌。截至 2015 年年底，全省仓储面积 7 万平方米，自有车辆 300 余辆，仓储横梁式货架 1082 组、阁楼式货架以及悬臂式货架若干，高位叉车 28 部，专用托盘 8000 个，站驾式托盘搬运车 2 台，手动液压搬运车 100 余台，入驻仓储客户 56 家，另有自有仓储中心 2 万平方米已经投入使用。计划 2018 年项目结束时，公司仓储面积增至 7.5 万平方米，自有车辆增至 400 余辆，货架增至 2000 余组，增加一个 150 平方米左右的阁楼式货架，高位叉车 32 部，标准托盘 10500 片，入驻仓储客户 70 余家。

二、企业项目情况介绍

（一）项目实施情况

1. 项目管理组织机构及制度建设情况

公司为项目顺利推进，实施了以下几项举措。一是建立项目领导小组，加强南昌物流仓配一体化建设项目的统筹规划和组织实施，定期召开工作推进会，解决实施过程中的重大问题，确保项目有序推进。二是建立项目通报制度，及时调度项目进展情况，按照规定时间向上级主管部门报送试点进展情况。三是建立绩效评估制度，及时对本项目进行阶段性评估，及时总结项目的做法经验以及试点过程中出现的问题。四是资金保障支持，每年投资计划包含该项目的投资，从而保障了资金及时到位，避免了实施过程中因为资金问题而影响项目进展。

2. 仓库标准化配套改造情况

为落实托盘标准化与配送标准化，提高运转效率，公司对仓库进行了以下几方面改造，并从仓库标准化改造过渡到物流运输标准化，实现带托运输。

（1）为提升对合作方的物流服务水平，2017 年，在中石化仓库的流水线上增加了一套电子标签自动拣货系统，使用电子标签，提升了拣货效率和准确率；提升了货架的使用率；实现了系统的直接对接；提升了中石化的效益，降低了配送成本。

（2）建设自动输送线系统。自动输送线系统是按照快速、安全和高效输送货物的服务标准设计而成。它由拣选系统、复核系统所组成。拣选系统由一系列的滚筒输送机和移栽机组成，当系统收到订单信号时，根据所收到的订单，门店经过扫描枪自动扫描周转箱与商品上的门店编码，复核系统通过移栽机把扫描的周转箱和商品自动分拨到分拣口，每个分拣口设置 40 家门店，5 个分拨口。货物输送机适用于传送普通随身货物，每小时平均输送 90 多家门店。输送线自动分拨系统大大减少了拣货人员的再次托运的劳动量和时间，提高了分拣人员的准确性和方便性。

2016—2017 年，在原来 8000 片托盘的基础上，公司又购买托盘 2500 片，为推动带托运输项目打下了坚实的基础，大大减少了倒装次数，节约了装卸时间、装卸成本，提升了物流运作效率，确保了货物安全。

（二）项目成果推广应用情况

推广使用国家标准 4 个：GB/T 16470—2008 托盘单元货载（按标准堆码、固定、防护加固附件）、GB/T 2934—2007 联运通用平托盘主要尺寸及公差（按国家标准尺寸）、GB/T 29912—2013 城市物流配送汽车选型技术要求、GB/T 31005—2014 托盘编码及条码表示（按国家编码标准编制托盘编码信息）。

2017 年下半年，公司有效整合冷库资源，针对农夫山泉货物存储、运输特点，提出了全程带托运输的想法，在其原材料（桶装果汁）的冷链储运环节得以实施，成功将农夫山泉的储运项目引入南昌，从生产厂家到下游环节实现带托运输，与厂商联手，在物流标准化和带托运输项目上展开深入合作，探索出更成熟的经验和模式。

（三）项目经验、存在的问题及建议

（1）带托运输的优点。一是可以改善单件装卸费时多、效率低、货损大、隔票乱、劳动强度大的问题；二是能提高货运质量，减少手工操作环节，提高作业稳定性，减少货物毁损；三是节省装卸和运输时间，有利于车辆和货物快速周转，提高物流运作效率和服务水平；四是与集装箱运输比较，可以不需要大型专用装卸设备就可以实现成组化运输，投资比较少，更适用于仓库发货、城市运输等物流环节。

（2）带托运输的不足之处。一是适合装载规则包装物品的货物，无法装载家具、机械等形状不一的货物；二是托盘装载能力有限，每托盘只能装载 1～2 吨的货物；三是对货物的包装要求更高，外包装需要强度较大，因为货组堆装时上层货件的重量直接压在下层货的外包装上，因此外包装需要较大的硬度。

根据以上带托运输优缺点，公司拟定一系列带托运输注意事项，一是散装裸装超重超长的货物，不能用托盘运输；二是必须符合托盘装载的规定重量；三是每一托盘货物必须捆扎牢固，使用缠绕膜或缠绕带。

带托运输根据不同产品和订单组板类型，采用叠板或加高方式提高车辆装载率；根据不同产品特性、配送距离、配送时效性，选择最适合的托盘装车模式，包括竖装、横装、一横一竖、匀重；选用适合托盘化运输的车辆，提高托盘的装载能力和空间利用率，通过对现有车辆的改造提高托盘装载能力。

三、企业项目实施效果

2016 年物流标准化项目实施以来，公司先是通过仓库、托盘标准化的改造和建设，提升了物流服务能力与水平，增强了公司的行业竞争能力，表现在以下几个方面。

（一）公司物流效率得到提升

目前，公司托盘标准化率达到 100%；带托运输率由试点前的平均 7% 提高到 18%，增长 1 倍多；装卸搬运成本由试点前的平均 12 元/吨下降至 9.9 元/吨；货损率由试点前的平均 0.3‰下降到 0.2‰以下。通过托盘租赁，减少了物流器具积压和社会资源浪费。

（二）有效地降低了物流成本

一片托盘 300～350 元，而租赁托盘费用仅为 0.125 元/天，1 年 1 片只需 45.63 元，由此可见，标准化托盘租赁发展是迫切需要的。托盘共享更适应时代的要求。通过盘

活社会存量物流载具的方式，为托盘制造商、托盘租赁商、物流企业、各大生产厂商提供合作共赢的发展机会。

公司在实施标准化流程建设后，对项目运营产生了积极的推动作用，改造前，江铃和中石化两个仓配项目的收入为5320万元，改造后项目收入增加至6674万元，预计2018年收入将增长15%以上。物流服务评价指标对比如表4－1－2所示。

表4－1－2　物流服务评价指标对比

时间 物流服务评价指标	2016年	2017年
储位	1580个标准托盘位	4020个标准托盘位
日均订单处理量（个）	160	280
订单处理及时率（%）	100	100
分拣准确率（%）	95	99
货损货差率（‰）	0.3	0.2
作业人数（人）	40	35
单件货物平均配送成本（元）	0.4	0.38

得益于标准化仓库处理能力的不断提升、标准化带托运输的推广实施，中石化项目的直配网点数量由最初的681个增加至994个，网点配送周期从原来的旬配缩短至现在的一周两配，中石化仓库的处理能力得到极大提升，仓库作业效率和准确性逐步提高，综合物流成本逐步下降。物流服务有效支撑了中石化易捷网点的布局和产品销售，促进了中石化非油销售的快速发展和中石化易捷品牌的迅速扩张，在不断提升服务品质的同时有效控制并降低物流成本，实现了合作共赢。中石化带托运输的表率作用，创新了零售物流标准化物流新模式，推动了江西零售物流行业的物流水平，促进了农夫山泉等项目的发展，也为公司物流标准化的推进提供了宝贵的经验。

物流标准化是加快物流系统建设，迅速推行物流管理的捷径。下一步，公司准备在本系统内部推行标准化物流、带托运输；进一步梳理与规范企业内部标准化管理体系、运作流程，引导各方面在管理中引入标准化理念，运用标准化手段进一步规范企业的管理和服务，完善运作流程；与合作的公司大力宣传标准化对于现代物流业的重大意义和作用，提高物流效率和智能化水平，更好地服务当地经济建设。

“蟹闯天下·顺丰领鲜”赣蟹行业解决方案

——江西顺丰速运有限公司

一、企业基本情况介绍

江西顺丰速运有限公司（以下简称“江西顺丰”）是顺丰速运有限公司（以下简称“顺丰”）全资子公司，成立于2006年。经过多年发展，江西顺丰已初步具有为客户提供一体化综合物流解决方案的能力，不仅提供配送端的高质量物流服务，还延伸至价值链前端的产、供、销、配等环节，从客户需求出发，利用大数据分析和云计算技术，为客户提供仓储管理、销售预测、大数据分析、结算管理等一体化的综合物流服务。江西顺丰的物流产品主要包含：商务快递、电商快递、仓储配送、国际快递等多种快递服务，物流普运、重货快运等重货运输服务，以及为食品和医药领域的客户提供冷链运输服务。此外，顺丰还提供保价、代收货款等增值服务，以满足客户个性化需求。业务经营模式方面，顺丰采用直营经营模式，由总部对各分支机构实施统一经营、统一管理。

二、企业项目情况介绍

（一）方案实施背景

据南都发布的《中国大闸蟹市场消费报告》显示，2017年，全国大闸蟹产业规模达到778亿元，大闸蟹消费市场不断增长。江西作为全国大闸蟹的重要产地之一，赣蟹年产量5320吨、赣蟹总值7.88亿元、赣蟹养殖面积60万亩，江西军山湖、鄱阳湖等湖区水质极佳，产出的大闸蟹具有“大、肥、腥、鲜、甜”五星特征，受到许多消费者的喜爱。

近年来，江西省南昌市进贤县把以“军山湖清水大闸蟹”为主导的特种水产养殖业打造成了一个产业集群。“军山湖清水大闸蟹”取得了“无公害农产品”“绿色食品”“有机食品”证书和“著名商标”“江西名牌产品”等称号。进贤县获得特种水产“一只蟹”“河蟹不到进贤不纯”等美誉。但是一直以来，军山湖大闸蟹主要依靠区域市场销售，仍以酒店、微信朋友圈及全国性电商平台为主，缺乏强有力的本地电商支持。随着产量的加大，营销手段和渠道需要相应提升，如何解决蟹难卖的问题，首先要过时效关和运输关。水产品保鲜远途运输环节不到位，这是当前军山湖大闸蟹所面临的主要问题。

（二）“三四五”策略＋技术升级＋多方联动造品牌

1. 物流升级——“三四五”策略助赣蟹过时效关和运输关

作为国内领先的快递物流综合服务商，顺丰基于11年大闸蟹物流服务经验，发现制约赣蟹运输的主要问题在于运输物资不够、缺少服务网点、后续服务链条断裂等。为此，江西顺丰针对赣蟹运输问题推出“三四五”策略：在物资投入上增加3倍；揽收点增加4倍；提供5大服务保障。助赣蟹寄递渡过时效关和运输关。大闸蟹揽收高峰期，在主产区预设20处大闸蟹揽收点，方便客户随时随地寄递，增加投入冷运车辆6辆，储备17辆，每天32辆赣线车辆从江西出发至全国各地，确保大批量大闸蟹包裹及时中转和运输。

“三四五”策略实施后，江西顺丰整体服务能力大幅提升。从南昌始发，赣蟹运往全国共计209个流向，覆盖全国大多数城市。在江西省内及临近省份，实现了24小时内送达。顺丰用高效、严谨、负责的工作态度，专业的服务能力及强大的运输网络，得到了合作蟹农商户的高度评价。

2. 技术升级——“内外兼修”为赣蟹保鲜

与其他生鲜不同，大闸蟹寄递不仅要保鲜，还要保活，这对冷链运输提出了更高的要求。顺丰在保险设备、包装等内外两方面对保鲜技术全面升级，让全国消费者吃到鲜活肥美的赣蟹。

顺丰在大闸蟹保鲜设备上投入新式塑封机包装，单票平均耗时从135秒减少至72秒，包装效率大幅提升；顺丰冷藏车采用GPS监控＋全程温控双重保障，便于及时干预、及时处理，除了外部的设备预冷外，顺丰还重点在包装上做文章。包装箱内部均会放有泡沫箱、冷媒、保温袋等温控材料；外部则针对不同的客户需求，顺丰提供专用纸箱、塑封膜、编织袋三种不同的包装方案，保障大闸蟹快递优先配载、优先派送。（见图4－1－35）

3. 合作升级——多方联动造品牌

为助赣蟹打响品牌，提高品牌溢价能力，顺丰丰农科技联动多方力量对赣蟹采取“推广＋销售”捆绑措施。一方面，联动顺丰会员、顺丰大当家、顺丰优选、丰巢商城、丰e足食等内部渠道，打通各资源平台，多渠道资源宣传赣蟹；另一方面，顺丰丰农科技打通“线上＋线下”销售平台，线上将顺丰大当家等优质平台整合，下单直接销售，线下对有合作的大中型企业、特定人群进行宣传，以销代运带动赣蟹产业销售增长。顺丰利用25年沉淀的物流数据优势，面向企业客户推出数据服务，通过消费行为分析、经营分析、销量预测，帮助商户更细致地了解客户、正确决策。

图4-1-35　江西顺丰冷藏车

除联动自身资源外，江西顺丰与政府深入合作，共同为打造赣蟹品牌发力。举办以“怎么把赣蟹卖出去”为主题的大闸蟹发布会和赣蟹高峰论坛，行业协会领导及政府代表分享了在助力赣蟹发展方面的行动及政策支持。江西顺丰在资源投入、科学技术等方面都有所升级，江西省快递协会授予江西顺丰速运赣北区、江西顺丰速运赣南区“行业协会推荐物流合作伙伴”的称号（见图4-1-36）。

图4-1-36　江西顺丰荣获“行业协会推荐物流合作伙伴”称号

三、企业项目实施效果

1. 树立顺丰赣蟹运输品牌效应

通过近几年不断地摸索运输模式，顺丰推出大闸蟹寄递专属产品，保鲜技术设备升级，外包装美观程度提升，可展现客户品牌。

首先，顺丰提供的外箱上有明显的大闸蟹 LOGO，并印有原主产地的文字。这些抢眼的标识，有利于大闸蟹在运输过程中，得到优转，优派等。外包装绿色编织袋能够增强大闸蟹快递的识别度，同时对大闸蟹礼盒进行保护。

其次，顺丰为大闸蟹专属定制“五大服务”保障大闸蟹寄递：专人派送、车辆调配、货车跟踪、异常处理、专项客服。

2. 推动江西省赣蟹快递业务发展

2017 年军山湖大闸蟹年产量 215 万千克，产值 3.76 亿元，通过顺丰渠道（线上 + 线下）销售大闸蟹共计 260 万元。2017 年江西顺丰签约大闸蟹客户 53 家，大闸蟹揽收业务收入 417 万元，同比增长 231%，带动产业产值 7298 万元。顺丰承诺用综合物流服务，完成顾客托付，成为顾客最值得信赖的、基于物流的商业伙伴。

※ 行业物流

汽车物流

聚力共赢，携手中铁特货助力多式联运加速跑

——中联物流（中国）有限公司

一、企业基本情况介绍

中联物流（中国）有限公司（以下简称“中联物流”）成立于2002年，是一家第三方物流管理集团化企业，总部位于深圳前海。中联物流专注汽车供应链管理服务领域十余年，为客户提供汽车整车、零部件仓储运输、零部件生产配送服务，同时依赖强大的信息化管理平台为中小物流企业提供订单、服务跟踪、结算、物流金融、汽车销售等系列增值服务。

经过十几年的发展，中联物流拥有11家分、子公司，业务驻点超20个，形成覆盖全国的商品车运输网络。与江铃汽车、江铃控股、吉利、昌河铃木、比亚迪、吉利汽车、捷富凯、长丰、长安汽车、东风汽车、本田、宝马、奔驰、特斯拉等汽车品牌合作。

中联物流是业内知名的第三方物流管理服务商，荣获中国物流与采购联合会评定的4A级综合物流服务企业、中国物流最佳诚信品牌奖、中国行业十大影响力品牌奖、2015—2017年度汽车物流行业创新奖、2015—2017年度汽车物流标杆企业等荣誉奖项，于2017年通过ISO 9001：2015质量体系认证。

二、企业项目情况介绍

中联物流“京港澳（京九）、沪昆一纵一横”商品车多式联运项目总投资4.6亿元，涵盖智能物流枢纽园和向塘公铁联运中转枢纽建设、车辆装备和信息化升级、服务标准化建设5个方面的内容。

作为中联物流与中铁特货联手打造的重点项目，以培育和发展多式联运经营人为目标，采用衔接式的多式联运组织模式，开展商品车公铁联运，由多式联运经营人

“一手托两家”，不但方便了货主和实际承运人，也有利于运输的衔接工作。对推进双方多式联运服务能力起到关键性作用，为汽车物流行业的多式联运提供示范作用。

（一）项目背景

中联物流紧抓国家“一带一路”“长江经济带”跨越式发展的历史机遇，以南昌为枢纽，依托京港澳（京九）、沪昆，“一纵一横”两条物流大通道，充分利用中联物流现有的运输体系和全国服务网络，通过与中铁特货的战略合作，强强联合，凝聚货源，以商品车公铁联运为着力点，以信息系统建设为创新点，建设功能先进的商品车发运及仓储基地和公铁联运物流枢纽，打造并推广集约化、标准化、现代化的汽车物流多式联运组织服务体系，把骨干的定点运输班车和末端灵活配送模式相结合，从而充分发挥不同运输方式的优势，提升综合运输组织能力，提高汽车物流服务水平，降低物流成本，增强汽车行业的竞争力。为南昌打造内陆开放型经济高地，强化长江中游与京津冀、珠三角、长三角、西南地区之间的经济联系，有效衔接和融入“一带一路”倡议、“长江经济带”等国家发展战略提供基础支撑。

（二）项目建设内容

1. 智能物流枢纽园

为了满足汽车制造厂与其供应企业的需要，中联物流围绕汽车主机厂在小蓝工业园区投资建设智能物流枢纽园，作为新的南昌整车集中发运及仓储配送基地，发展仓储物流、整车发运、干线运输等业务，向产前、产中物流业务延伸，以信息技术为依托，强化服务能力，提升高端化、智能化、信息化服务水平。（见图4－2－1）

图4－2－1　智能物流枢纽园鸟瞰布局图

智能物流枢纽园位于汽车南路以北、江铃股份扩能项目地块以南，占地196.03亩。主要建设商品车存储区、装卸缓冲区、板车停放区、零部件仓储区、加油站和办公区。其中商品车存储区建设规模3万平方米，可提供车位约3200个。

2. 向塘公铁联运中转枢纽

为配合向塘物流基地的建设，服务区域汽车产业，中联物流在向塘物流基地内投资建设向塘公铁联运及仓储中转基地。依托汽车制造厂与其供应企业，发展仓储物流、干线运输、区域中转等业务。

向塘公铁联运中转枢纽项目位于杭长客运线以南，丁新大道以东，丽湖大道以西，与向塘铁路综合性货场相邻，占地约300亩。主要建设综合楼、仓库、商品车库发运大楼、维修厂等设施，总建筑面积2.78万平方米。

3. 设施设备升级

采购数百台标准牵引车、新型装置，对现有装载器具进行技术改造，减少多次转运对商品车的影响。购置新型在途跟踪仪器，加强运输过程中的在途监控，实现联运模式的全程可视化管理。

4. 信息化建设

建设和投入使用智慧物流系统（ILS）建设（订单、调度、分拨中心透明化、自动化结算等）和第四方信息平台。通过整合各方资源，实现信息的互联共通、高度协同，以降低运输车辆空载率，提高运行效率、降低经营成本和管理难度，实现多方共赢。

5. IBM服务流程标准化建设

通过对中联物流战略和业务全景的分析和梳理，明确流程框架，选择重点流程设计，制订落地方案，制定相应的多式联运服务标准规范。

（三）项目实施情况

中联物流多式联运项目自2014年开展以来，已经取得了显著成效。整个项目以南昌和九江客户主机厂汽车生产线为起点，南昌铁运站和九江铁运站为铁运始点，向广东、云南、贵州、重庆等多省份运输，形成“公路+铁路+公路”和“公路+水路+公路”的多式联运方式，通过与中铁特货和民生物流的合作，形成了固定的铁路和水路运量。

在联运模式中，中联物流利用自身多年汽车物流的服务经验，具备了分段的物流路线设计能力，以及水运和铁运装载难度的技术性处理能力，和向最终端客户进行“最后一公里”标准化物流交付服务的能力。在服务标准化方面，中联物流制定了各类发运库、中转库的现场操作标准，并通过信息化以提升服务水平。

三、企业项目实施效果

（一）经济效益

1. 加速优化运输结构，促进汽车物流降本增效

该项目能充分发挥铁路运输对商品车运输的优势，最大限度地降低公路运输商品车的不足，加速优化运输结构和运力供给结构，进一步释放物流大通道服务能力和运行效能，提高物流效率，降低物流成本。目前，中联物流商品车公铁联运占总运输量的比例为30%，预计到2020年多式联运比例将达到50%~60%。通过对本项目5条商品车公铁联运示范线路的测算，采用公铁联运比传统公路运输物流成本明显降低，运输时效性也有所提升。

2. 增强一体化服务能力，增创企业产值，提升核心竞争力

中联物流、中铁特货和汽车厂商建立了战略合作关系，支持有实力的物流企业、运输企业向多式联运经营人、综合物流服务商转变，建立多式联运运营组织一体化解决方案，推动全程无缝运输服务能力的提升，进而增强企业的核心竞争力。从直接经济效益来看，将大幅提升中联物流现有业务量水平，增创较高产值，预计2018年年产值1亿元（12万台量），2019年年产值1.5亿元（18万台量），2020年年产值2亿元（24万台量）。

3. 推进物流大通道建设，促进区域联动协同发展，服务于“长江经济带”和“一带一路”建设等国家战略与倡议实施

项目主要依托京九、沪昆“一纵一横”两条物流通道，开展商品车多式联运，不仅连通四方，加强东中西、南北之间货运联系，而且依托丝绸之路经济带以及“海上丝绸之路”向外延伸，实现与国际物流通道有机衔接，带动与东南亚、印中孟缅经济走廊各国的经济贸易合作，加快形成物流通道与产业带、经济走廊融合互促的发展新格局。

（二）社会效益

1. 有利于节能减排，促进绿色交通可持续发展

以该项目5条商品车公铁联运示范线路在同一运输量情况下的总耗油量的测算，采用公铁联运比传统公路运输明显降低油耗，具体能源消耗对比分析见表4-2-1。

表4-2-1　　能源消耗对比分析

线路名称	运输组织方式	总油耗量（升）
南昌—广东	传统公路运输	8485
	公铁联运模式	5344

续 表

线路名称	运输组织方式	总油耗量（升）
南昌—北京	传统公路运输	2227
	公铁联运模式	1178
南昌—上海	传统公路运输	3455
	公铁联运模式	2031
南昌—贵州	传统公路运输	7212
	公铁联运模式	3975
南昌—云南	传统公路运输	12500
	公铁联运模式	7275

2. 有效降低事故率，提高商品车运输的安全性

中联物流前期在多式联运方面的探索实践证明了“公路 + 铁路”的“零公里运输”方式在降低事故率、提高安全性方面的优势。项目的实施将促进多式联运在汽车物流业务领域的推广应用，进一步提高商品车运输的安全系数。

3. 有利于进一步突破机制障碍，推动综合运输协调发展

该项目以商品车枢纽建设为基础、以提升信息共享服务水平和创新运输组织模式为主要抓手、以完善综合运输服务机制和标准建设为保障，在打破原有行业、企业、部门间壁垒的同时，依托综合运输大通道，优化整合运力资源、打通信息屏障、引导结构调整，改变了以往各自为政、各守一片的固有体制，积极引入汽车物流先进管理组织理念和标准化运作模式，推动了综合运输协调可持续发展。

4. 加强东中西部地区的经济联系，助力西部地区精准扶贫

项目依托沪昆大通道开展商品车多式联运，有利于串联长三角地区、长株潭地区、黔中地区、滇中地区，加强长三角沿海发达地区与中部内陆地区、西南沿边地区产业联动发展，为西部开发战略的实施提供支撑。

※ 行业物流

医药物流

依靠科技进步转型升级，打造药品流通示范企业

——江西五洲医药营销有限公司

一、企业基本情况介绍

江西五洲医药营销有限公司（以下简称“五洲医药”）建于2006年，坐落在樟树市区福城路与四特大道交叉处，注册资本1.29亿元，是江西药品第三方物流试点企业，国家4A级物流企业，全国智慧物流配送示范企业。公司总人数1296人，专业销售人员400多名，物流配送及物流管理人员500多人。公司办公经营面积1万多平方米，建立了12万平方米的大型仓储体系，冷库1600立方米，经营药品品规16000多个。公司现有江西彭氏国药堂饮片有限公司、江西药帮国药堂连锁药房有限公司、吉安医药有限公司、江西五大洲物流有限公司、江西享药康电子商务有限公司、江西普罗格集成科技有限公司、江西同盛医药有限公司等全资或控股公司。在以彭鹏乐董事长为核心的领导班子带领下，历经12年的磨砺，五洲医药依靠科技进步，成功转型升级，实现了药品采购营销电商化，药品仓储物流智能自动化，药品终端直配专业化，管控冷链药品直达化，五洲医药已跨入江西省医药商业前列。

采取统仓共配模式，整合了上游制药企业及医药流通企业3800多家，省级代理药品厂家800多个；下游终端客户38480个，全省330家二甲以上医疗单位，1200多家乡（镇）卫生院，19000多个村（社区）诊所，3800多家连锁大药房门店及单体药店等，以及湖南、湖北、广东、浙江、福建等周边省区末端网点。（见图4－2－2）

二、企业项目情况介绍

（一）项目定位

五洲医药充分利用企业实力、政府支持、地理优势，结合樟树医药行业市场优势，

图4-2-2　五洲医药物流中心

立足樟树，扎根赣鄱，辐射湖南、湖北、广东、浙江、福建等周边省区。整合资源，服务厂家，方便客户，建立智能化现代医药物流基地、建设终端直配物流体系，打造高效率、高规格、高品质的扁平化医药流通渠道，减少大量中间环节，为行业上下游企业提供良好的经营条件。

（二）项目实施内容

1. 智能化现代医药物流基地

项目一期2014年10月竣工，是江西省唯一的智能化、信息化仓储分拣项目，即智能化立体仓库、电子标签拣选系统、输送分拣系统、高速分拣机、仓库自动化管理系统、ECS设备控制系统、条码管理系统、RF软件系统、ERP智能业务管理系等为一体的现代医药物流项目。

项目采用南京华章箱式立库货到人拣选系统，操作人员固定在拣选台进行拣选，大大减少走动量，能够大幅提升拣选效率。货到人拣选区域位于仓库二楼西北部，设置4个巷道，24台穿梭小车，对应巷道端部4台提升机及6个拣选位。设置6个人工再拣选台，配合电子标签指示进行拣选，由于操作人员不用走动，每个拣选台每小时可处理1000单以上（见图4-2-3）。

项目二期于2016年10月动工，预计2018年10月竣工，仓储面积可达到8.3万平方米。已建设智能化仓储物流系统（瑞士ABB机械手码垛工位进行整形，机械手码垛收货、采用目前最先进的货到人拣选系统和德国胜裴尔A字分拣机、螺旋输送机输送等智能设备）。日平均储存能力可支撑18万标准箱，日分拣能力可达到6万订单行，日吞吐量达2万件，仓储配送能力可达50亿元/年。

瑞士ABB机械手全自动码垛收货入库系统的机械手前段对接柔性输送线可方便从卡车上卸货，后端对接托盘输送线，机械手将货物码垛完成后用托盘输送线输送至立体库（见图4-2-4）。

图 4-2-3　南京华章箱式立库货到人拣选系统

图 4-2-4　瑞士 ABB 机械手全自动码垛收货入库系统

2. 终端直配物流体系

配备了 216 辆药品运输车、90 辆药品冷链车；建立了药品终端直配北斗车辆管理系统；配备了 130 个药品冷藏柜和无线温湿度记录仪；所有车辆配备了手持终端扫描仪、手持 POS（销售时点）终端设备等。

组建了 300 多人的专业药品直接配送队伍，在全省范围内设立 14 个直配中转站，开通 120 条直配专线，所有车辆由药品终端直配车辆管理系统进行管控。建立了准确、安全、快捷的医药直接配送网络，在 12 小时内药品直接配送到乡村（社区）诊所、大药房及各级医疗机构，保障用药及时、安全、有效（见图 4-2-5、图 4-2-6）。

图 4-2-5　江西省唯一的自营专业药品直接配送团队

图 4-2-6　出货集货区

三、企业项目实施效果

（一）运作案例

五洲医药与哈药集团签订了哈药集团产品江西省专营商协议，哈药集团 1300 多个产品在江西的销售不经过中间环节，由五洲医药直接配送到终端客户。目前已有 710

家药品生产企业的产品（含麻等管控药品、冷链药品）由五洲医药直接配送到终端客户。服务模式的转变为五洲医药提供了更大的发展空间。

（二）经济和社会效益

智能化现代医药物流基地的建设带来了良好的经济和社会效益。实现了药品采购营销电商化、药品仓储物流智能化、药品终端直配专业化、管控冷链药品直达化。主要性能指标：出库准确率提高到99.99%；订单处理效率达到270单/分钟。日平均储存能力可支撑18万标准箱、日分拣能力可达到6万订单行、日吞吐量达2万件。2017年销售额达25.39亿元，纳税4010.95万元。五洲医药为樟树市十强企业第七位，列江西省民营企业100强第41位，全国药品批发企业百强第52位。五洲医药智能化医药物流基地建设，为江西省医药商业企业起到了示范作用，为适应医药管理体制改革的迫切需要，全省有10多家医药商业企业正在规划电商平台和现代医药物流自动分拣系统的建设。

（三）推广价值

五洲医药终端直配模式解决了药品流通多重环节层层加价等问题，为行业上下游企业实现“两票制”“一票制”提供了便捷，保障了药品在运输过程中的安全可控。率先建设了智慧物流基地，使用了大量现代化智能设备，大幅提高药品的仓储、分拣、出库效率，在江西省医药流通行业的现代化、智慧化发展中起到了示范作用。

※ 行业物流

钢铁物流

调整运输结构，促进物流业降本增效

——新余中新物流有限公司

一、企业基本情况介绍

新余中新物流有限公司（以下简称“中新物流”）成立于2005年7月，注册资本800万元，为新余钢铁股份有限公司全资子公司。公司专业从事钢材、矿粉、煤炭等大宗商品汽运、铁运水运代理以及多式联运物流服务，主要服务对象为新钢公司、新华公司、中冶新材以及钢铁产业链上下游客户。已建立起全国主要干线运输的物流服务网，形成了以华东、中南、华南为基地，辐射全国的运输资源网络，2017年完成年运量1176万吨，收入4.57亿元，资产总额7242万元，净利润876万元。

二、企业项目情况介绍

（一）项目背景

随着全国西部地区经济的快速协同发展，货物运输需求迅速增长。为充分发挥交通“先行官”的作用，保障国家“三大战略”的实施，国家进一步加大对公路、铁路、园区枢纽等基础设施的投入。本项目依托长江经济带九江铁水联运通道，推动江西省交通运输网络体系建设，促进经济快速发展。加快发展铁水联运有利于完善综合运输体系建设，提升现代物流发展水平，协调区域经济发展，促进节能减排。

长江经济带千万吨级大宗散货物资多式联运示范线路，主要依托长江经济带九江铁水联运通道展开铁水多式联运，长江经济带九江铁水联运通道东起沿海港口，西至内陆省份，连接节点主要包括莆田、宁波、上海、太仓、张家港、靖江、南通、南京、九江、新余等城市，主要由沿海港口进长江航道，减载至赣江航道，再经铁路转运进厂。

（二）项目建设方案

建设方案包含4个交通枢纽和1套交通运输信息系统，具体见表4-2-2。

表4-2-2　　项目建设情况

项目类别	项目名称	项目简介
基础设施建设	樟树港河西港区	工程建设规模为1000吨级重杂件泊位4个、集装箱货泊位3个、1000吨级散货泊位5个、1000吨级综合泊位4个及其配套工程，整个港区规划陆域面积约1265亩
	中新物流园区	办公楼、商铺、停车场、维修厂房、仓储加工配送、加油站等相关设施
	九江四方港口	公司岸线长度400米，建有3个5000吨级码头泊位（其中下水码头1个）
	洋坊货运站	占地1053余亩，现有21股道，其中一条静态地磅线（1股）用于车辆检斤过磅、机车加油、机车等待等作业；12股非电气化线路（2~13股）用于人工取样和存放车辆；8股电气化线路（14~21股）用于接发新余列车以及新余机车转线、等待等作业。铁路专用线长度累计19357米
设施设备购置	换装设备	4台5吨浮吊、2台10吨门式起重机、1台5吨门式起重机、2台堆矿机、1台半旋转装船机、2台40吨10.5米轨距门座起重机、3台45吨16米岸边桥式集装箱起重机、5台20吨桥式抓斗卸船机、3台装船机、1台火车装卸机等
	运输设备	皮带运输机、平板车、牵引车等
信息系统建设	多式联运信息系统	完善通道中公共信息平台功能，实现各种运输方式、各物流节点和运输企业之间合作业务范围内的信息共享，共同开发用户平台，并与区域性交通信息服务系统对接，加快推进多式联运信息采集交换、货物状态监控、作业自动化等领域的技术创新与应用

（三）多式联运探索实践情况

中新物流成立以来，根据运输条件及市场情况不断优化运输方式，为探索新余大宗生产资料出省新通道，紧跟国家鼓励政策，积极推动及操作运营铁水联运业务，运输模式从单一的铁路运输逐步发展成为铁水联运运输，并不断增加铁水联运运输比例，中新物流年操作铁水联运量约1000万吨。见图4-2-7、4-2-8。

图 4-2-7　转运作业现场

图 4-2-8　铁水联运作业现场

中新物流与中国铁路南昌局集团有限公司、中国铁路上海局集团有限公司形成战略合作意向，发挥各自优势，就降低物流成本实现铁路货运上量等方面开展战略合作。

在货物运输方面形成 3 条主要运输通道，其中 2 条为铁路运输，分别为宁波港到新余钢铁股份有限公司和莆田港到新余钢铁股份有限公司；1 条为铁水联运运输，由海运至江苏港口（如江苏靖江、张家港港口等），经长江水运至九江港，再通过国家铁路线火车运送至洋坊站，后通过铁路专用线直达新钢原料场。在新钢十三五物流发展规划中，中新物流将进一步降低物流成本，延长水路运输路径，规划完成樟树港建设，水路从九江港延伸至樟树港，铁路运至终端用户。

江西省公路、铁路、航空、水路交通基础设施的建设，尤其是赣江流域三级航道的建设，是中新物流开展公铁水一体化多式联运的基础，物流信息化建设是中新物流优化运输方式的优势之一，将原本相互独立的运输模式进行有效整合，提高物流效率，进而提升物流的综合服务水平。

（四）多式联运线路

综合考虑中新物流的基础与优势，结合现有场站规划与建设情况、企业资源、发展战略等因素，建设以沿海港口、中新物流园为起止节点，以九江市（区域重点联运枢纽）为重要转载物流节点，以南京、张家港、太仓为主要物流节点，构成多式联运示范线路。（见表4－2－3）

表4－2－3　　千万吨级散货物资铁水联运示范线路　　单位：万吨

铁水联运产品种类	年运输量	起点	运输方式	途经点	运输方式	终点
矿石	200	莆田	水运	太仓、张家港、南京、九江四方港口、（樟树港河西港区）、洋坊货运站	铁路	新余中新物流园区
	400	宁波北仑	水运	太仓、张家港、南京、九江四方港口、（樟树港河西港区）、洋坊货运站	铁路	新余中新物流园区
煤炭	150	莆田	水运	宁波、太仓、张家港、南京、九江四方港口、（樟树港河西港区）、洋坊货运站	铁路	新余中新物流园区
废钢	50	莆田	水运	宁波、太仓、张家港、南京、九江四方港口、（樟树港河西港区）、洋坊货运站	铁路	新余中新物流园区
钢材	200	新余中新物流园区	铁路	洋坊货运站、（樟树港河西港区）、九江港务、南京、张家港、常熟、上海港	水运	华东地区港口

未来樟树港建成后，货物将水运至樟树港进行铁水联运中转，可逐渐替代九江港，进一步降低物流成本。

三、企业项目实施效果

（一）降低了物流成本

项目建立“铁路运输＋水路转运”的运输模式，将原有铁路运输的货物转移到水路运输，同时把分散的商贸流通、运输、仓储、包装、装卸搬运、流通加工、配送、货代等不同物流环节进行功能组合，大幅提高物流服务的效率和水平，可实现社会物流成本逐年降低，成本预期见表4－2－4。

表4－2－4　长江经济带千万吨级大宗散货物资多式联运示范线路（往返）降低物流成本情况（预计）

单位：万元/年

年份	2018	2019	2020	2021	2022
铁路运输成本	142500	172000	183750	189000	194250
铁水联运运输成本	99750	122000	126000	126000	126000
物流成本降低	42750	50000	57750	63000	68250

（二）提升了运输效率

中新物流发挥自身大宗物料资源优势，积极协调铁路、港口、无车承运等相关资源，将物流通道的铁路和水运两种运输方式紧密衔接。通过合资港区码头、铁路枢纽等方式，将物流通道内的相关资源进行整合，发挥更高效率。

（三）间接效益

1. 对其他产业的带动效益

项目的运营活动所产生运营费用的支出，将促进相关单位收入的增加，从而促进上游相关产业的发展，带动整个产业链的发展。将有力地促进产业结构的调整。本项目的建设会带动周边第三产业相应的发展，对周边地区的服务业如住宿、餐饮、娱乐、购物、交通邮电等服务的需求会随之而增加。据估算，本项目预计在2018年、2019年、2020年、2021年、2022年对于上下游企业带动作用创造的价值，分别为3135万元、3667万元、4235万元、4620万元和5005万元。

2. 提升周边地区工商企业的竞争力

物流基础设施是提供物流服务的基本条件，项目建成后，完善了江西省交通基础设施建设，将促进江西省物流商贸产业的社会化、现代化、集约化和专业化的发展，能够为周边地区的工商企业提供良好的物流服务，降低了工商企业成本，最终体现在商品价格的降低，进而提高周边地区工商企业的竞争力。通过项目的建设、运营，将促进周边村镇的加工、服务业的发展，如餐饮、食品及小商品加工和交易、缝纫、通信、小型加工厂、各类维修站点、电讯及储蓄网点等。通过集聚效应对周边地区工商企业的发展起到带动和促进作用。

3. **增加就业机会，提高当地居民收入**

项目的建设运营将提供大量就业岗位，对于当地物流人才的培养将起到积极推动作用。项目建设实施有利于增加地方财政收入，直接带动地区工业经济发展和间接带动地区商业发展，对地区 GDP 增长做出了重要贡献。项目将成为未来地方新的经济增长点，带动约 5 万个就业岗位，扩大就业面和就业机会，减轻了社会再就业的压力，有利于社会的安定团结，对建设和谐社会起到积极的作用。从居民收入来看，项目从业人员收入水平将得到提高。从相关产业看，项目建设也会带动餐饮、汽车、维修等服务产业人员收入的增加。

※ 行业物流

冷链物流

解密十万吨冷链物流园，打造现代农产品冷链体系

——江西玉丰实业有限公司

一、企业基本情况介绍

江西玉丰实业有限公司（以下简称“玉丰实业”）坐落于江西省南昌市国家高新技术产业开发区，注册资本3500万元，现总资产5.3亿元，其中固定资产4.2亿元，是一家集绿色蔬果种植，原产地采购，农产品贮藏、加工、销售与物流配送为一体的农业产业化省级龙头企业。玉丰实业是国家农产品流通示范企业、中国蔬菜流通协会第五届理事会常务理事单位、国家4A级物流企业、江西省农业产业化协会执行会长单位、南昌市“信用优良企业”。

二、企业项目情况介绍

玉丰实业高新冷链物流园项目总投资3.2亿元，占地130亩，建筑面积14.7万平方米，其中办公大楼1.39万平方米，厂房2.7万平方米，冷库面积6.8万平方米，配送中心1.2万平方米，接待中心2.2万平方米，员工住房1.4万平方米。本项目是公司继小蓝经济开发区“农产品冷藏物流加工建设项目”成功运营之后，着力打造的集农产品冷藏保鲜与加工、食品与医药等产品冷藏为一体的综合性的冷链物流建设项目，是公司新十年规划的支撑性项目。

（一）项目定位

1. 发展定位

玉丰实业充分利用企业实力、政策支持、市场能力，结合高新区的产业环境及区位优势，并借助鄱阳湖生态经济区建设的机遇，将园区打造成为辐射江西（城乡覆盖率高）全境，线（运输专线）、面（环鄱阳湖经济圈）结合，向省外延伸，集现代物

流、加工、冷藏、贸易于一体的综合物流基地。

2. **功能定位**

依托先进物流信息平台、完善的运营机制，发展便捷存储、流通加工、快速分拨，满足农业类、制造业、商业流通业及现代电子商务等产业对仓储物流的需求。具体业务包括：蔬果农产品、汽车配件、电子产品、快消品、医药、生活日用品、水产品、海鲜等品类的仓储及物流配送。

（二）项目基础设施建设

1. 打造现代化封闭式冷库

项目冷库共分为两期建设完成，四号冷库体积 14 万立方米，容量 5.5 万吨；六号冷库体积 18 万立方米，容量 6.5 万吨。每栋冷库平均 5 万吨容量，冷库高度 7.2 米，每层有 5500 平方米，每层设有 12 个库房制冷间，每间冷库约 500 平方米，净高约 8 米，穿堂能够起到很好的降温作用，降温幅度为 5 ~ 8℃。每间冷库地面采用环氧地坪，穿堂金刚砂地面，无尖地面，按照国家规定的食品制冷标准冷库建造。在冷库卸货区域，每栋冷库设置 28 个封闭式升降卸货调节平台电梯 20 部，5 吨、3 吨不同吨位电梯进行货物分流，可进行大批量货物装卸。

在冷库内部，有 10 台液压升降平台卸货区，有 10 台电梯进行分流货物，可进行大批量货物装卸；冷库内部设计温度可以根据货物特性进行调整，可用电脑单独调试每间冷库温度，包括预冷温度、休眠温度、出库温度，温差精确在 0.1℃之间。冷库内货物存放和冷库内作业见图 4 -2 -9、图 4 -2 -10。

图 4 -2 -9　冷库内货物存放

图 4 – 2 – 10　冷库内作业

2. **先进的制冷技术**

项目在冷链方面的技术精益求精，公司冷链制冷技术主要依靠汉中螺杆并联压缩机、冷凝器、节流阀和蒸发器。选用的汉中螺杆并联压缩机组、低温比泽尔螺杆压缩机，实现了高效率、小振动、低噪声的冷链贮藏方式，能够保证产品在各个环节始终处于产品所必需的低温环境下，保证食品安全，减少损耗，防止污染。螺杆并联压缩机见图 4 – 2 – 11 所示。

图 4 – 2 – 11　螺杆并联压缩机

3. 信息化管理和监控

产业园建有“冷链物流园物流信息系统”，即门户式物流信息定位系统，建有WMS、GPS、CIS、JIT准时制生产方式等信息化管理系统，服务包括信息服务、电子商务、贸易交易、全程物流监控服务。这种基础性的物流公共信息化平台，供物流企业、货运公司、货代仓储企业及第三方物流公司等使用，基本满足了物流生产管理、贸易交易等需要。

冷库内部温度可以根据货物贮藏温度条件进行调节，每间冷库都可独立降温。可根据PLC（可编程逻辑控制器）控制系统单独调试每间冷库温度，包括预冷温度、休眠温度、出库温度，温度精确在0～1℃。肉类、禽类、海鲜等可设计至速低温度－28～－18℃的低温存储。冷库采用WMS（仓库管理系统），无须人工出单，系统自动生成单据。

（三）项目实施案例

玉丰实业利用冷链物流的优势为客户提供集现代物流、加工、冷藏、贸易于一体的一站式冷链物流服务。2017年下半年与农夫山泉合作并承接了农夫山泉江西信丰脐橙非浓缩果汁1万吨的冷链运输及仓储业务。这种非浓缩果汁是杭州G20（20国集团）峰会指定饮料，它对温度的要求极高，在运输和存储过程中需将温度控制为－25℃～－18℃，才能确保产品的品质不受影响。玉丰实业利用自有冷库及冷链运输的优势，特别是标准化设备，进行全程带托运输，提升了运输的效率，对顾客需求变化迅速做出反应，从而最大限度地满足顾客需求，得到农夫山泉的高度认可。冷链操作实景见图4－2－12。

图4－2－12　冷链操作实景

三、企业项目实施效果

（1）项目采用标准化管理，现代化冷库设施设备，配合标准化的冷藏车、托盘、周转筐和货笼货架，使公司标准化水平明显提升，物流成本显著降低，物流效率大幅提高。对于农产品冷链环节的质量保持和食品安全保证有显著提升作用，极大提升了公司的核心竞争力和行业优势。公司积极发挥试点企业推广带动作用，推动上下游合作企业、供应商使用标准化周转筐、托盘，逐步推动上下游合作企业的带托运输，目前与公司合作的上游供应商均使用标准化周转箱，与农夫山泉采取一托到底、不倒托的全程带托运输的合作模式。

（2）项目的实施在加工、运输、仓储、装卸、搬运、配送、信息、财务、管理等方面提供600多个就业岗位，为周边地区解决一部分就业问题的同时，进一步延伸服务范围，促进更多加工点、冷链销售点、直营店和相关市场的建设，带动农产品生产基地建设。由于项目加工、物流、销售全程冷链，可减少农产品在加工、运输、储存等环节中质量事故的发生，每年将减少直接经济损失800余万元。

（3）项目的实施不仅解决了农夫山泉果汁运输、储存需要通过杭州冷链中转，成本高的问题，还帮助江西省农产品深加工找到了新的出路，可带动江西农产品深加工，让江西农产品走向世界，提升赣产优质农产品品牌效应。

※ 行业物流

大件物流

江西大件运输"一枝独秀"，为大件运输"保驾护航"

——江西四顺物流集团有限公司

一、企业基本情况介绍

江西四顺物流集团（以下简称"四顺集团"）位于萍乡市芦溪县工业园区，是集物流、电商、商砼、建材贸易、汽车5S店等多领域发展的综合型物流企业。集团于2014年12月整合，集团公司旗下拥有江西四顺实业有限公司、中材萍乡混凝土有限公司、萍乡市顺畅实业有限公司、萍乡市鑫顺达汽车服务有限公司、萍乡市中观贸易有限公司等多家子公司，2017年集团主营业务收入3.3亿元。先后获得国家4A级物流企业、国家首批三星级车队、江西省重点商贸物流企业、道路货物运输质量3A级企业等荣誉称号。

四顺集团是以客户为中心，覆盖零担快运、整车、大件运输、仓储与供应链、园区租赁等多元业务的综合性物流供应商，凭借科技创新技术，丰富的人才资源储备，为客户提供多元化、灵活、高效的物流选择。

四顺集团以"做一家有社会担当的大型企业"为宗旨，在完善自身的同时，积极参加社会公益活动，并取得了社会的认可，得到社会高度评价，取得"关爱老人、爱心单位""弘扬美德"等多个荣誉。

二、企业项目情况介绍

（一）大件运输项目背景和可行性

近年来，随着全国物流业的快速发展，越来越多专业化的物流企业纷纷崛起，其中大件物流更是得到广泛关注。大件物流囊括了大件设备的公路运输、铁路运输、航空运输、存储装卸、包装、搬运及信息处理等一系列物流相关的管理活动。

四顺集团拥有国家最高级超长超限道路运输许可资质，是江西、湖南、湖北等地区拥有此资质唯一的一家大件物流企业。中部地区有中材（萍乡）风力叶片厂、株洲时代新材风力叶片厂等多个产量高、资源稳定的企业，形成了一个庞大的业务市场，因此发展大件运输可行性很高。

（二）公司大件运输发展现状

四顺集团于2017年初期成立并开展大件运输业务，目前大件运输部门已拥有风力叶片车10套（30部）。已和广东中山明阳风电集团风力叶片厂、中材（萍乡）风力叶片厂、株洲时代新材风力叶片厂、上海艾朗风力叶片厂、上海西门子（歌美飒）风力叶片厂等厂家形成战略合作关系，并和天津通鑫达物流运输有限公司、新疆凯通物流有限公司、上海岳峰（国际）物流运输有限公司等全国知名物流公司达成运输业务合作。（见图4－2－13、图4－2－14）

图4－2－13　风电叶片大件运输（1）

图4－2－14　风电叶片大件运输（2）

（三）目前遇到的问题

（1）行路难。由于叶片过长，达到 60～70 米，在运输过程常常会出现爬坡路段、转弯路段难通过的问题，时常造成车辆堵塞、刮花产品、蹭坏撞坏路边建筑物等现象。

（2）办证、上牌难。相关证件办理手续复杂，办理时间过长。且各省市之间公路路网未能连通、许可信息装备落后、地方法规制度不一、各地管理体制差异等一系列问题，严重阻碍推进进程。

（3）收费高且不统一。一直以来，大件运输的审批由各省市独立完成，在实施过程当中，各省市审批流程不同、提交材料不同、审批角色不对应、收费标准不统一，办证快的省市半天就可以办好，办证慢的省市甚至需要等上一两个星期。

（4）专业人员短缺。近年来大件运输领域发展迅速，但没有形成系统的学习培训体系，还是靠经验作业，造成专业人员的匮乏。

三、企业项目实施效果

（一）大件运输业务发展迅速

四顺集团主要开展以风力叶片为主的大件运输业务，目前已初见成效，从单一的线路发展成多线路，主要路线有：株洲—贵州、上海—福建、萍乡—九江、株洲—安徽、省内短途运输等。

（二）异常情况处理能力大幅提升

针对叶片过长导致运输过程中异常情况的出现，四顺集团大件运输部门加大人力投入和研究力度，对大件运输异常情况进行了多项技术改革和技术升级。

（1）当运输 60 米长的风机叶片在直路行驶时，保持叶片尽可能接近地面，既可以保证车辆行驶的稳定性还能保证叶片能在桥梁、高压线等下方通过。

（2）当通过狭窄的弯道，尤其是如果在道路的一侧或者两侧上有障碍物时，通过叶片倾斜装置使叶片倾斜一定角度，减少伸出叶片投影到地面上的长度，并且将叶片大部分升高，以使它在障碍物上方通过。

（3）在通过障碍物之后，降低叶片高度，来增加车辆稳定性。叶片安装时将叶片的末端朝车辆前方放置，可将叶片安装成伸出到载货汽车的外面，由此减少车辆的总长度。

（4）当叶片朝前放置时，更容易跟踪叶尖位置，并且叶尖的路线基本与车辆一致，更容易通过拐弯路段。

（5）增加可伸缩装置。可伸缩装置不仅可以在车辆转弯叶片倾斜的同时进行有效收缩，更利于车辆的转弯，还可以适应运输不同规格的风机叶片，作为普通拖车使用。

（6）额外增加一名跟车指挥人员，遇到弯道和特殊地区下车指挥，降低了异常率，提高了效率。

在多方面努力下，大件运输异常情况已经得到控制，也得到了行业的高度评价，业务量上升趋势明显。为进一步扩大大件运输业务范围，更加规范操作流程和标准，在行业中树立四顺物流大件运输品牌和地位，集团将大力开展运输代理工作，树立市场品牌意识；建立和完善大件货物运输通道；发展公铁联运，努力实现“门到门”运输；采用现代化管理手段，提高管理水平。

※ 物流设备服务

托　　盘

以标准托盘为中心推动托盘循环共用体系发展

——九江县雄鹰木业有限公司

一、企业基本情况介绍

九江县雄鹰木业有限公司（以下简称“雄鹰木业”）成立于2006年8月，位于福银高速（沙河段）沙城工业园。主营业务包括托盘生产，托盘及物流设备租赁等。具有生产、销售、租赁各种规格的木制托盘、免熏蒸合成托盘、包装箱、装潢条产品能力，是九江地区唯一的一家大型托盘专业化生产和销售企业。公司目前每年各类托盘生产销售量达40余万片，产品主要销往九江、南昌及湖北、安徽部分地区。

二、企业项目情况介绍

（一）项目定位

以雄鹰木业为主导，建成标准托盘保有量8万片的托盘循环共用池；标准化托盘生产线升级改造，建成5000平方米的标准厂区仓库，购置标准运输车辆1辆，标准叉车5台，手动搬动车4台。建成6个标准化托盘租赁服务网点，互联互通。支持托盘带板运输，探索出3种可行的托盘循环共用模式。建成托盘管理系统一套。参与制订《开放式循环木质平托盘技术规范》。

雄鹰木业根据申报书中的实施方案，积极推行实行标准化托盘循环共用系统，建立一种在企业间行之有效的合作机制，使托盘能够顺利生产、租赁使用、回收并循环使用，同时依靠社会力量来构建托盘共同系统。

（二）项目实施内容

目前公司为托盘循环共用体系项目的主要承担单位，联合九江、南昌等地大型商贸连锁企业（如联盛、派拉蒙、沃尔玛等）、快速消费品生产企业（如青岛啤酒）、第三方物流企业（长东物流等）、推广营销企业，沟通合作。公司主要负责标准化托盘生产及租赁维护工作，第三方物流企业负责标准化托盘相关配送工作，推广营销企业负责前期的标准化托盘推广使用和广告设计相关工作。

通过企业间的分工合作，推动标准托盘应用推广和循环共用，带动产品规格、包装、车辆、货架、装卸机具、运作流程等标准化及单元化运输、装卸、储存，提高物流效率。同时，以“托盘一体化”带动“供应链一体化”变革，各相关部门及企业共同研究探索托盘与供应链、托盘与共同配送，以及托盘与多式联运等相结合的发展模式，积极参与托盘共用国际化有关工作，真正以“托盘一体化”带动“供应链一体化”变革，提高供应链物流效率。

项目部分场景见图4－3－1、图4－3－2、图4－3－3。

图4－3－1　标准化托盘循环共用池局部

图4－3－2　标准厂区仓库托盘展示厅

图4－3－3　瑞昌林安物流园托盘租赁服务网点

雄鹰木业贯彻物流标准化精神，参与物流标准化试点项目后升级改造托盘生产线，使得标准化托盘生产良品率提高，托盘年生产量提升35%。

（三）雄鹰木业在物流标准化中所创建的租赁模式

雄鹰木业建设的标准化托盘循环共用系统是九江地区唯一一个托盘生产服务类的物流标准化试点项目。托盘移动世界，标准化托盘租赁的发展极大地促进了物流标准化水平的提升。在建设标准化托盘循环共用系统的过程中，探索出适合九江物流发展现状的托盘循环共用系统模式，是本次物流标准化试点项目中的最大亮点。

1. 直接租赁和回收模式

直接租赁和回收模式是指托盘用户提出租赁申请后，托盘租赁商根据托盘用户要求的规格、数量将指定托盘调配到离托盘用户收货地点最近的托盘服务站点，并与托盘用户签订租赁合同，托盘用户缴纳押金及租金。在租赁期结束后，托盘用户按照期限将空托盘归还到初始租借托盘的服务站点，收回押金（见图4－3－4）。

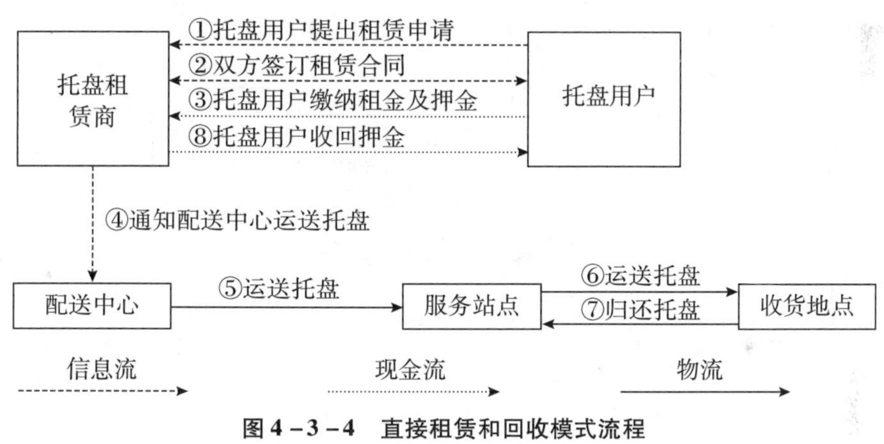

图4－3－4　直接租赁和回收模式流程

2. 多落点租赁和回收模式

托盘用户提出租赁申请后，托盘租赁商根据要求的规格、数量将指定托盘调配到离托盘用户收货地点最近的托盘服务站点，并与托盘用户签订租赁合同，托盘用户缴纳押金及租金。在租赁期结束后，托盘用户可以自己就近归还或者委托其客户归还托盘。如果该批托盘已安排下一个托盘用户，则本次租赁托盘的用户可以按照托盘租赁商的委托将托盘直接运送给下一个托盘用户，而不用将其归还到托盘服务站点，直到供应链末端托盘用户将托盘交还（见图4－3－5）。

3. 提前预租赁和回收模式

托盘用户提出租赁申请后，给予托盘租赁商一定的备货时间，并提供所要租用托盘的规格和数量，双方签订租赁合同，托盘用户向托盘租赁商预付押金。托盘租赁商在提前期内完成备货，并以低于一般租赁模式的租金将托盘租给托盘用户。租金从托

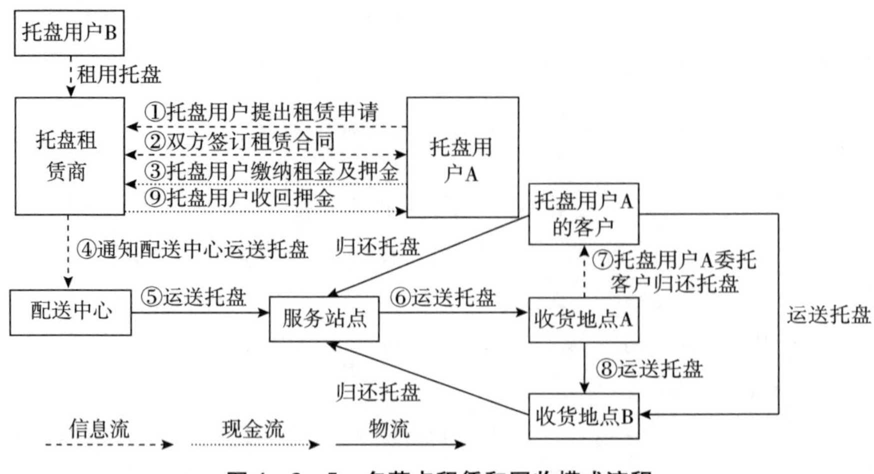

图4-3-5　多落点租赁和回收模式流程

盘交托盘用户之日起计算。由于托盘需求量已知，托盘租赁商很容易掌握库存，可以降低库存成本。托盘的运输、回收形式和一般租赁模式相同，由托盘用户将空托盘归还到初始租借托盘的服务站点，收回押金。（见图4-3-6）

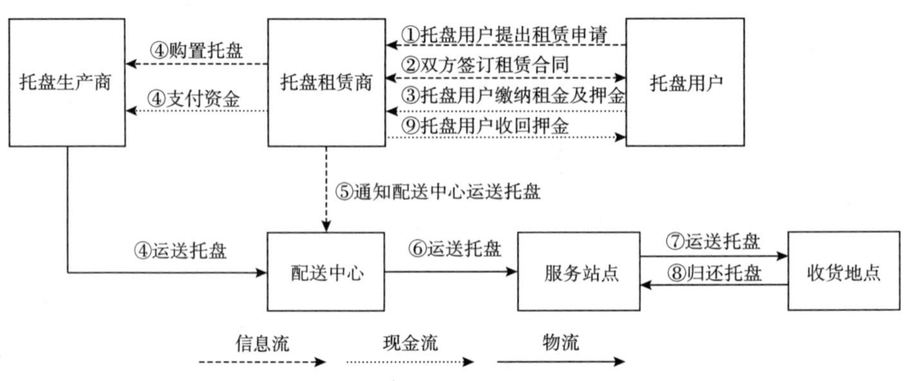

图4-3-6　提前预租赁和回收模式流程

三、企业项目实施效果

（一）提高装卸效率，促进绿色物流发展

托盘循环共用模式是探讨共享经济在物流领域应用的焦点，是绿色物流的重要表现形式，也是商务部流通业发展司近年来推行商贸物流发展标准化的重要举措。带板运输所带来的装卸效率提升主要体现在3个方面：一是装卸效率的提升，带来了车辆利用率、周转率的提升；二是装卸效率提升有助越库作业模式的推广，从而带来仓库利用率、周转率的提升；三是装卸效率提升实现了多点共同配送与快速补货模式有机结合，从而真正实现了快速补货模式下库存成本最优与运输成本最优的平衡。

在整个托盘循环共用过程中，托盘利用率、仓库利用率和周转率、库存周转率、车辆利用率和商品周转率都得到提高，商品在零供之间、在整个快消供应链的周转速度有了大幅度提高。这既是绿色物流的体现，也是共享经济价值的体现。

（二）提高物流标准化水平，降低社会物流成本

雄鹰木业运用多种方式，鼓励生产、批发、物流、零售等各类企业从自购托盘转向租赁标准托盘，发挥九江市本地大型商贸企业和制造型企业在供应链中的主导地位，提高标准托盘租赁比率和一贯化带板运输作业比率，促进标准化托盘沿供应链上下游顺畅流转，实现标准化托盘在全社会的循环共用，提高物流效率，节约环境成本。

标准化托盘循环共用系统的建设，不仅帮助企业节约了成本，还有效保障了运输货物的安全。通过深入开展实施标准化托盘共用系统项目，不断提高企业标准化托盘使用率，提高托盘带板运输率，比非托盘运输降低30%的物流成本。通过实施托盘的租赁回收维修项目，减少九江地区20%的托盘保有量，在未来可使试点企业托盘循环使用率达到90%以上，减少对森林资源的浪费，助力绿色江西建设。

※ 物流设备服务

周转筐

创新果品市场运作模式，构建绿色环保周转筐循环共用体系

——江西省赣兴果品服务有限公司

一、企业基本情况介绍

江西省赣兴果品服务有限公司（以下简称“赣兴果品”）成立于2017年3月，注册资本3000万元。公司地址在南昌市青云谱区深圳农产品批发市场，专业从事果品流通服务。

赣兴果品自2017年5月投入运营以来，积极承接国家物流标准化试点项目，推进和加快现代化物流体系建设，自主创新设计的标准化周转筐及建立的果品标准化周转筐循环共用体系，弥补了国内市场的空白，满足了全国果品供应链降本增效的需求，提供了全面、优质的周转筐租赁及相关增值服务。

二、企业项目情况介绍

据统计，全国水果消费总量保持在2亿多吨，占社会消费零售总额7%左右，果品流通中损耗率达35%，若按1元/千克计算，每年因流通损耗造成的经济损失就高达700多亿元。而江西省水果年产量600多万吨，南昌深圳农产品批发市场日均交易量1.5万~2万吨，列全国农副产品批发市场第12位。公司严格按照国家商务部物流标准化试点要求，坚持供给侧改革、创新创造、自筹资金、自发组织，已经在江西省内全面推行果品周转筐循环共用体系建设，实行水果周转筐“三集中、三统一”，即集中租赁、集中仓储、集中退箱、统一制作、统一标识、统一标准。

1. 项目建设内容

（1）物流标准化试点项目建设。试点实施至今已实现租赁1200毫米×1000毫米标准化托盘8000片；投入市场的模数为600毫米×400毫米的标准化周转筐数量已达

170.86万个，标准化周转筐占比达到100%，系统中周转筐租赁率达到了81.36%。公司租赁仓库面积1.86万平方米，配套周转筐的710组货架及3台叉车，形成了一个完善的标准化中心仓库，见图4-3-7所示。

图4-3-7 标准化中心仓库

（2）为加大产品衔接和创新研发力度，赣兴果品针对市场实际应用不断自主创新设计，研发了不同规格型号的标准化折叠周转筐，通过折叠堆放进一步降低运输成本。公司大力推广应用标准化技术设备，建设物流信息服务平台，依托“互联网RFID芯片+带板运输”等新型运营模式，将标准化周转筐循环共用体系从江西辐射至全国各地。内嵌RFID芯片的折叠周转筐及手持扫码枪见图4-3-8。

2. **运作模式**

赣兴果品通过实行“三集中、三统一”创新模式，改变了江西果品市场以往混乱的周转筐运转现象，为客户提供了集仓储、租赁、管理于一体的一站式服务。用户需要使用周转筐时，只需联系公司就可及时送达，无须专人进行管理，大大减少了用户购买和养护周转筐的成本，既便捷又经济。

三、企业项目实施效果

按照全国传统的物流作业流程，商品从供应链上游的生产企业到供应链末端的销售门店大约要经历16个步骤，其间不断重复着耗时、耗力、耗财的人工装卸作业，效

图4－3－8　内嵌 RFID 芯片的折叠周转筐及手持扫码枪

率极其低下。如果上下游企业都实现标准化周转筐共用，就可以大幅减少重复劳动，能为企业提高近30%的工作效率。因此在周转筐循环过程中，赣兴果品积极与大型托盘租赁企业合作，采用带板运输模式降低人工搬运成本，降低货损率，有效促进供应链企业间的协同运作，使企业物流效率得到大幅提升。

赣兴果品秉承着节省能源消耗、降低固态垃圾产生、减少温室气体排放的经营理念，在周转筐的生产和选材上坚持使用循环、周转、再利用的环保原材料，推行周转筐循环共用系统，不仅给周转筐使用者带来了便利，而且让制造企业、农产品流通企业、物流企业不用一次性投入大量资金购买周转筐，而且也不用为购买周转筐后的保管及维修负责，可以让本地区的周转筐保有量减少三分之一，在降本增效的同时节约了社会资源。

公司通过实施周转筐租赁循环模式后，根据对深农水果市场的调查，初步以100家商户计算，原有商户仓储面积总计约3.5万平方米，每户平均一年租筐3万个，租金在1.5~2元/个·次，并且每户须安排一人单独管理仓库。公司整合之后总计仓储面积约2万平方米，租金统一按1元/个·次，并且只须22人进行整体运营管理。项目实施以后，在仓储成本、周转筐租金成本以及人工成本方面共节省1000万余元。从企业自身发展盈利的层面来看，通过实施“三集中、三统一”的创新模式，大大提高了市场商户租赁周转筐的次数，以每个周转筐一年循环租赁 8 次计算，全年仅周转筐租金就为公司带来近 1000 多万元的利润，随着公司标准化周转筐数量以及规格的增加，将实现更可观的收益。

随着标准化项目建设的逐步推进以及市场运用的不断推广，江西果品市场已经初步形成了一个较为完善的标准化周转筐租赁循环共用体系，改变了以往市场传统的作业模式，有效地推进了江西果品市场的健康发展，也为全省乃至全国打造出符合现代化运营模式的果品批发市场奠定了坚实的基础。

第五部分
政策资料篇

※ 2017 年物流业主要政策文件

2017 年国家物流业主要政策清单

序号	文件名称	发文机关	文号	发文日期
1	商务部等 5 部门关于印发《商贸物流发展“十三五”规划》的通知	商务部、国家发展改革委、国土资源部、交通运输部、国家邮政局	商流通发〔2017〕29 号	2017 年 1 月 19 日
2	交通运输部办公厅关于界定严重违法失信超限超载运输行为和相关责任主体有关事项的通知	交通运输部办公厅	交办公路〔2017〕8 号	2017 年 2 月 7 日
3	交通运输部办公厅关于做好无车承运试点运行监测工作的通知	交通运输部办公厅	交办运函〔2017〕256 号	2017 年 3 月 7 日
4	发改委印发粮食物流业“十三五”发展规划	国家发展改革委 国家粮食局	发改经贸〔2017〕432 号	2017 年 3 月 3 日
5	质检总局等 11 部门关于推动物流服务质量提升工作的指导意见	质检总局、国家发展改革委、交通运输部、商务部、工商总局、保监会、国家铁路局、中国民用航空局、国家邮政局、中华全国供销合作总社、中国铁路总公司	国质检质联〔2017〕111 号	2017 年 3 月 2 日
6	国务院办公厅关于加快发展冷链物流保障食品安全促进消费升级的意见	国务院办公厅	国办发〔2017〕29 号	2017 年 4 月 13 日
7	关于印发《“十三五”铁路集装箱多式联运发展规划》的通知	国家发展改革委、交通运输部、中国铁路总公司	发改基础〔2017〕738 号	2017 年 4 月 19 日

续 表

序号	文件名称	发文机关	文号	发文日期
8	交通运输部办公厅　公安部办公厅　工业和信息化部办公厅关于做好车辆运输车第二阶段治理工作的通知	交通运输部办公厅、公安部办公厅、工业和信息化部办公厅	交办运函〔2017〕546号	2017年4月25日
9	关于继续实施物流企业大宗商品仓储设施用地城镇土地使用税优惠政策的通知	财政部、税务总局	财税〔2017〕33号	2017年4月26日
10	交通运输部办公厅关于贯彻实施《超限运输车辆行驶公路管理规定》的通知	交通运输部办公厅	交办公路〔2017〕62号	2017年5月5日
11	交通运输部办公厅关于使用车辆运输车申报信息进行执法检查的通知	交通运输部办公厅	交办运函〔2017〕774号	2017年6月6日
12	国务院办公厅关于进一步推进物流降本增效促进实体经济发展的意见	国务院办公厅	国办发〔2017〕73号	2017年8月7日
13	交通运输部关于加快发展冷链物流保障食品安全促进消费升级的实施意见	交通运输部	交运发〔2017〕127号	2017年8月22日
14	发改委印发《关于对运输物流行业严重违法失信市场主体及其有关人员实施联合惩戒的合作备忘录》的通知	发展和改革委员会	发改运行〔2017〕1553号	2017年8月24日
15	交通运输部等14部门关于印发促进道路货运行业健康稳定发展行动计划（2017—2020年）的通知	交通运输部、国家发展改革委、教育部、工业和信息化部、公安部、财政部、人力资源和社会保障部、税务总局、质检总局、中国保监会、国家信访局、中央维稳办、中央网信办、全国总工会	交运发〔2017〕141号	2017年9月20日

续　表

序号	文件名称	发文机关	文号	发文日期
16	国务院办公厅关于积极推进供应链创新与应用的指导意见	国务院办公厅	国办发〔2017〕84号	2017年10月5日
17	交通运输部办公厅关于进一步做好无车承运人试点工作的通知	交通运输部办公厅	交办运函〔2017〕1688号	2017年11月21日
18	商务部　公安部　交通运输部　国家邮政局　供销合作总社关于印发《城乡高效配送专项行动计划（2017—2020年）》的通知	商务部、公安部、交通运输部、国家邮政局、供销合作总社	商流通函〔2017〕917号	2017年12月13日

国务院办公厅关于积极推进供应链创新与应用的指导意见

国办发〔2017〕84 号

各省、自治区、直辖市人民政府，国务院各部委、各直属机构：

供应链是以客户需求为导向，以提高质量和效率为目标，以整合资源为手段，实现产品设计、采购、生产、销售、服务等全过程高效协同的组织形态。随着信息技术的发展，供应链已发展到与互联网、物联网深度融合的智慧供应链新阶段。为加快供应链创新与应用，促进产业组织方式、商业模式和政府治理方式创新，推进供给侧结构性改革，经国务院同意，现提出以下意见。

一、重要意义

（一）落实新发展理念的重要举措

供应链具有创新、协同、共赢、开放、绿色等特征，推进供应链创新发展，有利于加速产业融合、深化社会分工、提高集成创新能力，有利于建立供应链上下游企业合作共赢的协同发展机制，有利于建立覆盖设计、生产、流通、消费、回收等各环节的绿色产业体系。

（二）供给侧结构性改革的重要抓手

供应链通过资源整合和流程优化，促进产业跨界和协同发展，有利于加强从生产到消费等各环节的有效对接，降低企业经营和交易成本，促进供需精准匹配和产业转型升级，全面提高产品和服务质量。供应链金融的规范发展，有利于拓宽中小微企业的融资渠道，确保资金流向实体经济。

（三）引领全球化提升竞争力的重要载体

推进供应链全球布局，加强与伙伴国家和地区之间的合作共赢，有利于我国企业更深更广融入全球供给体系，推进“一带一路”建设落地，打造全球利益共同体和命运共同体。建立基于供应链的全球贸易新规则，有利于提高我国在全球经济治理中的话语权，保障我国资源能源安全和产业安全。

二、总体要求

（一）指导思想

全面贯彻党的十八大和十八届三中、四中、五中、六中全会精神，深入贯彻习近平总书记系列重要讲话精神和治国理政新理念新思想新战略，认真落实党中央、国务院决策部署，统筹推进“五位一体”总体布局和协调推进“四个全面”战略布局，坚持以人民为中心的发展思想，坚持稳中求进工作总基调，牢固树立和贯彻落实创新、协调、绿色、开放、共享的发展理念，以提高发展质量和效益为中心，以供应链与互联网、物联网深度融合为路径，以信息化、标准化、信用体系建设和人才培养为支撑，创新发展供应链新理念、新技术、新模式，高效整合各类资源和要素，提升产业集成和协同水平，打造大数据支撑、网络化共享、智能化协作的智慧供应链体系，推进供给侧结构性改革，提升我国经济全球竞争力。

（二）发展目标

到2020年，形成一批适合我国国情的供应链发展新技术和新模式，基本形成覆盖我国重点产业的智慧供应链体系。供应链在促进降本增效、供需匹配和产业升级中的作用显著增强，成为供给侧结构性改革的重要支撑。培育100家左右的全球供应链领先企业，重点产业的供应链竞争力进入世界前列，中国成为全球供应链创新与应用的重要中心。

三、重点任务

（一）推进农村一、二、三产业融合发展

1. 创新农业产业组织体系。鼓励家庭农场、农民合作社、农业产业化龙头企业、农业社会化服务组织等合作建立集农产品生产、加工、流通和服务等于一体的农业供应链体系，发展种养加、产供销、内外贸一体化的现代农业。鼓励承包农户采用土地流转、股份合作、农业生产托管等方式融入农业供应链体系，完善利益联结机制，促进多种形式的农业适度规模经营，把农业生产引入现代农业发展轨道。（农业部、商务部等负责）

2. 提高农业生产科学化水平。推动建设农业供应链信息平台，集成农业生产经营各环节的大数据，共享政策、市场、科技、金融、保险等信息服务，提高农业生产科技化和精准化水平。加强产销衔接，优化种养结构，促进农业生产向消费导向型转变，增加绿色优质农产品供给。鼓励发展农业生产性服务业，开拓农业供应链金融服务，支持订单农户参加农业保险。（农业部、科技部、商务部、银监会、保监会等负责）

3. 提高质量安全追溯能力。加强农产品和食品冷链设施及标准化建设，降低流通成本和损耗。建立基于供应链的重要产品质量安全追溯机制，针对肉类、蔬菜、水产品、中药材等食用农产品，婴幼儿配方食品、肉制品、乳制品、食用植物油、白酒等食品，农药、兽药、饲料、肥料、种子等农业生产资料，将供应链上下游企业全部纳入追溯体系，构建来源可查、去向可追、责任可究的全链条可追溯体系，提高消费安全水平。（商务部、国家发展改革委、科技部、农业部、质检总局、食品药品监管总局等负责）

（二）促进制造协同化、服务化、智能化

1. 推进供应链协同制造。推动制造企业应用精益供应链等管理技术，完善从研发设计、生产制造到售后服务的全链条供应链体系。推动供应链上下游企业实现协同采购、协同制造、协同物流，促进大中小企业专业化分工协作，快速响应客户需求，缩短生产周期和新品上市时间，降低生产经营和交易成本。（工业和信息化部、国家发展改革委、科技部、商务部等负责）

2. 发展服务型制造。建设一批服务型制造公共服务平台，发展基于供应链的生产性服务业。鼓励相关企业向供应链上游拓展协同研发、众包设计、解决方案等专业服务，向供应链下游延伸远程诊断、维护检修、仓储物流、技术培训、融资租赁、消费信贷等增值服务，推动制造供应链向产业服务供应链转型，提升制造产业价值链。（工业和信息化部、国家发展改革委、科技部、商务部、人民银行、银监会等负责）

3. 促进制造供应链可视化和智能化。推动感知技术在制造供应链关键节点的应用，促进全链条信息共享，实现供应链可视化。推进机械、航空、船舶、汽车、轻工、纺织、食品、电子等行业供应链体系的智能化，加快人机智能交互、工业机器人、智能工厂、智慧物流等技术和装备的应用，提高敏捷制造能力。（工业和信息化部、国家发展改革委、科技部、商务部等负责）

（三）提高流通现代化水平

1. 推动流通创新转型。应用供应链理念和技术，大力发展智慧商店、智慧商圈、智慧物流，提升流通供应链智能化水平。鼓励批发、零售、物流企业整合供应链资源，构建采购、分销、仓储、配送供应链协同平台。鼓励住宿、餐饮、养老、文化、体育、旅游等行业建设供应链综合服务和交易平台，完善供应链体系，提升服务供给质量和效率。（商务部、国家发展改革委、科技部、质检总局等负责）

2. 推进流通与生产深度融合。鼓励流通企业与生产企业合作，建设供应链协同平台，准确及时传导需求信息，实现需求、库存和物流信息的实时共享，引导生产端优化配置生产资源，加速技术和产品创新，按需组织生产，合理安排库存。实施内外销

产品“同线同标同质”等一批示范工程，提高供给质量。（商务部、工业和信息化部、农业部、质检总局等负责）

3. 提升供应链服务水平。引导传统流通企业向供应链服务企业转型，大力培育新型供应链服务企业。推动建立供应链综合服务平台，拓展质量管理、追溯服务、金融服务、研发设计等功能，提供采购执行、物流服务、分销执行、融资结算、商检报关等一体化服务。（商务部、人民银行、银监会等负责）

（四）积极稳妥发展供应链金融

1. 推动供应链金融服务实体经济。推动全国和地方信用信息共享平台、商业银行、供应链核心企业等开放共享信息。鼓励商业银行、供应链核心企业等建立供应链金融服务平台，为供应链上下游中小微企业提供高效便捷的融资渠道。鼓励供应链核心企业、金融机构与人民银行征信中心建设的应收账款融资服务平台对接，发展线上应收账款融资等供应链金融模式。（人民银行、国家发展改革委、商务部、银监会、保监会等负责）

2. 有效防范供应链金融风险。推动金融机构、供应链核心企业建立债项评级和主体评级相结合的风险控制体系，加强供应链大数据分析和应用，确保借贷资金基于真实交易。加强对供应链金融的风险监控，提高金融机构事中事后风险管理水平，确保资金流向实体经济。健全供应链金融担保、抵押、质押机制，鼓励依托人民银行征信中心建设的动产融资统一登记系统开展应收账款及其他动产融资质押和转让登记，防止重复质押和空单质押，推动供应链金融健康稳定发展。（人民银行、商务部、银监会、保监会等负责）

（五）积极倡导绿色供应链

1. 大力倡导绿色制造。推行产品全生命周期绿色管理，在汽车、电器电子、通信、大型成套装备及机械等行业开展绿色供应链管理示范。强化供应链的绿色监管，探索建立统一的绿色产品标准、认证、标识体系，鼓励采购绿色产品和服务，积极扶植绿色产业，推动形成绿色制造供应链体系。（国家发展改革委、工业和信息化部、环境保护部、商务部、质检总局等按职责分工负责）

2. 积极推行绿色流通。积极倡导绿色消费理念，培育绿色消费市场。鼓励流通环节推广节能技术，加快节能设施设备的升级改造，培育一批集节能改造和节能产品销售于一体的绿色流通企业。加强绿色物流新技术和设备的研究与应用，贯彻执行运输、装卸、仓储等环节的绿色标准，开发应用绿色包装材料，建立绿色物流体系。（商务部、国家发展改革委、环境保护部等负责）

3. 建立逆向物流体系。鼓励建立基于供应链的废旧资源回收利用平台，建设线上废弃物和再生资源交易市场。落实生产者责任延伸制度，重点针对电器电子、汽车产品、轮胎、蓄电池和包装物等产品，优化供应链逆向物流网点布局，促进产品回收和再制造发展。（国家发展改革委、工业和信息化部、商务部等按职责分工负责）

（六）努力构建全球供应链

1. 积极融入全球供应链网络。加强交通枢纽、物流通道、信息平台等基础设施建设，推进与“一带一路”沿线国家互联互通。推动国际产能和装备制造合作，推进边境经济合作区、跨境经济合作区、境外经贸合作区建设，鼓励企业深化对外投资合作，设立境外分销和服务网络、物流配送中心、海外仓等，建立本地化的供应链体系。（商务部、国家发展改革委、交通运输部等负责）

2. 提高全球供应链安全水平。鼓励企业建立重要资源和产品全球供应链风险预警系统，利用两个市场两种资源，提高全球供应链风险管理水平。制定和实施国家供应链安全计划，建立全球供应链风险预警评价指标体系，完善全球供应链风险预警机制，提升全球供应链风险防控能力。（国家发展改革委、商务部等按职责分工负责）

3. 参与全球供应链规则制定。依托全球供应链体系，促进不同国家和地区包容共享发展，形成全球利益共同体和命运共同体。在人员流动、资格互认、标准互通、认可认证、知识产权等方面加强与主要贸易国家和“一带一路”沿线国家的磋商与合作，推动建立有利于完善供应链利益联结机制的全球经贸新规则。（商务部、国家发展改革委、人力资源和社会保障部、质检总局等负责）

四、保障措施

（一）营造良好的供应链创新与应用政策环境

鼓励构建以企业为主导、产学研用合作的供应链创新网络，建设跨界交叉领域的创新服务平台，提供技术研发、品牌培育、市场开拓、标准化服务、检验检测认证等服务。鼓励社会资本设立供应链创新产业投资基金，统筹结合现有资金、基金渠道，为企业开展供应链创新与应用提供融资支持。（科技部、工业和信息化部、财政部、商务部、人民银行、质检总局等按职责分工负责）

研究依托国务院相关部门成立供应链专家委员会，建设供应链研究院。鼓励有条件的地方建设供应链科创研发中心。支持建设供应链创新与应用的政府监管、公共服务和信息共享平台，建立行业指数、经济运行、社会预警等指标体系。（科技部、商务部等按职责分工负责）

研究供应链服务企业在国民经济中的行业分类，理顺行业管理。符合条件的供应链相关企业经认定为国家高新技术企业后，可按规定享受相关优惠政策。符合外贸企业转型升级、服务外包相关政策条件的供应链服务企业，按现行规定享受相应支持政策。（国家发展改革委、科技部、工业和信息化部、财政部、商务部、国家统计局等按职责分工负责）

（二）积极开展供应链创新与应用试点示范

开展供应链创新与应用示范城市试点，鼓励试点城市制定供应链发展的支持政策，完善本地重点产业供应链体系。培育一批供应链创新与应用示范企业，建设一批跨行业、跨领域的供应链协同、交易和服务示范平台。（商务部、工业和信息化部、农业部、人民银行、银监会等负责）

（三）加强供应链信用和监管服务体系建设

完善全国信用信息共享平台、国家企业信用信息公示系统和“信用中国”网站，健全政府部门信用信息共享机制，促进商务、海关、质检、工商、银行等部门和机构之间公共数据资源的互联互通。研究利用区块链、人工智能等新兴技术，建立基于供应链的信用评价机制。推进各类供应链平台有机对接，加强对信用评级、信用记录、风险预警、违法失信行为等信息的披露和共享。创新供应链监管机制，整合供应链各环节涉及的市场准入、海关、质检等政策，加强供应链风险管控，促进供应链健康稳定发展。（国家发展改革委、交通运输部、商务部、人民银行、海关总署、税务总局、工商总局、质检总局、食品药品监管总局等按职责分工负责）

（四）推进供应链标准体系建设

加快制定供应链产品信息、数据采集、指标口径、交换接口、数据交易等关键共性标准，加强行业间数据信息标准的兼容，促进供应链数据高效传输和交互。推动企业提高供应链管理流程标准化水平，推进供应链服务标准化，提高供应链系统集成和资源整合能力。积极参与全球供应链标准制定，推进供应链标准国际化进程。（质检总局、国家发展改革委、工业和信息化部、商务部等负责）

（五）加快培养多层次供应链人才

支持高等院校和职业学校设置供应链相关专业和课程，培养供应链专业人才。鼓励相关企业和专业机构加强供应链人才培训。创新供应链人才激励机制，加强国际化的人才流动与管理，吸引和聚集世界优秀供应链人才。（教育部、人力资源和社会保障部、商务部等按职责分工负责）

（六）加强供应链行业组织建设

推动供应链行业组织建设供应链公共服务平台，加强行业研究、数据统计、标准制修订和国际交流，提供供应链咨询、人才培训等服务。加强行业自律，促进行业健康有序发展。加强与国外供应链行业组织的交流合作，推动供应链专业资质相互认证，促进我国供应链发展与国际接轨。（国家发展改革委、工业和信息化部、人力资源和社会保障部、商务部、质检总局等按职责分工负责）

国务院办公厅

2017 年 8 月 7 日

商务部等 5 部门关于印发《商贸物流发展“十三五”规划》的通知

商流通发〔2017〕29 号

各省、自治区、直辖市、计划单列市及新疆生产建设兵团商务、发展改革、国土资源、交通运输、邮政部门：

为进一步推动我国商贸物流业健康发展，降低物流成本，提高流通效率，根据《国民经济和社会发展第十三个五年规划纲要》《物流业发展中长期规划（2014—2020年）》，商务部、发展改革委、国土资源部、交通运输部、国家邮政局制定了《商贸物流发展“十三五”规划》，现印发给你们，请认真贯彻执行，并加强对规划实施情况的跟踪问效和监督检查。

商务部
发展改革委
国土资源部
交通运输部
国家邮政局
2017 年 1 月 19 日

商贸物流发展“十三五”规划

商贸物流是指与批发、零售、住宿、餐饮、居民服务等商贸服务业及进出口贸易相关的物流服务活动。加快发展商贸物流业，有利于提高流通效率，降低物流成本，引导生产，扩大消费。根据《国民经济和社会发展第十三个五年规划纲要》《物流业发展中长期规划（2014—2020 年）》，制定本规划。规划期为 2016—2020 年。

一、发展基础

“十二五”期间，商贸物流业取得长足发展，主要指标达到或超过规划目标水平，为推动国民经济提质增效升级和平稳较快发展提供了有力支撑。

物流需求持续扩大。2015 年社会消费品零售总额达到 30.1 万亿元，“十二五”年均增长达 13.9%；货物进出口总额达 24.6 万亿元，年均增长 4%；电子商务交易总额达 20.8 万亿元，年均增长 35.8%；单位与居民物品物流总额达 5078 亿元，年均增长 20.8%；快递业务量达 206.7 亿件，年均增长 54.61%；生产资料销售总额达 57.9 万亿元，年均增长 10.0%。批发、零售、住宿、餐饮、居民服务等商贸服务业及货物贸易迅速发展，对商贸物流服务需求不断扩大。

物流运行效率提升。“十二五”期间，商贸企业物流费用率呈下降趋势，2014 年我国批发零售企业物流费用率为 7.7%，较 2008 年下降 0.6 个百分点。受益于共同配送等新模式发展，大型连锁企业物流成本持续降低，配送效率不断提升。2011—2015 年，规模以上连锁超市商品统一配送率由 63.4% 提高到 76.6%。

物流服务水平快速提高。商贸物流网络加快向中小城市延伸，向农村乡镇下沉，向居民社区拓展，服务能力不断增强。仓储分拣、装卸搬运、包装加工、运输配送等专用设施设备和条形码、智能标签、无线射频识别、可视化及跟踪追溯系统、全球定位系统、地理信息系统等先进技术加速应用，云计算、大数据、物联网、移动互联网等新一代信息技术日益推广。商贸物流服务更加高效便捷，“及时送”“定时达”等个性化服务以及“门到门”等一站式服务更加普及。

物流模式创新发展。商贸物流企业加快推动平台建设，形成了公共信息服务平台、资源整合交易平台、跨境电子商务平台等物流平台发展模式。适应连锁经营发展需要，形成了供应商直接配送、连锁企业自营配送、社会化配送及共同配送等物流配送模式。企业着眼于供应链管理，形成了商贸物流全产业链集成发展、互联网引领物流发展、商贸业和制造业联动发展等融合发展新模式。商贸物流企业积极推动全过程标准化管理，形成了供应链上下游企业“结对子”协同推进标准化、组建联盟创新推进标准化、大型企业集团在系统内部推进标准化、以标准托盘应用为依托推进商业流程标准化、以标准周转箱应用为依托推进农产品物流标准化等标准化推进模式。

国际化发展取得突破。“十二五”期间，交通运输、仓储和邮政业实际利用外资金额累计达 195.3 亿美元，年均增长 13.3%。自由贸易试验区试点放宽国际航运服务领域外资准入限制，外贸进出口集装箱在国内沿海港口和自贸试验区内港口之间的沿海捎带业务有序开展。商贸物流企业加快推动国际区域物流合作，积极参与“一带一路”物流通道建设，稳步推进跨境电子商务海外仓建设，拓展国际货运代理业务范围，国际合作水平明显提高。

发展环境持续优化。“十二五”期间，国家高度重视商贸物流发展，出台了一系列扶持政策，相关规划和标准体系不断完善。地方政府积极落实土地、资金、税费、交通管理等政策，并出台相关配套措施。商贸物流诚信体系建设有序推进，市场秩序逐步规范。城市共同配送、商贸物流标准化、电子商务与物流快递协同发展等综合示范试点工作成效显著。

商贸物流业在取得重大成就的同时，仍然存在一些突出问题。主要表现在：商贸物流网络不完善，基础设施供给不均衡；企业竞争力偏弱，市场集中度较低；专业化、社会化、现代化程度不高；标准化、信息化、集约化水平有待提升。

二、面临形势

“十三五”时期是我国全面建成小康社会的决胜阶段，也是推进供给侧结构性改革的重要时期，商贸物流发展面临重大机遇：居民消费规模进一步扩大，服务需求更加多元，为商贸物流业发展提供了广阔市场。随着“一带一路”建设、京津冀协同发展、长江经济带发展的推进实施，物流基础设施加快建设，为商贸物流区域协调发展奠定基础。新型城镇化和农业现代化有利于实现城乡融合，提高城市和农村间物流基础设施衔接和配套水平，为商贸物流发展提供支撑。云计算、大数据、物联网、移动互联网等新一代信息技术普及应用，有利于高效整合物流资源，为商贸物流转型升级和创新发展创造条件。内外贸一体化进程加快、跨境电子商务等新型贸易方式兴起，为商贸物流国际化发展拓展空间。法治化营商环境持续改善，有利于促进商贸物流主体公平竞争，为行业规范发展提供保障。

“十三五”时期，商贸物流发展也面临诸多挑战：资源环境约束强化，人工、租金成本刚性上升，标准化、信息化、集约化、绿色化发展任务艰巨。居民消费结构升级，对商贸物流服务向精细化、个性化、专业化发展提出更高要求。随着经济全球化、区域经济一体化进程加快，商贸物流企业在创新服务模式、提高经营效率等方面面临更加激烈的国际竞争。商业新技术、新业态、新模式给传统商贸物流发展带来新的挑战。

总体来看，商贸物流发展仍处于大有可为的重要战略机遇期，必须准确把握战略机遇期内涵和条件的深刻变化，着力在优化商贸物流结构、增强内生动力、补齐发展短板上取得突破，切实转变发展方式，不断提高商贸物流发展水平。

三、总体思路

（一）指导思想

全面贯彻党的十八大和十八届三中、四中、五中、六中全会精神，深入贯彻习近平总书记系列重要讲话精神，紧紧围绕统筹推进“五位一体”总体布局和协调推进“四个全面”战略布局，牢固树立和贯彻落实新发展理念，充分发挥市场在资源配置中的决定性作用和更好发挥政府作用，按照推进供给侧结构性改革的总体要求，以体制机制改革为动力，以技术应用为支撑，以模式创新为引领，聚焦重点领域和关键环节，完善商贸物流服务体系，提升商贸物流发展水平，降低物流成本，提高流通效率，为经济社会发展提供物流服务保障，为全面建成小康社会做出贡献。

（二）基本原则

1. 市场驱动、创新发展

强化企业的市场主体地位，创新商贸物流发展方式，鼓励技术创新、模式创新和业态创新。创新商贸物流管理方式，提高政府公共服务、市场监管和宏观调控能力。

2. 加强统筹、协调发展

统筹规划重大物流基础设施建设，推动商贸物流城乡合理布局和区域协同发展。优化供应链管理，推进商贸物流与商贸流通业融合发展，加快商贸物流与农业、制造业、金融业等产业协调发展。

3. 生态环保、绿色发展

鼓励应用节能降耗技术，减少对环境的污染和资源的损耗。推广使用绿色物流设施设备和绿色包装，推进物流设施设备的循环共用，创新绿色物流运作模式，提高能源资源使用效率。

4. 国际合作、开放发展

坚持扩大开放，深化国际合作，积极引进国外先进技术、资金、人才、管理等要素资源，提升商贸物流国际竞争力。积极构建国际营销和物流网络，为国内企业“走出去”和跨境电子商务发展提供保障。

5. 整合优化、共享发展

鼓励应用现代信息技术，发挥信息平台的资源整合优势，推进物流设施、技术装备、数据信息等资源共享。大力推广租赁制、交换制等循环共用方式，提高物流效率，降低物流成本。

（三）发展目标

“十三五”期间，基本形成城乡协调、区域协同、国内外有效衔接的商贸物流网络；商贸物流标准化、信息化、集约化和国际化水平显著提高，商贸流通领域托盘标准化水平大幅提升，标准托盘使用率达到30%左右，先进信息技术应用取得明显成效，商贸物流企业竞争力持续增强；商贸物流成本明显下降，批发零售企业物流费用率降低到7%左右，服务质量和效率明显提升；政府管理与服务方式更加优化，法治化营商环境更趋完善；基本建立起高效集约、协同共享、融合开放、绿色环保的商贸物流体系。

四、主要任务

（一）构建多层次商贸物流网络

服务于“一带一路”建设、京津冀协同发展、长江经济带发展等国家战略，构建具有国际竞争力、区域带动力的全国性商贸物流节点城市和具有地区辐射能力的区域性商贸物流节点城市。以满足消费升级、产业转型和城市发展为目标，加快构建物流分拨中心、专业配送中心、末端配送网点三级网络为主的城市配送体系。加强农村物流网络体系建设，支持建设县、乡镇综合性物流配送中心和末端配送网点。畅通城乡商贸物流通道，促进城市物流和农村物流的高效衔接。加大对老少边穷地区的支持，完善商贸物流服务网络，打通特色产品销售渠道。

专栏1　商贸物流节点城市名单

全国性商贸物流节点城市：北京、天津、石家庄、唐山、太原、呼和浩特、包头、沈阳、大连、长春、哈尔滨、上海、南京、苏州、杭州、宁波、合肥、福州、厦门、南昌、济南、青岛、郑州、武汉、长沙、广州、深圳、南宁、海口、重庆、成都、贵阳、昆明、拉萨、西安、兰州、西宁、银川、乌鲁木齐。

区域性商贸物流节点城市：保定、秦皇岛、邯郸、大同、临汾、呼伦贝尔、鄂尔多斯、锦州、丹东、延边、吉林、牡丹江、大庆、徐州、南通、连云港、无锡、舟山、金华、温州、阜阳、芜湖、泉州、漳州、九江、赣州、潍坊、烟台、临沂、洛阳、商丘、南阳、宜昌、襄阳、荆州、衡阳、娄底、株洲、东莞、佛山、桂林、柳州、钦州、防城港、绵阳、达州、南充、宜宾、遵义、六盘水、曲靖、红河、咸阳、榆林、天水、酒泉、海西、海东、石嘴山、喀什、伊犁、博尔塔拉、巴音郭楞、日喀则。

（二）加强商贸物流基础设施建设

推进物流园区转型升级，加强园区水、电、路、网络、通信、热力等基础设施建设，提升仓储、运输、配送、信息等公共服务水平，通过信息平台引导线上、线下对接，拓展物流园区增值服务功能。加强城市配送中心建设，支持具有公益性的城市配送公共服务设施建设，推动位于城市或城乡接合部的货运场站转型为社会化配送中心。加强末端配送网点建设，提升末端配送网点覆盖率，完善配送停靠和装卸设施。

（三）加强商贸物流标准化建设

重点完善基础类、服务类商贸物流标准，加快形成覆盖仓储、运输、装卸、搬运、包装、分拣、配送等环节的商贸物流标准体系。鼓励和引导企业主动应用国家标准，支持行业协会、科研机构和企业参与物流标准的制订和宣贯工作。以“互联网+”为驱动，推动适应电子商务、连锁经营、共同配送等现代流通方式发展的商贸物流设施设备标准化、服务标准化和信息标准化。发展单元化物流，以标准托盘（1200毫米×1000毫米）循环共用为切入点，推广包装基础模数（600毫米×400毫米）和集装器具，带动上下游物流标准化水平提高。

（四）加强商贸物流信息化建设

深入实施“互联网+”高效物流行动，构建多层次物流信息服务平台，发展经营范围广、辐射能力强的综合信息平台、公共数据平台和信息交易平台。运用市场化方式，提升商贸物流园区、仓储配送中心、末端配送站点信息化、智能化水平。推广应用物联网、云计算、大数据、人工智能、机器人、无线射频识别等先进技术，促进从上游供应商到下游销售商的全流程信息共享，提高供应链精益化管理水平。鼓励有条件的地区开展政府物流信息共享平台建设，将交通运输、海关、税务、工商等部门可公开的电子政务信息进行整合后向社会公开，实现便民利企。顺应流通全渠道变革和平台经济发展趋势，探索发展与生产制造、商贸流通、信贷金融等产业协调联动的智慧物流生态体系。

（五）推动商贸物流集约化发展

大力提升商贸物流企业组织化程度，鼓励商贸物流企业进行资产重组、业务融合和流程再造，形成一批技术水平先进、主营业务突出、核心竞争力强的大型现代物流企业集团。鼓励中小企业通过联盟、联合等多种方式，实现资源整合优化，提升集约化发展水平。鼓励大企业通过平台集聚带动中小企业的组织化和信息化水平提高。打破地区和行业界限，按照物流需求规模及增长潜力，整合需求不足和同质化竞争严重的物流园区，推动各类分散仓储配送资源与大型物流园区衔接配套，引导企业自用仓储配送设施对外开放。支持第三方物流发展，拓展物流方案设计、智能包装、设备租赁等增值服务，着力提升第三方物流服务水平。

（六）推动商贸物流专业化发展

重点推动电子商务、冷链、医药、生产资料等专业物流发展。大力发展电子商务物流，引导向中小城市以及县、乡镇延伸服务网络，形成“结构优化、功能强大、运作高效、服务优质”的电子商务物流体系。发展冷链物流，加强多温层节能冷库、加工配送中心、末端冷链设施建设，鼓励应用专业冷藏运输、全程温湿度监控等先进技术设备，建设标准健全、功能完善、上下游有效衔接的冷链物流服务体系。加快发展医药物流，推进医药物流资源集中配置，鼓励大型医药批发企业提供社会化医药物流服务，提升专业化医药物流水平。鼓励生产资料流通企业强化物流服务功能，拓展仓储、加工、配送、追溯、展示等配套服务，推进生产资料物流企业向供应链集成服务商转型发展。

（七）推动商贸物流国际化发展

推动国际物流发展，支持在“一带一路”国际大通道、沿线中心城市、重点港口、重点境外经贸合作区建设物流中心，发展商贸物流型境外经贸合作区。以跨境电子商务发展为重点，引导和鼓励有条件的企业科学规划、有序建设海外物流基础设施，打造具有较强辐射能力的公共海外仓。支持行业协会开展国际合作，建设仓储资源信息平台，促进国内外仓储资源共享。鼓励国内商贸物流企业与外商投资企业加强合作，提升商业创新水平和现代服务理念，实现结构升级和服务能力提升。

（八）促进商贸物流绿色化转型

引导企业创新绿色物流运作模式，通过信息技术优化物流资源配置和仓储配送管理，实现节能降耗。推动物流企业建设能源管理体系，建立绿色节能低碳运营管理流程和机制，加快淘汰落后用能设备。发展绿色仓储，建设绿色物流园区，加强仓库建筑创新与节能减排技术应用。推广节油技术和绿色节能运输设备，鼓励配送企业使用新能源汽车、经济型节油车、轻量化起重搬运设备。积极研发和推广可循环利用、可降解的新型包装材料，鼓励使用绿色循环低碳产品。推动流通企业、电子商务企业、物流企业等利用销售配送网络，建立逆向物流回收体系，利用大数据、云计算等技术优化逆向物流网点布局，提高运营效率。

（九）建设商贸物流信用体系

建立科学合理的商贸物流信用评价体系，研究制定规范统一的信用评价办法，建立信用评价长效机制。将物流企业行政许可、行政处罚、经营异常目录和严重违法失信企业名单（黑名单）、抽查检测结果等信息，通过全国信用信息共享平台和国家企业信用信息公示系统进行归集公示。引导物流园区、物流信息平台、电子商务物流企业等建立对入驻商户和上下游企业的信用评价机制，倡导企业诚信经营。充分发挥行业组织作用，为商贸物流企业和从业人员提供政策、法律、咨询、市场信息等配套服务，增强商贸物流企业和从业人员的诚信意识和风险防范意识。

五、重点工程

（一）城乡物流网络建设工程

依托商贸物流节点城市，支持建设改造一批综合型和专业型的物流分拨中心，以龙头企业为主体打通全国物流主干网。完善城市配送网络，建设改造一批集公共仓储、加工分拣、区域配送、信息管理等服务功能于一体的社会化配送中心。加快物流配送渠道下沉，重点完善末端配送网络体系，加快建设商业设施、社区服务机构、写字楼、机关事业单位、大学校园配送场地，完善配送自助提货柜等设施布局，畅通配送末端“毛细血管”。支持全国性物流龙头企业与区域性物流企业加强合作，共建城乡一体化物流网络。

（二）商贸物流标准化工程

加强物流关键技术标准研制，加快完善贯通物流一体化运作的商贸物流标准体系。结合物流标准化试点，以标准托盘（1200毫米×1000毫米）及其循环共用为切入点，推广使用符合国家标准《联运通用平托盘主要尺寸及公差》（GB/T 2934—2007）、《联运通用平托盘性能要求和试验选择》（GB/T 4995—2014）的托盘，大力提高标准托盘普及率。加快标准托盘循环共用体系建设，培育市场主体，提升专业化服务能力。大力发展单元化物流，推广包装基础模数（600毫米×400毫米）和集装器具，推动带托盘运输和免验货交接，提高供应链效率。贯彻《汽车、挂车及汽车列车外廓尺寸、轴荷及质量限值》（GB/T 1589—2016）国家标准，支持运输车辆的标准化改造。

（三）商贸物流平台建设工程

构建多层次商贸物流信息平台。加快建设物流配送公共服务平台，拓展交易撮合、信息发布、跟踪追溯、信用评价等综合性服务功能，提升采购、交易、运作、管理、结算等全流程服务能力。支持建立智慧化共同配送分拨调配平台，提供路径优化等公共服务，实现供应商、门店、用户和配送车辆等各环节的精准对接，提高物流园区、仓储中心、配送中心的物流供需匹配度。鼓励建设供应链集成平台，推动供应链上下游企业信息互联互通，提高供应链响应能力，促进物流企业与生产制造企业、商贸流通企业融合发展。整合现有物流信息平台资源，促进商贸物流平台与各类专业平台的互联互通，促进数据对接和信息共享。

（四）商贸物流园区功能提升工程

加强物流园区公共基础设施建设，完善多式联运和集疏运体系，提高仓储、中转及配送能力。加强物流园区经营管理，建立以市场化运作为主，规划引导、依法监管、协调服务相结合的园区开发建设模式。支持物流园区拓展服务功能，提供供应链设计、设备租赁、法律咨询、信用评价等商务服务，引进工商、税务、报关、报检等政务服务，提升服务水平。加强物流园区与外部交通网络的有效连接，鼓励物流园区之间、物流园区与产业园区、商品市场、公共平台之间加强合作，实现联动发展。

（五）电子商务物流工程

依托铁路、公路、水运、航空、邮政、供销合作网络，完善电子商务物流布局，构建连接城乡、覆盖全国、面向国际的电子商务物流体系。加快电子商务物流服务、作业、技术、包装、单据、信息等标准建设，提升揽收、仓储、运输、分拣、配送、投递等环节处理能力，开发专业化、个性化服务，满足差异化需求，提升用户体验。支持探索产品源头的物流包装解决方案，减少二次包装，推广使用可降解的胶带、环保填充物，可再生纸张和环保油墨印刷的封装物品等物料辅料，推进包裹包装箱的可循环技术创新和循环再利用管理模式创新，完善包裹包装回收体系，实现包装减量化、绿色化和可循环利用。支持具备条件的第三方机构开展面向消费者的电子商务物流信用评价。

（六）商贸物流创新发展工程

推广使用自动识别、电子数据交换、货物跟踪、智能交通、物联网等先进技术装备，探索区块链技术在商贸物流领域的应用，大力发展智慧物流。推广网订店取、自助提取、代收服务等末端配送模式，探索线上线下融合的物流服务管理模式。大力推进仓配一体化，推动物流企业一体化运作、网络化经营，促进商贸物流转型升级。拓展集中采购、订单管理、流通加工、物流金融、售后维修等增值服务，支持供应链集成创新。

（七）商贸物流绿色发展工程

鼓励企业全面推进绿色仓储设施设备与技术应用，推动大型商贸企业实施绿色供应链管理，重点推动冷库提升节能技术水平，仓储设施利用太阳能等清洁能源，广泛应用电动叉车、智能穿梭车与密集型货架系统，推广新能源配送车辆，实现绿色仓储与配送可持续发展。全面推进绿色物流包装，在商品仓储、运输、配送、分拣、加工的全过程推进可循环包装、减量包装和可降解包装。

六、保障措施

（一）完善管理机制

健全部门联动机制，加强商务主管部门与发展改革、财政、国土资源、交通运输、海关、邮政管理、供销合作等部门和单位之间，各级商务主管部门之间的统筹协调。完善跨区域协同机制，健全工作联席会议制度，逐步统一各区域商贸物流管理制度。

深化行政审批制度改革，积极推进“先照后证”改革。深化商事制度改革，持续推动住所（经营场所）登记制度改革，落实物流企业设立非法人分支机构等相关政策。进一步放开商贸物流领域外资准入限制。发挥行业协会作用，探索建立“市场主导、政府规范、社会协同”的商贸物流治理模式。

（二）优化发展环境

健全法律法规体系，加快制定商贸物流相关法规制度。完善商贸物流市场监管体系，清理和废除行业领域内妨碍全国统一市场和公平竞争的规定和做法，推动建立区域合作协调机制，推进全国高速公路电子不停车收费联网工作。以城市配送车辆通行管理等重点领域为切入点，健全监管执法体制机制，统一执法标准，提高商贸物流综合执法水平。完善商贸物流企业信息披露制度，支持设立商贸物流统一信用信息平台，建立健全失信联合惩戒机制。

（三）加大政策支持

加大财政金融支持力度。鼓励地方政府加大财政资金支持，引导社会资本投入冷链物流、城乡配送网络、公共信息平台等项目建设。研究制定包装分类回收利用支持政策，提高包装循环利用率。鼓励社会资本探索设立商贸物流产业基金。扩大融资渠道，推广供应链金融。鼓励商贸物流企业通过股权投资、债券融资等方式直接融资。引导金融机构探索适合商贸物流发展特点的信贷产品和服务方式。

落实减税降费政策。通过全面推开营改增改革试点，进一步消除重复征税，扩大交通运输业的进项税抵扣范围，降低企业税收负担。抓好清理和规范商贸物流领域行政事业性收费政策落实。

落实商贸物流业用地政策。将商贸物流设施用地纳入土地利用总体规划和城市规划，保障商贸物流业发展用地，支持商贸物流新业态、新模式发展用地。适度提高物流项目建设用地容积率。

（四）加强人才培养

支持高等教育机构、商会、协会和企业加强合作，推动学科建设，完善商贸物流理论体系。着力完善专业人才培养体系，通过学历教育、职业教育、继续教育、社会培训等多种方式培养市场急需的商贸物流管理人才和技术操作人才。加强校企合作，积极开展职业培训，职业院校可采取“订单式”人才培养模式，与企业共同研究制订人才培养方案，校企共同组织针对性教学，确保学以致用，全面提高物流从业人员业务素质。积极推进产学研用结合。以提高实践能力为重点，开展物流标准化、电子商务物流、冷链物流等重点领域技能培训，提高管理和操作能力。

（五）强化规划引领

加快地方商贸物流规划编制工作，加强与国家战略、城市规划和相关规划衔接。支持政策创新，鼓励地级以上城市在公共服务、用地保障、企业融资、人才培养等方面开展试验试点。建立规划年度考核、中期评估和终期检查制度。加强规划政策宣传，提高社会认知度，推动商贸物流健康持续发展。

2017 年江西省物流业主要政策清单

序号	文件名称	发文机关	文号	发文日期
1	江西省人民政府办公厅关于转发省发改委江西省物流业降本增效专项行动实施方案的通知	江西省人民政府办公厅	赣府厅发〔2017〕4 号	2017 年 1 月 18 日
2	江西省人民政府办公厅关于印发江西省“十三五”综合交通运输体系发展规划的通知	江西省人民政府办公厅	赣府厅发〔2017〕15 号	2017 年 3 月 20 日
3	江西省人民政府办公厅关于印发江西省“十三五”现代物流业发展规划的通知	江西省人民政府办公厅	赣府厅发〔2017〕22 号	2017 年 4 月 11 日
4	关于加强和改进城市配送车辆通行管理的指导意见	江西省公安厅交管局	—	2017 年 6 月 30 日
5	江西省人民政府办公厅关于加快发展冷链物流保障食品安全促进消费升级的实施意见	江西省人民政府办公厅	赣府厅发〔2017〕72 号	2017 年 9 月 5 日
6	赣州市现代物流创新发展试点城市建设三年行动计划	赣州市人民政府办公厅	赣市府办字〔2017〕163 号	2017 年 9 月 7 日
7	江西省人民政府关于精准深入推进降低企业成本优化发展环境的补充意见	江西省人民政府	赣府发〔2017〕36 号	2017 年 11 月 9 日

江西省人民政府办公厅关于印发江西省“十三五”现代物流业发展规划的通知

赣府厅发〔2017〕22号

各市、县（区）人民政府，省政府各部门：

《江西省“十三五”现代物流业发展规划》已经省政府同意，现印发给你们，请认真贯彻执行。

2017年4月11日

（此件主动公开）

江西省“十三五”现代物流业发展规划物流业是支撑经济社会发展的基础性、战略性产业，是服务业的重要组成部分。为加快现代物流业发展，根据《物流业发展中长期规划（2014—2020年）》《江西省国民经济和社会发展第十三个五年规划纲要》等，制定本规划。

一、发展现状与面临形势

（一）发展现状

“十二五”以来，我省物流业保持较快增长，服务能力大幅提升，基础设施条件和发展环境明显改善，物流业对经济社会发展的支撑和保障能力不断增强。

1. 产业规模快速增长。2015年，全省社会物流总额达到4.72万亿元，是2010年的1.78倍，年均增长12.2%；物流业增加值达到1203亿元，是2010年的1.96倍，年均增长14.4%，物流业增加值占地区生产总值的比重由2010年的6.5%提高到2015年的7.2%，占服务业增加值的比重达到18.6%。

2. 基础设施不断完善。全省“三纵三横”综合运输通道基本建成，交通网络布局进一步完善，运输能力和服务质量大幅提升。截至2015年年底，全省铁路营业里程达到4031公里，其中高速铁路870公里；公路总里程达到15.66万公里，其中高速公路5088公里；内河航道通航里程达到5716公里，其中三级及以上高等级航道614公里；港口拥有千吨级及以上泊位164个；民用运输机场6个，其中在建1个。全省共有国家一类口岸 2 个、出口加工区 3 个，开通 12 条铁海联运线路和赣欧（亚）国际铁路货运通道。

3. 平台建设初见成效。物流园区集聚效应不断增强，打造了一批功能较为完善、辐射带动作用较强的物流园区和物流基地，推进了一批物流公共信息平台建设。赣州综合保税区封关运行，赣州港进境木材国检监管区成为全国内陆首个国检监管试验区，南昌综合保税区、龙南保税物流中心（B 型）等海关特殊监管区域和场所先后获批。赣州市被列为全国首批现代物流创新发展试点城市，南昌市、九江市被列为全国物流标准化试点城市。

4. 市场主体日益壮大。物流企业转型升级步伐加快，多式联运、甩挂运输、共同配送等先进运输组织方式广泛推广，“互联网 + 高效物流”“物流 + 金融”“物流 + 电商”等模式和大数据、云计算、物联网、移动互联网等现代信息技术逐步应用。截至“十二五”末，全省工商注册登记的物流企业超过 15000 家，其中 A 级物流企业 91 家。

5. 发展环境持续优化。先后编制了《江西省物流园区发展规划》《江西省物流产业集群发展规划》等专项规划，制定了促进物流业健康发展的政策措施，完善了全省现代物流工作联席会议制度。物流业降本增效专项行动扎实开展，土地、财政、税务、价格、海关、检验检疫等相关领域改革不断深化。

总体上看，我省物流业正迈向新的发展阶段，但是整体发展水平还不高，发展方式仍比较粗放。主要表现在：社会物流成本较高，现代化仓储、多式联运、城乡配送等物流基础设施建设滞后，物流园区和物流枢纽建设水平不高，产业集聚发展和创新能力不够，物流信息化、标准化、专业化程度不高，第三方、第四方物流和新业态新模式发展不足，缺乏具有行业领先地位的现代综合物流企业，物流与产业融合发展、区域联动发展亟须加强，物流业整体效率有待进一步提升等。

（二）面临形势

“十三五”时期是全面建成小康社会的决胜阶段，全省物流业发展面临新的形势。

1. 物流发展需求快速增长。国家“一带一路”、长江经济带和自由贸易试验区倡议与战略进入实质性推进阶段，我省深度融入“长珠闽”经济板块，为物流大通道建设和物流业双向开放发展提供了有利契机。全省经济逐步从工业化中期向工业化中后期过渡，新型城镇化有序推进，城乡居民消费持续升级，生产性、生活性物流需求不断增长。物流业相关政策密集出台，全面深化改革逐步深入，简政放权力度进一步加大，为物流业发展提供了有利环境。

2. 新业态新模式不断涌现。创新驱动战略和“互联网 +”行动深入实施，大众创业、万众创新蓬勃兴起，物流业发展面临深刻变革。大数据、云计算、物联网等新技术不断发展并在物流业广泛运用，推动物流、商流、信息流、资金流有机融合，供应链管理、冷链物流、快递物流、电子商务物流、跨境物流等新业态新模式加快发展。

3. 资源环境约束日益强化。随着社会物流规模快速增长，能源消耗和环境承载压力不断加大，传统物流发展模式难以为继。按照建设国家生态文明试验区的要求，必须不断提升物流信息化、标准化、绿色化水平，进一步提高物流效率、降低物流成本、补齐物流短板，加快推进物流业转型升级。

二、指导思想和发展目标

（一）指导思想

全面贯彻党的十八大和十八届三中、四中、五中、六中全会精神，深入贯彻习近平总书记系列重要讲话精神和治国理政新理念新思想新战略，牢固树立新发展理念，坚持“创新引领、绿色崛起、担当实干、兴赣富民”工作方针，以提高物流效率、降低物流成本为核心，以改革开放为动力，以先进技术为支撑，着力推进物流业供给侧结构性改革，着力推进物流与产业融合发展，着力补齐物流业软硬件短板，加快构建现代物流服务体系，全面提升物流产业发展水平，为决胜全面建成小康社会、建设富裕美丽幸福江西提供支撑保障。

（二）发展目标

到2020年，基本建立布局合理、技术先进、绿色高效的现代物流服务体系，将我省打造成为“一带一路”和长江经济带的重要区域性物流中心。

1. 物流运行效率显著提高。物流基础设施体系更加便捷高效，物流信息化、标准化和技术装备现代化水平明显提升，全社会物流总费用与地区生产总值的比率较“十二五”末下降2个百分点左右。

2. 物流业发展水平进一步提升。物流业增加值力争达到1900亿元，物流业增加值占地区生产总值的比重达到7.3%左右，基于互联网的物流新技术、新模式、新业态产生的物流业增加值占整个行业增加值的40%左右。

3. 物流集聚效益明显提升。50个物流产业集群加快发展，主营业务收入超过5300亿元；物流园区网络布局更加合理，力争主营业务收入10亿元以上的物流园区达到30个，其中省级示范物流园区10个左右、国家级示范物流园区2~3个。

4. 物流企业竞争力显著增强。一体化运作、网络化经营能力进一步提高，信息化和供应链管理水平明显提升，形成一批具有较强竞争力的大型综合物流企业集团和物流服务品牌，力争A级以上物流企业达到200家。

专栏1　“十三五”全省物流业发展主要指标			
指标名称	指标	2015年	2020年
全社会物流总费用与地区生产总值的比率	%	17.4	15.5左右
物流业增加值	亿元	1203	1900左右
基于互联网的物流新技术、新模式、新业态产生的物流业增加值占整个行业增加值的比重	%	35	40左右
主营业务收入10亿元以上物流园区个数	个	12	30
其中：国家级示范物流园区	个	—	2~3
省级示范物流园区	个	—	10左右
A能以上物流企业	家	91	200

三、总体布局

充分发挥我省交通区位优势，着力构建以昌九物流枢纽为核心，以赣中南、赣东北、赣东南、赣西四大特色物流集聚发展区为支撑，以“四纵四横”物流通道为纽带的“一核四区多通道”发展格局，并积极拓展国际物流发展空间。

（一）一核

抓住国家级赣江新区建设和昌九一体化发展的重大契机，进一步强化南昌全国区域性物流节点城市、九江全国物流园区二级布局城市的功能地位，加快昌九物流一体化进程，重点推进赣江新区综合交通物流枢纽建设，培育发展汽车、航空、智能制造、电子信息、生物医药等产业物流，加快发展城市配送、社区物流等城市物流，推进保税物流、快递物流、电子商务物流、第四方物流、物流金融等高端物流业态发展。

（二）四区

1. 赣中南物流区。以赣州、吉安为中心，以瑞金、会昌、定南、峡江、新干等为重要节点，大力发展无水港、公铁海联运、城市配送等，重点培育南康家具、赣南脐橙、新干箱包灯饰、吉州商贸等物流产业集群。推进赣州建设国家现代物流创新发展试点城市，支持赣州等城市打造连接“21世纪海上丝绸之路”与“陆上丝绸之路”的重要节点城市和国际货物集散地。

2. 赣东北物流区。以上饶、景德镇为中心，以乐平、鄱阳、横峰、上饶县等为重要节点，大力发展工业物流、农产品物流、商贸物流、高铁物流、电子商务物流等，重点培育上饶商贸、景德镇陶瓷、上饶电子商务、横峰工业、鄱余万农产品等物流产业集群。

3. 赣东南物流区。以抚州、鹰潭为中心，以广昌、南城、余江、贵溪等为重要节点，大力发展铁路物流、农产品物流、物流总部经济等，重点培育南丰蜜橘、广昌汽运、黎川陶瓷、鹰潭有色金属等物流产业集群。

4. 赣西物流区。以宜春、萍乡、新余为中心，以樟树、高安、丰城、上栗等为重要节点，大力发展工业物流、医药物流、农产品物流、危险品物流等，重点培育樟树医药化工、万载烟花鞭炮、萍乡装备建材、高安建筑陶瓷等物流产业集群。

（三）多通道

1. 国内物流通道：依托铁路、公路、水运、航空、管道等基础设施，建设提升京九、银福、合福等贯通南北的纵向通道和沿江、沪昆、韶赣厦等连接东西的横向物流通道，积极打造阜鹰汕、岳九衢等物流通道，连接各中心节点城市，提高通道物流承载能力和转运效率，构建对接“一带一路”和长江经济带的战略通道。

专栏2　全省“四纵四横”物流通道

（一）纵向物流通道

1. 京九物流通道。北起九江、南昌，经吉安，至赣州，主要依托京九铁路、昌九城际、昌九客专、昌吉赣客专、赣深客专、赣粤高速、105 国道、赣江高等级航道等。

2. 银福物流通道。北起九江，经南昌，至抚州，主要依托向莆铁路、京九铁路、银福高速、316 国道等。

3. 阜鹰汕物流通道。北起景德镇，经鹰潭、抚州，至赣州，主要依托皖赣铁路、六安至景德镇铁路、鹰梅铁路、济广高速、2016 国道等。

4. 合福物流通道。由合肥经上饶至福州，主要依托婺源至上饶至铅山高速、合福客专、峰福铁路、237 国道等。

（二）横向物流通道

1. 沿东物流通道。由武汉经九江至南京，主要依托长江黄金水道、武九铁路、铜九铁路、武九客专、安九客专、彭泽至瑞昌高速、530 国道等。

2. 岳九衢物流通道。起自九江，经景德镇，至上饶，主要依托九景衢铁路、常岳九铁路、杭瑞高速、351 国道等。

3. 沪昆物流通道。起自萍乡，经新余、宜春、南昌、鹰潭，至上饶，主要依托沪昆铁路、沪昆客专、昌景黄铁路、沪昆高速、320 国道、信江高等级航道等。

4. 韶赣厦物流通道。由韶关经赣州至厦门，主要依托韶赣铁路、赣龙铁路、赣瑞龙铁路、厦蓉高速、323 国道等。

2. 国际物流通道：依托亚欧、泛亚铁路网络和中欧班列，畅通“陆上丝绸之路”物流通道；依托长江黄金水道出海通道和铁海联运班列，连通“海上丝绸之路”物流通道；依托枢纽机场和便捷高效的航空运输网络，构建“空中丝绸之路”物流通道。

专栏3　三大国际物流战略通道
（一）"陆上丝绸之路"物流通道。以南昌、九江为起点，向北经京九铁路、京包铁路、集二铁路及京台高速等交通线路至内蒙古二连浩特口岸，直至俄罗斯；以赣州为起点，向西北经武九铁路、宁西铁路、陇海铁路、兰新铁路及连霍高速等交通线路至新疆阿拉山口、霍尔果斯、红其拉甫等口岸，直至中亚、西亚和欧洲；以吉安、鹰潭为起点，向西南经沪昆铁路、沪昆高速、213国道等交通线路至云南瑞丽、磨憨、河口和广西凭祥、友谊关等口岸，直至东盟各国。 （二）"海上丝绸之路"物流通道。以南昌、九江为起点，向东经长江黄金水道、沪昆铁路、沪昆高速至上海港、宁波港及上海自贸区、浙江自贸区；以抚州为起点，向东南经向莆铁路、银福高速至福州、湄洲湾港及福建自贸区；以吉安、赣州为起点，向南经京九铁路至深圳盐田港及广东自贸区，直至东盟各国。 （三）"空中丝绸之路"物流通道。以南昌为起点，至乌鲁木齐、西安、厦门、昆明、南宁等城市及香港特别行政区，并延伸至台湾地区和东南亚地区主要城市：以赣州为起点，至港澳台和东南亚地区主要城市。

四、主要任务

（一）着力推进物流业降本增效

深入开展优化环境、保障便利、降税清费、强基补短、互联共享、融合发展专项行动，促进物流业降本增效。坚持"非禁即入、便民高效、规范统一、宽进严管"原则，构建市场化、法治化营商环境。进一步优化通行环境，保障车辆便捷高效通行。加强和规范物流领域收费行为，切实降低企业税收负担。发展公路、铁路、水运、航空相衔接的多式联运，促进多种运输方式的顺畅衔接和高效中转。重点发展铁路运输和水路运输等绿色运输方式，积极推广甩挂运输、无水港、公共外库、共同配送、统一配送等新型物流组织模式。推动省内各类物流信息平台互联互通。促进物流业与制造业、农业、商贸业联动发展，提升物流业融合发展水平。

（二）加快物流基础设施网络建设

推进综合交通运输体系建设，合理规划布局物流基础设施，优化各种运输方式在线路、节点上的匹配和衔接，构建相互衔接、互联互通的快速物流通道，形成便捷高效的物流基础设施网络。整合现有运输、仓储等物流基础设施，拓展服务功能。将物流园区规划纳入城市总体规划，加强物流园区规划与综合交通运输体系规划的衔接。进一步加快疏港铁路及疏港公路建设。优化航空货运网络布局，推动国内航空货运设施建设。推进"港站一体化"，实现铁路货运站与港口码头无缝衔接。加强仓库、堆场、接驳、停车场等转运设施建设，提高货物换装的便捷性和兼容性。完善配送中心规划布局，优化城乡共同配送末端网点，形成层级合理、规模适当、供需匹配的物流仓储配送网络。

（三）培育壮大物流市场主体

鼓励物流企业做大做强，形成一批大型现代物流企业。支持传统物流企业向上下游延伸服务，推动大型运输企业和货主企业建立战略合作关系，向多式联运经营人、综合物流服务商转变。引导制造业、商贸业企业分离外包物流业务，促进企业内部物流需求社会化，大力发展第三方物流。鼓励民间资本进入我省物流服务市场，引进国内外大型现代物流企业，带动我省物流企业提高服务质量和水平。支持物流企业申报国家认证，重点培育一批3A级以上物流企业。推进快递业与民航、铁路、公路等运输行业联动发展，加快形成一批大型快递企业，构建覆盖城乡的快递物流服务体系。深入推动邮政与电子商务企业的战略合作，积极发展电商小包和农村邮政物流服务等新型邮政业务。引导物流业围绕交通枢纽、节点城市、大型商品集散地和特色产业基地集聚发展，发挥物流产业集群规模效应。

（四）提升物流专业化水平

支持物流企业功能整合和业务创新，提供高品质、高附加值的专业化物流服务。发展定制化物流服务，满足日益增长的个性化物流需求。鼓励物流企业采用新技术和新装备，加快对现有仓储、转运设施、运输工具、停靠和卸货站点改造升级，推进港口、码头、货场、物流园区设施现代化。推进物流科技研发基地建设，加快运输、仓储、配送、装卸、冷链等专业物流设施设备的研发应用。提升钢铁、有色、建材、煤炭、汽车、水泥、粮食等大宗商品物流能力，推动装备、化工等专业化物流发展。发展应急物流，提升应急物流设施设备现代化水平，强化危险品物流安全监管，提高应急物流效率和应急保障能力。

（五）促进“互联网+”高效物流发展

加强互联网、北斗导航、物联网、云计算、大数据等先进信息技术在物流领域的应用，改造传统业务模式和管理系统，推动智慧物流发展。整合政府、企业与社会各类基础和专用物流信息，鼓励政府、企业间的物流大数据共享协作，加强对数据的挖掘应用。提升省级物流公共信息平台和重点行业物流信息平台功能，加强物流信息互联互通和开放共享。建设新一代物流信息基础设施，实现物流园区、配送中心、货运站等物流节点设施的数字化和智能化。推进“互联网+”物流模式创新，发展“互联网+”车货匹配、“互联网+”运输协同、“互联网+”城乡配送、“互联网+”供应链管理，开展“互联网+”便捷退税创新试点。

（六）大力发展现代物流新业态

积极培育供应链管理、冷链物流、快递物流、电子商务物流、跨境物流、物流金融等物流新业态。引进和扶持一批高效提供信息咨询、订单管理、物料配送、仓储服务等综合物流服务的第四方物流企业。发展物流平台经济，打造一批面向中小微物流企业提供专业化管理和个性化增值服务的集成化服务平台。引导制造、商贸龙头企业围绕核心业务优化供应链管理，鼓励企业设立专门供应链管理部门，与上下游企业建立供应链联盟。鼓励和引导省内互联网平台型物流企业开展“无车承运人”试点，提高货物运输组织化、规模化水平。发展供应链金融，畅通线上线下资金流、信息流和物流。

（七）推动发展国际物流

加强南昌航空、九江水运、赣州铁路等口岸物流基础设施建设，提升国际中转、区域分拨、保税物流等功能。加快赣州综合保税区、南昌综合保税区、龙南保税物流中心（B 型）等海关特殊监管区域和赣州港进境木材国检监管试验区建设，积极申报设立九江、吉安综合保税区。推进区域通关一体化，实施国际贸易“单一窗口”。积极复制推广自由贸易试验区改革试点经验，申报设立中国（江西）自由贸易试验区。大力发展跨境电商物流，推进海外仓等物流设施建设。统筹国际国内物流协调发展，构建完善国际物流大通道，提升国际物流双向服务能力，加快融入全球物流体系。

（八）鼓励发展绿色物流

鼓励发展绿色运输、绿色仓储、绿色配送，优化运输结构，推广先进物流组织模式。引导物流企业增强节能环保意识，广泛应用低能耗、低排放的新型绿色环保物流技术和装备，加快建立绿色物流运作和评估体系。鼓励采用新能源物流车辆、铁路集装箱等低能耗低排放运输工具和节能型绿色仓储设施，大力发展专业化公路货车车型和节能环保船舶，推广厢式运输、带托盘运输、甩挂运输和重载化运输等运输方式。积极发展循环物流，鼓励包装重复使用和回收再利用，提高托盘等标准化器具和包装物的循环利用水平，构建低环境负荷的循环物流系统。

（九）加强物流标准化建设

支持仓储设施、搬运工具、配送工具、装卸货站点等公共基础设施设备的标准化建设和改造，实施农产品、食品、药品、危化品和生鲜电商等领域的设备设施标准化改造升级。推动多式联运设施与装备技术标准化，鼓励开展物流一贯化运输。建立健全区域物流标准对接机制，加强物流地方标准与其他产业标准及国家、行业物流标准的衔接。加快物流技术、装备、流程、服务、安全等标准制修订工作。严格执行涉及快递业的国家、行业、地方标准，健全快递标准规范体系。推动物流重点项目开展建设项目交通影响评价和项目内部及周边道路设施的交通设计，科学规范交通设施设置与交通组织优化。加强物流标准化宣传培训和推广应用。

五、重点工程

（一）多式联运畅通工程

加快建设向塘铁路公路物流枢纽基地、九江港彭泽红光港区综合物流枢纽、南昌快递（电商）物流园、赣州航空物流园等一批公铁联运、铁水联运、陆空联运、江海联运等多式联运基地，构建能力匹配的集疏运通道，配备现代化的中转设施。加强九江港、南昌港等重点港口建设，开展昌九联运试点，推进大宗散货水铁联运、集装箱多式联运，发展干支直达和江海直达等船舶运输组织方式。推进铁路专用线建设，发挥铁路集装箱中心站作用，以南昌、九江、赣州、鹰潭等为中心构建与铁路货运能力匹配的公铁联运网络系统。扩大现有铁海联运辐射范围，增开铁海联运线路，推动中欧班列常态化运行。增强南昌、赣州等区域枢纽机场的物流集散功能，拓展航空物流发展空间。建设国际多式联运中心、国际邮件交换局（站）和国际快件中心。

专栏4　多式联运畅通工程重点项目
建成向塘铁路公路物流枢纽基地、南昌快递（电商）物流园、南昌龙头岗综合枢纽物流园、九江港彭泽红光港区综合枢纽物流园、九鼎综合物流园等。 新建鹰潭铁路南站公铁联运中心、抚州海西综合物流园、中国物流樟树水运口岸作业区、赣州航空物流园、萍乡陶瓷产业基地物流园等。 续建新干航电物流枢纽、井冈山航电物流枢纽、万年港综合码头现代物流园、余干县现代铁路物流园等。

（二）物流园区建设工程

结合城市功能定位和产业布局，按照节约集约用地的原则，在重要的物流节点城市合理布局物流园区，重点扶持一批物流组织化程度高、技术水平先进、集散能力突出、公共服务能力强的物流园区。推进省级物流园区示范工作，支持创建国家级示范物流园区，充分发挥示范物流园区的引导带动作用。加强分类管理和分层错位发展，科学合理布局货运枢纽型、生产服务型、商贸服务型、口岸服务型和综合服务型物流园区，以及农产品、农资、钢铁、煤炭、危化品、汽车、医药、出版物、冷链、快递等专业类物流园区。

专栏5　物流园区建设工程重点项目
建成南昌向塘区域物流港、江西三志综合物流园、吉安河西综合物流园区、赣东北综合物流园、鄱阳湖物流园、赣湘国际物流港、上饶新华龙现代物流园等。 新建深国际南昌综合物流港、江西省铁投传化物流园、丰树南昌现代化物流园、江西吉成昌盛物流港、江西吉成丰盛物流港、赣州传化公路港、泰和物流园、江口综合物流园区等。 续建鹰潭现代物流园、贵溪物流园、抚州综合物流园、宜春赣西物流园、樟树物流园、新余仙女湖中心物流园等。

（三）交通物流融合工程

加快推进综合交通枢纽、铁路专用线、多式联运等重大项目建设，进一步完善交通物流网络，畅通社会物流运输全链条，推动交通物流一体化发展。对接国家物流枢纽规划，布局一批综合物流枢纽和物流节点，完善集疏运系统。结合中长期铁路网规划，优化全省铁路枢纽布局，提升铁路枢纽综合运输和物流集散能力。完善公路港布局和功能，构建一批综合型、基地型和驿站型公路港。提升发展内河水运，进一步延伸港口水运物流链。稳步提高多式联运比率，提升联运服务水平，促进长短途运输有效对接。建立“一单制”便捷运输制度，实现“一站托运、一次收费、一单到底”。

专栏6　交通物流融合工程重点项目
建成赣州铁路国际集装箱中心二期、万年港综合码头集疏运系统、樟树河东港区物流园、彬江高铁物流园等。 新建南昌港集疏运系统、九江港集疏运系统、九江城东港区内河港货运枢纽、昌北国际物流港、赣州无水港铁路专用线、信江八字嘴航电枢纽、信江双港航运枢纽、萍乡无水港等。 续建鹰潭公路物流港、上饶国际物流园、瑞金陆路口岸作业区铁路专用线、赣州经开区综合性物流园等。

（四）铁路物流网络建设工程

全省规划建设1个一级物流基地、6个二级物流基地、10个三级物流基地，其中一级和二级基地要求具备集装箱办理功能，在此基础上根据需要建设物流作业站、受理站、受理点及无轨站，形成全省铁路物流网络。重点推进向塘一级铁路物流基地建设，打造全国铁路物流示范基地和全省铁路物流中心。鼓励物流龙头企业在铁路物流基地周边投资建设铁路物流港、公路港、铁路口岸作业区及大型仓储基础设施。支持现有条件较好的铁路货运场站向综合物流基地转型，具备条件的城市中心铁路货场向城市配送中心转型。拓展铁路物流覆盖面，促进铁路与邮政、快递设施协同配套，加快构建绿色环保、安全高效、综合能耗低的铁路物流体系。

专栏7　铁路物流网络建设工程重点项目
一级铁路物流基地：向塘综合型铁路物流基地。 二级铁路物流基地：乐化综合型铁路物流基地、九江综合型铁路物流基地、上饶铁路物流基地、赣州东综合型铁路物流基地、鹰潭综合型铁路物流基地、新余铁路物流基地。 三级铁路物流基地：南昌北铁路物流基地、瑞金铁路物流基地、定南铁路物流基地、南康铁路物流基地、吉安铁路物流基地、景德镇东铁路物流基地、景德镇南铁路物流基地、抚州北铁路物流基地、萍乡铁路物流基地、宜春铁路物流基地。

（五）物流业制造业联动发展工程

围绕冶金建材、矿产能源、装备制造、汽车、生物医药等重点产业基地，大力发展产业配套物流。开展制造业与物流业联动发展试点示范，组织实施一批示范工程和重点项目。建设与制造业紧密配套的仓储配送设施和物流信息平台，完善从原材料采购到产品最终销售及回收的完整供应链服务，促进物流业与制造业联动发展。支持第三方物流企业为制造业企业提供供应链计划、采购物流、入场物流、交付物流、回收物流、供应链金融以及信息追溯等集成服务，提高供应链信息化水平。鼓励传统制造业企业应用新一代信息技术和先进物流管理技术进行转型升级。

专栏8　物流业制造业联动发展工程重点项目
建成南昌鑫润物流园、九江城东港区配煤铁路货场物流中心、开心人大健康医疗医药物流中心、吉安陆地港、井开区综合物流园等。 新建南昌普洛斯物流中心、鹰潭骏捷物流园、抚州高新区科创物流园、赣西国际工业生产资料物流园区等。 续建景德镇长运物流园、上饶彩诚工业物流园、江西波波烟花爆竹物流中心、樟树医药物流园、萍乡市湘东区青云工业物流园等。

（六）物流业商贸业融合发展工程

以专业市场物流为基础，构建完善的电子商务物流服务平台和配送网络，促进传统专业市场和商贸流通业转型发展。支持重点商贸企业建设区域商品配送或分拨中心，完善商品流通网络，发展现代流通方式，增强为仓储、超市、连锁店、便民店和消费者提供同城和区域配送、分拨的能力。整合大中型商贸企业内部物流配送中心网点和社会运输资源，在快速消费品、鲜活农产品、药品等领域率先实行共同配送，并逐步在全省推广。在电子商务发展重点地区培育一批电子商务配送中心，创新物流业务模式，促进物流配送服务向信息化、数字化方向转变，实现电子商务与物流配送的有机结合。引导大型商品交易市场、农产品批发市场向物流园区集聚。

专栏9　物流业商贸业融合发展工程重点项目
建成南昌华南城电商物流基地、瑞金商贸物流园、大顺商贸物流园、上饶五洲国际商贸物流园等。 新建新洪城大市场、中国赣闽商贸物流园、中部电子商务国际贸易中心、乐安豪德商贸物流城等。 续建九江颐高电子商务产业园、余干电子商务仓储物流中心、林安智慧商贸城、樟树药联O2O医药城、高安商贸物流产业园等。

（七）城市配送工程

优化城市物流基础设施布局，加快完善物流基地、分拨中心、公共配送中心、末端配送网点四级城市物流配送体系。深入开展省级城市配送试点，优化配送线路及交通组织。加大城市共同配送设施建设和改造力度。统筹邮政、快递企业资源，促进末端服务网络建设与城市建设同步进行。合理布局建设邮件快件处理中心、便民服务网点等基础设施，大力发展智能快件箱。鼓励大型商业连锁企业配送中心、工业企业物流设施面向社会开放，在城市建设一批中小型公共配送设施。力争所有社区、机关、学校、大中型企业设立末端配送网点，基本解决“最后一公里”配送问题。

专栏10　城市配送工程重点项目
建成九江联商物流配送中心、江西九州通药业自动智能配送中心、九江新雪域物流园进口肉类指定口岸物流配送中心、吉安市甘雨亭配送中心、上饶驰骋仓储物流中心、蓝海物流图书配送中心等。 新建南昌市公共配送中心、华润万家配送中心、苏宁南昌物流配送中心、新远健大药谷医药物流园、赣州坚强百货配送中心等。 续建景德镇远航物流中心、鹰潭市合硕物流中心、广昌县物流仓储配送中心、新余港新智慧能源物流中心、宜春经开区物流中心等。

（八）农产品流通体系建设工程

充分利用我省丰富的粮食、猪肉、蔬菜、水果等农产品资源，依托大型农产品批发市场，建设一批规模较大、带动力较强、技术水平较高的农产品物流基地。支持农产品生产基地改造提升物流设备设施，开展集散配送业务。鼓励发展“批发市场+统一配送”“电商+冷链共同配送”等农产品配送模式。着力发展农产品冷链物流，完善冷链物流基础设施，重点建设一批农产品大型储备冷库，鼓励建设节能型冷库。支持企业采用物联网等技术手段，构建覆盖主产区的产地集配体系和重要农产品追溯体系。

专栏11　农产品流通体系建设工程重点项目
建成玉丰农产品冷链物流基地、深圳农产品批发市场物流中心、吉安农副产品物流中心、乐平蔬菜加工保鲜冷链物流中心、萍乡新春蕾粮食物流中心等。 新建江西华东粮食农产品交易大市场、中国供销赣南脐橙交易中心、江西供销（余干）农商大市场、上饶中合农产品交易中心等。 续建赣州农产品国际物流园、江西远泉农副产品物流中心、华东农副产品交易市场及冷链物流配送中心、江西（东乡）畜牧产品交易市场、金盾物流（江西）粮食大米储运中心等。

（九）农村快递配送工程

统筹规划、合理布局农村快递配送节点，完善县、乡、村三级物流节点体系。充分利用邮政和供销合作社的网络资源，加快农村邮政网点、“三农”服务站、农村综合服务社等终端设施布局。加强村镇末端配送设施建设，力争所有乡镇都有快递配送站点，所有行政村都有快递配送末端网点，建成覆盖城乡的末端物流配送网络。推进电子商务进农村、“快递下乡”工程，支持连锁经营、快递配送、电子商务等现代化流通方式向农村延伸。

专栏12　农村快递配送工程重点项目
建成江西沃尔得农资连锁县乡村三级物流配送网络、江西绿树村电商仓储配送基地、鹰潭大三江电商物流配送中心、铜鼓县乡村三级物流配送网络等。 新建江西奇佳农资物流中心、莲花长途货运综合物流中心、上饶广丰区洋口快递超市、上饶信州区沙漠快递超市等。 续建石城邮政农村配送中心、永新宏诚快递产业园、黎川东森实业快递下乡等。

（十）物流信息平台工程

推动行业、园区、企业物流信息平台与国家、省级物流公共信息平台有效对接，积极构建线上线下一体的物流云平台。以省级物流公共信息平台为依托，进一步整合铁路、公路、水路、民航、邮政、交通、交管、商务、工商、税务、海关、检验检疫、银行、保险等部门的信息资源。支持各类专业化、特色化的物流信息平台创新发展，发挥物流信息平台在优化整合物流资源、促进信息互联互通、提高物流组织化程度中的重要作用。鼓励物流园区和物流龙头企业搭建面向中小物流企业的信息服务平台，促进货源、车源和物流服务等信息的高效匹配。支持物流企业开发应用具备信息发布、在线交易、数据分析等综合功能的物流信息平台，提高企业信息化水平。

专栏 13 物流信息平台工程重点项目
提升完善省级物流公共信息平台和省交通运输物流公共信息平台。 推进省国控物流江西天合物流云管理平台、省铁路便利运输信息平台、江西尧泰供应链物流团购城市配送公共信息平台、赣州市城市配送信息平台等专业物流信息平台建设。

六、保障措施

（一）深化改革开放

更好发挥全省现代物流工作联席会议作用，完善各层级物流工作统筹协调机制，加强跨区域跨部门协作联动。按照简政放权、放管结合、优化服务的要求，进一步放宽物流行业准入。持续深化商事制度改革，全面实行“先照后证”和“一照一码”登记制度，物流连锁企业可在同一县（市、区）范围内实行“一照多址”，分支机构可使用省内总部取得的资质证书，鼓励物流企业开展跨区域网络化经营。深化物流业开放合作，推动与沿海发达地区物流业联动发展。建立健全与长江经济带有关省市的物流协作机制，加强口岸通关协作，构建物流快速通道。搭建国际物流合作平台，支持有条件的物流企业“走出去”。

（二）规范市场秩序

加强对物流市场的监督管理，建立健全物流领域制度规范。完善物流企业和从业人员信用记录，纳入全省统一的信用信息平台和国家企业信用信息公示系统（江西）。建立跨地区、跨行业的联合惩戒机制，依法加大对失信行为的惩戒力度。加强物流信息安全管理，保护消费者个人信息安全。增强物流企业品牌意识，鼓励打造诚信物流企业。加大物流市场违法治理力度，依法查处物流业不正当竞争和垄断行为。强化对物流企业的安全管理，督促落实安全主体责任。规范道路运输物流车辆技术审验制度，简化年审手续，优化审验程序。

（三）完善扶持政策

在土地利用总体规划、城市总体规划、综合交通规划、商业网点规划中充分考虑并统筹保障物流业发展的合理用地需求。优化物流业用地空间布局，合理确定用地规模和强度，研究提高土地利用效率。依法依规对生产性物流企业用地（具有物资批发、零售等市场交易功能的用地除外）按工业用地出让指导价通过招拍挂方式出让。优化物流业相关管理政策，鼓励物流企业开展创新。认真落实物流业相关税费优惠政策。严格执行鲜活农产品运输“绿色通道”政策。完善城市交通和配送管理政策，逐步解决城市配送及快递车辆通行、停靠等交通管理问题。将免除查验没有问题的外贸企业吊装移位仓储费用试点范围扩大至全省。

（四）拓宽投资渠道

发挥政府投资示范带动作用，各级财政资金通过现有渠道积极支持符合条件的多式联运转运设施、城乡配送网络、农产品冷链物流、物流标准化和信息化等物流项目建设。鼓励金融机构探索适合物流业发展特点的信贷产品和服务方式，在商业可持续、风险可控的前提下，进一步加大信贷支持力度。支持符合条件的企业通过发行公司债券、企业债券等非金融企业债务工具筹集建设资金。鼓励民间资本进入物流领域，支持以市场化方式设立现代物流产业投资基金，扶持企业实现挂牌上市。

（五）加强统计工作

开展物流统计调查和物流行业形势分析预测，及时准确反映我省物流业的发展规模和运行效率，为政府宏观管理和企业经营决策提供参考依据。实施社会物流统计核算与报表制度，健全全省物流统计分析和运行监测工作机制。各地要全面开展物流统计工作，提高物流统计数据质量和工作水平。督促企业建立相应的内部统计制度，配合做好物流统计工作。

（六）强化人才支撑

鼓励学校、政府部门、科研院所、社会组织、企业共同参与，建立产学研用一体化人才培养机制，探索现代学徒制、订单培养等校企联合人才培养模式。引导和鼓励大专院校针对我省物流需求，完善物流学科体系，加强供应链管理、冷链物流、快递物流、电子商务物流、跨境物流等新业态专业人才的培养。健全在职人员培训体系，鼓励培养物流业高层次经营管理人才，强化技术性人才、职业技能人才的培养，提高物流业从业人员职业素质。

（七）发挥协会作用

进一步发挥物流行业协会在产业研究、标准宣贯、统计咨询、人才培养、宣传推广、国际合作等方面的作用，推动建设物流智库。引导支持企业加快技术创新和服务创新，加强内部管理，提升物流服务水平。推动物流业文化建设，引导企业全面履行社会责任。健全和完善各项行业基础性工作，促进行业规范自律和诚信体系建设，推动行业健康发展。

江西省人民政府办公厅关于转发省发改委江西省物流业降本增效专项行动实施方案的通知

赣府厅发〔2017〕4号

各市、县（区）人民政府，省政府各部门：

经省政府同意，现将省发改委《江西省物流业降本增效专项行动实施方案》转发给你们，请认真贯彻执行。

2017年1月18日

（此件主动公开）

江西省物流业降本增效专项行动实施方案

为贯彻落实《国务院关于印发物流业发展中长期规划（2014—2020年）的通知》（国发〔2014〕42号）、《国务院办公厅关于转发国家发展改革委物流业降本增效专项行动方案（2016—2018年）的通知》（国办发〔2016〕69号）和国家发展改革委等十部门《关于加强物流短板建设促进有效投资和居民消费的意见》（发改经贸〔2016〕433号），推动物流业降本增效、转型升级，结合我省实际，制订本实施方案。

一、主要目标

力争到2020年，我省物流业降本增效取得明显成效，基本建立布局合理、结构优化、技术先进、便捷高效、绿色环保、线上线下融合、具有较强区域竞争力的现代物流服务体系，物流总费用占地区生产总值的比重较“十二五”末降低2个百分点左右，工业企业物流费用率由“十二五”末的9.4%降至8.8%左右，批发零售企业物流费用率由“十二五”末的8.2%降至7.6%左右。

——规划建设一批物流基础设施。加大公共交通基础设施投资力度，鼓励和引导民间资本投入物流领域。结合城市功能定位和产业布局，合理规划建设一批技术水平先进、集散能力突出、公共服务能力强的物流基础设施，初步形成布局合理、覆盖广泛、便捷高效的物流基础设施网络，重要枢纽节点的物流服务功能更加完备，城乡配送体系更加健全。

——打造一批多式联运示范样板。大力推进铁水联运、公铁联运、公水联运、空地联运等多式联运，建成若干示范物流枢纽。在重点物流园区引入铁路专用线，提高仓储、中转设施建设水平，促进多种运输方式无缝衔接、长短途运输有效对接。全省30%左右的主要港口和大型物流园区引入铁路，铁路集装箱运输量增长20%以上，运输空驶率明显下降。

——培育一批现代物流龙头企业和知名品牌。物流企业一体化运作、网络化经营能力进一步提高，信息化和供应链管理水平明显提升。成立省级物流联盟，培育一批具有较强竞争力的大型综合物流企业，打造若干物流服务知名品牌。

——推广一批现代物流运作方式。加快发展甩挂运输、共同配送等先进物流运输组织方式，大力推广集装技术和单元化装载技术，积极推行托盘化单元装载运输方式，广泛运用自动识别、电子数据交换、可视化、货物跟踪、智能交通、物联网等技术，物流业标准化和信息化水平明显提升。

二、专项行动

（一）优化环境专项行动

1. 优化行业行政审批。坚持“非禁即入、便民高效、规范统一、宽进严管”基本原则，深化物流领域商事制度改革，激发物流企业活力和创造力，营造公平、公正的准入环境。落实注册资本认缴登记制，放宽物流行业准入条件，降低准入门槛，破除准入壁垒，持续推进注册便利化。在全面实施“三证合一、一照一码”登记制度的基础上，按照国家统一部署，稳步推进“五证合一”，进一步压缩物流企业准入环节的证照种类，减少物流企业办事的制度性成本。进一步落实“一址多照”“一照多址”等放宽住所（经营场所）登记条件政策，扩大物流企业集群注册登记试行范围。全面推行物流企业网上注册登记，实现物流公司登记事项网上远程办理。在各级行政服务中心设立自助服务区，现场辅导物流企业进行网上名称申报、网上注册、企业年报及信息公示等自助服务。清理、归并和精简具有相同或相似管理对象、管理事项的物流企业和物流从业人员的证照资质。实施省内普货运输车辆异地年审，加强事中事后监管。直接受理国家质检总局授权的正面清单以内的动植物产品，以及进入综合保税区、海关特殊监管区存放、加工的所有进境非食用动植物产品的进境检疫审批，审批时限由15个工作日缩短为7个工作日。（省工商局、省交通运输厅、江西出入境检验检疫局按职责分工负责，2018年年底前完成）

2. 深化公路、铁路、民航等领域改革。建立健全道路运输行业信用信息系统、诚信考核评价及奖惩机制、信息采集和披露等机制。按照国家深化铁路货运改革总体部署，探索在铁路市场引入社会化集装箱经营主体，鼓励南昌铁路局下属铁路运输企业积极向现代物流企业转型，开放各类信息和接口，与港口企业、物流园区等开展合资合作，提高多式联运服务能力。加快铁路物流基地建设，规划建设1个一级物流基地、6个二级物流基地、10个三级物流基地，推动铁路与物流园区有效对接，提高铁路资源利用率。支持铁路货运场站向综合物流基地转型升级，城市中心铁路货场转为城市配送中心，发展高铁快运及电商班列等铁路快捷货运产品，提高铁路物流服务质量。支持航空货运企业兼并重组、做强做大。推动海关、边检、检验检疫等口岸管理部门联合查验，促进一体化通关，加强与沿海地区和“一带一路”沿线国家口岸检验检疫机构的协作，建立综合协调和互联互认机制。（省交通运输厅、南昌铁路局、省发改委、民航江西监管局、省机场集团公司、南昌海关、江西出入境检验检疫局按职责分工负责，持续推进）

（二）保障便利专项行动

3. 保障车辆便利通行。对从事生活必需品、药品、鲜活农产品和冷藏保鲜产品配送，以及使用节能与新能源车辆进行配送的物流企业，优先给予通行便利。综合考虑城市配送需求、城市道路交通状况等因素，合理确定配送车辆停靠卸货区域，并及时向社会公布限制、禁止城市配送车辆通行的区域和时段。加强对大型物流中心、公用型城市配送中心和分拨中心周边交通管理，科学规划和设置车辆通行标志标线，优化城市配送车辆通行。规范公路超限治理处罚标准，减少执法中的自由裁量权。（省商务厅、省交通运输厅牵头，省公安厅等部门按职责分工负责，2018年年底前完成）

4. 推动货物通关便利化。积极贯彻落实“三互”（信息互换、监管互认、执法互助）大通关改革，以江西省电子口岸平台为基础，深入推进关检合作“一次申报、一次查验、一次放行”，并逐步向国际贸易“单一窗口”转变。大力推广海关通关和检验检疫全程无纸化作业方式，简化物流通关流程。积极参与全国内陆沿边地区国际贸易“单一窗口”试点建设，完成九江港建设试点，完善江西国际贸易“单一窗口”通关模式，与全国同步建立跨部门、跨区域的大通关协作机制。降低出口商品海关查验率，在2015年降低出口查验率的基础上再次下调1个百分点，出口查验率为2%。（省商务厅、南昌海关、江西出入境检验检疫局按职责分工负责，2018年年底前完成）

5. 提升行业监管水平。推动交通、运管、路政、工商等部门政务信息资源共享和业务协同，利用大数据手段，加强事中事后监管，提高物流运行监测、预测预警、安全监管和公共服务能力。将赣南等原中央苏区实施的“进出境检验检疫监管区”建设试点，扩大到赣江新区，探索检验检疫集装箱监管新模式。检验检疫机构对部分进出口工业产品，采信符合资质的第三方检验机构的检测结果。探索建立高风险项目严密监管和低风险产品快速放行相结合的检验检疫监管机制。（省交通运输厅、省发改委、省商务厅、省国资委、省工商局、江西出入境检验检疫局按职责分工负责，持续推进）

（三）降税清费专项行动

6. 落实税收优惠政策。按照国家“营改增”改革要求，进一步消除重复征税，扩大交通运输业的进项税抵扣范围，降低企业税收负担。按照规定，对商品储备管理公司及其直属库资金账簿免征印花税；对其承担商品储备业务过程中书立的购销合同免征印花税；对其自用的房产土地，免征房产税、城镇土地使用税。开展“互联网+便捷退税”创新试点，优化出口企业分类管理，重新核定出口企业分类；缩短规范出口退（免）税时限，对一类出口企业5个工作日内、二类出口企业10个工作日内、三类出口企业15个工作日内办结出口退（免）税手续。（省国税局、省地税局牵头，省发改委、省交通运输厅按职责分工负责，持续推进）

7. 降低行业收费水平。调整完善我省收费公路政策，科学合理确定车辆通行费标准。落实《道路运输车辆技术管理规定》，取消营运车辆二级维护强制性检测。规范物流领域收费行为。督促港口、铁路、航空等企业严格落实明码标价制度，实行进出口环节收费目录清单制，推进收费管理制度化、科学化、透明化。鼓励港口、铁路、航空等企业整合作业环节，清理和简化收费项目，降低收费标准。扩大我省免除查验没有问题外贸企业吊装、移位、仓储费用试点范围。（省发改委、省交通运输厅、省财政厅牵头，江西出入境检验检疫局、南昌海关、南昌铁路局按职责分工负责，2018年年底前完成）

8. 调整完善管理政策。大力推进“互联网+”高效物流发展，完善物流业相关管理政策，鼓励企业开展创新。鼓励和引导省内互联网平台型物流企业开展“无车承运人”试点，推动线上资源合理配置、线下物流高效运行。培育一批运作高效、服务规范、竞争力强的“无车承运人”，引导货运物流行业规模化、集约化、规范化发展。（省交通运输厅牵头，省发改委、省工信委、省商务厅、省国资委等部门按职责分工负责，2019年年底前完成）

（四）强基补短专项行动

9. 科学规划布局物流枢纽。对接国家级物流枢纽设施布局和建设规划，研究编制省级物流枢纽规划。科学测算我省主要货物的流量流向，兼顾存量、优化增量，布局和完善一批具有多式联运功能的综合物流枢纽，统筹推进公路、铁路、水运、民航等基础设施无缝衔接。（省发改委、省交通运输厅牵头，省商务厅、南昌铁路局等部门按职责分工负责，2019年年底前完成）

10. 推进物流产业集群发展。引导物流业围绕交通枢纽、节点城市、大型商品集散地和特色产业基地集聚发展，提高物流产业规模效应。推进物流业与工业、农业、商贸业、电子商务深度融合，组织实施一批示范工程和重点项目。鼓励中小物流企业通过资产重组、兼并等方式组建一批有实力的物流集团，支持有实力的大型物流企业成立物流产业联盟。全省规划布局50个物流产业集群，重点培育20个物流示范产业集群，发挥示范引领作用，全面提高物流产业集群发展水平。（省商务厅负责，2020年年底前完成）

11. 加快标准化建设。落实《江西省标准化体系建设发展规划（2016—2020年）》和《江西省人民政府国家标准化管理委员会关于加强生态文明标准化战略合作备忘录》，加快完善标准化体系，提升标准化水平。实施和推广物流领域国家标准、行业标准，加强地方标准、团体标准与国家标准、行业标准间的协调衔接。开展商贸物流标准化专项行动和试点，大力推进物流装备、物流信息、物流服务等公共类物流标准的梳理、宣贯、解读和推广工作。积极鼓励省内科研机构、企业参与物流标准化创新，承担国家标准、行业标准、地方标准制修订工作。根据行业发展需求，重点对接国家冷链物流、绿色物流等方面标准，不断完善我省物流服务规范。实施现代物流标准化工程，推广标准化托盘及循环共用。加快省级服务业标准化试点项目建设。（省质量技术监督局牵头，省发改委、省商务厅、省工信委、省交通运输厅、南昌铁路局按职责分工负责，2019年底前完成）

12. 构建多式联运体系。积极利用铁路、水运等节能高效、价格低廉的运输方式，加快推进多式联运协同发展。加强集疏运体系建设，促进重大交通运输设施实现无缝对接，形成组合效应。开展昌九联运试点，推进沿江港口物流园区开发建设。整合现有运输、仓储等物流基础设施，盘活存量资产，拓展服务功能，进一步延伸港口水运行业产业链和物流链，加快内河水运融入现代物流步伐。完善多种交通运输网络，引导铁路专用线进港。在南昌、九江、赣州、上饶、抚州等地建设一批海铁联运、铁水联运、公铁联运示范物流园区。积极推进南昌、赣州、井冈山机场货运设施建设，拓展航空物流发展空间。积极支持我省企业申报国家多式联运示范项目。加强专业化、综合性多式联运信息平台建设，促进物流信息在不同运输方式之间的衔接共享。实现物流服务跟踪、物流服务评级、网上业务操作、电子商务交易等功能，为供求双方提供可靠的信息共享服务。（省交通运输厅、省发改委、省工信委、省商务厅、南昌铁路局、民航江西监管局按职责分工负责，持续推进）。

13. 完善城市配送体系。推进省级城市配送试点工作，增加试点城市数量。搭建城市配送公共信息平台，建设城市配送中心，组建城市配送车队，建设一批城市配送末端网点。将邮政、快递的城市末端配送网点纳入城市公共服务设施规划建设中，支持在小区、社区、写字楼、校园等场所设置智能快件箱。建设一批中小型公共配送设施，鼓励餐饮外卖、搬家、洗涤、生鲜食品、网络零售等业态使用公共配送设施。鼓励大型商业连锁企业配送中心、工业企业物流设施面向社会开放。统一规范城市配送车辆，对纳入城市配送体系的配送车辆通行、停靠作业给予便利。（省商务厅牵头，省发改委、省交通运输厅、省邮政管理局、省公安厅等部门按职责分工负责，持续推进）

14. 健全农村配送网络。建立江西农村物流联盟，推动物流企业、电商企业、邮政企业、快递企业、供销合作社等充分利用现有物流资源开展深度合作，加快县级仓储配送中心、农村物流快递公共取送点建设，完善县乡村三级物流配送网络。加大对农产品冷链物流设施和农产品批发市场建设的支持力度，促进工业品下乡和农产品进城的双向流通。（省发改委、省商务厅牵头，省邮政管理局、省供销社、省交通运输厅按职责分工负责，2019 年年底前完成）

（五）互联共享专项行动

15. 促进信息互联共享。加快省交通运输物流公共信息平台建设。整合政府、企业与社会各类基础和专用物流信息，鼓励政府、企业间的物流大数据共享协作，实现物流信息资源的互联共享，并加强对数据的挖掘应用。推动省内各类物流信息平台互联互通，促进综合交通运输信息和物流服务信息等有效衔接，为提高物流资源配置效率提供基础支撑。（省交通运输厅、省发改委牵头，省国资委、省商务厅、省工信委、南昌铁路局等部门按职责分工负责，2019 年年底前完成）

16. 鼓励信息平台创新。鼓励省级物流公共信息平台、省交通运输物流公共信息平台、江西天合物流云管理平台、江西尧泰城市配送公共信息平台等物流信息平台创新运营服务模式，加强互联网信息技术在物流领域的应用，推动改造传统业务模式和管理系统，促进物流信息的互联互通和开放共享。提升信息平台运营水平，促进物流园区之间的互联互通。（省发改委牵头，省公安厅、省交通运输厅、省工信委、省国资委、省商务厅等部门按职责分工负责，持续推进）

17. 完善行业诚信体系。依托全国信用信息共享平台和国家企业信用信息公示系统（江西），充分发挥省级信用信息共享平台和社会征信机构作用，加快推进我省物流业法人单位和从业人员信用记录入库，整合交通、运管、路政、工商、税务、银行、保险、司法等部门信用信息，推动物流信用信息共享和应用。根据信用评价实行分类监管，依法依规预警警示企业、惩戒失信企业、淘汰严重失信企业，构建守信联合激励和失信联合惩戒机制。（省发改委、省交通运输厅、省商务厅、省工商局、省国税局、省地税局、人行南昌中心支行、江西保监局、省司法厅等部门按职责分工负责，2018 年年底前完成）

（六）融合发展专项行动

18. 推动物流业与制造业联动发展。落实《江西省人民政府关于贯彻落实〈中国制造 2025〉的实施意见》（赣府发〔2016〕3 号），在冶金、钢铁、石化、建材、汽车、装备制造、纺织、食品等产业聚集区推广现代物流技术和理念，优化生产流程设计，实现采购、生产、销售和物资回收一体化运作。鼓励制造业企业剥离外包物流业务，与第三方物流企业深度合作，促进制造业与物流业有机融合、联动发展。开展制造业与物流业联动发展试点，在总结试点经验、完善相关配套措施的基础上全面推广。

（省发改委、省工信委、省国资委按职责分工负责，持续推进）

19. 促进交通物流融合发展。稳步提升多式联运比率，推动多种运输方式之间的顺畅衔接和高效中转，有序推广公路港和智能配送模式。建立“一单制”便捷运输制度，实现一站托运、一次收费、一单到底。加快推进综合交通枢纽、铁路专用线、多式联运等重大项目建设，进一步完善交通物流网络，打通社会物流运输全链条，推动全省交通物流一体化、集装化、网络化、社会化、智能化发展。（省发改委、省交通运输厅、南昌铁路局牵头，省国土资源厅、省住房城乡建设厅按职责分工负责，2018 年年底前完成）

20. 促进商贸业与物流业深度融合。推动城市商贸业物流配送体系建设，推广综合配送、品类配送、即时配送等多种配送模式，引导商贸业集中采购和统一配送，利用城市配送公共信息平台进行智能匹配，提升商贸物流配送效率。鼓励大型连锁企业、零售企业物流外包，并纳入城市配送体系，引导物流配送标准化。开展省级大型商品批发市场转型升级示范试点，引导批发市场向商品展示、电商、配送一体化转型升级。（省商务厅、省发改委按职责分工负责，持续推进）

三、保障措施

（七）加大物流基础设施投资

建立重要物流基础设施项目建设的协调调度机制和绿色审核通道，加强横向联动、有机衔接，形成工作合力。各级财政资金要通过现有渠道积极支持符合条件的多式联运转运设施、城乡配送网络、农产品冷链物流、物流标准化和信息化等物流项目建设，发挥政府投资示范带动作用。（省发改委、省商务厅牵头，省交通运输厅、省财政厅、省邮政管理局等部门按职责分工负责，持续推进）

（八）保障物流业用地

在土地利用总体规划、城市总体规划、综合交通规划、商业网点规划中充分考虑并统筹保障物流业发展的合理用地需求。优化物流业用地空间布局，合理确定用地规模和强度，研究提高土地利用效率，对生产性物流企业用地（具有物资批发、零售等市场交易功能的用地除外）按工业用地出让指导价通过招拍挂方式出让，降低土地使用成本。相关开发建设须符合法定规划要求，不得随意更改。（省国土资源厅、省住房城乡建设厅牵头，省发改委、省商务厅按职责分工负责，持续推进）

（九）拓宽物流投融资渠道

鼓励金融机构探索适合物流业发展特点的信贷产品和服务方式，在商业可持续、风险可控的前提下，进一步加大信贷支持力度。积极推动供应链金融服务持续健康发展。支持符合条件的企业通过发行公司债券、企业债券等非金融企业债务工具筹集建设资金。创新投融资支持方式，鼓励社会资本以市场化方式设立现代物流产业投资基金，支持重点企业物流基础设施项目建设，扶持企业实现挂牌上市。省内各有关专项资金优先支持省级示范物流园区重大公共物流基础设施和集疏运通道建设、物流设施设备更新改造、物流信息化和标准化建设、运输组织创新与合作等。支持省级示范物流园区及入驻企业与金融机构联合打造的物流金融服务平台。（省政府金融办、人行南昌中心支行、江西银监局、省发改委按职责分工负责，持续推进）

（十）发挥好行业协会作用

积极发挥省交通运输与物流协会、省物流与采购联合会等行业协会在行业运行监测、标准制订与宣传推广、职业培训、行业自律、诚信体系建设、国际合作等方面的作用，引导支持企业加快技术创新和服务创新，加强内部管理，提升物流服务水平，共同推动物流行业健康有序发展。（省发改委、省商务厅负责，持续推进）

（十一）加强组织协调和督促检查

各地、各有关部门要按照工作分工和完成时限要求，结合本地区、本部门实际，制定具体政策措施，落实工作责任。省发改委要会同有关部门加强工作指导，及时协调解决政策落实中存在的问题，适时组织专项督查，开展政策实施效果第三方评估等工作，重要情况及时报告省政府。

江西省人民政府办公厅关于加快发展冷链物流保障食品安全促进消费升级的实施意见

赣府厅发〔2017〕72号

各市、县（区）人民政府，省政府各部门：

为贯彻落实《国务院办公厅关于加快发展冷链物流保障食品安全促进消费升级的意见》（国办发〔2017〕29号），推动冷链物流行业健康规范发展，加快构建“全链条、网络化、严标准、可追溯、新模式、高效率”的现代冷链物流体系，保障生鲜农产品和食品消费安全，促进农民增收和居民消费升级，经省政府同意，现结合我省实际，提出如下实施意见。

一、建立健全冷链物流标准和服务规范体系

根据国家冷链物流各类标准，统筹做好我省冷链物流地方标准制修订工作。落实鲜肉、水产品、乳及乳制品、冷冻食品等温度控制标准和冷藏温度带标准。及时向社会公开相关标准，采取多种形式做好有关标准的宣贯和实施工作，为企业和公众提供高质量的冷链物流标准化信息服务。（省质量技术监督局牵头，省卫生计生委、省商务厅、省发改委、省农业厅、省食品药品监管局、省邮政管理局、省邮政公司等配合）

引导物流行业协会成立冷链物流标准化技术专业委员会，研究制定有利于市场开拓创新的团体标准，供市场自愿选用、优胜劣汰。将部分有推广价值的标准上升为省级标准，并推荐上升为国家标准、行业标准。鼓励大型商贸流通、农产品加工等企业或产业技术联盟制定高于国家和行业标准的企业产品和服务标准，并向社会公示公开。（省质量技术监督局、省商务厅牵头，省卫生计生委、省发改委、省邮政管理局、省邮政公司等配合）

严格落实国家对冷藏运输车辆的温度监测性能评测和检验规定。针对冷链物流重要管理环节研究建立冷链物流服务管理规范。执行国家冷链物流全程温度记录制度，相关记录保存时间要超过产品保质期六个月以上。支持冷链物流企业参与物流标准化试点示范。组织开展星级冷链物流企业评估。（省交通运输厅、省质量技术监督局、省卫生计生委、省食品药品监管局按职责牵头，省发改委、省工信委、省商务厅和相关行业协会等配合）

二、加强冷链物流基础设施网络建设

依据各地农业生产和交通物流发展布局，结合我省特色优势农产品冷链需求，科学规划建设一批冷链物流园区、基地和中心，逐步建立覆盖全省主要农产品产地和消费地的冷链物流基础设施网络。在南昌、九江、赣州等重要物流节点城市和具备一定冷链物流需求的城市，改造升级或规划新建一批冷链物流园区。鼓励综合性物流园区加大冷链物流基础设施投入。（省发改委牵头，省交通运输厅、省商务厅、省农业厅、省供销社等配合）

鼓励各地根据农业生产实际，在以生猪、牛羊、家禽、果蔬等特色农产品为重点的产地建设预冷、保鲜、初加工基础设施给予一定资金补助，加快补齐农产品产地“最先一公里”短板，提升农产品产地初加工全链条水平，实现产品生产、加工、流通和消费有效对接。（省农业厅牵头，省财政厅、省商务厅、省供销社等配合）

加强面向城市消费的低温加工处理中心和冷链配送设施建设。鼓励邮政企业建设低温加工处理中心和冷链配送末端设施，引导连锁经营企业建设完善停靠接卸冷链设施。将城市“最后一百米”低温配送纳入省级城市配送试点工作内容。鼓励商场超市等零售终端网点配备冷链设备，推广使用冷藏箱等便利化、标准化冷链运输单元。（省商务厅、省邮政管理局、省食品药品监管局按职责牵头，省发改委、省供销社等配合）

三、鼓励冷链物流企业经营创新

大力推广先进的冷链物流理念与技术，加快培育一批以专业化、品牌化、社会化等先进理念为导向，以互联网、物联网、大数据等现代技术为支撑，连接重要产销地的跨区域冷链物流龙头企业。鼓励有条件的冷链物流企业与农产品、大型食品生产、加工、流通企业加强基础设施、生产能力、设计研发等方面的资源共享，整合延伸冷链物流产业链条。（省交通运输厅牵头，省商务厅、省农业厅、省发改委等配合）

推动互联网与冷链物流行业融合发展，发展“互联网＋”冷链物流，培育新型冷链物流管理模式和商业模式。鼓励城市连锁经营企业、大型批发企业和冷链物流企业利用自有设施提供社会化的冷链物流服务。开展“冷链共同配送”“生鲜电商＋冷链宅配”“中央厨房＋食材冷链配送”“生鲜生产基地＋冷链物流”等经营模式创新，优化冷链流通组织，推动冷链物流服务向价值链高端延伸。（省商务厅牵头，省财政厅、省邮政管理局、省发改委等配合）

鼓励铁路物流企业参与长距离、大规模冷链运输，在骨干铁路物流园区引入冷链物流企业建设冷库等设施，推动铁路与公路冷链物流互补协同发展。根据市场需要适时开行鲜活农产品冷链运输班列。研究在昌北国际机场开通冷链运输航线。发展冷链物流多式联运。（南昌铁路局、省商务厅按职责牵头，省发改委、南昌海关、江西出入境检验检疫局、民航江西监管局、省机场集团公司等配合）

四、提升冷链物流信息化水平

鼓励冷链物流企业加强卫星定位、物联网、移动互联等先进信息技术应用，按照规范化、标准化、信息化要求配备车辆定位跟踪以及全程温度自动监测、记录和控制系统。将冷链物流企业推进冷藏车标准化、建设冷库信息系统、实施冷链运输全过程温度监控等内容纳入物流标准化试点和省级城市配送试点工作范围。（省商务厅、省工信委、省交通运输厅按职责牵头，省农业厅、省质量技术监督局、省食品药品监管局、省财政厅、省邮政管理局、省供销社等配合）

支持物流公共信息平台建立冷链物流子平台或冷链物流独立模块，推动建立冷链物流大数据库，并逐步与全国农产品冷链流通监控平台、国家交通运输物流公共信息平台、城市配送公共信息平台对接。培育专业冷链物流平台企业，整合产品、冷库、冷藏保温车辆等资源，实现市场需求与冷链资源高效匹配，提高冷链资源综合利用率。（省发改委牵头，省商务厅、省交通运输厅、省质量技术监督局、省邮政管理局、省工商局、省供销社等配合）

鼓励企业按照冷链物流全程温控和高时效性要求，运用“互联网+”冷链物流模式，在原有仓储管理、运输管理、订单管理等信息化管理系统基础上进行冷链模块信息化改造，建立冷链物流数据信息收集、处理和发布系统，对冷链物流仓储、装卸、运输、配送实行全程信息化、可视化管理。（省商务厅牵头，省发改委、省交通运输厅、省工信委、省邮政管理局等配合）

五、加快冷链物流技术装备创新和应用

将冷链物流相关基础性研究纳入省科技厅基础研究技术指南，鼓励我省科研机构加强生鲜农产品、易腐食品物流品质劣变和腐损的生物学原理及其与物流环境之间耦合效应等相关基础性研究，夯实冷链物流发展的科技基础。（省科技厅牵头）

将冷链物流相关工艺研究和技术开发等纳入省科技厅年度科技计划指南，加强对延缓产品品质劣变和减少腐损的核心技术工艺、绿色防腐技术与产品、新型保鲜减震包装材料、移动式等新型分级预冷装置、多温区陈列销售设备、大容量冷却冷冻机械、节能环保多温层冷链运输工具等的自主研发。鼓励企业向国际低能耗标准看齐，利用绿色、环境友好的自然工质，使用安全环保节能的制冷剂和制冷工艺，发展新型蓄冷材料，采用先进的节能和蓄能设备。（省科技厅牵头，省工信委等配合）

引导冷链物流企业参与采购和租赁 1.2 米 ×1.0 米标准托盘和 600 毫米 ×400 毫米包装模数的周转箱（筐）单元化物流器具，以及冷库专用叉车、货架、货笼等装卸设备。鼓励冷链物流企业采购或租赁符合 GB 1589—2016 标准的冷藏车辆和标准化冷藏集装箱车辆。（省质量技术监督局、省商务厅牵头，省发改委等配合）

六、加大行业监管力度

依据相关法律法规、强制性标准和操作规范，健全冷链物流监管体系。依法依规将冷链运输贮藏纳入食品生产流通企业现场核查重要内容，在生产和贮藏环节重点核查保质期、温度控制等内容，在销售终端重点核查冷藏、冷冻设施和贮藏温度控制等内容。加强对冷链各环节温控记录和产品品质的监督和不定期抽查。探索工商和市场监管部门省级统一抽查、跨区域检查试点，推动跨部门“双随机”联合检查，实现对企业“一次抽查、联合检查”。（省工商局、省食品药品监管局、省农业厅按职责分工负责）

严格落实国家冷藏运输车辆标配要求，强化冷链物流车辆技术监管。依法依规在年度审验等环节严把审核关口，防止不符合标准的冷链车辆进入我省冷链营运市场。（省工信委、省交通运输厅按职责分工负责）

依托省级物流公共信息平台、城市配送公共信息平台等，建立冷链物流企业服务评价体系。在“信用江西”平台上建立冷链物流企业信用记录，逐步将全程温控情况等技术性指标纳入信用评价体系，并与“信用中国”网站和国家企业信用信息公示系统对接，依法向社会及时公开。运用红盾数据分析系统加强对注册、处罚、企业信息公示、消费维权等数据分析，探索对严重违法失信企业开展联合惩戒。（省发改委、省工商局、省交通运输厅按职责分工负责）

七、创新管理体制机制

按照简政放权、放管结合、优化服务的要求，在确保行业有序发展、市场规范运行的基础上，进一步简化冷链物流企业设立和开展业务的行政审批事项办理程序，积极推进“多证合一、一照一码”登记制度改革。推动在更大范围、更深层次实现部门间企业基础信息和相关信用信息共享，实现相同信息“一次采集、一档管理、部门共享”，探索推进电子营业执照在冷链物流领域的创新应用，并逐步扩大应用范围。（省工商局负责）

推进国际贸易“单一窗口”建设和口岸“一站式”作业，实现冷链货物通关环节在口岸各部门之间的“信息互换、监管互认、执法互助”，为冷链物流企业提供 7 × 24 小时通关服务，有效提升冷链货物通关效率。在全面实施检验检疫全国一体化的基础上，争取国家质检总局支持，加强与沿海沿边口岸检验检疫机构的合作，实现我省冷链货物“进口直通、出口直放”。加强冷链货物信息化系统开发建设，优化工作流程，简化工作程序，提高通关效率。（江西出入境检验检疫局、南昌海关牵头，省商务厅、省发改委等配合）

统筹布局进口生鲜及冷冻商品口岸，建设生鲜商品储存冷库和相应查验场所，并按规定向国家质检总局备案。积极承接冷链货物进出口，建设“一带一路”沿线冷链货物储存、集散和分拨中心。推动在口岸检验检疫区域内建设冷链货物检验检疫实验室，保障我省冷链货物检验检疫安全。（省发改委、省商务厅、江西出入境检验检疫局、南昌海关按职责分工负责）

八、完善政策支持体系

依托省级发展升级引导基金，鼓励和引导社会资本投资冷链物流领域。加大“财园信贷通”等政策性信贷产品对冷链物流企业的支持力度。以国家开展跨区域农产品流通基础设施建设试点为契机，发挥财政资金引导作用，带动社会资本扩大冷链物流行业投资。（省财政厅、省商务厅按职责分工负责）

引导银行业金融机构进一步加大对冷链物流企业的信贷支持，创新金融产品和服务方式。充分发挥政府性融资担保机构增信作用，加大对冷链物流企业融资担保力度。鼓励符合条件的冷链物流企业在境内外上市、“新三板”挂牌和江西联合股权交易中心挂牌，通过资本市场发展壮大。鼓励符合条件的冷链物流企业通过发行公司债、私募债、中期票据、短期融资券等债务融资工具拓宽融资渠道。（省政府金融办牵头，人行南昌中心支行、江西银监局、江西证监局、省财政厅、省发改委、省商务厅等配合）

积极引导各地在土地利用总体规划调整完善时，将冷链物流项目用地纳入当地土地利用总体规划。对冷链物流项目合理用地需求，按具体项目条件列入省重点项目建设计划，优先安排省预留新增建设用地计划；未列入省重点项目建设计划的，在省下达的年度新增建设用地计划中解决，确有不够的，视项目建设进度予以保障。（省国土资源厅牵头，省发改委等配合）

继续执行鲜活农产品“绿色通道”政策。对从事冷藏保鲜产品物流配送车辆的查验、登记工作提供便利，缩短等待时间，畅通流转渠道，并落实全省异地检验、远程核发检验合格标志等措施，方便车辆就近检验。综合考虑城市配送需求、城市道路交通状况等因素，科学确定并及时向社会发布冷链配送车辆通行的区域和时段。加强对大型冷链物流中心、分拨中心等配送基础设施周边道路的交通管理，科学规划和设置车辆通行的标志标线，优化城市配送运输通道网络。（省交通运输厅、省公安厅按职责分工负责）

对技术先进、管理规范、运行高效的冷链物流园区优先列入省级示范物流园区，并向国家推荐申报国家级示范物流园区、全国优秀物流园区，发挥示范引领作用。冷链物流企业用水、用电、用气价格执行与工业同价政策。（省发改委牵头，省国土资源厅、省住房城乡建设厅配合）

大力宣传推广现代冷链物流理念。加强冷链物流行业调研和政策协调，举办冷链物流行业发展研讨会和论坛沙龙。结合食品安全法宣传周活动，加强冷链物流宣传，提高公众对全程冷链生鲜农产品质量的认知度。支持高等学校设置冷链物流相关专业和课程，在物流管理专业基础上开设冷链物流相关课程，发展职业教育和继续教育，

形成多层次的教育、培训体系。（省商务厅、省发改委、省教育厅按职责牵头，省卫生计生委、省食品药品监管局等配合）

九、加强组织实施

各地、各有关部门要充分认识冷链物流对保障食品质量安全、促进农民增收、推动相关产业发展、促进居民消费升级的重要作用，细化分解任务，加强对冷链物流行业的指导、管理和服务，把推动冷链物流行业发展作为稳增长、促消费、惠民生的一项重要工作抓紧抓好。省发改委要会同有关部门依托全省现代物流工作联席会议制度，及时研究解决冷链物流发展中的突出矛盾和重大问题，加强业务指导和督促检查，确保各项政策措施的贯彻落实。

关于加强和改进城市配送车辆通行管理的指导意见

各设区市公安局交警支队，省直管县（市）公安局交警大队：

为深入贯彻落实全省现代物流工作联席会2017年第一次会议、《江西省落实〈国务院办公厅关于加快发展冷链物流保障食品安全促进消费升级的意见〉细化措施表》以及省交通运输厅、省公安厅、省商务厅三家联合《关于加强城市配送与车辆通行管理工作的通知》（赣交运输字〔2016〕20）精神，规范城市配送运输经营活动，缓解城市交通拥堵，改善城市配送车辆通行环境，逐步解决城市配送车辆“通行难、停靠难、装卸难”等问题，促进物流业健康发展，现就加强和改进城市配送工作提出如下指导意见。

一、充分认识加强城市配送车辆通行管理的重要意义

城市配送是保障和改善民生的重要领域，是城市经济社会正常运行的基础支撑。近年来，随着我省城市化进程的加快，以及新兴商业模式的普及，社会各界对提高城市配送效率的诉求愈加强烈，城市配送车辆“进城难、停靠难、装卸难”等现象依然突出，“三难”问题中的“通行难”与“停车难”都同公安交管工作密切相关。因此，各级公安交管部门要充分认识改善城市配送车辆运行环境的重要性与迫切性，针对城市配送车辆“三难”问题，立足自身职能，全力配合交通运输等相关部门抓紧制定对策措施，为加快构建服务规范、方便快捷、畅通高效、保障有力的城市配送体系创造良好的发展环境。

二、提升城市配送车辆源头管理水平

各地要全面推进车驾管改革，全面贯彻实施公安部便民服务措施，进一步优化工作流程，简化业务环节。要对从事生活必需品、药品、鲜活农产品和冷藏保鲜产品物流配送车辆的查验、登记工作提供便利，缩短等待时间，畅通流转渠道，并落实全省异地检验，远程核发检验合格标志，方便车辆就近检验，支持物流配送运输产业发展。

三、优化城市配送车辆运输网络

各地要进一步加强我省城市智能交通系统科学化、规范化建设，充分利用现有路网资源，科学组织交通流，提高道路通行能力。要综合考虑城市配送需求、城市道路

交通状况等因素，科学确定并及时向社会发布城市配送车辆通行的区域和时段。要加强对大型物流中心、公用型城市配送中心和分拨中心等配送基础设施周边道路的交通管理，科学规划和设置车辆通行的标志标线，严格依法查处机动车闯红灯、不按规定车道行驶等严重扰乱通行秩序的交通安全违法行为，优化城市配送运输通道网络。要完善城市道路轻微交通事故快处快赔工作机制，扩大适用范围，增加一站式服务网点建设，进一步减少因交通事故引发的交通拥堵。

四、完善城市配送车辆停靠措施

各地要会同交通运输部门、商务主管部门和其他负责停车管理的部门开展道路交通资源调查，盘活街巷、小区内部道路及停车资源，科学规划城市配送车辆专用临时停车位或者设置临时停车港湾，完善停车位标志标线，制定相应的停车管理办法，防止停车设施挪用、占用；对确需在中心城区或繁华路段停靠的车辆，要在保障道路交通安全畅通的情况下，研究明确城市配送车辆分时和分类停车措施，尽量为配送车辆提供停靠便利。

五、保障物流车辆便利通行

对从事生活必需品、药品、鲜活农产品和冷藏保鲜产品的配送车辆，以及使用节能与新能源的配送车辆，优先给予通行便利。对实现集约化、规模化经营，经道路运输管理机构许可，车辆标志标识统一且符合城市配送汽车选型技术要求，并建立了企业信息化管理系统的城市配送运输企业，包括城市货运汽车出租企业，优先考虑其车辆通行便利，保障城市配送的高效运行。对运送运输鲜活农产品等群众生活必需品的物流业运输车辆继续执行“三不”政策，即不当场罚款、不扣车、不卸载，切实保障鲜活农产品配送车辆的优先通行和便利停靠。

江西省公安厅交管局

2017 年 6 月 30 日

※ 数据统计报告

2017 年全国物流运行情况分析

2017 年全国物流运行总体向好。运行数据显示，物流发展质量和效益稳步提升，社会物流总费用与 GDP 的比率持续下降。社会物流总额增长稳中有升，需求结构优化。物流运行环境进一步改善，供给侧结构性改革成效显现，产业向高质量发展阶段迈进。

（一）物流运行质量提升，“降成本”取得成效

物流领域“降成本”取得实效。随着供给侧结构性改革的深入推进，为进一步推进物流降本增效，国务院连续两年出台推进物流业降本增效的文件，物流领域“降成本”取得成效。2017 年社会物流总费用与 GDP 的比率为 14.6%，比上年下降 0.3 个百分点。即每万元 GDP 所消耗的社会物流总费用为 1460 元，比上年下降 2.0%，社会物流总费用占 GDP 的比率进入连续回落阶段（见图 5 – 2 – 1）。

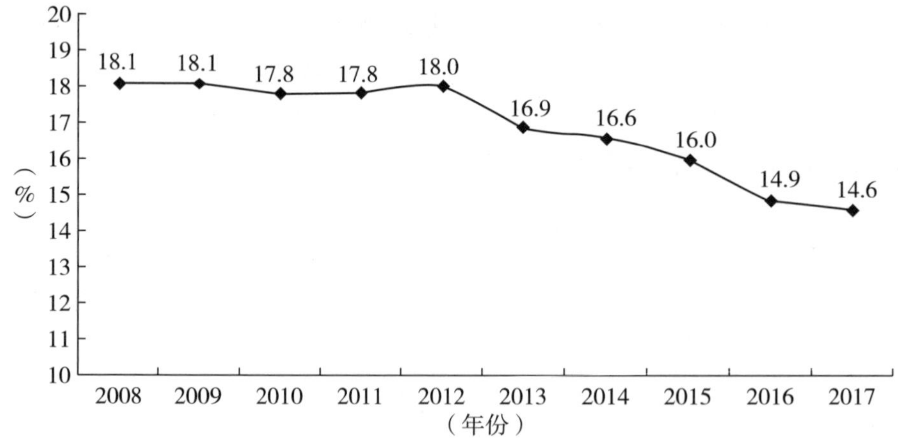

图 5 – 2 – 1　2008—2017 年社会物流总费用与 GDP 的比率

从构成看，物流降本增效、货畅其流取得初步成效，物流各环节的协同性不断增强。2017 年，在社会物流总费用中，运输费用 6.6 万亿元，占 54.7%，同比提高 0.9 个百分点；保管费用 3.9 万亿元，占 32.4%，同比下降 0.8 个百分点；管理费用 1.6 万亿元，占 12.9%，同比下降 0.1 个百分点。从变化情况看，运输环节在社会物流总费用中的比重持续提高，保管环节则连续下降，表明当前物流流转速度提升，库存、

资金占用时间及成本有所下降（见图 5-2-2）。

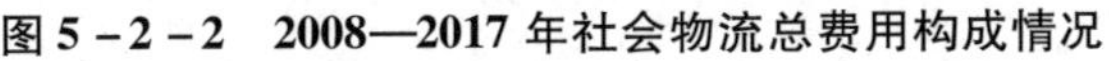

图 5-2-2　2008—2017 年社会物流总费用构成情况

（二）运输物流效率稳中有升

一是运输物流协调性增强。2017 年，各种运输方式互联互通取得进展，运输费用占 GDP 的比率为 7.99%，比上年下降 0.02 个百分点。其中，铁路运输持续高位运行，航空货邮运量增速提高，水运及港口货物和集装箱吞吐量保持平稳增长，多式联运、甩挂运输、江海直达运输等加快发展，主要港口集装箱铁水联运量增长超过 10%，装卸搬运费用占比连续两年小幅回落，比上年下降 0.1 个百分点。2016—2017 年运输费用构成情况见图 5-2-3。

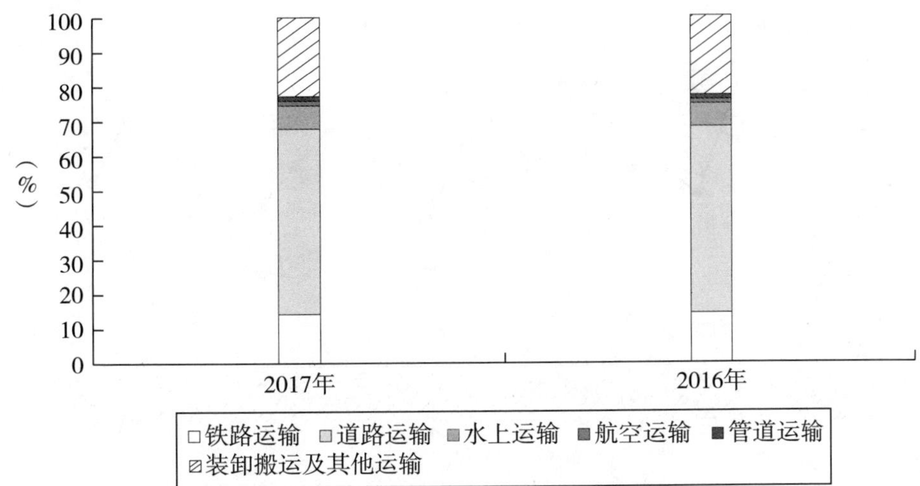

图 5-2-3　2016—2017 年运输费用构成情况

二是运输物流时效持续提升。简政放权、信息化应用、交通运输基础设施建设等多举措带动下，运输环节时效持续提升。特别是电商物流等重点领域持续高效运行，2017 年物流时效指数平均为 121.2 点，比上年提高 6.4 点。（见图 5－2－4）

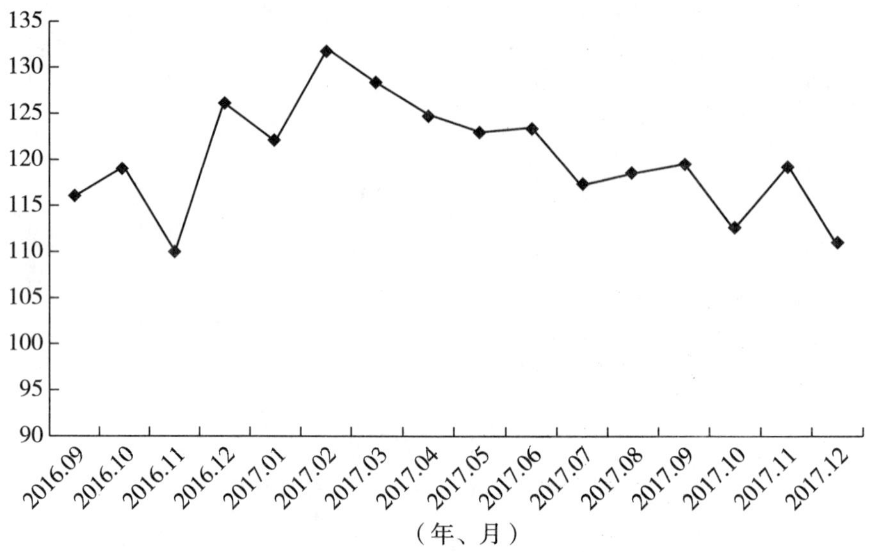

图 5－2－4　2016 年 9 月—2017 年 12 月电商物流时效指数走势

（三）库存周转效率保持较高水平

在去产能的大背景下，社会库存整体保持较低水平，库存周转效率保持高位。2017 年中国仓储指数中的平均库存周转次数指数平均为 52.1 点，全年均处在扩张区间，表明仓储物流企业周转效率持续保持较快增长。（见图 5－2－5）

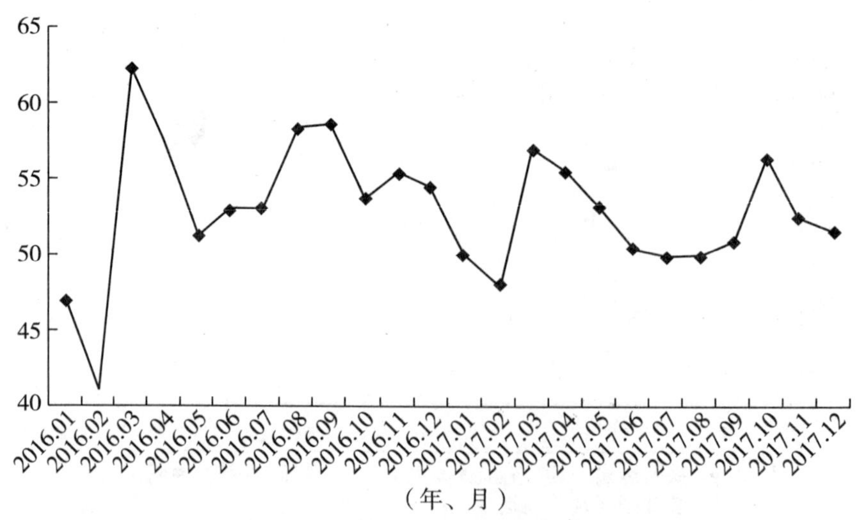

图 5－2－5　2016—2017 年平均库存周转次数指数走势

（四）物流需求稳中向好，结构进一步改善

物流需求稳中向好。2017 年，全国社会物流总额 252.8 万亿元，按可比价格计算，比上年增长 6.7%，增速比上年提高 0.6 个百分点（见图 5－2－6）。

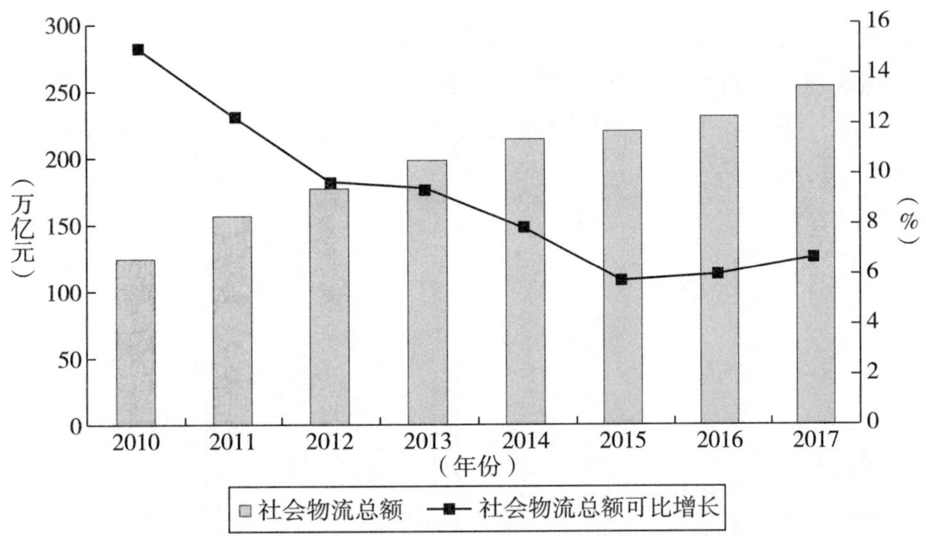

图 5－2－6　2010—2017 年社会物流总额及可比增长

分季度看，2017 年第一季度 56.7 万亿元，增长 7.1%，增速比上年同期提高 1.1 个百分点；上半年 118.9 万亿元，增长 7.1%，增速比上年同期提高 0.9 个百分点；前三季度 184.8 万亿元，增长 6.9%，增速比上年同期提高 0.8 个百分点；全年社会物流总额呈现稳中向好的发展态势（见图 5－2－7）。

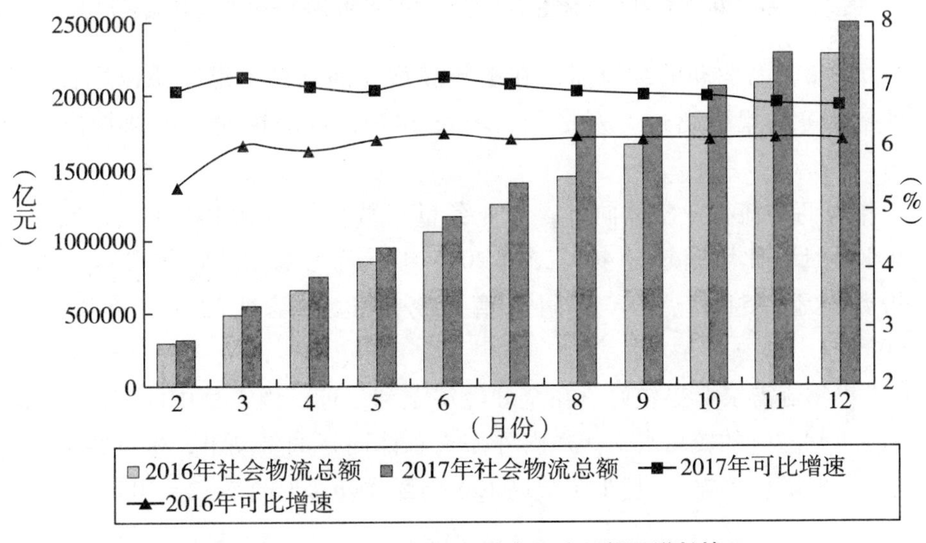

图 5－2－7　2016—2017 年社会物流总额及增长情况

物流需求结构性改革取得重要进展。一是物流需求新旧动能的转换加快。从不同产业来看，新兴产业继续保持强劲增长趋势，传统产业转型升级。从结构看，2017 年 1—12 月高新技术产业 PMI 指数（采购经理指数）均值水平达 53% 以上，消费品行业和装备制造业均值接近 53%，较上年同期均有提升；同时，基础原材料等高耗能行业均值仍在 50% 以下，物流需求低于工业平均水平。

二是消费与民生领域物流需求成为物流需求增长的重要驱动力。从结构看，消费与民生领域高速增长对物流需求的贡献率持续提高。全年单位与居民物品物流总额可比增长 29.9%，高于社会物流总额增长 23.2 个百分点，成为物流需求增长的重要驱动力（见图 5－2－8）。

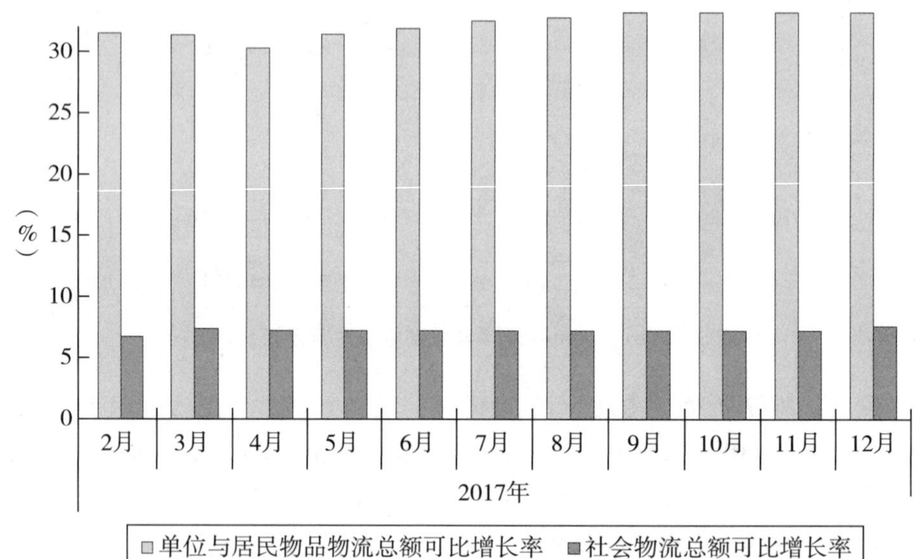

图 5－2－8　2017 年社会物流总额及单位与居民物品物流总额可比增长情况

其中，网络消费驱动的物流需求在上年高增速的基础上继续快速增长，全年实物商品网上零售额规模超过 5 万亿元，增长 28%，带动快递及电商物流需求高速增长。

2017 年电商物流行业整体向好，总业务量指数平均达到 143.4 点，反映出全年电商物流业务量同比增速超过 40%，以 2015 年 1 月为基期的定比来看，2017 年总业务量指数达到 354.1 点，3 年间电商业务量达到基期的 3.5 倍以上（见图 5－2－9）。

三是进口物流需求形势较好。在全球经济温和复苏，内需稳中向好。全球制造业 PMI 均值达到 54.7% 的较高水平。在内外需求总体向好的带动下，进口物流需求保持较快增长，全年增长 8.7%，比上年提高 1.6 个百分点（见图 5－2－10）。

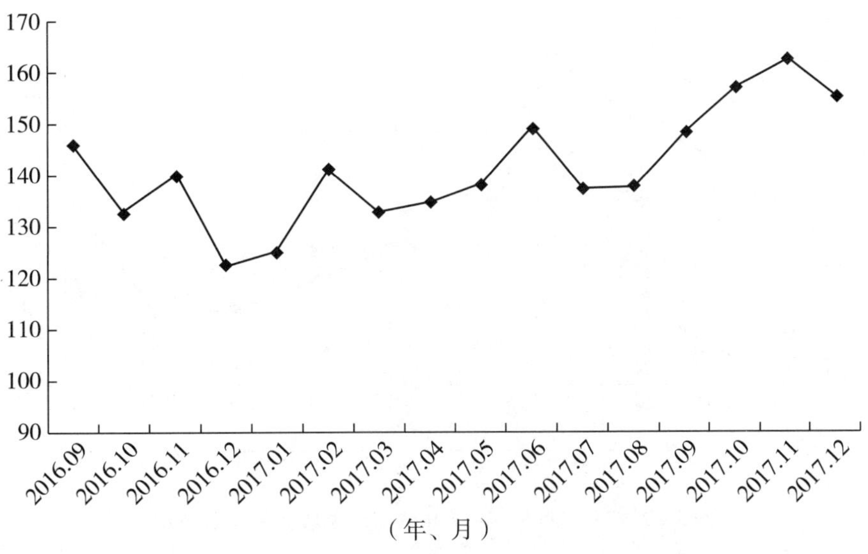

图 5－2－9　2016 年 9 月—2017 年 12 月电商物流总业务量指数

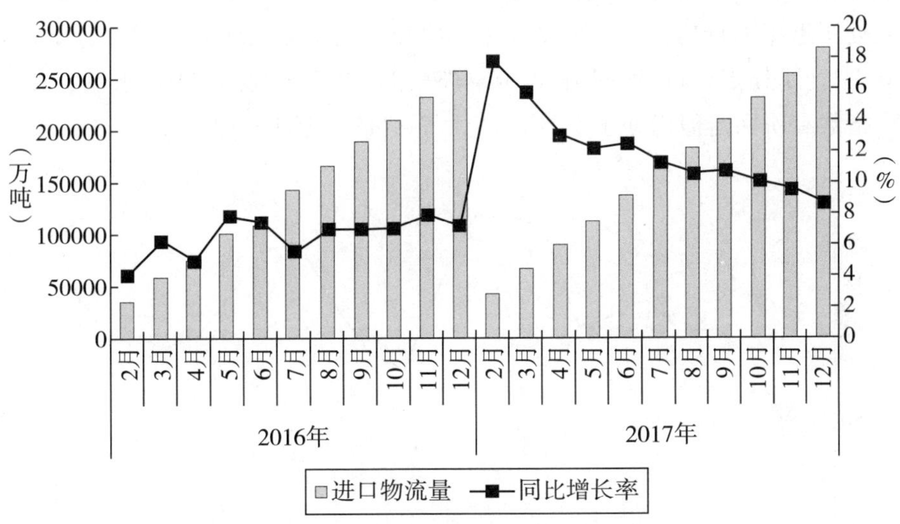

图 5－2－10　2016—2017 年进口物流量及增长情况

（五）物流产业转型升级态势明显

1. 物流专业化提升，市场规模持续扩大

2017 年物流专业化水平持续提升，物流市场规模加速扩张。全年物流业总收入为 8.8 万亿元，比上年增长 11.5%，增速提高 6.9 个百分点。从细分市场来看，与产业升级相关的物流细分行业增势良好，冷链市场规模预计仍将超过 20%，快递服务企业业务收入比上年增长 24.7%，增速均高于物流业平均水平（见图 5－2－11）。

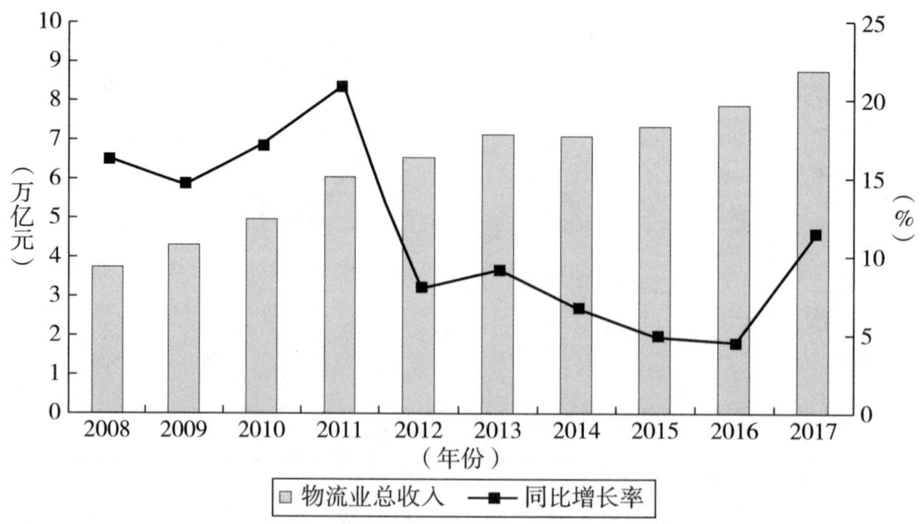

图 5－2－11　2008—2017 年物流业总收入及增长情况

2. **物流业景气状况良好，企业经营状况改善**

物流企业业务需求旺盛，运营效率稳中提升，物流业整体呈现活跃态势，物流业景气状况处于近年来较高水平。2017 年中国物流景气指数平均为 55. 3%，比 2016 年均值高出 0. 1 个百分点，11 月回升至 58. 6%，为 2017 年以来最高水平，12 月份为 56. 6%，指数有所回落但仍处于 55% 的高景气区间（见图 5－2－12）。

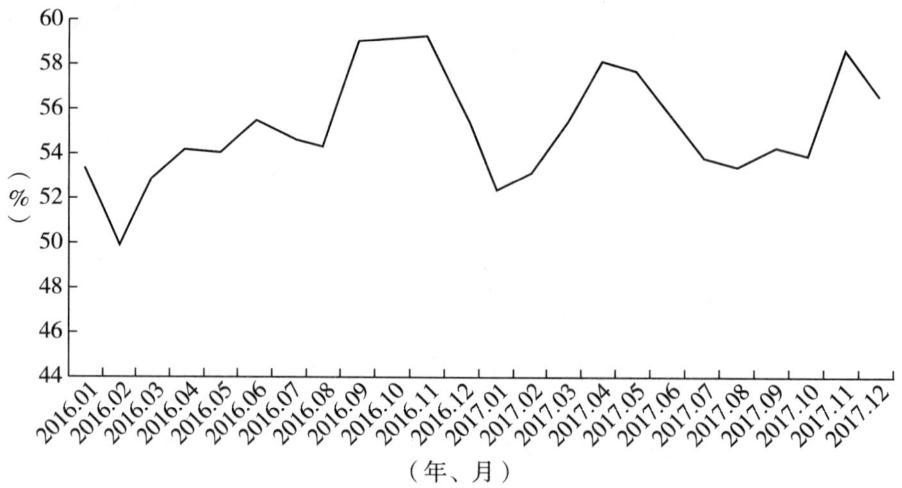

图 5－2－12　2016—2017 年物流业景气指数走势

随着物流市场需求和物流设备利用不断改善，企业效益稳中有升。2017 年物流业景气指数中反映企业效益的主营业务利润指数平均为 51. 6%，同比提高 1. 7 个百分点。其中，中国仓储业务利润指数平均水平为 51. 6%，较 2016 年同期回升 3. 5 个百分点，显示在物流需求的回升的同时，企业效益趋于改善。

（六）物流供需平衡性增强，价格回升

物流市场价格稳中有升。2017 年，一方面，受到经济整体回暖、大宗产品价格回升等因素影响，相关物流需求增势良好；另一方面，在相关政策及企业转型升级等多方因素推动下，公路和水运等领域淘汰过剩运能、更新升级运力的步伐不断加快。综合来看，物流市场供需增长更趋平衡，服务价格水平稳中有升。

1. 公路物流价格总体平稳，较上年略有回升

2017 年，公路物流市场需求增势稳定，运力更新升级不断加快，价格总体小幅回升。中国公路物流价格指数年平均为 106.5 点，比 2016 年均值回升 3%。其中上半年指数延续了 2016 年第三、四季度冲高后的回升走势，下半年则有所趋缓（见图 5－2－13）。

从分车型指数看，其中，以大宗商品及区域间运输为主的整车指数全年平均为 103.4 点，比上年回升 7.7%。零担指数年内总体呈回落走势。其中，零担轻货指数平均为 117.2 点，比上年回升 0.26%；零担重货指数平均为 105.7 点，比上年回落 6.0%。

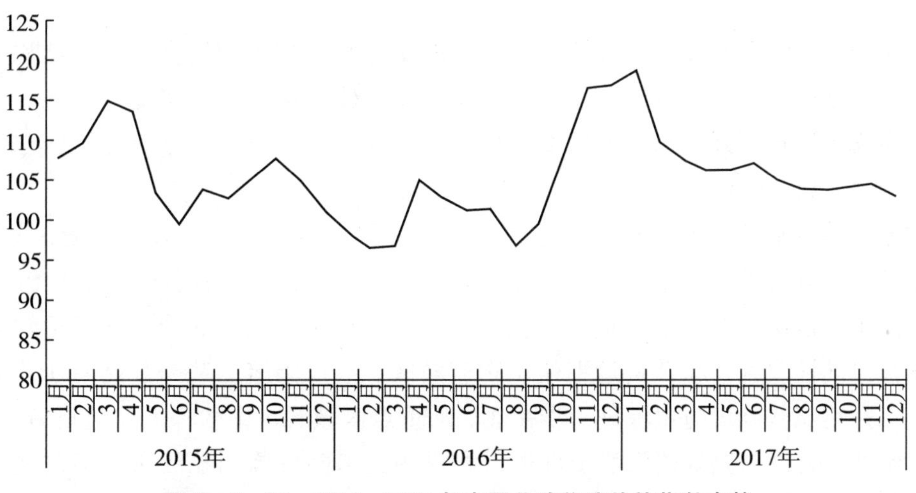

图 5－2－13　2016—2017 年中国公路物流价格指数走势

2. 水运价格连续上涨，显著回升

2017 年，海运运力供给过剩情况有所改善，大宗商品需求的不断上升，市场运行态势良好，价格显著回升。其中，上半年价格震荡波动，进入下半年则显著回升，价格指数连续 5 个月上涨，回升幅度不断扩大，12 月中国沿海散货运价指数升至 1500.83 点，为近 5 年来的最高水平。全年平均为 1148 点，比 2016 年回升 25.1%（见图 5－2－14）。

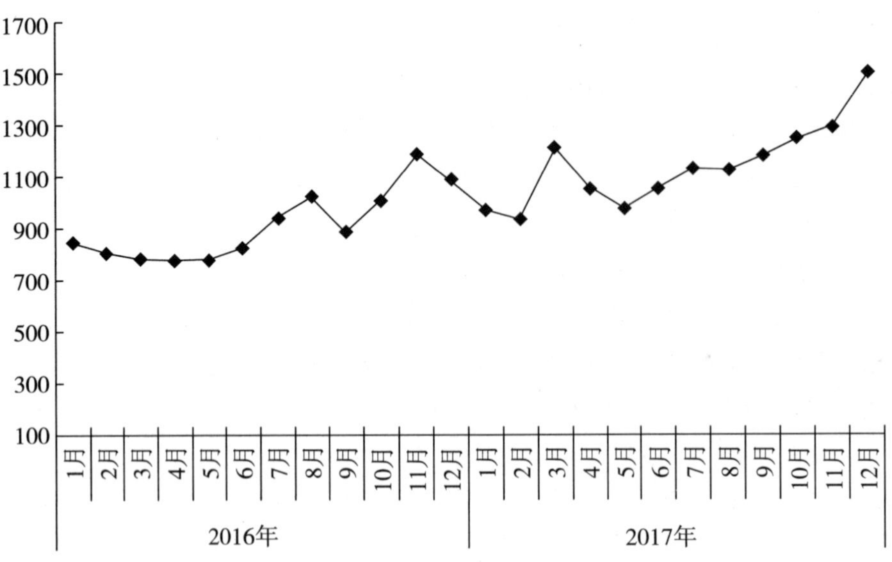

图 5-2-14　2016—2017 年中国沿海散货运价指数走势

（七）物流基础设施完善，短板得到补强

物流相关固定资产投资保持较快增长。2017 年物流相关固定资产投资结构质量不断提升，围绕促转型、补短板等方面有效投资保持较快增长。全年交通运输、仓储和邮政业完成投资 6.1 万亿元，增长 14.8%，增速比上年提高 5.3 个百分点，全年均保持 10 以上的增长速度。

物流基础设施进一步完善。一是物流运输设施网持续优化。2017 年铁路营业里程五年增长 2.7 万公里，公路总里程五年增长约 53.4 万公里，内河航道条件持续改善，通江达海干支衔接的航道网络进一步完善，民航运输机场达 229 个。各种运输方式一体化衔接协同性改善，综合货运枢纽、物流园区、港口集疏运铁路公路系统建设积极推进。二是物流基础设施短板进一步补强。从重点区域看，中西部铁路建设有所加快，郑万、银西、杭温铁路等建设稳步推进；农村物流基础设施明显改善，新改建农村公路 20 万公里。从重点领域看，冷链物流发展迅速，全国冷库总容量预计达到 4775 万吨，折合 11937 万立方米，同比增长 13.7%；全国冷藏车总量预计达到 13.4 万辆，全年增加 1.9 万辆。

（八）物流运行环境进一步改善

1. 物流政策环境持续改善

国务院办公厅发出《关于进一步推进物流降本增效，促进实体经济发展的意见》（国办发〔2017〕73 号），提出 27 条具体政策措施。国办《关于积极推进供应链创新与应用的指导意见》对发展现代供应链做出总体部署。国家发改委等 20 个部门签署对严重违法失信主体联合惩戒备忘录，首批 270 家“黑名单”公布。工业和信息化部开展服务型制造试点，提升工业物流发展水平。国家税务总局、交通运输部连续发文，破解道路运输企业“营改增”后税负增加问题。国家质检总局联合 11 部门出台《关于推动物流服务质量提升工作的指导意见》，扩大高质量物流服务供给等。随着“放管服”改革深入推进，制约行业发展的制度环境逐步好转。

2. 物流资金环境良好

从宏观看，2017 年金融领域去杠杆进一步深化，实体经济融资规模保持平稳增长，物流产业所处的资金环境良好。

物流业景气指数中反映运作效率的资金利用率指数，2017 年平均为 53.6%，比 2016 年提高 2.3 个百分点；1—11 月重点调查物流企业资产负债率 50.8%，比上年下降 1.4 个百分点；资金周转率 280%，比上年提高 0.5 个百分点。综合来看，物流领域资金环境进一步改善，企业资金流动性增强，融资压力有所缓解，偿债能力有所提高，企业经营发展态势良好（见图 5－2－15）。

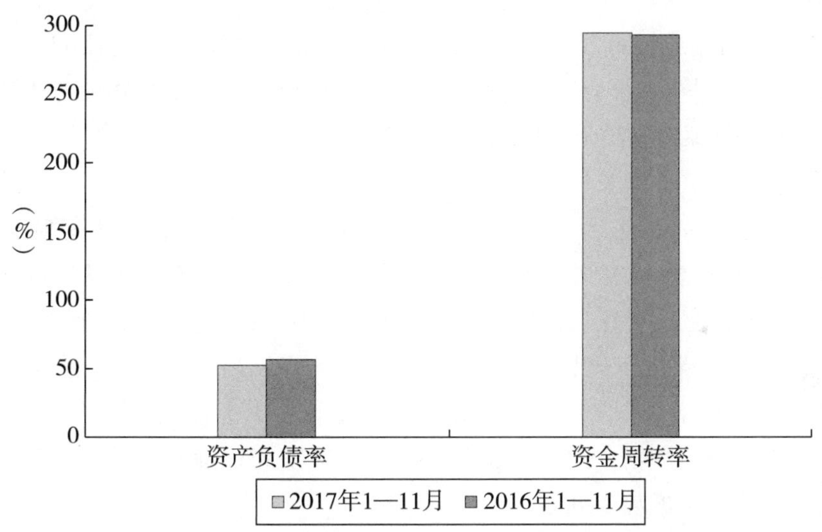

图 5－2－15　2016—2017 年物流企业资产相关指标对比

总的来看，2017 年物流运行延续了稳中有进、稳中向好的发展态势，物流发展的质量和效益稳步提升，政策环境持续改善，为 2018 年继续保持稳中向好奠定较好基础。

2018 年，供给侧结构性改革仍将进一步深化，去产能、去杠杆和降成本效果有望持续显现，优质增量供给将逐步提升。预计 2018 年社会物流运行将继续保持稳中有进，全国社会物流总额增速在 6.5% 左右，社会物流总费用与 GDP 的比率则延续稳步回落的走势。

（中国物流与采购联合会　中国物流信息中心）

2017 年度全省社会物流统计核算情况

（一）物流规模持续扩大

（1）物流总量稳中有升。2017 年，全省社会物流总额 55430 亿元，同比增长 8.4%，比上年提高 0.1 个百分点。其中，工业品物流额 34430 亿元，增长 8.3%，占全省社会物流总额的 62.1%；农产品物流额 2327 亿元，增长 7.1%，占全省社会物流总额的 4.2%；区域外流入货物物流额 14213 亿元，增长 7.6%，同比提高 0.2 个百分点，占全省社会物流总额的 25.6%；贸易批发物流额 4020 亿元，增长 11.4%，同比提高 1.6 个百分点，占全省社会物流总额的 7.3%；单位与居民物品物流额 140 亿元，增长 38.6%；再生资源物流额 300 亿元，增长 9.9%。

（2）货运总量稳步增长。2017 年，全省货运总量 15.5 亿吨，同比增长 12.3%。其中，铁路货运量 0.48 亿吨，同比增长 11.6%；公路货运量 13.8 亿吨，同比增长 12.2%；水运货运量 1.15 亿吨，同比增长 4.5%；航空、管道货运量均逐步增长。货运周转总量 4220.5 亿吨公里，同比增长 8.2%。其中，铁路货运周转量 532 亿吨公里，同比增长 3.6%；公路货运周转量 3433 亿吨公里，同比增长 4.1%；水运货运周转量 252 亿吨公里，同比增长 0.7%。全省港口货运吞吐量 1.5 亿吨，同比增长 7.1%；集装箱吞吐量 46.3 万标准箱，同比增长 19.6%。中欧班列稳健开行，2017 年南昌和赣州开行中欧班列 23 列、返程 2 列。

（3）快递业务快速增长。2017 年，全省邮政业务总量 129.65 亿元，同比增长 29.2%；总函件量 2997 万件，业务收入 2.17 亿元；快递业务总量 43754.46 万件，同比增长 14.2%，快递业务收入 49.2 亿元，同比增长 19.2%。

（二）物流费用稳步下降

2017 年，全省物流业增加值 1401 亿元，同比增长 7.3%，占全省服务业增加值的 15.8%。全省社会物流总费用 3449 亿元，同比增长 10.8%，与 GDP 比率为 16.6%，同比下降 0.3 个百分点。全省社会物流总费用与 GDP 比率实现连续 5 年下降，2017 年比 2012 年下降 2.9 个百分点，5 年年均下降 0.58 个百分点。

全省社会物流总费用中，运输费用 2207 亿元，同比增长 12%，占全省社会物流总费用的64%，其中：铁路运输费用70亿元，同比增长16.6%，道路运输费用1878亿元，同比增长11.5%，水上运输费用12亿元，同比增长9.1%；保管费用889亿元，同比增长7.6%，占全省社会物流总费用的25.8%；管理费用353亿元，同比增长12.8%，占全省社会物流总费用的10.2%。

全省50个物流集群内工业、批发和零售业企业物流费用率为8.5%，同比下降0.2个百分点。其中，工业企业物流费用率为9.2%，比上年下降0.2个百分点；批发和零售业企业物流费用率为7.9%，比上年下降0.2个百分点。

（三）产业转型步伐加快

（1）产业投资平稳增长。2017年，全省物流相关行业固定资产投资1599.8亿元。投资重点为仓储、邮政业，完成投资100.76亿元，同比增长8%；交通运输业完成投资623.02亿元，贸易业完成投资876.03亿元。

（2）物流园区加快建设。鹰潭市现代物流园获批全国第二批示范物流园，成为全省首家国家级示范物流园。鹰潭市现代物流园、井冈山经开区综合物流园、宜春经开区物流中心和上饶新华龙物流园，荣获全国优秀物流园区称号。井冈山经开区综合物流园和宜春经开区物流中心获批第二批省级示范物流园区。这些物流园区在功能集成、设施共享、用地集约、运营模式等方面的示范作用逐步显现，为以点带面推动全省物流园区发展发挥了积极作用。

（3）产业集群快速发展。2017年，全省50个物流产业集群内，物流企业发往外省货运总量为111231.4万吨，同比增长11.3%；外省流入货物总量为78394.5万吨，同比增长10.8%，发往外省与外省流入比例调整为142∶100。全省50个物流产业集群实现主营收入2478.5亿元，同比增长9.4%，平均利润率为8.8%，同比增长0.1%。2017年，物流产业集群内工业、批发和零售业企业销售总额同比增长10.7%。其中，工业企业销售总额增长11.5%，批发和零售业企业销售总额增长5.6%。物流产业集群内工业、批发和零售业企业物流成本比上年提高7个百分点，增幅比上年回落1.8个百分点。

（4）物流企业持续壮大。2017年，全省A级物流企业总数达176家。其中：5A级2家，4A级80家，3A级63家，2A级27家，1A级4家；综合服务型109家，运输型61家，仓储型6家。部分重点物流企业在智慧物流领域持续发力，坚持智慧物流云平台和物流产业园建设双轮驱动发展，为多式联运发展和城市共同配送、专线快运、整车运输等提供全面共享的“互联网+”服务。全省A级物流企业的综合服务能力不断提高，市场竞争力不断增强，龙头带动效应不断显现。

（江西省发改委）

2017 年江西省物流业景气指数试运行概况

（一）开展江西省物流业景气指数调查的背景、目的、意义

1. 背景

（1）江西省人民政府办公厅《江西省“十三五”现代物流业发展规划》（赣府厅发〔2017〕22 号）中提出：加强统计工作。开展物流统计调查和物流行业形势分析预测，及时准确反映全省物流业的发展规模和运行效率，为政府宏观管理和企业经营决策提供参考依据。

（2）在中国物流信息中心指导和支持下，江西省物流与采购联合会经过前期大量调研和规划，于 2016 年制定了《江西省物流产业集群统计工作实施方案》和《江西省物流产业集群统计制度》，并得到江西省商务厅、江西省统计局等部门同意批复，于 2017 年发布了 2016 年、2017 年上半年数据通报，编写了《江西省 50 个物流产业集群发展情况报告》，纳入全省物流业发展报告。物流产业集群统计工作开展为后续物流统计工作奠定基础。

（3）江西省物流与采购联合会从 2017 年 1 月正式开展了江西省物流业景气指数试运行工作，试运行期间选取了 200 家具有代表性的物流企业参与调查，样本企业基本涵盖全省各种规模、行业的物流企业，具有普遍代表性。

2. 目的

（1）通过监测物流企业完成业务、效率、效益、投入、业务预期等情况，客观反映物流行业的整体运行情况、发展趋势。

（2）客观反映全省物流行业整体运行的周期性特征。

（3）反映全省物流行业整体运行与国民经济运行关系。

（4）为行政单位加强和改善物流行业调控提供依据。

（5）为指导企业经营提供依据。

3. 意义

（1）丰富了全省物流指标体系，弥补了全省现行物流统计的不足（与传统物流统计方法比较）。

①传统物流统计是定量调查，难以将运输、装卸搬运、仓储保管与现代的一体化、信息化、网络化、供应链发展特点有机结合，各环节业务活动不能简单叠加。景气指

数作为定性调查，有效化解这一问题。

②时效性。传统物流统计填报和计算时间难以保证，影响数据使用和发布时间；景气指数填报时间为每月 20—28 日，发布时间为次月 3 日（如遇节假日顺延）。

③偏宏观，企业经营指导性差。传统物流统计发布数据较为宏观，企业关注度不高。景气指数采用扩散指数的方法计算并发布，理论数值范围 0～100%，数据直观，企业关注度较高。

（2）增加了观察、预测、分析全省物流行业运行发展趋势的新视角。

（3）为进一步加强物流运行与国民经济的关联性研究奠定了基础。

（4）为指导企业生产经营投资等活动提供依据。

（二）试运行期间运行情况

江西省物流业景气指数体系主要由业务总量、新订单、平均库存量、库存周转次数、资金周转率、设备利用率、物流服务价格、主营业务利润、主营业务成本、固定资产投资完成额、从业人员、业务活动预期 12 个分项指数构成。

江西省物流业景气指数用来反映物流业发展运行的总体情况。该指数从 2017 年 1 月份以来均维持在较好的景气区间内，平均值为 54.4%，反映出全省物流业总体仍处在平稳较快发展周期中（见图 5－2－16）。

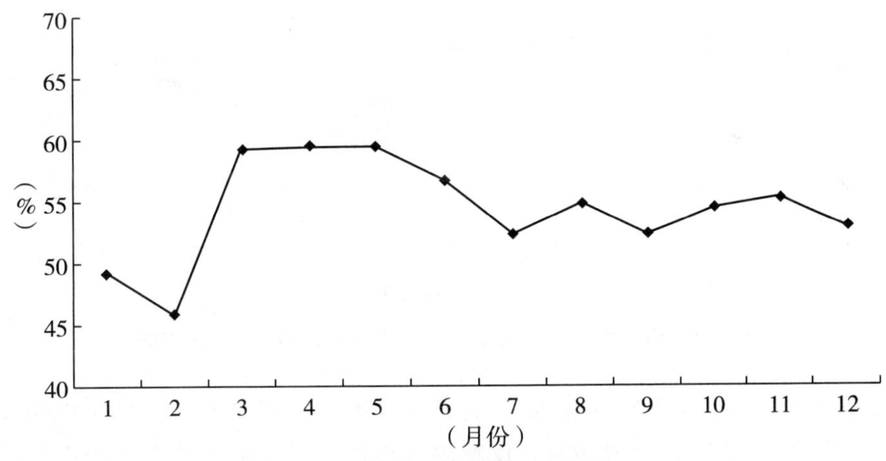

图 5－2－16　2017 年江西省物流业景气指数情况

相比较 2017 年全国物流业景气指数（见图 5－2－17），江西省物流业景气指数波动比全国明显，整体运行趋势与全国物流业景气指数相吻合。

分月来看，江西省 2017 年上半年波动较为明显，下半年走势较为平缓。2017 年 LPI 最低点出现在 2 月，为 45.9%。反映出江西省物流业在春节因素的影响下，LPI 呈现较低发展。2017 年从二季度开始 LPI 发展态势良好，一直处于 50% 以上景气区间，反映出全省物流业总体还是相对活跃的。

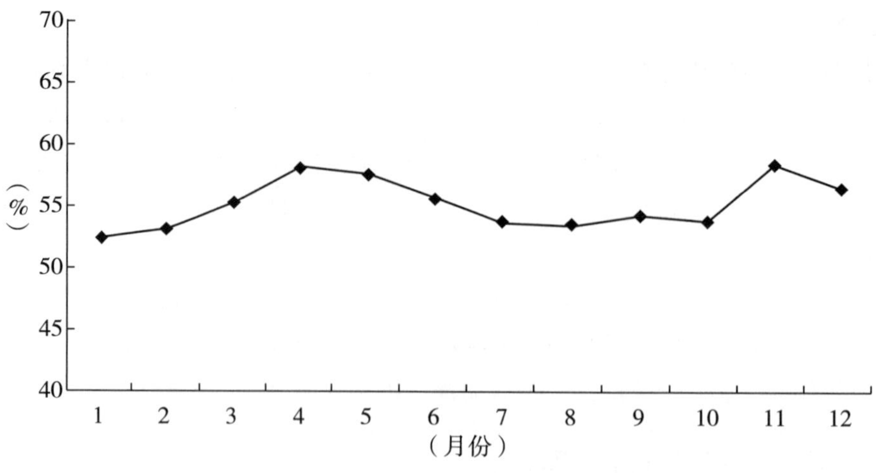

图 5－2－17　2017 年全国物流业景气指数情况

在江西省物流业景气指数体系中，新订单指数是反映物流业需求变化情况的一项重要指数。该指数在 2017 年全年一直保持在 50% 以上，平均值为 55.3%，反映出当前全省物流业需求较为旺盛（见图 5－2－18）。

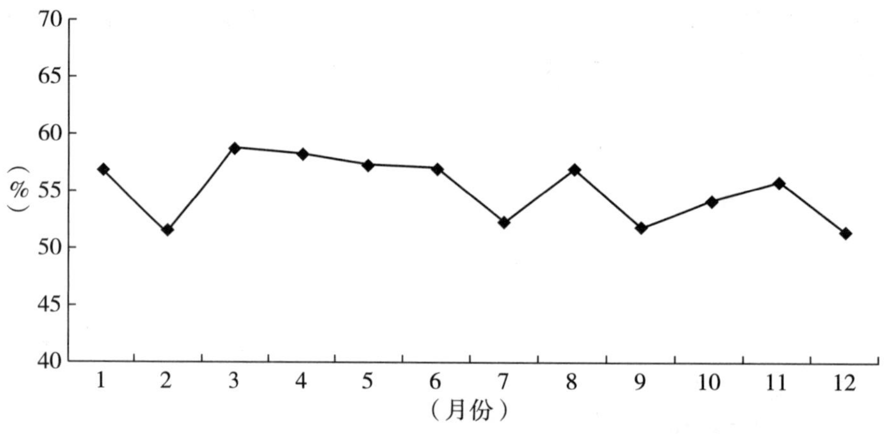

图 5－2－18　2017 年江西省物流业景气指数新订单指数情况

平均库存量指数是反映物流企业储存保管的客户货物数量变化情况的重要指数。该指数在 2017 年，平均值为 51.9%，反映出全省物流环节商品库存规模呈现出稳步扩大的态势（见图 5－2－19）。

整体来看，江西省平均库存量指数在 2017 年上半年波动幅度较大，特别是在 2 月份春节假期期间达到最低点。后续随着市场活跃程度增加，库存相对增加，指数波动变得更平缓，也显示着仓储物流发展比较稳定。

库存周转次数指数是反映物流企业储存保管的客户货物周转次数变化情况的重要指数。该指数在 2017 年，平均值为 54.3%，反映出全省物流环节商品库存周转效率不断提升的态势（见图 5－2－20）。

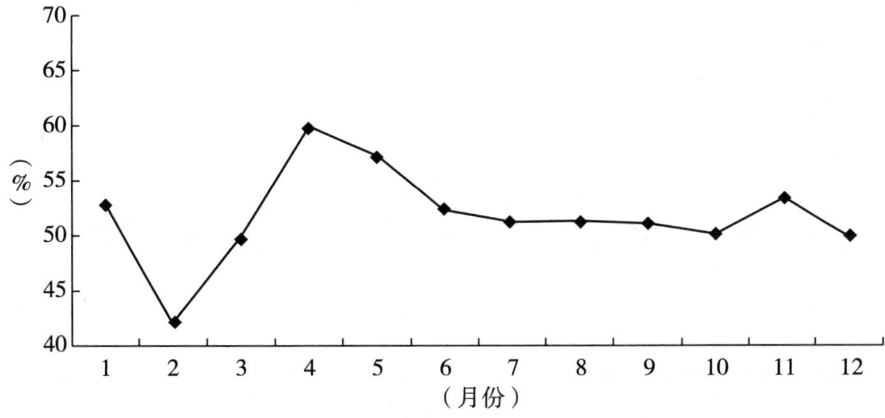

图 5－2－19　2017 年江西省物流业景气指数平均库存量指数情况

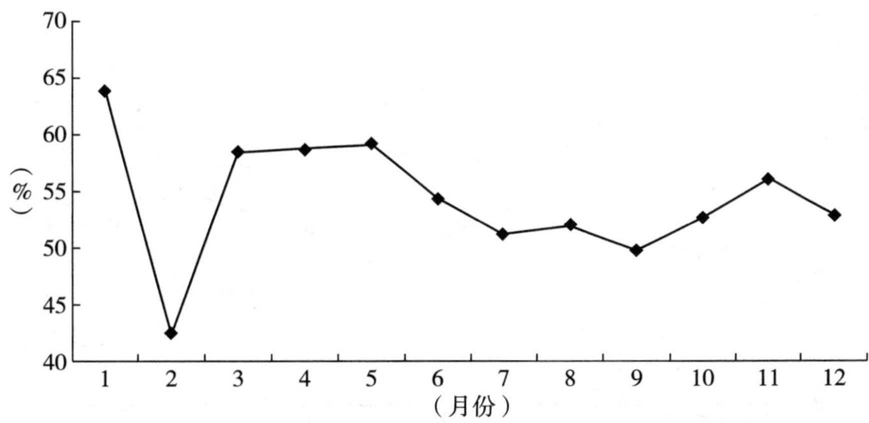

图 5－2－20　2017 年江西省物流业景气指数库存周转次数指数情况

整体来看，江西省库存周转次数指数波动较为明显，在 2 月春节假期期间处在较低的水平。显示出江西省物流市场整体受季节、市场规模等因素影响相对较大。

资金周转率指数是反映物流企业流动资金周转次数变化情况的重要指数。该指数在 2017 年，平均值为 53.6%，反映出全省物流环节资金管理利用水平有所提升，资金周转效率有提高的态势（见图 5－2－21）。

相比较全国，江西省资金周转率指数波动情况大体相同，物流市场资金流通符合整体市场发展规律。资金使用效率受季节、假期影响相对较大，这点跟全国变动规律相对一致（见图 5－2－22）。

设备利用率指数是反映物流企业在经营活动中相关设备、设施利用程度变化情况的重要指数。该指数在 2017 年，平均值为 53.1%，既反映出当前全省物流业业务活动较为活跃，设备利用水平有所上升，也反映出物流业业务管理水平有所提升（见图 5－2－23）。

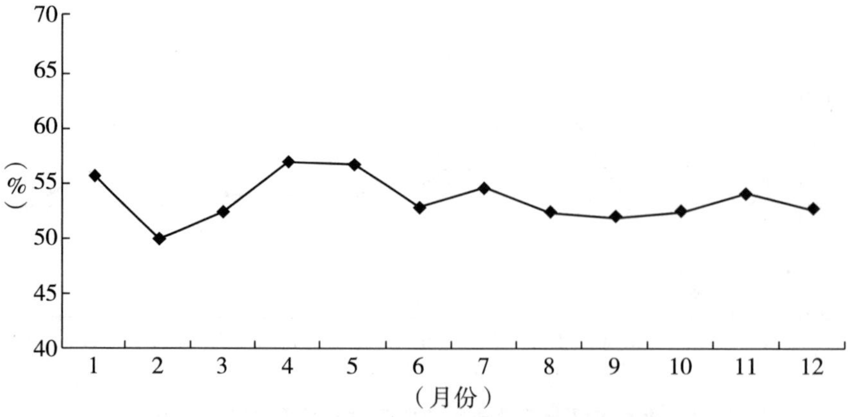

图 5－2－21　2017 年江西省物流业景气指数资金周转率指数情况

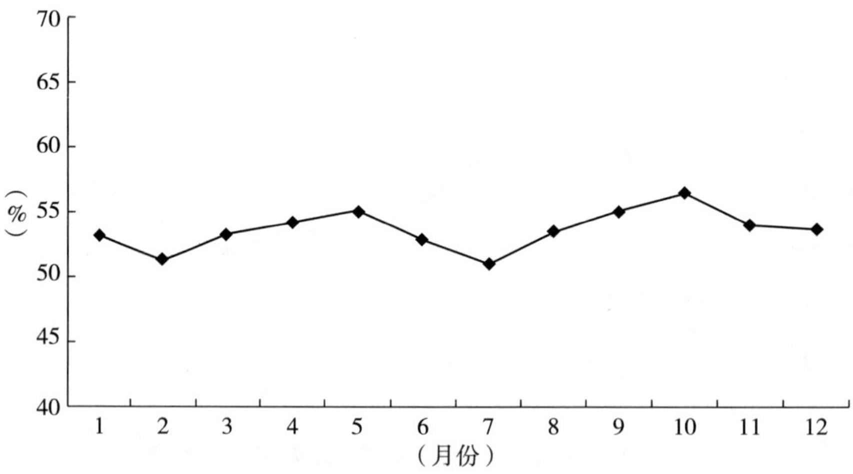

图 5－2－22　2017 年全国物流业景气指数资金周转率指数情况

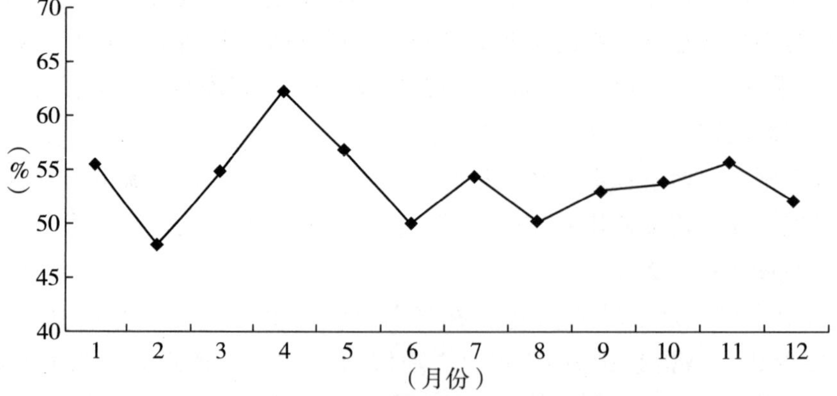

图 5－2－23　2017 年江西省物流业景气指数设备利用率指数情况

江西省设备利用率指数波动情况与全国的情况基本一致（见图5－2－24），波动范围要超过全国指数。一方面，设备保有量偏小，受市场需求影响会比较大；另一方面，市场灵活度受假期、季节等方面等影响比较大。

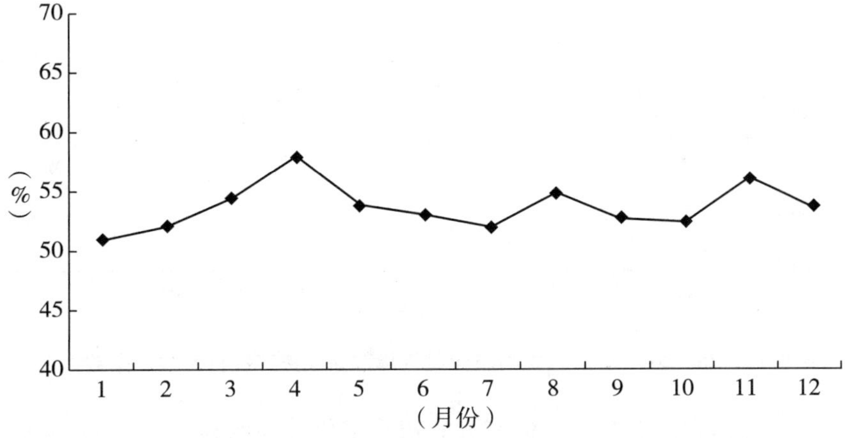

图5－2－24　2017年全国物流业景气指数设备利用率指数情况

物流服务价格指数是反映物流业对外服务收费价格变动的重要指数，该指数自2017年1月份以来，有5个月位于50%以下，平均值为49.5%；主营业务成本指数是反映物流业成本费用变动的重要指数，该指数在2017年，一直保持高位，平均值为56.9%；主营业务利润指数是反映物流业效益变动的主要指数，该指数在2017年，平均值为49.7%，位于50%以下（见图5－2－25）。

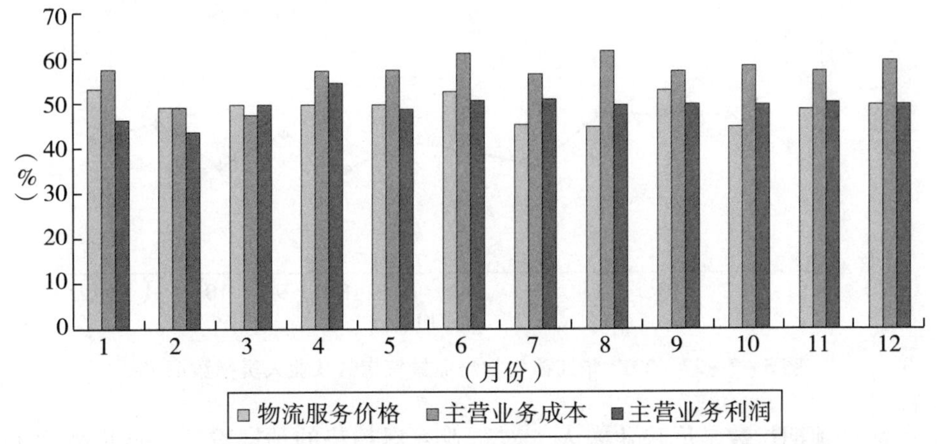

图5－2－25　2017年江西省物流业景气指数价格成本利润指数情况

整体反映出江西省物流服务价格都处在一个较低的水平，而物流企业运营成本居高不下，最终导致企业收益不断下滑，行业总体经营困难。

固定资产投资完成额指数是反映物流企业新增固定资产投入变化情况的重要指数。该指数在2017年，平均值为55.7%，反映出全省物流业作为国民经济的基础行业，仍然保持较为快速的发展状态，物流环境与条件继续呈现改善态势（见图5－2－26）。

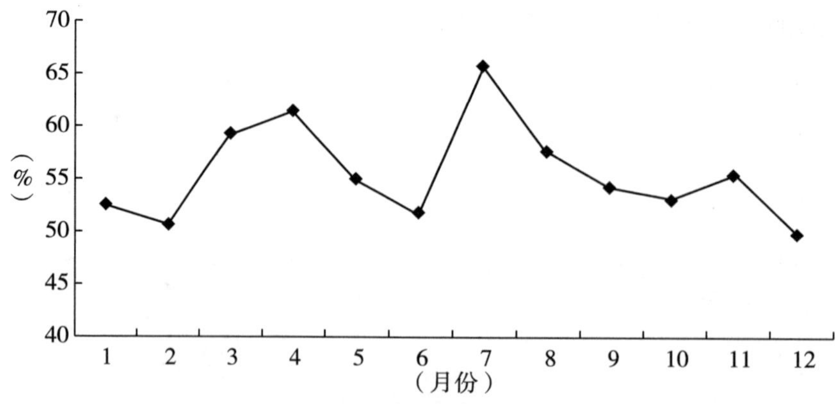

图5－2－26　2017年江西省物流业景气指数固定资产投资完成额指数情况

整体来看，江西省固定资产投资完成额指数变化较为明显，在2017年间一直处于较高的位置，整体反映出江西省物流运行的基础设施条件呈现持续改善态势。

从业人员指数是反映物流企业对从业人员需求增减变化情况的重要指数。该指数在2017年平均值为52.5%，反映出当前全省物流业从业人员保持基本稳定的增长态势（见图5－2－27）。

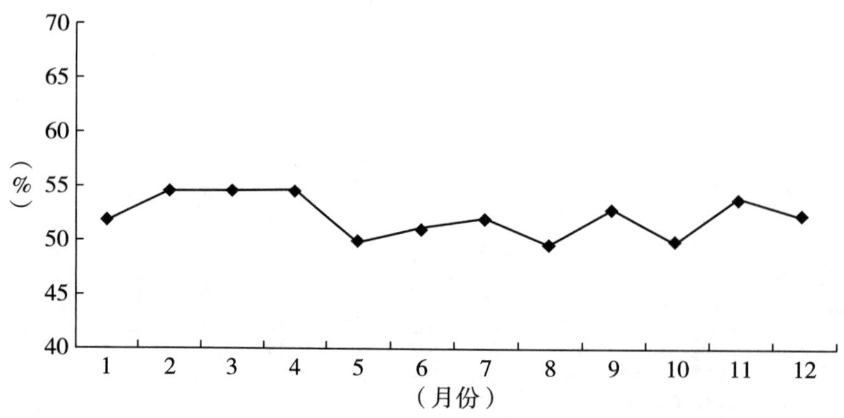

图5－2－27　2017年江西省物流业景气指数从业人员指数情况

业务活动预期指数是反映业内人士对行业发展趋势的预期看法。该指数2017年1月以来，一直保持在50%以上，平均值达到61.8%。这反映出业内人士对未来物流业发展普遍看好（见图5－2－28）。

整体来看，江西省业务活动预期指数整体变化幅度较大，但一直都保持较高的指数水平，整体反应江西省物流市场的预期发展效果看好，加上目前一些物流政策的出台，也能相应推动整个物流市场的长远发展。

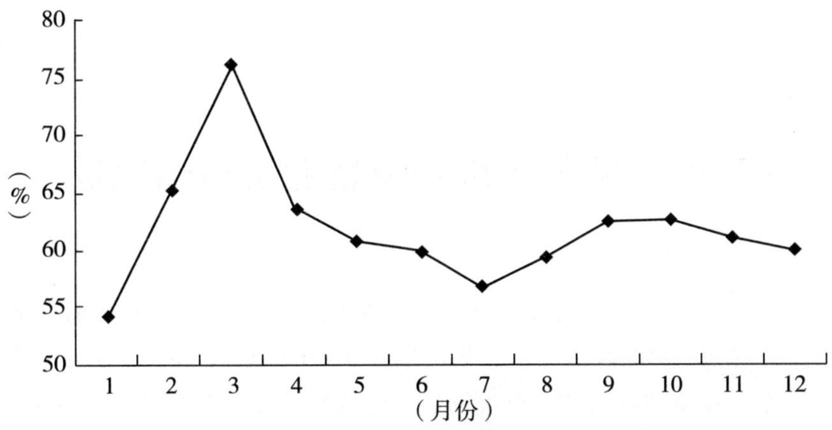

图 5 -2 -28　2017 年江西省物流业景气指数业务活动预期指数情况

总体来看，在 2017 年试运行期间，江西省物流业景气指数主要表现出两大特点：一是主要指数普遍较高。在江西省物流业景气指数体系中，只有主营业务利润指数以及物流业服务价格指数低于 50%，其余各指数均保持在 50% 以上，尤以业务活动预期指数最为突出达到 61.8%，表明江西省的物流企业对未来物流业的发展极其看好。二是从变化趋势来看，主要指数如业务总量指数、新订单指数虽有波动，但基本保持稳中有升态势。从江西省物流业景气指数这些特点来看，当前全省物流业总体处于平稳较快发展周期，本地特色的产业物流呈现快速发展势头。

（江西省物流与采购联合会　胡冲　罗伟）

2017 年江西省 A 级物流企业运行情况报告

自开展 A 级物流企业评估工作以来，中国物流与采购联合会依据评估标准，截至 2017 年年底共开展了 25 批评估工作，共评估了 4400 余家 A 级物流企业，其中江西省共 176 家物流企业获得该项资质。A 级物流企业的知名度不断攀升，A 级物流企业正在成为物流企业的“金字招牌”，成为物流行业优质企业的代表，成为包括政府招商引资和企业招投标在内的市场选择物流供应商的重要取向，成为各级政府扶优扶强的主要对象和政策的受益主体。近年来，江西省各地高度重视 A 级物流企业评估工作，赣州等地为鼓励企业参评 A 级物流企业，引导物流企业沿着规范化、规模化、专业化和社会化的轨道不断创新和发展，加快促进企业经营理念、服务质量、信息技术等方面上等级、上水平，不断提升企业综合竞争力，摆脱物流业“散小弱”格局，学习和借鉴其他先进城市经验，对首次通过国家 2A、3A、4A、5A 级评估的物流企业分别给予奖励。江西省 A 级物流企业评估工作开展得如火如荼。

（一）2017 年江西省 A 级物流企业概况

1. A 级物流企业数量明显增长

近年来，江西省物流行业积极推动 A 级物流企业评估标准宣贯，在全省范围内开展物流企业评估申报培训，企业积极申报 A 级物流企业等相关评估资质。通过评审，企业数量增长趋势明显，2013—2017 年间，以年均高达 79.8% 的速度增长。截至 2017 年年底，江西省 A 级物流企业 176 家（见图 5 - 2 - 29），占全国比例为 3.9%，同比增长 0.3 个百分点。

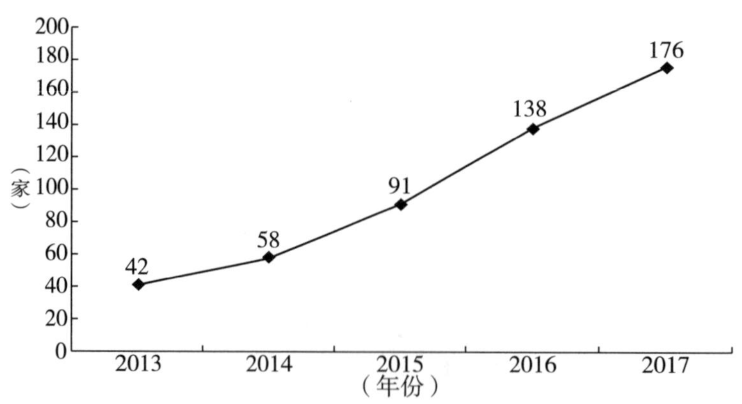

图 5 - 2 - 29　2013—2017 年江西省 A 级物流企业变化趋势

2. 江西省 A 级物流企业以中小型为主

从图 5－2－30 可以看出，2017 年江西省 A 级物流企业主要集中在 3A 级、4A 级，占比 82%。1A 级、2A 级、5A 级物流企业数量相对较少，占比 18%，尤其 5A 级物流企业仅 2 家。江西省 A 级物流企业规模情况呈现出“中间多两头少”的特征。

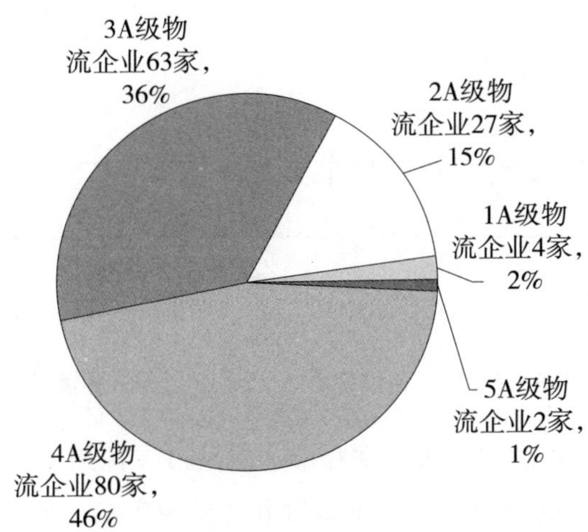

图 5－2－30　江西省 A 级物流企业级别构成及占比

3. 江西省 A 级物流企业数量位列中部第三

截至 2017 年年底，江西省 A 级企业数量在全国处于中等水平，中部六省排名第三，与湖南、湖北两省 A 级物流企业数量仍有较大差距（见表 5－2－1）。

表 5－2－1　　中部六省 A 级物流企业数量对比　　单位：家

序号	地区	5A 级	4A 级	3A 级	2A 级	1A 级	合计
1	湖北	13	176	169	83	2	443
2	湖南	13	86	83	8	—	190
3	江西	2	80	63	27	4	176
4	安徽	2	70	51	22	—	145
5	河南	6	50	50	12	—	118
6	山西	2	27	14	2	—	45

（二）2017 年江西省各设区市 A 级物流企业基本情况

江西省各设区市 A 级物流企业总量相差较大，存在两极分化现象，A 级物流企业数量排名前三的设区市是：赣州市、宜春市、南昌市，分别为 59 家、33 家、23 家，排名前三设区市的 A 级物流企业总量占全省比例为 65.3%（见图 5－2－31）。

从级别来看，各级别 A 级物流企业分布差别较大：5A 级物流企业数量 2 家，均在

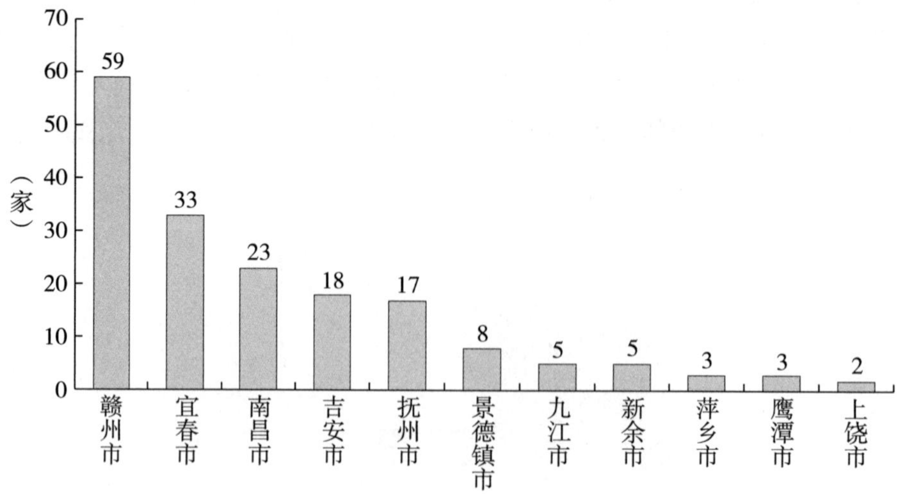

图 5－2－31　各设区市 A 级物流企业总量情况

南昌市；4A 级物流企业数量前三名在宜春市、南昌市、抚州市，分别是 32 家、12 家、9 家；3A 级、2A 级物流企业主要集中在赣州市（见表 5－2－2）。

表 5－2－2　　各设区市 A 级物流企业分布情况　　单位：家

序号	所在设区市	5A 级	4A 级	3A 级	2A 级	1A 级	总计
1	南昌市	2	12	7	2	—	23
2	九江市	—	1	1	3	—	5
3	景德镇市	—	3	5	—	—	8
4	萍乡市	—	3	—	—	—	3
5	新余市	—	4	1	—	—	5
6	鹰潭市	—	2	1	—	—	3
7	赣州市	—	6	29	20	4	59
8	宜春市	—	32	1	—	—	33
9	上饶市	—	2	—	—	—	2
10	吉安市	—	6	10	1	—	17
11	抚州市	—	9	8	1	—	18
总计		2	80	63	27	4	176

（三）2017年江西省A级物流企业经营情况

1. A级物流企业资产规模

截至2017年年底，江西省A级物流企业资产总额246.3亿元，同比增长14.3%；全省A级物流企业负债总计121.9亿元，同比增长6.2%，资产负债率由53.3%下降至49.5%（见图5-2-32）。

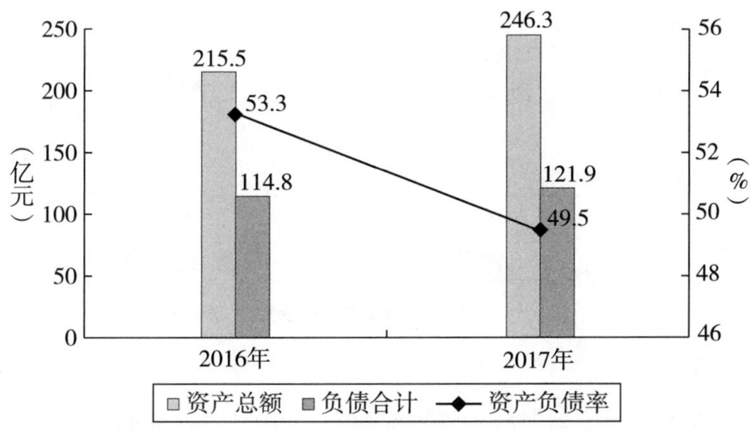

图5-2-32　江西省A级物流企业资产负债情况

2. 物流服务设施设备

（1）自有仓储面积。截至2017年年底，江西省A级物流企业自有仓储面积221.3万平方米，同比增长8.3个百分点；其中仓储型A级物流企业平均自有仓储面积55811平方米，综合服务型A级物流企业平均自有仓储面积13270平方米。

（2）自有车辆。截至2017年年底，江西省A级物流企业自有车辆34600辆，同比增长4.4%；其中1A级、2A级、3A级物流企业平均自有车辆90辆，4A级、5A级物流企业平均自有车辆397辆（见图5-2-33）。

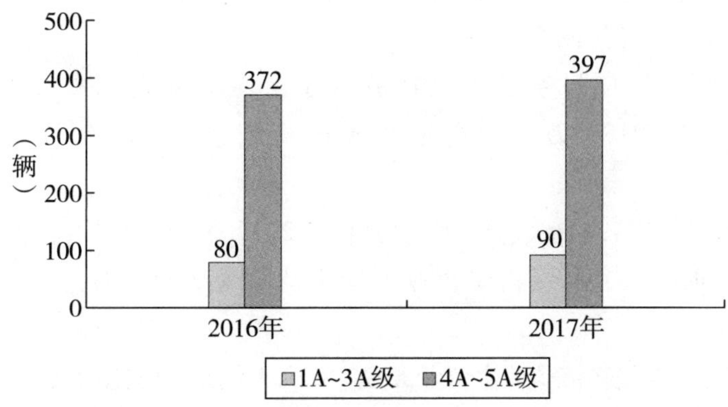

图5-2-33　江西省A级物流企业平均拥有车辆数

3. **信息化建设投入**

2017 年，江西省 A 级物流企业物流信息化方面投入 2.5 亿元，同比增长 67.3%。从 A 级物流企业类型来看，仓储型企业投入最大，平均投入 266 万元，运输型和综合服务型企业平均投入 250 万元和 124 万元（见图 5－2－34）。

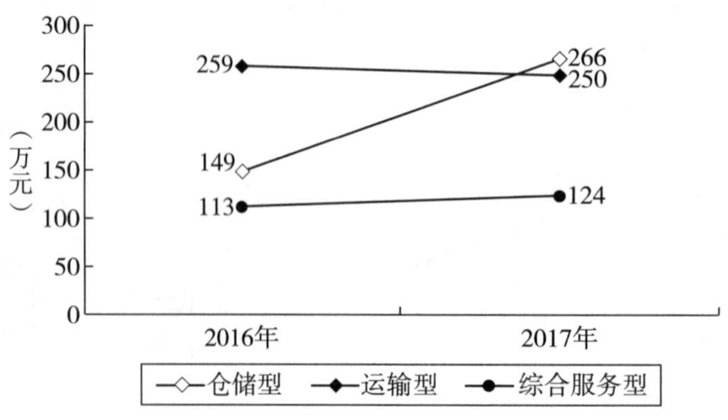

图 5－2－34　江西省 A 级物流企业信息化投入

4. **物流从业人员**

物流从业人员不断增加，人员素质不断提高。2017 年江西省 A 级物流企业从业人员 5.8 万人，同比增长 12.5%，其中：大专以上从业人员 1.9 万人，同比增长 15.0%，大专以上人员比例由 33% 上升到 34%。

（四）2017 年江西省 A 级物流企业运行情况

1. **货运总量**

2017 年江西省 A 级物流企业货运量平稳增长，全省 A 级物流企业货运量 2.4 亿吨，同比增长 2.0%。

2. **经营效益**

2017 年，江西省 A 级物流企业主营业务收入增长明显，实现主营业务收入 295.0 亿元，同比增长 9.5%（见图 5－2－35）。

按照企业类型，综合服务型 A 级物流企业平均主营业务收入 23077 万元，运输型 A 级物流企业 19135 万元，仓储型 A 级物流企业 18132 万元，详细指标见图5－2－36。

分等级来看，1A 级、2A 级、3A 级物流企业 2017 年企业平均主营收入 9153 万元，同比增长 5.8%；4A 级、5A 级物流企业平均主营收入 32608 万元，同比增长 10.2%（见图 5－2－37）。

2017 年，江西省 A 级物流企业主营业务成本 239.4 亿元，同比增长 6.8%。其中，A 级物流企业每百元主营业务收入所需成本，综合服务型 78 元，运输型 85 元，仓储型 78 元。

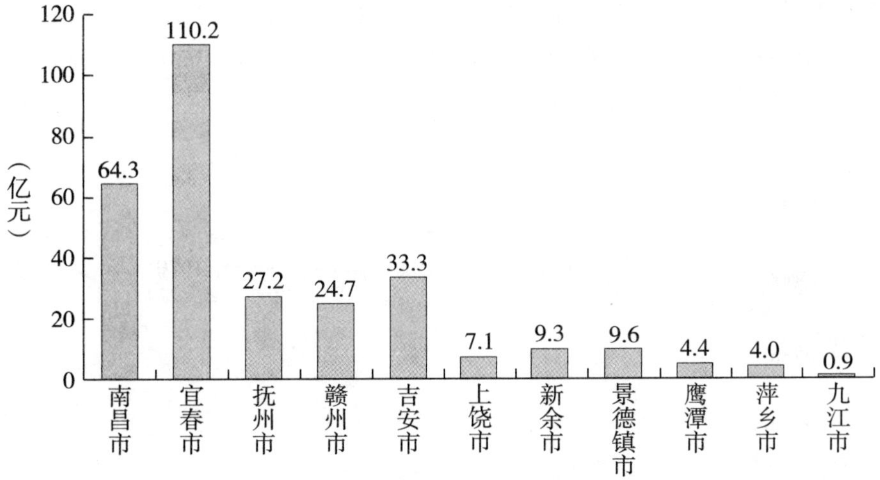

图 5-2-35　2017 年江西省各设区市 A 级物流企业主营业务收入

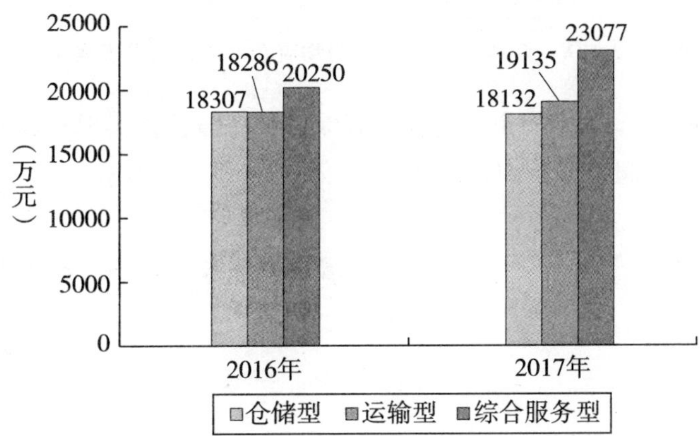

图 5-2-36　江西省分类型 A 级物流企业平均主营业务收入

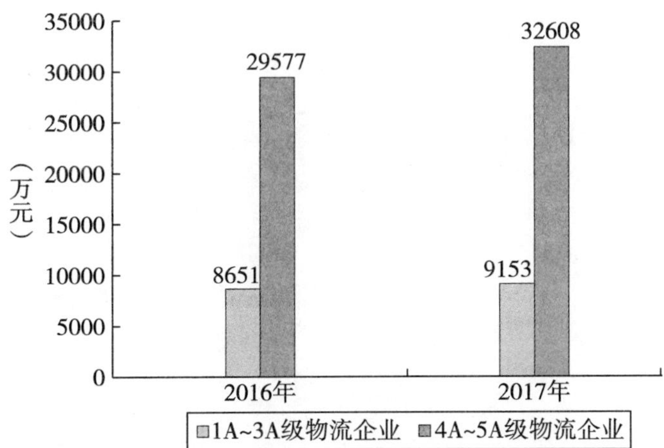

图 5-2-37　江西省分等级 A 级物流企业平均主营业务收入

从 A 级物流企业类型来看，综合服务型 A 级物流企业平均主营业务成本 18020 万元，运输型和仓储型 A 级物流企业平均主营业务成本分别为 16201 万元和 14224 万元（见图 5－2－38）。

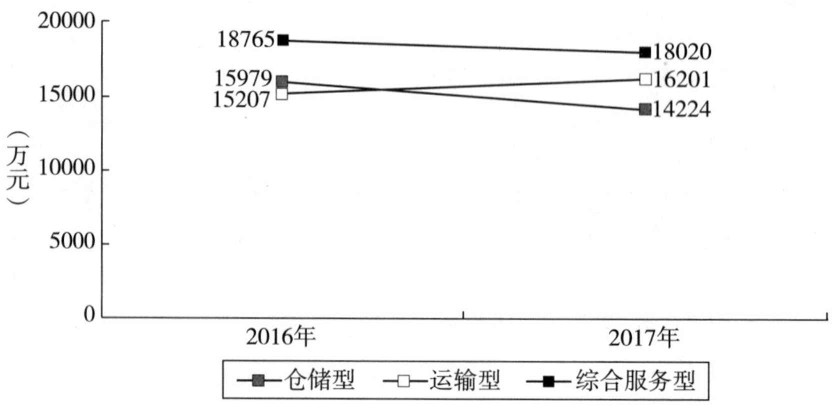

图 5－2－38　江西省分类型 A 级物流企业平均主营业务成本

2017 年，江西省 A 级物流企业营收利润保持平稳增长，实现利润 14.9 亿元，同比增长 14.7%；平均利润率从 4.8% 上升到 5.1%。

（江西省物流与采购联合会　胡冲　龚志琴）

附 录

2017 年中国物流企业 50 强名单

排名	企业名称	物流业务收入（万元）
1	中国远洋海运集团有限公司	14084015.4
2	中国外运长航集团有限公司	7643274.0
3	冀中能源国际物流集团有限公司	7290000.0
4	厦门象屿股份有限公司	7144011.4
5	顺丰控股股份有限公司	5748269.8
6	河北省物流产业集团有限公司	2860090.8
7	天津港（集团）有限公司	2802000.0
8	山东物流集团有限公司	2745895.1
9	中铁物资集团有限公司	2374896.1
10	安吉汽车物流股份有限公司	1857100.0
11	德邦物流股份有限公司	1700000.0
12	中国物资储运总公司	1633150.6
13	高港港口综合物流园区	1546110.0
14	招商局物流集团有限公司	1319112.0
15	锦程国际物流集团股份有限公司	1200984.2
16	开滦集团国际物流有限责任公司	1141351.8
17	连云港港口集团有限公司	1030479.0
18	福建省交通运输集团有限责任公司	1030004.0
19	国药控股湖北有限公司	1027935.0
20	河北港口集团有限公司	1017616.4
21	厦门港务发展股份有限公司	899194.7
22	广州铁路（集团）公司	891000.0
23	中国石油化工股份有限公司管道储运分公司	846881.0
24	石家庄内陆港有限公司	813086.0

续 表

排名	企业名称	物流业务收入（万元）
25	嘉里物流（中国）投资有限公司	811567.0
26	全球国际货运代理（中国）有限公司	768755.0
27	一汽物流有限公司	736841.0
28	江苏省如皋港现代物流基地	710984.6
29	重庆长安民生物流股份有限公司	683827.6
30	武汉商贸国有控股集团有限公司	678293.0
31	重庆港务物流集团有限公司	675508.0
32	中铁铁龙集装箱物流股份有限公司	610934.0
33	日照港（集团）有限公司	519161.0
34	云南能投物流有限公司	506100.0
35	日通国际物流（中国）有限公司	448884.0
36	北京长久物流股份有限公司	429620.0
37	广东省航运集团有限公司	399334.0
38	中都物流有限公司	392964.0
39	泉州安通物流有限公司	379237.4
40	江苏宝通物流发展有限公司	367391.0
41	上药控股江苏股份有限公司	366248.1
42	湖南星沙物流投资有限公司	363717.9
43	青岛日日顺物流有限公司	333502.0
44	云商智慧物流有限公司	332600.0
45	江苏苏宁物流有限公司	320999.5
46	南京长江油运公司	310668.0
47	南京港（集团）有限公司	309184.0
48	唐山港集团股份有限公司	303084.2
49	广州发展能源物流集团有限公司	301193.0
50	九州通医药集团股份有限公司	285439.0

资料来源：中国物流与采购联合会。

2017 年中国零担物流 30 强

排名	公司名称	零担收入（亿元）
1	德邦	114. 8
2	安能	56. 7
3	顺丰重货	46. 7
4	百世快运	33. 4
5	壹米滴答	30. 0
6	三志物流	25. 3
7	盛丰物流	22. 0
8	盛辉物流	21. 8
9	天地华宇	21. 3
10	远成快运	19. 5
11	佳吉快运	19. 0
12	中通快运	15. 6
13	德坤物流	12. 5
14	大田物流	12. 1
15	河南宇鑫	11. 8
16	河南长通	10. 6
17	大达物流	10. 1
18	新邦物流	9. 2
19	上海龙邦	8. 9
20	上海巴蜀	8. 3
21	宁波中通	7. 3
22	商桥物流	7. 3
23	山东宇佳	6. 0
24	河南黑豹	5. 8
25	上海霄邦	5. 8
26	深圳吴越	5. 5
27	城市之星	5. 2
28	济南永昌	4. 3
29	重庆联达	4. 3
30	河南腾达	4. 2

资料来源：运联传媒。

2017 年中国百强冷链物流企业

排名	企业名称	排名	企业名称
1	希杰荣庆物流供应链有限公司	26	北京中冷物流股份有限公司
2	顺丰速运有限公司	27	上海泛亚航运有限公司
3	河南鲜易供应链有限公司	28	北京澳德物流有限责任公司
4	上海郑明现代物流有限公司	29	浙江统冠物流发展有限公司
5	上海领鲜物流有限公司	30	增益冷链（武汉）有限公司
6	漯河双汇物流投资有限公司	31	重庆雪峰冷藏物流有限公司
7	上海安鲜达物流有限公司	32	上海世权物流有限公司
8	夏晖物流	33	漳州大正冷冻食品有限公司
9	海航冷链控股股份有限公司	34	上海中外运冷链运输有限公司
10	江苏辉源供应链管理有限公司	35	北京快行线冷链物流有限公司
11	大昌行物流（中国）	36	上海鲜波隆供应链管理有限公司
12	深圳市泛亚物流有限公司	37	广州鑫赟冷冻运输有限公司
13	深圳招商美冷供应链有限公司	38	沈阳市天顺路发冷藏物流有限公司
14	济南维尔康实业集团有限公司	39	威海中外运物流发展有限公司
15	南京天环食品（集团）有限公司	40	黑龙江沃野风华运输有限公司
16	中铁特货运输有限责任公司	41	上海交荣冷链物流有限公司
17	福建恒冰物流有限公司	42	河南大象物流有限公司
18	上海广德物流有限公司	43	大连港毅都冷链有限公司
19	宇培供应链管理集团有限公司	44	上海众萃物流有限公司
20	镇江恒伟供应链管理股份有限公司	45	辽渔集团有限公司
21	中外运普菲斯冷链物流有限公司	46	内蒙古昕海铭悦运输有限公司
22	恒浦（大连）国际物流有限公司	47	黑龙江昊锐物流有限公司
23	河南大用运通物流有限公司	48	泉州安通物流有限公司
24	深圳小田冷链物流股份有限公司	49	重庆友生活冷链物流有限公司
25	上海源洪仓储物流有限公司	50	新余市东华龙货运有限公司

续　表

排名	企业名称	排名	企业名称
51	淇县永达物流配送有限公司	76	天津港首农食品进出口贸易有限公司
52	福建省羊程冷链物流有限公司	77	德州飞马冷链物流有限公司
53	宁夏领鲜易达冷链物流有限公司	78	大连鲜悦达冷链物流有限公司
54	武汉市梦园冷链物流有限公司	79	华冷物流有限公司
55	北京亚冷国际供应链管理有限公司	80	天津品优物流有限公司
56	东莞市华雪食品有限公司	81	山绿农产品集团股份有限公司
57	山东中超物流供应链管理有限公司	82	华夏易通物流有限公司
58	唯捷城配	83	北京家家送冷链物流有限公司
59	河北盛宇物流有限公司	84	漯河金顺物流有限公司
60	成都银犁冷藏物流股份有限公司	85	北京博华物流有限公司
61	上海鲜冷储运有限公司	86	獐子岛冷链物流
62	北京三新冷藏储运有限公司	87	黄山斯普蓝帝物流有限公司
63	上海交运沪北物流发展有限公司	88	吉林省中冷物流有限公司
64	广州拓领物流有限公司	89	北京住总科贸控股集团有限公司
65	上海锐拓冷链物流有限公司	90	山东先锋物流有限公司
66	上海东启物流有限公司	91	上海志甄物流有限公司
67	吴忠市茂鑫通冷藏运输有限公司	92	福建浩嘉冷链物流股份有限公司
68	上海欣捷供应链管理有限公司	93	成都鲜生活冷链物流有限公司
69	广州保事达物流有限公司	94	上海敬诚物流有限公司
70	佛山市粤泰冷库物业投资有限公司	95	太原万鑫冷链物流有限公司
71	南京大生冷链物流股份有限公司	96	武汉凯瑞物流有限公司
72	四川汇翔供应链管理有限公司	97	深圳市中柱物流有限公司
73	天津东疆港大冷链商品交易市场有限公司	98	天津金琦低温物流有限公司
74	山东大鹏物流有限公司	99	成都一鑫物流有限公司
75	河北宝信物流有限公司	100	陕西速必达冷链物流有限责任公司

资料来源：中国物流与采购联合会冷链专业委员会。

全国A级物流企业分布（1～25批）

单位：家

地区	合计	5A级	4A级	3A级	2A级	1A级
北京	86	31	32	18	5	—
天津	32	3	19	10	—	—
上海	210	24	113	66	7	—
重庆	44	5	8	24	7	—
河北	69	10	42	14	3	—
山西	45	2	27	14	2	—
内蒙古	46	9	19	15	3	—
辽宁	136	12	45	52	22	5
吉林	78	5	42	28	3	—
黑龙江	29	4	7	11	7	—
江苏	531	23	199	248	58	3
浙江	575	14	119	308	119	15
安徽	145	2	70	51	22	—
福建	317	13	73	211	18	2
江西	176	2	80	63	27	4
山东	300	35	136	115	14	—
河南	118	6	50	50	12	—
湖北	443	13	176	169	83	2
湖南	190	13	86	83	8	—
广东	296	24	128	121	22	1
广西	35	3	15	15	2	—
海南	31	—	13	15	3	—
四川	222	3	44	124	49	2
贵州	35	1	9	23	2	—
云南	66	4	21	26	15	—
西藏	1	—	—	1	—	—
陕西	71	6	18	36	8	3
甘肃	29	3	4	15	6	1
青海	16	1	6	5	4	—
宁夏	47	—	10	25	12	—
新疆	45	2	12	23	8	—
总计	4464	273	1623	1979	551	38

资料来源：中国物流与采购联合会。

江西省A级物流企业名单（截至25批共176家）

序号	设区市	企业名称	等级	类型
1	南昌市	江西京九物流有限责任公司	5A	综合服务型
2	南昌市	南昌铁路局	5A	综合服务型
3	南昌市	江西省邮政速递物流有限公司	4A	综合服务型
4	南昌市	江西三志物流有限公司	4A	综合服务型
5	南昌市	江西九州通药业有限公司	4A	综合服务型
6	南昌市	江西省蓝海物流科技有限公司	4A	综合服务型
7	南昌市	江西新华物流有限公司	4A	综合服务型
8	南昌市	江西省通信产业服务有限公司	4A	综合服务型
9	南昌市	江西赣银物流有限公司	4A	综合服务型
10	南昌市	南昌江铃集团实顺物流有限责任公司	4A	运输型
11	南昌市	江西顺丰速运有限公司	4A	综合服务型
12	南昌市	江西展翼置业有限公司	4A	综合服务型
13	南昌市	江西国磊供应链集团有限公司	4A	仓储型
14	南昌市	江西玉丰实业有限公司	4A	仓储型
15	南昌市	江西长兴物流有限公司	3A	综合服务型
16	南昌市	江西康华企业发展有限公司	3A	运输型
17	南昌市	江西众帮物流有限公司	3A	综合服务型
18	南昌市	江西中瑞物流有限公司	3A	—
19	南昌市	国营南昌肉类联合加工厂	3A	仓储型
20	南昌市	南昌德邦物流有限公司	3A	综合服务型
21	南昌市	江西奇佳肥业股份有限公司	3A	仓储型
22	南昌市	江西勤强物流有限公司	2A	综合服务型
23	南昌市	南昌华泓冷链物流有限公司	2A	综合服务型
24	九江市	上港集团九江港务有限公司	4A	综合服务型
25	九江市	九江市新雪域置业有限公司	3A	仓储型
26	九江市	九江鑫昌隆物流运输有限公司	2A	运输型
27	九江市	九江联商物流有限公司	2A	综合服务型

续 表

序号	设区市	企业名称	等级	类型
28	九江市	九江长东仓储物流有限公司	2A	仓储型
29	景德镇市	景德镇恒达物流有限公司	4A	综合服务型
30	景德镇市	景德镇市远航物流有限公司	4A	运输型
31	景德镇市	江西联源物流有限公司	4A	—
32	景德镇市	江西大龙物流有限公司	3A	综合服务型
33	景德镇市	景德镇市安捷物流有限公司	3A	综合服务型
34	景德镇市	景德镇市信联物流有限公司	3A	综合服务型
35	景德镇市	景德镇市驰骋物流有限公司	3A	—
36	景德镇市	江西长荣物流有限公司	3A	—
37	萍乡市	萍乡市达金物流有限公司	4A	综合服务型
38	萍乡市	江西国中安智物流有限公司	4A	综合服务型
39	萍乡市	江西四顺物流集团有限公司	4A	综合服务型
40	新余市	新余市泰安运输有限公司	4A	运输型
41	新余市	新余中新物流有限公司	4A	运输型
42	新余市	江西省新博物流股份有限公司	4A	综合服务型
43	新余市	新余市鸿祥汽车运输有限公司	4A	运输型
44	新余市	新余市东华龙货运有限公司	3A	运输型
45	鹰潭市	江西铜业集团（贵溪）物流有限公司	4A	综合服务型
46	鹰潭市	鹰潭市佳尔物流有限公司	4A	综合服务型
47	鹰潭市	江西泗丰物流有限公司	3A	综合服务型
48	赣州市	赣州国盛铁路实业有限公司	4A	仓储型
49	赣州市	赣州万吉物流有限公司	4A	运输型
50	赣州市	江西红土地物流有限公司	4A	运输型
51	赣州市	江西松畅宝实业有限公司	4A	运输型
52	赣州市	赣州市南康区洪鑫物流有限公司	4A	运输型
53	赣州市	定南国盛铁路实业有限公司	4A	—
54	赣州市	赣州市南康区畅通物流有限公司	3A	运输型
55	赣州市	赣州市南康区荣宝正泰物流有限公司	3A	运输型
56	赣州市	定南县永立物流有限公司	3A	运输型
57	赣州市	赣州灵通物流有限责任公司	3A	运输型
58	赣州市	赣州三志物流有限公司	3A	运输型
59	赣州市	赣州通力物流有限公司	3A	综合服务型

续 表

序号	设区市	企业名称	等级	类型
60	赣州市	赣州森海汽车贸易有限公司	3A	综合服务型
61	赣州市	上犹县通力物流有限公司	3A	综合服务型
62	赣州市	全南县万通物流有限公司	3A	综合服务型
63	赣州市	江西智联汇和物流有限公司	3A	综合服务型
64	赣州市	赣州口岸集装箱运输有限公司	3A	运输型
65	赣州市	中国邮政集团公司赣州市分公司	3A	综合服务型
66	赣州市	赣州市友好物流有限公司	3A	运输型
67	赣州市	赣州顺丰速运有限公司	3A	—
68	赣州市	赣州市南康区新京九物流有限公司	3A	—
69	赣州市	赣州市南康区华中物流有限公司	3A	—
70	赣州市	赣州市南康区邦大华宇物流有限公司	3A	—
71	赣州市	赣州市南康区永丰利达物流有限公司	3A	—
72	赣州市	赣州力佳物流有限公司	3A	—
73	赣州市	赣州市南康区鑫顺达物流有限公司	3A	综合服务型
74	赣州市	赣州市南康区正印物流有限公司	3A	综合服务型
75	赣州市	赣州市广渠物流有限公司	3A	综合服务型
76	赣州市	赣州三福物流有限公司	3A	综合服务型
77	赣州市	江西九星铁运物流有限公司	3A	—
78	赣州市	赣州安盛达货物装卸运输有限公司	3A	—
79	赣州市	赣州沅霖物流有限公司	3A	—
80	赣州市	信丰华洲物流有限公司	3A	—
81	赣州市	赣州市南康区增源物流有限公司	3A	—
82	赣州市	赣州市南康区畅远物流有限公司	3A	—
83	赣州市	信丰县双佳汽车运输服务有限公司	2A	—
84	赣州市	石城县易达物流有限公司	2A	—
85	赣州市	赣州市永耀物流有限公司	2A	—
86	赣州市	瑞金市瑞泰物流有限公司	2A	综合服务型
87	赣州市	会昌县锦程物流有限公司	2A	综合服务型
88	赣州市	赣州市南康区赣峰物流有限公司	2A	综合服务型
89	赣州市	赣州利友食品有限公司	2A	综合服务型

续 表

序号	设区市	企业名称	等级	类型
90	赣州市	龙南宏金达汽车运输有限公司	2A	运输型
91	赣州市	赣州凯达物流有限公司	2A	运输型
92	赣州市	兴国金莹物流有限公司	2A	运输型
93	赣州市	寻乌县通成物流有限公司	2A	运输型
94	赣州市	赣州骏达物流有限公司	2A	仓储型
95	赣州市	赣州市赣鑫物流有限公司	2A	运输型
96	赣州市	赣州春欣物流有限公司	2A	综合服务型
97	赣州市	石城县永星物流有限公司	2A	—
98	赣州市	赣州市森浩物流有限公司	2A	—
99	赣州市	信丰晨逸物流有限公司	2A	—
100	赣州市	赣州市新鸿物流有限公司	2A	—
101	赣州市	赣州明萱物流有限公司	2A	—
102	赣州市	大余县东深物流有限公司	2A	—
103	赣州市	江西裕民药业有限公司	1A	综合服务型
104	赣州市	江西普特物流有限公司	1A	综合服务型
105	赣州市	赣州市众诚物流有限公司	1A	运输型
106	赣州市	瑞金市明盛物流服务有限公司	1A	—
107	宜春市	江西江龙集团鸿海物流有限公司	4A	运输型
108	宜春市	江西新振兴投资集团公司	4A	运输型
109	宜春市	江西桃源物流有限公司	4A	运输型
110	宜春市	高安市新瑞物流有限公司	4A	运输型
111	宜春市	江西省高安汽运集团翔运汽运有限公司	4A	运输型
112	宜春市	江西杨邦物流有限公司	4A	运输型
113	宜春市	高安市豪顺物流有限公司	4A	运输型
114	宜春市	江西省高安汽运集团途顺物流有限公司	4A	运输型
115	宜春市	江西省高安汽运集团高鹏汽运有限公司	4A	运输型
116	宜春市	江西省高安汽运集团鸿盛汽运有限公司	4A	运输型
117	宜春市	江西保捷实业集团有限公司	4A	运输型
118	宜春市	江西省鸿吉实业有限公司	4A	运输型
119	宜春市	江西康尔达物流有限公司	4A	综合服务型

续 表

序号	设区市	企业名称	等级	类型
120	宜春市	江西江龙集团全胜汽运有限公司	4A	运输型
121	宜春市	江西省高安汽运集团诚迅汽运有限公司	4A	运输型
122	宜春市	赣西物流园投资发展有限公司	4A	仓储型
123	宜春市	江西瑞州汽运集团洪鑫物流有限公司	4A	综合服务型
124	宜春市	江西省高安汽运集团福林汽运有限公司	4A	运输型
125	宜春市	江西江龙集团龙鹏汽运有限公司	4A	运输型
126	宜春市	高安赣粤五星运输有限公司	4A	运输型
127	宜春市	江西金辉物流有限公司	4A	综合服务型
128	宜春市	江西省高安汽运集团鸿弘汽运有限公司	4A	运输型
129	宜春市	宜春润佳物流运输服务有限公司	4A	—
130	宜春市	江西瑞州汽运集团新荷物流有限公司	4A	—
131	宜春市	高安市隆景运输有限责任公司	4A	运输型
132	宜春市	江西瑞州汽运集团豪瑞汽运有限公司	4A	运输型
133	宜春市	江西瑞州汽运集团瑞通物流有限公司	4A	运输型
134	宜春市	江西瑞州汽运集团宏景汽运有限公司	4A	运输型
135	宜春市	江西瑞州汽运集团欣禧物流有限公司	4A	运输型
136	宜春市	江西五洲医药营销有限公司	4A	仓储型
137	宜春市	高安市村长物流有限公司	4A	—
138	宜春市	江西江龙集团兴海汽运有限公司	4A	—
139	宜春市	江西九州医药有限公司	3A	综合服务型
140	上饶市	上饶市新华龙物流有限公司	4A	综合服务型
141	上饶市	上饶市大顺物流有限公司	4A	运输型
142	吉安市	吉安万吉物流运输有限公司	4A	综合服务型
143	吉安市	吉安市综合物流中心股份有限公司	4A	综合服务型
144	吉安市	吉安华通物流中心有限公司	4A	综合服务型
145	吉安市	江西昌荣物流有限公司	4A	运输型
146	吉安市	江西祥和物流有限公司	4A	综合服务型
147	吉安市	峡江县鑫胜物流有限公司	4A	—
148	吉安市	峡江县车友汽车贸易有限公司	3A	综合服务型
149	吉安市	江西国光商业连锁有限责任公司	3A	综合服务型

续　表

序号	设区市	企业名称	等级	类型
150	吉安市	泰和县鑫龙汽车运输有限公司	3A	运输型
151	吉安市	泰和县鹏辉货物运输有限公司	3A	运输型
152	吉安市	吉安县盛世汽车运输有限公司	3A	运输型
153	吉安市	江西永和诚信供应链管理有限公司	3A	运输型
154	吉安市	吉水县广顺物流有限公司	3A	—
155	吉安市	江西结财物流有限公司	3A	—
156	吉安市	江西鹏泰物流有限责任公司	3A	运输型
157	吉安市	江西省文顺物流有限公司	3A	运输型
158	吉安市	安福永和诚信物流有限公司	2A	运输型
159	抚州市	江西昌顺物流有限公司	4A	综合服务型
160	抚州市	广昌县惠昌汽车运输有限公司	4A	运输型
161	抚州市	江西佳润物流集团有限公司	4A	综合服务型
162	抚州市	江西大飞物流有限公司	4A	综合服务型
163	抚州市	江西正广通供应链管理有限公司	4A	综合服务型
164	抚州市	江西安泰物流有限公司	4A	综合服务型
165	抚州市	南城县麻姑汽车运输有限公司	4A	综合服务型
166	抚州市	抚州佳斌现代物流园有限公司	4A	—
167	抚州市	南城县亚欣物流有限公司	4A	—
168	抚州市	江西省吉诚物流有限公司	3A	综合服务型
169	抚州市	江西鑫昌物流有限公司	3A	综合服务型
170	抚州市	广昌县骏捷物流有限公司	3A	综合服务型
171	抚州市	东乡区佳兴物流有限公司	3A	综合服务型
172	抚州市	南城县吉尔物流有限公司	3A	综合服务型
173	抚州市	江西宏盛物流有限公司	3A	—
174	抚州市	南城瑞顺物流有限公司	3A	综合服务型
175	抚州市	南城县冠海物流有限公司	3A	综合服务型
176	抚州市	江西伟盛国际货运代理有限公司	2A	综合服务型

资料来源：江西省物流与采购联合会。

江西省星级仓库企业名单（共计6家）

序号	所属区市	企业名称	等级
1	南昌市	江西国磊投资控股集团有限公司小蓝库区	五星级
2	南昌市	江西通信产业服务有限公司物流分公司仓库	五星级
3	南昌市	江西庆华起重装卸有限公司江西庆华南昌临空库区	四星级
4	南昌市	江西昌大瑞丰科技发展有限公司昌大瑞物流园区库区	三星级
5	南昌市	兴发物流（南昌）有限公司兴发物流库区	三星级
6	萍乡市	江西天顺医药有限公司天顺医药总仓	三星级

资料来源：中国仓储与配送协会。

江西省担保存货资质企业名单（共计6家）

序号	所属区市	企业名称	等级
1	新余市	江西省新博物流股份有限公司	三级乙等
2	宜春市	江西常鑫仓储管理有限公司	三级乙等
3	宜春市	江西瑞新仓储有限公司	二级乙等
4	宜春市	江西隽泰仓储有限公司	二级乙等
5	南昌市	江西省通信产业服务有限公司	一级乙等
6	南昌市	江西国磊物流有限公司	一级乙等

资料来源：中国仓储与配送协会。

江西省星级冷链物流企业名单（共计4家）

序号	所属设区市	企业名称	星级	类型
1	南昌市	国营南昌肉类联合加工厂	四星级	仓储型
2	九江市	九江市新雪域置业有限公司	三星级	仓储型
3	新余市	新余市东华龙货运有限公司	三星级	运输型
4	赣州市	赣州利友食品有限公司	三星级	仓储型

资料来源：中国物流与采购联合会。

江西省重点商贸物流园区（中心）名单（共计17家）

序号	所属设区市	批次	企业名称
1	南昌市	第一批	南昌保税物流中心
2	南昌市		南昌兴发物流园
3	九江市		九江市新雪域物流园
4	抚州市		南丰蜜橘出口物流园
5	上饶市		横峰县现代物流园
6	上饶市		上饶新华龙物流园
7	九江市	第二批	九江长东仓储物流园
8	吉安市		井冈山经济技术开发区物流园
9	赣州市	第三批	定南县物流产业园
10	九江市		九江市九鼎综合物流园
11	宜春市		宜春经开区物流中心

续　表

序号	所属设区市	批次	企业名称
12	南昌市	第四批	南昌肉联食品集团公司冷链物流配送中心
13	鹰潭市		鹰潭市现代物流园区
14	赣州市		中国中部国际物流商贸城
15	赣州市		章贡经开区物流园
16	吉安市		祥和物流园
17	南昌市	第五批	南昌深圳农产品中心批发市场

资料来源：江西省商务厅。

江西省重点商贸物流企业名单（共计69家）

序号	所属设区市	批次	企业名称
1	南昌市	第一批	江西三志物流有限公司
2	南昌市		江西九州通药业有限公司
3	南昌市		江西蓝海物流科技有限公司
4	南昌市		江西邮政速递物流有限公司
5	南昌市		江西乾峰物流有限公司
6	九江市		上港集团九江港务有限公司
7	萍乡市		萍乡市达金物流有限公司
8	新余市		新余市春宇汽车运输（集团）强顺有限公司
9	赣州市		赣州国盛铁路实业有限公司
10	宜春市		江西新振兴投资集团有限公司
11	吉安市		新干县宏发汽车运输有限责任公司
12	抚州市		江西昌顺物流有限公司
13	萍乡市		金盾物流（江西）有限公司
14	鹰潭市		江西百利达国际物流有限公司
15	抚州市		江西安泰物流有限公司

续　表

序号	所属设区市	批次	企业名称
16	南昌市	第二批	江西尧泰供应链管理有限公司
17	九江市		江西省三丰农业有限公司
18	景德镇市		景德镇市恒通物流有限公司
19	萍乡市		莲花县明清货运有限公司
20	新余市		新余市盛龙汽车运输贸易集团有限公司
21	鹰潭市		江西泗丰物流有限公司
22	鹰潭市		鹰潭市安顺物流有限责任公司
23	宜春市		江西赣西物流有限公司
24	吉安市		吉安万佶物流运输有限公司
25	吉安市		吉安县华通运输有限公司
26	吉安市		新干县赣新汽车运输租赁有限公司
27	抚州市		江西佳润物流有限公司
28	抚州市	第三批	江西正广通供应链管理有限公司
29	南昌市		江西新地冷冻大世界有限公司
30	鹰潭市		鹰潭市龙虎山东方物流有限公司
31	宜春市		江西华正道物流有限公司
32	宜春市		宜春赣西城乡配送有限公司
33	赣州市		定南国盛铁路实业有限公司
34	赣州市		赣州市南康区洪鑫物流有限公司
35	赣州市		江西松畅宝实业有限公司
36	上饶市		上饶海港物流有限公司
37	上饶市		上饶市大顺实业有限公司
38	南昌市	第四批	江西省赣银物流发展有限公司
39	南昌市		江西国磊供应链集团有限公司
40	南昌市		江西长运大通物流有限公司
41	南昌市		江西玉丰实业有限公司
42	南昌市		江西顺丰速运有限公司
43	南昌市		江西弘鼎供应链管理有限公司
44	南昌市		江西国控物流投资发展有限公司
45	九江市		九江联商物流有限公司
46	萍乡市		江西烟花爆竹物流中心有限公司

续 表

序号	所属设区市	批次	企业名称
47	鹰潭市	第四批	江西鹰甬海港物流有限责任公司
48	鹰潭市		鹰潭市太阳升物流有限公司
49	新余市		江西省新博物流股份有限公司
50	赣州市		江西坚强百货连锁有限公司
51	宜春市		江西桃源物流有限公司
52	宜春市		高安赣粤五星运输有限公司
53	宜春市		江西五洲医药营销有限公司
54	宜春市		江西江龙集团鸿海物流有限公司
55	上饶市		德兴市东东商贸有限公司
56	上饶市		上饶市神九运输有限公司
57	吉安市		吉安市永和诚信汽车运输有限公司
58	抚州市		江西大飞物流有限公司
59	抚州市		南城县吉尔物流有限公司
60	南昌市	第五批	江西医物通医药有限公司
61	萍乡市		江西天来实业有限公司
62	萍乡市		江西四顺实业有限公司
63	鹰潭市		鹰潭市阿桂物流有限公司
64	新余市		新余市东华龙货运有限公司
65	宜春市		江西省高安汽运集团鸿弘物流有限公司
66	宜春市		江西金辉物流有限公司
67	宜春市		江西高安汽运集团福林物流有限公司
68	吉安市		江西金鸿马现代物流有限公司
69	抚州市		南城县冠海物流有限公司

资料来源：江西省商务厅。

2017 年全省物流业大事记

1. 2017 年 1 月 9 日，经海关总署、财政部、国家税务总局、国家外汇管理局 4 个部门批准设立龙南保税物流中心（B 型）。

2. 2017 年 1 月 18 日，江西省口岸工作座谈会在南昌召开，江西省商务厅副厅长、省口岸办主任陶莉萍出席会议并做讲话。各设区市、县（市、区）口岸主管部门、南昌海关、江西出入境检验检疫局、江西公安边防总队、九江海事局等单位相关部门负责人，省商务厅相关处室负责人参会。

3. 2017 年 1 月 19 日，江西省商务厅印发《江西省电子商务物流发展专项规划》（2016—2020 年），到 2020 年基本建成普惠城乡、技术先进、服务优质、安全高效、绿色低碳的电子商务物流网络体系，建成一批电子商务物流分拨处理中心，全省快递物流业务量超过 8 亿件，快递业务收入超过 80 亿元。在重要节点城市、重点园区、配送中心和社区构建智慧物流配送体系，形成电子商务、物流、金融和大数据融合发展。

4. 2017 年 1 月 25 日，江西省人民政府下发《江西省物流业降本增效专项行动实施方案》，力争到 2020 年，江西省物流业降本增效取得明显成效，物流总费用占地区生产总值的比重较“十二五”末降低 2 个百分点左右。

5. 2017 年 3 月 5 日，江西省商务厅组织召开 2017 年省级城市配送试点城市暨向塘江西省物流中心专家评审会，新余、宜春获得 2017 年省级城市配送试点城市；向塘物流产业集群被认定为江西省物流中心。

6. 2017 年 3 月 20 日，江西省人民政府办公厅印发《江西省“十三五”综合交通运输体系发展规划》，“十三五”期间，江西将大力推进铁路、公路、水运以及综合交通枢纽等重点工程建设，计划完成投资 5300 亿元。

7. 2017 年 4 月 10 日，江西省在全国首次实施物流产业集群统计，制订了实施方案及统计制度，经江西省统计局批准，由江西省商务厅委托江西省物流与采购联合会组织实施。

8. 2017 年 4 月 11 日，江西省人民政府办公厅印发《江西省“十三五”现代物流业发展规划》，到 2020 年，基本建立布局合理、技术先进、绿色高效的现代物流服务体系，将全省打造成为“一带一路”和长江经济带的重要区域性物流中心。

9. 2017 年 5 月 6 日，江西省第一届“5・6 物流节”和南昌市首届“5・6 物流峰会”暨物流产业发展高峰论坛分别在南昌市青云谱区、西湖区举办，江西省商务厅副厅长方向军应邀出席并致辞。

10. 2017 年 6 月 20 日，江西省商务厅组织召开物流标准化试点推进工作座谈会，江西省商务厅副厅长梁小康出席并讲话。南昌、九江物流标准化试点城市商务主管部门负责人，江西省物流与采购联合会及部分试点企业代表参加座谈会。

11. 2017 年 6 月 23 日，江西省质监局等 11 部门联合出台《关于推动物流服务质量提升工作的实施意见》。

12. 2017 年 7 月 12 日，江西省公安厅交管局下发《关于加强和改进城市配送车辆通行管理的指导意见》，意见要求各地进一步规范城市配送运输经营活动，缓解城市交通拥堵，改善城市配送车辆通行环境，逐步解决城市配送车辆“通行难、停靠难、装卸难”等问题，促进物流业健康发展。

13. 2017 年 7 月 24 日，江西省发展改革委发布全省社会物流统计主要指标核算情况通报。2016 年，全省社会物流总额 51156 亿元，比上年增长 8. 3%；社会物流总费用 3112 亿元，比上年增长 6. 8%，与 GDP 比率为 16. 9%，同比降低 0. 5 个百分点；物流业增加值 1305. 3 亿元，比上年增添 8. 5%，占第三产业增加值的 17. 6%，占全省 GDP 的 7. 1%。

14. 2017 年 8 月 7 日，江西省商务厅发布 2016 年江西省物流产业集群统计运行情况，2016 年全省 50 个物流产业集群实现主营收入 2267 亿元，同比增长 7. 7%。

15. 2017 年 9 月 1 日，为贯彻省领导对《国务院办公厅关于进一步推进物流降本增效促进实体经济发展的意见》批示精神，制定好全省贯彻落实国办发〔2017〕73 号文的实施意见，江西省发改委召开专题座谈会进行专题研究，省直相关单位领导、有关协会代表及企业家代表参加，江西省发改委副主任郭新宇主持会议并讲话。

16. 2017 年 9 月 15 日，江西省委、省政府主要领导对推进物流降本增效工作做出系列重要批示。为认真贯彻落实省领导批示精神，深入推进物流降本增效、促进实体经济发展，江西省发改委（省现代物流工作联席会议牵头部门）会同省直有关部门、江西日报社和江西广播电视台开展物流降本增效“大调研 抓落实 促发展”活动，并制定印发了《物流降本增效“大调研 抓落实 促发展”活动方案》。

17. 2017 年 9 月 20—22 日，商务部物流标准化试点督查组一行在江西省南昌市、九江市开展督查。

18. 2017 年 9 月 27—28 日，江西省商务厅副厅长梁小康率队赴南昌市开展物流降本增效“大调研 抓落实 促发展”专题调研活动。

19. 2017 年 9 月 28 日，江西省商务厅发布全省 50 个物流产业集群运行情况通报。2017 年上半年，江西省通过推进物流标准化建设，实施省级城市配送试点，落实“互联网 + 高效物流”专项行动计划，全省 50 个物流产业集群实现主营收入 1269. 6 亿元，同比增长 8. 6%。

20. 2017 年 10 月 16 日，江西省药品第三方现代物流启动仪式在樟树举行。来自全国各地的企业客商代表近 1000 人参加了启动仪式，并现场参观五洲医药药品第三方现代物流运行情况。

21. 2017 年 11 月 1 日，江西省商务厅认定第五批重点商贸物流园区（中心）1 家，重点商贸物流企业 10 家。

22. 2017 年 11 月 22 日，江西省对接“一带一路”南昌铁路口岸（一期）项目验收暨首列赣欧（亚）南昌—河内国际货运班列发车仪式在南昌举行。省委常委，南昌市委书记、赣江新区党工委书记殷美根出席。江西省商务厅党组成员、副厅长陶莉萍出席仪式并为南昌铁路口岸（一期）项目揭牌。南昌市政府、南昌铁路局、南昌海关、江西出入境检验检疫局等部门负责人出席活动。

23. 2017 年 12 月 28 日，江西省物流标准化技术委员会成立大会在南昌举行，江西省商务厅副厅长梁小康出席会议并讲话，出任江西省物流标准化技术委员会主任委员。

（江西省商务厅）

2017 年江西省物流与采购联合会发展情况

（一）组织建设更加完善

1. 积极筹备成立党支部

根据江西省民政厅关于全省性行业协会商会与行政机关脱钩试点工作要求，脱钩后的行业协会要强化党的建设，确保脱钩不脱缰，脱钩不脱管。赣物联完成脱钩工作之后，积极筹备申请成立党支部。不断完善党建制度建设，促进协会工作始终保持坚定正确的政治方向。

2. 组织建设有序发展

现有专职人员 10 名，兼职人员 3 名，全市场化运作，面向社会公开招聘。2017 年赣物联新发展会员 30 余家，新聘专家 2 名。积极参加新技术、新模式、新业务学习讲座，不断提升秘书处工作人员的服务能力和业务水平。在中物联的支持和指导下，成立了江西省物流企业评估工作办公室；在省质监局和省标院的指导下，建立了江西省物流标准化技术委员会。赣物联秘书处下设会员服务部、统计评估部、培训咨询部、网刊编辑部、综合财务部，筹备建立物流装备专委会、冷链物流分会、医药物流分会等分支机构。

（二）会员服务更加有效

1. 组织相关会议活动及考察

全年共组织了主题为“医药物流”“无车承运人及多式联运”“物流单元化器具共享”等多场不同类型沙龙及相关座谈会议 10 余场；组织企业参加近 20 次全国大型物流行业会议；组织各物流相关主管部门及企业赴重庆考察，组织省内物流企业赴安徽芜湖考察知名托盘生产、租赁及销售公司。

2. 走访企业牵线搭桥

协会工作人员分组、分片区走访物流企业，共走访了全省物流企业 200 多家次，足迹遍及全省 11 个地级市的物流企业，涉及公路运输、冷链、航空、仓储、快递等各类不同规模的物流企业。通过了解情况，沟通信息，围绕物流业的痛点和难点，为企业提供帮助支持。

3. 重视信息交流工作

官网、微信公众号、《赣物联》期刊在行业内的影响力逐步扩大，为省内物流企业提供及时、权威的物流资讯和政策分享。同时为会员单位的宣传推广起到了积极作用。2017 年官网上传文章总数超过 2000 篇，文章点击量超过 20 万次，微信公众号关注人数达 2800 人，文章阅读浏览量也超过 20 万次。

（三）行业服务更加务实

1. 行业统计工作成果初显

统计工作扎实推进，获得中国物流信息中心、江西省统计局、江西省商务厅等相关部门的认可。2017 年上半年在全省范围内开展物流产业集群统计调研工作。先后在南昌、宜春、九江、吉安组织召开了 4 场物流产业集群统计培训工作会议，培训人数超 600 人。并于 2017 年 8 月、9 月协助江西省商务厅，分别发布了 2016 年和 2017 年上半年江西省 50 个物流产业集群运行情况的通报。启动江西省物流业景气指数调查试运行工作。

2. 行业评估、评选工作有新亮点

成立了评估工作办公室，现拥有中国物流与采购联合会“A 级评审”“冷链星级评估”“仓单质押资质评审”，以及中国仓储与配送协会“仓储服务质量评鉴”“通用仓库等级评定”“担保存货管理”等评估资质。评估办公室专职评估员 3 名，观察员 3 名，在各设区市发展评估员 9 名，共同开展评估工作。评估工作得到中物联的高度肯定，被授予“2016—2017 年度物流企业评估工作先进办公室”，罗良军秘书长被评为“2016—2017 年度物流企业评估工作优秀审核员”。2017 年，赣物联评估办对全省各设区市共 16 家企业进行 A 级物流企业现场评估。截至第二十四批，全省 A 级物流企业总数达 162 家。首次组织了江西省物流行业评选工作，评出了“2017 江西省物流十大年度人物”10 人，“2017 年江西省物流杰出企业”10 家，“2017 年江西省物流十佳成长型企业”10 家，“2017 年江西省物流创新奖”8 家。

3. 物流标准化工作成效显著

2017 年 7 月，赣物联被商务部推荐为商贸物流标准化专项行动第三批重点推进协会。物流标准化实施方案作为唯一一个省级行业协会的经验做法编入全国物流标准化案例展示会刊。赣物联为物流标准化试点企业提供项目及政策咨询，并协助试点企业进行成效展示。筹建江西省物流标准化技术委员会，依据江西省质监局对成立江西省物流标准化技术委员会的批复，积极编制筹备方案，征集标委会成员 67 名，人员覆盖政府、协会、院校和企业。梳理并制定地方标准 93 条，并提出 9 项地方标准计划项目。同时基本完成《江西省开放式循环木质平托盘认证标准》地方标准的立项，完成本标准草案的起草、制定修订工作。

4. 人才培训工作扎实推进

积极参与教育培训工作，将行业标准、培训课程与教学标准深度融合，为人才培养和培训认证工作打下了良好基础。与高校、培训机构、企业对接，开展物流人才、物流政策解读、物流发展难题等相关培训及沙龙、会议。

5. 企业咨询服务工作获得好评

为物流标准化试点企业提供项目及政策咨询，并协助试点企业进行成效展示；配合江西省商务厅及各设区市商务主管部门，参与、组织2017江西省省级城市配送试点项目评审工作，指导吉安、萍乡、宜春、新余、九江城市配送试点企业实施试点工作。

6. 编辑出版工作质量稳步提升

连续两年，受江西省商务厅委托，牵头组织编写《江西省物流业发展报告》。《江西省物流业发展报告》作为江西省物流业快速发展的历史见证和记载者，以其实用性和工具性，受到了广大业内人士和读者的欢迎，获得了有关领导和政府部门、大专院校专家的认可。根据《江西省现代物流工作联席会议办公室关于组织编写〈江西省物流业发展报告〉（2015—2016）的通知》要求，赣物联配合江西省商务厅编写实施方案，参与发展报告的材料收集、编写、校稿、出版等工作。

（四）获得的相关荣誉

（1）2017年7月，赣物联被商务部办公厅、国家标准委办公室评为商贸物流标准化专项行动第三批重点推进协会。

（2）2017年9月，赣物联评估办被中物联评为“2016—2017年度物流企业综合评估工作先进办公室”，罗良军秘书长被评为“2016—2017年度物流企业评估工作优秀审核员”。

（3）2017年10月，胡冲副秘书被评为“2016—2017年度物流统计先进个人”。

（江西省物流与采购联合会）